"信毅教材大系"编委会

主　　任　王　乔

副 主 任　邓　辉　　王秋石　　刘子馨

秘 书 长　陈　曦

副秘书长　王联合

编　　委　许基南　匡小平　胡宇辰　李春根　章卫东
　　　　　　袁红林　陈富良　汪　洋　罗良清　方志军
　　　　　　蔡升桂　蒋悟真　关爱浩　叶卫华　邹勇文
　　　　　　包礼祥　郑志强　陈始发　陆晓兵

联络秘书　宋朝阳　欧阳薇

信毅教材大系

工商管理类核心课程案例精选

● 江西财经大学工商管理学院案例中心 编写
胡海波 执行主编

Business Management Cases

复旦大学出版社

内容提要

本书共分四部分，每部分按相应课程章节内容配置规范的案例（含案例正文和案例使用说明）。本书中，我们共选择了工商管理、市场营销、人力资源管理、物流管理等四个本科专业共四门专业核心课程来进行案例编写，包括《管理学原理》《市场营销学》《人力资源管理》和《物流学导论》。

以"真实、典型、趣味"的要求取材，以"规范、专业、分享"的目的撰写，以"思辨、讨论、总结"的方式教学，以"深研、合作、实践"的宗旨育人，伴随这样的目标，本书体现了三个特点：第一，案例形式多样；第二，案例格式规范；第三，案例题材新颖。

本书适合大专院校管理类师生选作教材，也适合相关领域研究者参考使用。

《工商管理类核心课程案例精选》编委会

顾　　问：胡宇辰（教授，博士生导师）

执行主编：胡海波

编　　委：郭　英　钟　岭　崔爱平　李　敏　占小军

参　　编（按目录顺序）：

企业管理系：

胡海波　柳振群　郭　英　余焕新　刘克春　邹艳芬　宋丽丽
夏锦文　杨晓玲

市场营销系：

吴登开　陆淳鸿　余可发　陈凌云　刘劲松　柯建春　汪华林
李良贤　谌飞龙　吴忠华　韩晓明　邱文华　万卫红　钟　岭
赵　星

人力资源管理系：

刘爱军　黄彬云　陈小锋　蔡文著　李　敏

物流管理系：

仲　升　杨文俊　程永生　潘淑清　刘志华　刘浩华　吴　群
涂淑丽　杨　芳　王友丽　崔爱平

总　序

　　世界高等教育的起源可以追溯到 1088 年意大利建立的博洛尼亚大学，它运用社会化组织成批量培养社会所需要的人才，改变了知识、技能主要在师徒间、个体间传授的教育方式，满足了大家获取知识的需要，史称"博洛尼亚传统"。

　　19 世纪初期，德国的教育家洪堡提出"教学与研究相统一"和"学术自由"的原则，并指出大学的主要职能是追求真理，学术研究在大学应当具有第一位的重要性，即"洪堡理念"，强调大学对学术研究人才的培养。

　　在洪堡理念广为传播和接受之际，英国的教育家纽曼发表了"大学的理想"的著名演说，旗帜鲜明地指出"从本质上讲，大学是教育的场所"，"我们不能借口履行大学的使命职责，而把它引向不属于它本身的目标。"强调培养人才是大学的唯一职能。纽曼关于"大学的理想"的演说让人们重新审视和思考大学为何而设、为谁而设的问题。

　　19 世纪后期到 20 世纪初，美国威斯康星大学查尔斯·范海斯校长提出"大学必须为社会发展服务"的办学理念，更加关注大学与社会需求的结合，从而使大学走出了象牙塔。

　　2011 年 4 月 24 日，胡锦涛总书记在清华大学百年校庆庆典上，指出高等教育是优秀文化传承的重要载体和思想文化创新的重要源泉，强调要充分发挥大学文化育人和文化传承创新的职能。

　　总而言之，随着社会的进步与变革，高等教育不断发展，大学的功能不断扩展，但始终都在围绕着人才培养这一大学的根本使命，致力于不断提高人才培养的质量和水平。

　　对大学而言，优秀人才的培养，离不开一些必要的物质条件保障，但更重要的是高效的执行体系。高效的执行体系应该体现在三个方面：一是科学合理的学科专业结构，二是能洞悉学科前沿的优秀的师资队伍，三是作为知识载体和传播媒介的优秀教材。教材是体现教学内容与教学方法的知识载体，是进行教学的基本工具，也是深化教育教学改革,提高人才培养质量的重要保证。

  一本好的教材,要能反映该学科领域的学术水平和科研成就,能引导学生沿着正确的学术方向步入所向往的科学殿堂。因此,加强高校教材建设,对于提高教育质量、稳定教学秩序、实现高等教育人才培养目标起着重要的作用。正是基于这样的考虑,江西财经大学与复旦大学出版社达成共识,准备通过编写出版一套高质量的教材系列,以期进一步锻炼学校教师队伍,提高教师素质和教学水平,最终将学校的学科、师资等优势转化为人才培养优势,提升人才培养质量。为凸显江财特色,我们取校训"信敏廉毅"中一前一尾两个字,将这个系列的教材命名为"信毅教材大系"。

  "信毅教材大系"将分期分批出版问世,江西财经大学教师将积极参与这一具有重大意义的学术事业,精益求精地不断提高写作质量,力争将"信毅教材大系"打造成业内有影响力的高端品牌。"信毅教材大系"的出版,得到了复旦大学出版社的大力支持,没有他们卓越视野和精心组织,就不可能有这套系列教材的问世。作为"信毅教材大系"的合作方和复旦大学出版社的一位多年的合作者,对他们的敬业精神和远见卓识,我感到由衷的钦佩。

王 乔

2012 年 9 月 19 日

前　言

1910年,哈佛商学院首任院长盖伊(Edwin Gay)建议科波兰德(Malvin T. Copeland)博士在管理类课程中以学生讨论作为课堂讲授方法的补充,这被视为哈佛商学院案例教学法的肇始。1920年,哈佛商学院成立了案例开发中心,1921年,科波兰德博士出版了世界上第一本案例集。伴随着商业教育在全世界的普及与开展,经过一百多年的发展,案例教学已经成为商学院教育中的"标配"。

人人都在谈案例教学,但案例教学是什么?什么才能被称为真正的"案例"?到底该如何撷取合适的案例?这些都是每个老师正在认真思考并需要清楚回答的问题。我们也正是抱以这样的初衷来摸索探寻一种更加规范方便的案例共享机制,经过长时间的教学实践与总结,终于为大家奉上了这一本《工商管理类核心课程案例精选》。

一、一个引领

大学的管理课堂不再是单纯地从理论讲解到要点剖析的传统教学模式,而是力求从多年的教学成果中选取典型且实用的案例,让学生可以情景模拟、分析讨论、有的放矢,提升课堂的丰富性与趣味性,让实践模拟的可能性在课堂中得以实现。

中国企业的管理问题深层、多样而复杂,关注并研究本土案例在当代学术研究上具有深刻的意义。知识与时代接轨,理论与实践并行,掌握经典与时下新颖问题,能让学生身临其境般地学管理、论管理、习管理,这些正是本书力求达到的方面。

江西财经大学工商管理学院秉承"做管理思想的践行者"的办学理念,在十几年的发展过程中,一直强调并实践工商管理专业课堂凸显案例教学的特点。2013年年初,学院成立了案例中心,以"联接理论与实践,服务师生和企业"为宗旨,以"推动原创、创新教学、拓展资源、服务企业"为核心任务,成功对接国内外知名案例中心,已成为中国管理案例中心联盟理事单位和中国管理案例年会理事会成员。本案例精选是案例中心的一个初步成果,是江西财经大学经管类专业的第一本课程配套案例集,这将是全校案例开发与教学的一次示范引领。

二、两个目的

多年的案例教学实践,使老师们获得了一定的经验与心得,也碰到了不少的困惑与障碍。例如,有少数老师往往把一则小故事或一个小笑话、一小段报刊新闻或网络报道等视为案例,不清楚规范案例的撰写标准;又如,教师之间缺乏案例共享机制,甚至在实际教学中,即便共享了案例,也存在较大的案例使用障碍。

因此,"让案例拥有好标准,让分享轻松上板书"是案例编写的关键定位。优质的案例教材是提高教学质量的保证,能帮助老师轻松驾驭课堂教学实景,带领学生投石问路、庖丁解牛,运筹帷幄而决胜千里。基于上述思考,我们试图通过本书实现两个方面的目的:

第一,明确规范案例的标准。即通过案例的编写,使各位授课老师就什么是真正的教学案例达成一个初步的共识,要认同并撰写符合规范要求的案例,不要随意外延案例的概念。

第二,实现案例的有效分享。本书特别强调每个案例都要有具体详细符合要求的案例使用说明,换言之,使用同一个案例的老师都能快速、准确地掌握该案例的教学目的、关键要点和分析思路。

三、三个特点

以"真实、典型、趣味"的要求取材,以"规范、专业、分享"的目的撰写,以"思辨、讨论、总结"的方式教学,以"深研、合作、实践"的宗旨育人,伴随这样的目标,本书体现了三个特点:

第一,案例形式多样。本书既有来自企业实地调研的原创(一手)案例,也有来自经典二手资料改写的改编(资料)案例。收录的原创案例中,有1篇获得第四届全国"百篇优秀管理案例"并实现江西省该奖项零的突破,有2篇入选清华大学中国工商管理案例中心,还有2篇入选MBA教指委中国管理案例共享中心。

第二,案例格式规范。收录的案例篇幅适宜,原创型或改编型案例均严格按照统一的案例撰写规范编写。其中,原创型案例都作了大量的实地访谈和资料收集,改编型案例(又称图书馆案例)也基本都对原始材料进行了一定的编辑性修改。尤其是每篇案例提供的案例使用说明,为案例授课老师节省了重复找依据、绘板书、构问题的时间。

第三,案例题材新颖。本书所选择的案例素材以近十年来的案例为主,时效性和新鲜感强,有利于吸引读者阅读。案例素材(包括二手资料)都是真实发生的事实,不虚构,也不杜撰。案例素材的筛选和搭配既有利于突出讨论主题,也有利于组织课堂讨论。

四、内容框架

本书共分为四部分,每部分按相应课程章节内容编配规范的案例(含案例正文和案例使用说明)。本书中,我们共选择了工商管理、市场营销、人力资源管理、物流管理等四个本科专业共四门专业核心课程进行案例编写,包括《管理学原理》《市场营销学》《人力资源管理》和《物流学导论》。

第一部分为《管理学原理》课程案例精选,具体章节包括管理概论、管理思想与理论的发展、管理与环境、管理计划、管理决策与方法、组织设计、领导行为、沟通与激励、管理控制等。

第二部分为《市场营销学》课程案例精选,具体章节包括导论认识营销、营销观念的演变、营销环境、市场调查与预测、消费者行为、组织购买行为、营销战略与计划、目标市场战略、品牌战略、竞争战略、顾客战略、产品策略、价格策略、渠道策略、促销策略、营销策划、网络营销、服务营销、国际市场营销等。

第三部分为《人力资源管理》课程案例精选,具体章节包括人力资源管理概述、工作分析、人力资源规划、员工招聘与甄选、员工开发、绩效管理、薪酬管理、劳动关系管理等。

第四部分为《物流学导论》课程案例精选,具体章节包括物流系统分析、物流运输管理、仓储与物流配送管理、物流信息与物流自动化、采购与供应链管理、企业物流管理、物流成本管理、供应链管理、第三方物流、国际物流等。

五、参编人员

本书由胡海波博士担任执行主编,胡宇辰教授作为编写顾问给予了指导与帮助,郭英、钟岭、崔爱平、李敏、占小军等四十余位老师一同参与了编写工作,案例中心助理王乐乐、刘听雨等参与了部分书稿审校工作。江西财经大学图书教材采购供应中心和复旦大学出版社为本书出版提供了大力支持。在此,对所有为本书付出辛勤与智慧的同仁表示衷心的感谢!

作为案例中心的第一次尝试,我们自知本书也存在不足。由于参编老师众多,虽然能做到格式上的规范,但在写作手法与技巧上却难以做到完全统一,导致部分案例水准参差不齐。另外,本书仍以改编型案例为主,我们正努力推进本土案例的采编,期待尽快推出原创案例集。最后,恳请各位专家和读者朋友对本书提出批评意见,以便我们不断地完善和提高。

编者

2014 年 8 月

目 录

第一部分 《管理学原理》课程案例精选

一、瑞原转型之路：二次创业突围战能否取得大捷 ……… 003
二、昌佳鑫科技：承载"富兴"之路的组织变革 ……… 028
三、香港中原地产集团总裁施永青先生的无为而治管理思想
　　……… 046
四、富士康"十三跳"的思考 ……… 056
五、德胜（苏州）洋楼有限公司的精细化管理 ……… 062
六、葛兰素史克（中国）投资有限公司的道德观及行为 ……… 071
七、"让听见炮声的人来决策" ……… 080
八、联想集团的组织结构变革历程 ……… 086
九、组织结构的优化——三叶草结构 ……… 097
十、佛山市星光传动机械有限公司生产管理流程重构 ……… 102
十一、上汽收购双龙汽车案例 ……… 111
十二、黄宏生领导特质的变与不变 ……… 118
十三、德国国家发展银行"摆乌龙"事件 ……… 126
十四、三一重工的股权激励 ……… 132

第二部分 《市场营销学》课程案例精选

一、柯达公司的营销困惑 ……… 147
二、韩国三星电子：营销观念变革之路 ……… 160
三、中美史克"PPA"之祸解决之道 ……… 168
四、"开心农场"的"偷菜"生活 ……… 172
五、苏宁电器采购模式的转型 ……… 181
六、江中抢占儿童助消化用药市场 ……… 189
七、聚美优品的竞争战略 ……… 197
八、可口可乐的品牌营销策略：网络环境下的整合营销 ……… 210
九、豆瓣的移动产品策略 ……… 217

十、格兰仕微波炉的价格策略 …………………………………… 226

十一、娃哈哈的联销体渠道模式 ………………………………… 238

十二、汇源集团在电视剧中植入式传播策略分析
　　　——以电视剧《乡村爱情交响曲》为例 ………………… 246

十三、上海海阳老年事业发展服务中心开创居家养老新模式
　　　……………………………………………………………… 253

十四、黄太吉的煎饼果子店如何做到年入 500 万？ …………… 263

十五、雅芳产品有限公司进入中国市场 ………………………… 273

第三部分　《人力资源管理》课程案例精选

一、百瑞转型之惑 ………………………………………………… 285

二、社交网络能给智联招聘带来生机吗？ ……………………… 293

三、欧莱雅的校园招聘 …………………………………………… 298

四、大连埃博公司对销售人员的激励有效吗？ ………………… 306

五、联想集团杨元庆自掏腰包奖励基层员工合理吗？ ………… 312

六、华为如何保障员工的安全与健康 …………………………… 316

七、科泰华公司如何处理与老板有某种特殊关系的违纪员工
　　　……………………………………………………………… 324

第四部分　《物流学导论》课程案例精选

一、A 手推车厂组装车间物流系统设计 ………………………… 331

二、蒙牛公司乳品运输合理化 …………………………………… 337

三、M 公司的仓库管理 …………………………………………… 342

四、华联生鲜商品的物流配送 …………………………………… 349

五、武汉东本储运有限公司协同化整车物流信息平台 ………… 355

六、江铃供应商的评价与选择 …………………………………… 362

七、江铃股份企业内部物流同步化管理的实践思考 …………… 371

八、上海通用汽车如何降低物流成本 …………………………… 379

九、上海科泰公司的精益供应链管理 …………………………… 384

十、联动平抑季节性波动：万集物流与顶津食品联动项目 …… 391

十一、联邦快递与"时间"赛跑 ………………………………… 401

江西财经大学工商管理学院案例中心简介 ……………………… 409

第一部分
《管理学原理》
课程案例精选

- 企业管理系

一、瑞原转型之路：
二次创业突围战能否取得大捷[①]

【案例正文】

> **摘　要**：本案例从江西瑞原门窗装饰有限公司（以下简称瑞原）的创立、运营和转型三个方面全方位、多角度地叙述其发展历程，重点分析瑞原在新的生命周期发展阶段如何做好战略转型和实现二次创业。在公司的创立方面，主要以公司创始人的视角将我们带进这个行业、这些人物和这些事件当中，让我们充分认识到和深刻体会到行业的前景、人物的多样性和事件的复杂性；在公司的运营方面，主要展现公司在不同发展时期遇到的管理、业务和人才等方面的问题；最后，以公司的业务战略转型收尾，反映瑞原不同层次人物对其二次创业的看法。
>
> **关键词**：瑞原；战略转型；二次创业；案例分析

0 引　言

2013年1月，静好如媚的阳光透过明净的玻璃窗洒下落致的光阴，而此时，江西瑞原门窗装饰有限公司（以下简称瑞原，见附录1）总经理涂清君正移步在光阴上，双手一一轻拂室内展出的门窗样品，从50系列隔热平开窗、55系列隔热平开窗、55系列带加热隔热平开窗、60系列隔热平开窗、65系列隔热内开内倒窗、70系列隔热内开内倒窗、80系列推拉窗、90系列推拉窗一门直到JN64系列断桥隔热平开窗。如这些承载辉煌的系列数字升序之势，涂清君一直对瑞原的发展信心恒升，但当手离开最后一扇窗时，

---

① (1) 本案例由江西财经大学工商管理学院胡海波博士撰写，研究生黄涛、本科生钟倩参与了前期企业访谈、资料整理和写作构思等工作。作者拥有著作权中的署名权、修改权、改编权。未经允许，本案例的所有部分都不能以任何方式与手段擅自复制或传播。(2) 由于企业保密的要求，在本案例中对有关名称、数据等做了必要的掩饰性处理。(3) 本案例获评第四届全国"百篇优秀管理案例"，并已收录中国管理案例共享中心，经该中心同意，委托江西财经大学工商管理学院案例中心授权学院全体教师使用。(4) 本案例只供课堂讨论之用，并无意暗示或说明某种管理行为是否有效。

涂清君忧心忡忡地看向高挂着的幕墙①,口中反复呢喃着:"门窗!幕墙?门窗!幕墙……",最后,脑海中浮现出"战略转型、二次创业"八个字。

改革开放30多年以来,中小家族企业以浩浩荡荡之势宦海沉浮于新兴的中国市场,以占全国企业数量的90%形成一道中国特色的企业结构风景,也如散沙般多而不群。2013年,全国经济结构转型之际,如何应势茁壮发展是中小家族企业普遍需要深思熟虑解决的。如大多数的中小家族企业一样,瑞原已从当初的小作坊成形为现代化中小型企业,在金融危机、温州跑路、房地产市场火暴、国家调控房地产等万变的大市场环境中,依旧在江西门窗市场占有一席之地。涂清君为何心生战略转型之意?他心中的战略转型又指什么?他的二次创业能否取得大捷呢?

1 瑞原的历史,谁来创造

瑞原的历史要追溯到改革开放初期,20世纪80年代初,江西靖安凭借靠山的独特地理位置,发展起了一批包括涂老先生在内的木匠。受改革开放浪潮的影响,建筑行业如雨后春笋般地发展起来,而主要依附建筑的门窗市场也逐渐火热起来。正是看到了木门窗的热卖紧俏,涂老先生将自己所住的砖瓦房作为小作坊,开始了木门窗的炮制,因为自制的木门窗拥有纯手工艺的精致,受到了当地建筑包工头们的青睐,涂家的木门窗生意在当地越做越好,名气越来越大,到80年代末,基于当地市场容量太小及自身业务发展需要,涂老先生将木制门窗业务拓展至省城南昌,从而开始了涂家木制门窗在南昌的热销。时间到了1999年,随着新型建筑材料的面市,木制门窗逐渐在市场上黯然失色,塑钢门窗、铝合金门窗作为新型产品大受欢迎,为此,涂老先生对产品做出调整,将塑钢门窗、铝合金门窗作为主要经营产品,并在南昌承租了一家门店,正式将加工地点设置在南昌,业务市场以南昌为中心并辐射全省,主要客户还是面向建筑商。

2001年,20岁的涂清君开始加入到父亲的门窗生意中,逐渐担负起家族事业继承人的重担。当时,涂家是以挂靠江西省建工集团下属的南昌泰安门窗有限公司的形式承接门窗业务,但业务承接能力十分受限。2002年,通过建筑商首次接触开发商,并有了将客户群体扩充至开发商的想法。不久之后,通过自身努力,顺利中标江中集团江中花园铝合金门窗制作安装工程,合同金额为300万元,第一次成为开发商的重要合作伙伴,实现客户由建筑商向开发商的零突破。相比之前年营业额100万元而言,一份高达300万元的开发商订单更加坚定了涂家门窗加强开发商客户扩展的决心。

随着事业的发展,涂家逐步与千禧城、远东地产、正荣地产、万达集团、江西省建工集团、江铃房地产等多家知名房地产商建立合作关系,将主要客户定位为开发商。由于采用挂靠经营的模式,在一定程度上限制了涂家门窗市场的发展,2007年5月,涂清君作为企业法人代表,以注册资本508万元成立江西瑞原门窗装饰有限公司,此外,在江

---

① 幕墙是建筑物的外墙护围,不承重,像幕布一样挂上去,故又称为悬挂墙,是现代大型和高层建筑常用的带有装饰效果的轻质墙体。

西南昌小蓝经济开发区金沙一路租赁面积达1万余平方米的大车间作为公司厂房,从此,涂清君作为瑞原门窗的创始人开创了企业自主经营、规范化发展的新局面。随着瑞原接单和业务消化能力的不断提升,原先的租赁厂房无法与企业的高速发展相匹配,2010年,瑞原获得政府批地,同年开始着手兴建厂房与办公楼,并于2012年顺利从江西南昌小蓝经济开发区金沙一路整体搬迁至金沙三路,从此,瑞原真正有了自己的生产和办公基地。

对主领瑞原走过5年的涂清君来说,2012年是喜忧参半的一年。喜的是,瑞原公司2012年的年产值达到9 000万元,较之于2010年的3 000万元和2011年的6 000万元实现了翻番,公司以高质量产品树立了良好的企业形象,成为江西门窗行业的标杆企业之一;忧的是,瑞原作为江西门窗行业的"地头蛇",居然遭到"外来强龙"——深圳保杭建设集团股份有限公司(以下简称保杭)的压制威胁。原来,一直以一线城市为目标市场的保杭,近几年来为扩大市场规模,继而将业务延伸至二线城市,2012年,本着低价做量的保杭甚至以低于南昌本地门窗企业平均价格得以在数起门窗项目招标中中标,直接从瑞原公司手中"抢走"几千万元的门窗订单,成为瑞原公司最大的直接外来竞争对手,此外,瑞原公司主营业务一直为门窗,业务单一,与此同时,以铝合金门窗、塑钢门窗、栏杆等为主的业务经营需要产品生产与产品安装两大技术及管理团队的支撑,两者只有合理协调起来才能使企业正常运营,这在一定程度上加大了公司成本的投入,随着未来公司规模的不断扩大,公司将面临更大的管理问题。

此外,新形势下的中国门窗行业市场发展状态及公司所处的行业位置也让涂清君在舌尖上甜苦交织着。

> "中国正处在大规模城镇化建设的阶段,已经成为世界最大的建筑市场,在未来几年里,对建筑门窗幕墙的潜在需求量还将一直呈上升的趋势。我国城市建筑每年竣工5亿平方米,农村建筑达6亿平方米,公用建筑达7亿平方米。按照门占10%,窗占20%,加起来占30%的比例来计算的话,我国每年就有5亿多平方米的门窗市场。可想而知,我们的门窗行业市场前景还是挺不错的。"
>
> ——涂清君回忆

从整体行业环境来看,瑞原现在确实处于一个上升阶段,一方面,国家对门窗建筑行业表示出了政策的大力扶持;另一方面,按照国家"十二五"规划,节能材料和技术的未来市场容量可达数万亿元,这无疑是给节能环保型塑料建材发展提供了巨大空间,为塑料门窗创造了大好的发展机遇,从而有效地带动行业的迅猛发展。值得一提的是,江西新型工业化和城镇化两大战略正在不断推进。江西省委、省政府始终坚持工业化、城镇化"双轮驱动"不动摇,积极实施新型工业化和城镇化两大战略,并取得了很好的效果。在"十二五"时期,江西省的城镇化率将由现在的44.8%提高到52.8%。这将势必带动如瑞原等一大批江西本土门窗民营企业的发展。未来门窗行业整体市场潜在的巨大前景让涂清君感受到了香甜自溢。

但苦涩也随之在喉结中蔓延开来,一方面,钢铁、木材、铝及塑料原料主要品种聚乙烯、聚氯乙烯树脂价格等原材料价格均有不同程度的上涨,一定程度上增加了企业的生产成本,有可能引发新的价格战,直接导致门窗市场竞争形式的加剧和多样化,这可能对瑞原的发展是一大挑战;另一方面,受国家倡导节能政策的影响,国内的门窗产品结构也将会有较大的转变。人们节能环保的意识也逐渐加强,瑞原作为门窗生产商应该如何适应这一形势的变化呢?需不需要在技术上寻求新的突破,实现产品升级与技术革新?如何吸收和消化国内外门窗企业的工艺规范,结合市场环境的变化,规范自身门窗加工过程中的原材料选购、制作流程、运输以及安装、售后等各个环节,保证公司的快速健康发展?

此时,仿佛又回到了5年前,5年前第一次创业,5年后要二次创业吗?对于涂清君来讲不同的是,5年前的第一次创业就像是做选择题与判断题,而现在要做的是分析题与论述题。要解答二次创业,不禁让涂清君想起第一次创业的历历往事。

2 子承父业,也是第一次创业

2007年是涂清君加入到父亲门窗生意的第6个年头,涂清君也从最初的幕后技术人员成长为父亲门窗生意的实际负责人,涂家的门窗生意也是越做越好,年产值接近千万元。涂家门窗生意的开创者涂老先生对现在的成就很满意,但涂清君却对一件事情留心已久,甚至有点"耿耿于怀"。

原来,涂家门窗生意一直是挂靠江西建工集团下属的南昌泰安门窗有限公司的,通过挂靠经营,参与门窗项目公开招标获得工程项目。尽管涂家门窗凭借其产品质量高和信誉好得到江西本土地产开发商的好评,在南昌市小有名气,订单也不用愁,但在门窗行业中也只留下"有一家门窗做得还不赖的,是姓涂的"的流行说法。立志要做大做强门窗这块市场的涂清君深知,这种挂靠经营的方式并非长久之计,成立自己的门窗公司、走规范化的公司经营道路显得急迫而又意义重大。

2007年5月,在与父亲涂老先生协商后,涂清君以法人代表的身份注册成立了自己的公司,当时的注册资金为508万元,公司全称为江西瑞原门窗装饰有限公司,涂清君担任公司总经理,全权负责公司的运营与管理,成为涂家门窗事业的第二代领导核心。

"虽然很多决定都是我做主,但毕竟成立自己公司等重大战略性决策还是需要和父亲商量的。当我和父亲提议要成立自己的公司时,刚开始父亲是强烈反对的,因为父亲一方面并不看好这个行业,认为房地产行业将逐步萎缩,另一方面不想把事情弄得越来越复杂,虽然挂靠别人公司赚得少一些,但也还算轻松。我能理解父亲,毕竟他们那代人做生意求的是安稳,但时代不同,成立自己的公司是必经之步,我们做门窗行业也有20余年,有一定的人脉关系和经验,我有信心越做越好,另外,挂靠别人公司,一来受到约束,业务开展等往往受限,总感觉不是自己的,二来也形成一笔为数不少的管理费用,同时,我也明显意识到同行竞争越来越激烈,规范化的企业制度与管理是未来取胜的法宝。父亲听了我这些想法后,也表示些许赞同，并说现在是你们年轻人的时代，怎么做自己想好了就行。也就是在我成立自己公司那天，父亲完全退居下来，从此，我全权负责处理公司一切事务。其实，我很感谢父亲，我们这代人是站在父亲的肩膀上成长的，父亲将我带领进门窗世界，他自己辛苦开垦出一块肥沃的土地，至于种什么和怎么种他给了我足够的自主权。"

——涂清君回忆

"关于公司起名'瑞原'，说来挺有意思的。当时，我的一个朋友听说我们家要成立自己的公司，便推荐深圳一位测字摸骨大师帮忙取名，我记得那位大师给了三个名字以供挑选，其实，三个名字差别不大，但'瑞原'是排在最前面，所以公司就这样叫上了'瑞原'"。

——涂清君夫人回忆

瑞原成立后，除了继续外部经营，更要花费较多的精力与时间在公司内部管理上。在瑞原成立之前以挂靠为主的时期，涂家生意主要是通过涂清君在外跑订单，再以挂靠公司的名义签订合作协议或合同，然后只需将订单要求交予涂家门窗技术生产人员即可，在此过程中，只需支付给挂靠公司一定的管理费用，由挂靠公司代为管理。由于成长的特殊性，公司面临最大的困境是管理。为脱离这一困境，涂清君及其家族成员一方面申请名校参读管理培训课程，另一方面对公司所有事项亲力亲为自行管理实践，在"战争中战争，管理中管理"。涂清君的管理实践，基本解决了公司初创期的管理问题，但随着公司规模的扩大，也为公司日后高效经营留下隐患。

经过5年的发展，依据市场业务需求，瑞原组织结构初具成型。涂清君作为公司的创办人，担任总经理一职，负责公司的整体运营，是公司最高的领导者与管理者。公司共有生产部、技术部、项目部、财务部、行政人事部、综合部等6个部门，设有部门经理5人，在家庭成员中，涂清君夫人亲自掌管财务与行政人事两大部门，涂清君侄子则为生产部部门经理。除经理外，每个部门有2—5人，其中，生产部门的基层生产员工有60人左右。此外，公司计划在2013年增设三名高级管理人员。

根据瑞原岗位职责说明书，生产部主要负责企业生产，技术部主要负责原材料、项目预算和项目投标报价，项目部主要负责工程安装、与客户进行沟通协调、了解市场项目需求，财务部主管公司财务，行政人事部主管公司的各项考核，如内务考核以及人事招聘等，综合部负责产品质量检验和其他部门没有负责的内容。但由于人员缺乏，部门功能并未完全实现。

除了面临内部管理这一大困境，涂清君也意识到在新的发展时期，公司还受到外部环境变化的影响。近年来，随着铝材、塑钢、玻璃等各种原材料价格的不断上涨，瑞原门窗的生产成本也不断上涨，此外，随着我国市场经济发展和国家倡导低碳节能环保政策的推动，一方面，门窗行业将涌入大量的新进入者，虽然它们在技术上并不占优势，但在成本价格方面会有较强的竞争能力和优势，另一方面，随着国家鼓励发展塑料门窗政策的逐步推行，对长久以来以铝合金门窗、塑钢门窗为主营业务的瑞原来说，也将是一个巨大的挑战。

7年的往事在脑海中精致地浮现一遍，而此时电视画面里在述说着门窗行业领头羊——北京嘉寓门窗幕墙股份有限公司实力雄厚的盛况,规模在瑞原之上的保杭又一次击败瑞原成功中标。在江西本土地区,瑞原一直保持在市场前三,与其发展水平相当的江西省几家门窗企业暂时未表现出明显的优势,在江西市场竞争的程度有限,但目前受到外来深圳保杭等同行的挑战,瑞原的市场份额也随之减少。涂清君不禁将"战略转型,二次创业"的标题描黑加重,跨过30步的阶梯,快速迈开脚步走向瑞原办公区,在员工的沉默和静止中,用洪亮的声音发出"我们公司今年会有重大改变,各部门要做好思想准备"。

3　战略转型,二次创业

涂家与门窗打了30年的交道,但门窗行业真正意义上也是近十年得到高速发展的,它的兴衰与房地产行业息息相关。虽然门窗行业有着较高的行业资质,但由于资金投入要求低、技术普适性高等特殊原因,造成该行业进入门槛低、企业规模小、行业发展水平整体不高、竞争水平低等现状(见附录2)。

从全国来看,该行业目前只有一家上市企业,即北京嘉寓门窗幕墙有限公司,其年产值达到10多个亿,颇有一枝独秀的姿态,而年产值达数亿的企业只有少数几家,其中也有准备上市的;从江西省来看,虽然瑞原历年的年产值位居全省前三强,但整体来说,江西省门窗行业的发展水平较为滞后,没有一家上市企业,缺乏具有全国竞争力的门窗企业。

虽然瑞原现拥有10 000平方米的厂房及办公宿舍楼,年生产安装可达30万平方米门窗工程,已为南昌的40多个楼盘提供高品质门窗产品,拥有员工180余人,近三年的年产值翻番成长,呈现出高速发展之势。但是,一方面,公司的发展水平和行业所处地位与公司"做大做强门窗行业、成为全国高水准民营企业"的目标还有一定差距;另一方面,门窗企业的发展速度与水准要受到门窗行业资质的限制,因此,在短暂时间内,门窗企业只是在规模上有所差异,但并无明显的竞争优势差异。

很快,涂清君宣布的重大改变被明晰化了,即发展多元化、进军幕墙安装行业(见附录3)、实施战略转型、进行二次创业。幕墙有别于传统的门窗产品,若公司进军幕墙市场,能够减少公司对产品生产的投入,节约成本;更重要的是,江西省缺少正规幕墙安装公司,因此,还能抢先占领阵地,赢得发展先机。

正是看到了江西省幕墙市场的巨大前景与幕墙企业的空白对照,涂清君考虑将瑞原战略转型具体化——以进军幕墙安装市场为先导,推动瑞原业务相关多元化战略转型、扩大企业经营范围,实现二次创业。但是,从瑞原现在的基本情况来看,若进军幕墙安装行业,除了管理方面存在问题,技术与业务也是影响其战略转型实施的重要因素。目前,瑞原的生产技术人员大多专长于传统门窗技术,对幕墙安装方面几乎没有什么概念,如何从技术上为幕墙安装提供保障是瑞原实现战略转型十分急迫的问题。此外,由于瑞原作为幕墙安装行业新进入者,业务市场的开拓需要专业化的队伍来实现,若业务市场不稳定,瑞原进军幕墙安装行业并实现二次创业恐怕也只是空谈。

根据相关多元化战略的部署,瑞原未来发展可能考虑作出以下选择。

一是继续做大做强门窗主业务,继续稳定在门窗行业的领先地位。目前,从整个江西省来看,瑞原处于同行业前三水平,但优势不明显,与同行业竞争者的实力势均力敌,水平难分伯仲。未来,瑞原将逐步拉开与同行业竞争者的距离,营业收入实现亿的突破(见附录4),5年后产值达到2亿左右,成为江西门窗行业的龙头企业,并积极争取早日成为全国门窗行业的领头羊,牵头成立门窗装饰行业协会,转变行业发展的混乱局面。

二是成立瑞原幕墙事业部,以幕墙为契机推动企业业务相关多元化,扩大经营范围。首先,加大对幕墙安装行业的投入,力争2年内成立江西省领先的幕墙安装企业,抢先占领幕墙行业的发展先机,成为江西省幕墙行业的领军企业。其次,在现有的6项资质基础上,努力获取更多更好的资质,为瑞原经营范围的扩张提供保障。最后,通过与大型地产开发集团合作保持企业20%—30%的增长速度,并视未来企业的发展情况及市场形势,推动瑞原其他领域的多元化,扩大经营范围及目标市场。

对于瑞原2013年是否实施业务相关多元化的战略转型,在2013年3月初,涂清君专门召集公司中高层领导以及员工代表召开瑞原发展战略规划会议。会议期间,不同部门、不同层级的代表提出了他们不同的看法,其中,项目部经理、财务部经理、项目部员工等表示支持公司的战略转型,并对公司的二次创业表示了信心,而技术部经理、综合部经理、行政人事部员工等则不赞同公司进行战略转型,并对公司的二次创业表示担忧。

首先,项目部李经理先声夺人,言表认同:"资质升级是有一定的行业标准,一般需要几十万元,现在我们公司的行政部有专职人员在经手做这个事情。目前行业对资质看得很重,如果要与全国性大开发商合作,这个资质是必不可少的。而资质升级需要一年的期限,很难提升,因为需要技术支撑,有很多考察指标,如公司的业绩以及工程师、建造师等专业人才是否齐全等。行业内资质就是软实力,如果没有资质,就像开车没有驾照一样,市场是不会接纳的。目前,公司门窗资质已升到二级,并且也具备幕墙资质。可以说进入幕墙行业不存在资质壁垒。"

接着,技术部刘经理紧锁眉头,沉思一番,在素白的纸上用力画了个X,然后顿了顿嗓子,用高出平时好几个音阶的声调说道:"尽管我们公司具备幕墙资质,但不表示我们现在有能力做好幕墙这一块。幕墙确实是近几年建筑行业发展前景广阔的产品,但为什么本地幕墙市场很大一部分被外地幕墙企业占据,因为技术不过关,江西鲜有能够独立进行幕墙设计、施工一体化的公司,做门窗也好,做幕墙也好,技术是一大难关,技术是基础,也是核心。我们未尝不可专注于门窗业务啊,这样,通过提升公司门窗生产技术水平,实现技术创新与专利申请,增强我们公司的核心竞争力,与江西省内同行企业拉开竞争距离,形成独特的竞争优势,力争成为江西门窗行业的龙头企业。"

财务部经理涂清君夫人双眸定向,点点头又摇摇头,最后一秒刚好接过刘经理的话,解释到:"幕墙和门窗在技术上有一定的融合性,公司正在大力培养技术人员进行幕墙技术研究及攻关,况且,随着幕墙行业的火热,幕墙技术人才资源增多,我们也可以考虑通过人才引进填补现有技术力量,另外,从公司多年的发展来看,资金从未出现过断链,按照幕墙技术的资金投入标准,公司的资金是很充裕的,这是支撑战略转型成功的必备要素，能够为公司引进幕墙安装技术人才提供重要保障。"

综合部王经理见无人接话，便说道："尽管如此，我们不能忽视这一点，保杭已经进入我们的市场，并抢占了我们的部分门窗业务，尽管公司年产值位居江西省前三，但在本省内还有三四家强有力的竞争对手，目前，公司人才缺乏，管理体制还有待改善，公司还未真正走上规范化管理的轨道，在这样的境况下急于发展幕墙业务，实施业务相关多元化战略，势必战线过长，会影响到公司的主营业务，又拿什么去保障幕墙业务的良好发展呢？"

涂清君若有所思，认可地点了点头。刚刚前面几位部门经理都——发表了他们的意见或想法，他还想听听基层代表是如何看待公司战略转型这一问题的，故示意让员工代表发言，会议继续进行。

项目部员工代表小李诚恳地说道："对于公司门窗这一业务的竞争情况，并非那么糟糕，尽管公司目前面临着保杭争抢门窗业务，但事实上，保杭只是大而不强。近些年，保杭由最初的门窗高端市场进军至二线城市的低端市场，这主要是源于其以量做大、进而上市的扩张战略，所以，常常会承接盈利少甚至亏本的门窗项目，保杭的年产值虽然快速扩大到近10亿元，但其公司本身存在着管理不当、高负债率、资金周转困难、人员流失率大等一系列问题，有自我毁灭之势。江西省内知名的门窗企业的年产值差距较小，省内前三名门窗企业与第二阵营企业差距在3 000万以内，我们公司的底子还是很足的。所以，我们公司面临的门窗竞争还是有一定优势的，如果放之于全国，情况当然不一样。但至少，这不会成为公司战略转型的障碍。"

听完小李的话后，行政人事部员工代表小王有些激动，用力地摇着头："且不论公司门窗竞争形势如何，发展幕墙业务，资金或许不是问题，可是，人才呢？公司一直面临着技术人才、管理人才缺失的困境。"

听完各位的意见与看法后，涂清君经过一番思虑，提到："人才确实是一个障碍，我是一个管理决策者，由于人才缺乏，很多时候都要我亲力亲为，甚至包括直接对基层员工下达一些命令。生产这块我基本全权委托生产部经理管。虽然也有很多方面不满意，想管也没有时间。但是，对生产方面，我还是会抓大的方面。在后勤行政方面，如果提拔一线业务骨干当然是更好，对企业忠诚度更高，但是他们的学历基础薄弱，管理素质一般；如果从外面招聘高学历人才，恐怕会因为薪酬太低很难留住；如果从行业内其他公司挖人，忠诚度很难保证。若瑞原要真正实施战略转型，进军幕墙安装行业，除了处理好技术人才、管理人才等人才方面的问题，如何实现产品技术自主创新与产业升级也是亟待各位考虑的问题。"

经过此次会议一番激烈的讨论与交流，涂清君对瑞原如何顺利实施战略转型、实现二次创业突围战大捷陷入了新的沉思。

据了解，瑞原的生产一线员工的来源主要是附近村庄的剩余劳动力，员工的年龄在18—45岁，比较于其他门窗公司，瑞原有着比较诱人的薪资待遇，员工整体收入水平位于同行业的中上等级。基本的一线生产人员采用计件工资制，每人的月平均收入可达3 500元左右，而最基层的管理人员——班组长每月的收入为5 000—6 000元。由于工作的重复性及工作环境的影响等因素的存在，瑞原平均每月员工流动人数为1—2人，春节前后流动率最大，达到80%，而流动员工基本为生产技术工作人员。因为公司现有的培训机制主要是手把手教,用以老带新的方式来进行,这种培训方式一个员工需要工作半年以上才能完成正常工作量,需要一年时间以上才能做到熟练。

就目前来看,中国各大院校、高职、中专等学校都没有门窗装饰、玻璃安装的专业课程,只有接近一些的工程建筑等专业,这就在一定程度上限制了门窗行业从学校选拔出有理论基础的高端人才,该行业技术从事人员基本是从基层生产人员转型而来,因而学历基础较为薄弱,优质人才很少露头。另外,瑞原的管理人员主要分为两块:一块是家族人员,他们直接被任命为部门经理,进行部门的基本管理;另一块则是非涂氏人,他们有些是通过社会招聘入职的,有一定的门窗行业管理经验,另一些则是从瑞原内部员工(主要是生产技术员工)直接选拔上来的,他们的工龄较长。在技术方面,瑞原需要进一步创新与突破,技术队伍的建设是其实现二次创业的关键因素,这对瑞原进行战略转型是一个巨大的挑战。

公司的决策往往由涂清君个人决定,据涂清君表示,公司战略转型的决定并没有通过深入的市场调研,没有经过详细的市场信息采集和分析,而是凭借涂清君的行业经验和个人认识。他也表示过,目前管理层的空缺是公司必须正视的痼疾。瑞原虽然设有6个部门经理,但家族人员就有3位。在早期,这种家族管理人员以家族使命感的高忠诚度为企业的稳定发展做出了功不可没的贡献,但随着企业规模及业务的扩大和规范化的法人治理结构建立的要求,这种家族式企业管理也逐步暴露出弊端。根据涂清君的描述,其他3位非涂氏部门经理在开会时往往保持沉默,基本不提任何意见,工作的激情也不高,能坚持做上3年的基本没有。

"人力就是动力,从成立公司开始,我就一直在积极搜寻行业优秀人才,当然是那种技术与管理复合型人才。2010年的时候,我通过门窗行业信息网站,一条一条地过滤信息,终于发现了一个让我心动的人,我立马存下了他的所有联系方式,电话号码呀,QQ呀,那感觉就像是找到了自己的梦中情人一般。后来,我联系上他,表示了对他的欣赏之情和邀请之意,但当时他在外省,不能立即回来,所以他并没有立即答应只是说会考虑看看。就这样,我与他保持了一年的电话联系,我们相互探讨行业相关问题,我发现他越来越符合我的人才要求,为了争取到他,我甚至对他说,只要他肯来我公司,条件(包括薪资待遇)他随便提。但我也不知道具体什么原因,他后来拒绝我了,这让我伤心了好一阵子。"

——涂清君回忆

瑞原虽专设技术部,但公司成立以来,技术部主要负责门窗原材料及项目预算以及提供项目投标报价,更像是财务部与采购部。技术部现有部门经理一名,其他技术人员四名,并没有专门的技术研发中心,无论是从材料、设备、技术创新上,瑞原都离技术雄厚有着不可忽视的差距。以门窗产品为例,瑞原生产的门窗大多为塑钢金属,生产工艺及材质功能与目前市场上新兴的彩板门窗有着较大差异。公司现有的系列门窗并不具备技术上的独特,从技术上定义,瑞原只是门窗产品模仿与复制的加工厂。就目前而言,幕墙技术在全国日新月异,各类满足现代技术要求的建筑玻璃幕墙孕育而生,具有节能要求的"LOW-E玻璃"、满足防火性能的"铯钾防火玻璃"、具有自动清洁功能的

"自洁玻璃"、使用在夏热冬暖地区"反射型 LOW-E 玻璃"等高强度耐候型结构密封胶（简称硅酮结构胶或结构密封胶，它主要用于建筑幕墙受力金属构件与玻璃等非金属材料的结构性粘接，用胶接取代焊接或机械连接）是建筑幕墙应用先进科学技术的重要标志之一。因此，粘接强度、相容性、耐候性、耐久性等技术性能要求十分严格，是影响幕墙结构安全和工程质量的关键材料。瑞原在传统门窗业务上，一直缺乏必要的技术创新，门窗产品缺乏品牌效益，而幕墙在材质匹配、流程生产、专业安装、技术革新等方面无疑是瑞原面临的一大难题。

从产业链的角度出发，幕墙行业的上中下游的关联性较为单纯，产业的兴衰主要依赖于房产开发企业，其市场经营的风险基本上集中在唯一的下游产业，幕墙企业在房产开发企业建立广泛的市场营销渠道甚为重要。瑞原主要以关系纽带维系着业务发展，其项目获得主要通过两种渠道：一种渠道是通过先前的合作伙伴即某一具体房地产开发商引荐，得以与另一开发商开启合作关系；另一种渠道是通过招标中标，获得新客户。而前者有着较大的人为因素，后者的成功率仅为15%。

"对于门窗行业或类似行业，我很有信心继续走下去，并做大做强。毕竟自己从事门窗行业有好多年，也积累了一定的行业经验和人脉资源，如果你叫我突然不做了，我还真不知道自己能做什么。而且这么多年来，公司从来没有在资金方面出现过问题，这无疑给了我极大的动力。公司考虑战略转型的第一年也就是2013年，已经承接了第一个幕墙业务，客户为国内商业地产巨头在南昌开发的楼盘湾大广场，3月份这个项目会正式开工，预计在7月份前完工，可以说我们已经尝试迈出了业务相关多元化战略的第一步了。如果技术、人才、业务市场等方面的问题解决好了，那我会毫不犹豫地进军幕墙，实施战略转型，进行二次创业。但目前的状况，让原本自信满满的我也感慨到，做企业的，尤其是做民营企业的，常常在抉择上会陷入这样的两难困境，甚至是三难以上。"

——涂清君回忆

春季的最后一束光悄然而至，瑞原这场战略转型发起的二次创业突围之战的硝烟依然弥漫着，前方究竟是康庄的大道还是沦陷的废墟，只有待到金黄秋色时才能看到它结的是什么果：是继续做大做强门窗主业务，成为江西乃至全国一流的门窗企业还是实施战略转型，进行二次创业突围战，实现企业跨领域发展？此时，涂清君有所困惑、有所怀疑，又陷入了绵长的沉思中……

附录 1

江西瑞原门窗装饰公司简介

江西瑞原门窗装饰有限公司（以下简称瑞原）是一家以门窗为主要业务的中小型家族式民营企业。公司成立于2007年5月，当时注册资金为508万元，是江西省规模最大的门窗企业之一，其前身是江西建工集团下属的南昌泰安门窗有限公司。

瑞原以经营中高档次的铝合金门窗、塑钢门窗、栏杆、百叶生产安装业务为主,公司现拥有10 000平方米的厂房及办公宿舍楼,有国内外一流的生产及检测设备,配备了一支高素质的管理团队及技艺精湛的工人队伍,具有年生产安装30万平方米门窗工程的能力。

瑞原自成立以来,用全新的管理结构及经营理念规范企业,给企业注入了生机与活力,在生产规模、品种、产值、效益等主要经济指标上达到了新的高度,目前已为南昌的40多个楼盘提供了高品质门窗产品,年产值已达到9 000万元。

长期以来,瑞原人凭着优良的产品质量、良好的信誉及优秀的售后服务,在业界树立了良好的形象,也赢得了大量的客户,是万达地产、正荣地产、中体产业等中国知名房地产商在江西的重要合作伙伴。

瑞原以"成为客户满意的合作伙伴"为宗旨,以努力创建国内一流的门窗企业为奋斗目标,为建设美好的家居环境添砖加瓦。

附录 2

我国门窗行业发展概况

我国是目前世界建筑门窗生产、使用第一大国,每年生产使用各类门窗总面积超过5亿平方米。随着我国房地产业的迅猛发展,建筑门窗生产规模不断扩大,多元化、多层次、多品种的建筑门窗产品结构框架已经建立起来,形成了各种经济共存、多元化发展的新格局,其中,民营、股份制、合资、外资企业发展迅猛,占行业企业的99%以上,而民营企业成为主力军,建成了以门窗专用材料、专用配套附件、专用工艺设备、多品种协同发展的产业化生产体系。

我国门窗生产企业近3万家,大致可分为三类。第一类是具有相当规模的大型集团化公司,设备先进,有优秀的技术管理人才和严格规范的管理制度,市场发展占绝对优势,承接国家重点工程和项目,呈良性循环态势;第二类是中、小型企业,缺乏强有力的管理机制和一定比例的技术管理人才,特别是小型门窗企业,设备落后,技术力量薄弱,没有市场竞争力,所面对的主要客户是房地产业和装修业,其发展规模和企业的兴衰完全依赖建筑业;第三类是大街小巷的门窗加工点,质量稳定性不高,但价格便宜,面对的是个体装修商、旧房改造及乡村地区,有一定的市场。值得一提的是,北京嘉寓门窗幕墙装饰工程(集团)有限公司是目前我国唯一一家资产过十亿并成功上市的门窗企业。

建筑门窗已由传统的木门窗演变为钢、铝、塑、玻璃钢等多材质、多品种、多功能的门窗产业链,在产品功能上向着健康、节约、安全、装饰、艺术、智能化、人性化的绿色产业发展。其中,塑钢门窗由于受国家宏观政策的引导和支持,并且凭借其良好的气密性、保温节能等诸多优点,在市场上越来越受到开发商的欢迎。据估计,全国每年消耗塑钢型材在30万吨以上,生产门窗3 000多万平方米,增长速度远远高于其他门窗。在北京、上海等一些大中城市，塑钢门窗的市场占有率已达60%，成为当地门窗市场上的主导产品。国内塑钢门窗将继续从木窗及铝制窗的市场中抢夺份额，并将持续增长，预计到2015年，塑钢门窗所占比例将近50%，木窗及铝制窗将分别下降至10%和39%。

从全国来看，各地区发展不平衡，东北和西北地区一些产品质量好、规模较大、品牌知名度较高的企业，销量有较大增长，例如，宁夏塞上阳光公司增长40%，西安高科、沈阳华新和新疆蓝山等公司的门窗或型材有30%的增长，大连吉田公司的型材也有20%的增长。但东部地区的一部分企业产销量有不同程度的下滑。据不完全统计结果可推测，全行业门窗年产销量将保持近14%的增长。

我国每年新建筑门窗用量为6.5亿平方米，年产值超过4 500亿元。原有110亿平方米的建筑，大都安装着塑钢和普通铝合金窗，由于塑钢门窗、普通铝合金窗的毛条、胶条等的老化、五金件磨损、单玻损坏等原因，使用寿命均在10年左右。未来十年内，我国先后将有超过110亿平方米门窗进入更新换代期，对既有建筑门窗改造形成的市场额将超过万亿元。全国3万家门窗企业呈现小而散、技术含量低、无节能技术的落后状态，由于门窗行业已进入初步成熟期阶段，竞争程度激烈，导致目前各企业利润降低。建筑门窗市场产品日渐丰富，形成了以铝、塑、木、钢四大材料为主的多元化市场结构，新材料、新技术的应用将出现更多新产品，铝门窗产品与其他行业比，产品差异性小，竞争更加激烈。

参考资料：敖娟，"回顾2011门窗行业增长成主流"，《中国建材报》，2012年5月4日第006版。

附录 3

我国幕墙行业发展概况

幕墙行业是我国经济体制改革的产物，与其他传统行业相比，年轻的幕墙行业受计划经济体制的影响相对较小。我国幕墙行业从1983年开始起步，年生产安装量超过6 000万平方米，年均增长率达到18%，已建玻璃幕墙建筑约3亿平方米，占世界总量的60%，到21世纪初，已成为世界第一幕墙生产大国和使用大国。经过二十多年的发展，我国的幕墙行业已形成设计、施工、材料生产、配件供应等行业体系，特别是在科技含量和创新、技术立法、产业集中度、对外工程承包等方面居建筑行业领先地位。2010年，我国的幕墙企业产值达近千亿元人民币，幕墙行业已经形成了以100多家大型企业为主体，以50多家产值过10亿元的骨干企业为代表的技术创新体系，这批大型骨干企业完成的工业产值约占全行业工业总产值的50%以上。

目前，国内门窗幕墙加工制造领域已经形成以100多家大型企业为主体，以50多家产值过亿元的骨干企业为代表的技术创新体系。这批大型骨干企业完成的工业产值约占全行业工业总产值的50%左右，在国家重点工程、大中城市形象工程、城市标志性建筑、外资工程以及国外工程建设中,为全行业树立了良好的市场形象,成为全行业技术创新、品牌创优、市场开拓的主力军。在市场份额方面,国内幕墙企业约占85%。中国市场应用最广泛的幕墙材料主要分为玻璃幕墙、石材幕墙和金属幕墙三大类。幕墙高技术产品正变得走俏,质次价低的产品正面临淘汰。

早在2007年,我国具有三级以上资质的幕墙设计施工企业已经达到了1 800家,行业总产值已经超过了600亿元人民币,并且仍以20%左右的年增长率继续发展。其余中小企业则依靠自身技术及经营优势,在建筑市场中起到了拾遗补阙的作用,如一些玻璃深加工企业创造生产的一些水幕墙、浮雕幕墙等产品。

中国建筑装饰协会幕墙工程委员会的数据显示,目前,已经有9省、直辖市的23家幕墙企业在52个国家和地区承建幕墙工程上百项,产值超120亿元人民币,占建筑装饰行业对外承包总额的80%。在国内,2010至2020年的十年时间内,国家将投资3万亿人民币于太阳能屋顶和光伏幕墙,从而形成180万KW的发电能力。如果说以每平方米光电幕墙发电能力为80W来计算。在这十年中光电幕墙的完成量将达2 000万平方米以上。这对我国的幕墙行业来讲是一个巨大的市场。中国幕墙企业在海外市场上承接的更多是中东、非洲等地的一些工程项目,一直无法打进欧美等核心市场。

我国幕墙行业现有设计人员4万人,经中国建筑装饰协会评价的幕墙设计师已有876名。但是,这些设计人员平均年龄30岁左右,从业时间只有5年左右,并且大多数来自土木工程和机械类与幕墙工程相近的专业,这就导致中国幕墙行业的设计水平与世界幕墙强国有相当大的差距。

随着我国门窗幕墙行业的发展逐渐步入较为成熟的阶段,特别是国外资本和国外企业的不断进入,行业竞争也将更加激烈。

参考资料:行业资讯,"技术创新推动幕墙行业快速进步",《广东建材》,2012年第11期。有改动。

附录 4

瑞原公司工程业绩表(2005—2013年)

序号	建设单位	工程名字	工程地点	门窗类型	工程量(平方米)	开、竣工日期	质量达到标准
1	江铃汽车集团江西工程建设有限公司	龙江花园	高新开发区	铝合金门窗	21 000	2012.9—2013.6	在建
2	南昌正荣(新加坡)置业有限公司	正荣大湖之都H地块	南昌县莲塘镇	铝合金门窗	9 200	2012.7—2013.6	在建
3	南昌正荣(新加坡)置业有限公司	正荣御园	朝江新城	铝合金节能门窗(内置百+LOW-E)、栏杆及百叶	18 000	2012.7—2013.3	在建

续 表

序号	建设单位	工程名字	工程地点	门窗类型	工程量（平方米）	开、竣工日期	质量达到标准
4	南昌红谷滩万达广场投资有限公司	万达广场	红谷滩新区	铝合金节能门窗（断桥铝＋LOW-E玻璃）	22 000	2012.1—2012.8	在建
5	南昌铜锣湾广场投资有限公司	香逸澜湾	红谷滩新区	铝合金节能门窗（断桥铝＋LOW-E玻璃）	26 000	2011.11—2012.12	在建
6	南昌正荣(新加坡)置业有限公司	正荣大湖之都I地块	南昌县莲塘镇	铝合金门窗	11 000	2011.11—2012.10	在建
7	江铃汽车集团江西工程建设有限公司	江铃汽车城住宅区	南昌县南高公路以西，莲西河以南	铝合金门窗、百叶	3 327	2011.10—2012.5	优良
8	江西绿都置业有限公司	江西绿都丹石街区多层I标段	南昌市青山湖南大道与昌南大道交界处	铝合金门窗、百叶	13 590	2011.10—2012.4	优良
9	南昌正荣(新加坡)置业有限公司	正荣大湖之都J地块	南昌市城南	铝合金门窗、百叶	14 540	2011.9—2012.3	优良
10	江铃汽车集团江西工程建设有限公司	江西新电汽车空调系统有限公司办公楼	南昌市小蓝工业园汇仁大道339号	铝合金窗	2 900	2011.9—2012.4	优良
11	抚州市东旭房地产开发有限公司	公元1959	抚州市	铝合金门窗	5 800	2011.3—2011.10	优良
12	江西中恒建设集团有限公司	环保厅住宅小区	南昌市洪都北大道	铝合金节能窗	20 860	2011.1—2012.1	优良
13	江西省建工集团公司	钦都豫景住宅小区项目	北京东路938号	铝合金门窗、百叶	25 000	2010.12—2011.8	优良
14	江西省众鑫房地产开发有限公司	朝阳绿洲二期	朝阳中路	铝合金门窗、栏杆、百叶	49 500	2012.11—2011.1	合格
15	江铃汽车集团江西工程建设有限公司	江铃晶城二期2#、3#楼铝合金门窗	南昌市团结路	铝合金节能门窗（断桥铝＋LOW-E玻璃）	1 800	2010.11—2011.1	合格
16	南昌凯宇实业有限公司	唐宁街A座	红谷滩会展路	铝合金节能门窗（断桥铝＋LOW-E玻璃）	8 500	2010.10—2011.6	优良

续表

序号	建设单位	工程名字	工程地点	门窗类型	工程量（平方米）	开、竣工日期	质量达到标准
17	江西省国利建设集团有限公司	中体·奥林匹克花园	九江市前进西路	铝合金中空门窗	3 200	2010.9—2011.2	优良
18	上海家树建筑工程有限公司	南昌香溢花城小学	青山湖区滨东路1269号	铝合金门窗	1 000	2010.5—2010.7	优良
19	江西建设职业技术学院	建设学院新校区	小蓝经济开发区	铝合金中空门窗	13 000	2010.5—2010.7	优良
20	中国人民银行南昌中心支行	人民银行	岱山江路	铝合金节能门窗（断桥铝＋LOW-E玻璃）、玻璃幕墙	2 500	2010.4—2010.5	优良
21	江西省投资房地产开发有限责任公司	溪湖春天	昌东大道	铝合金封闭阳台	10 000	2010.4—2010.8	优良
22	江西赣粤高速股份有限公司	赣粤高速服务区	峡江、湖口、彭泽	铝合金节能门窗（断桥铝＋LOW-E玻璃）、不锈钢门	4 500	2010.3—2010.6	合格
23	江西江铃房地产开发有限公司	江铃·底特律新城	银三角	铝合金中空门窗	23 800	2010.3—2010.11	优良
24	江西阳光乳业集团	阳光乳业厂房	岱山江路1号	铝合金中空门窗	1 500	2009.11—2010.2	优良
25	江西铜业集团公司	江铜厂房	高新开发区	铝合金中空门窗	2 500	2009.9—2009.10	优良
26	南昌万达房地产开发有限公司	万达星城三期三区	红谷滩新区	彩色塑钢门窗	17 000	2009.7—2010.3	优良
27	南昌万达房地产开发有限公司	万达星城三期三区	红谷滩新区	铝合金封闭阳台、铁艺栏杆（栏杆阳台窗一体化）	8 600	2009.7—2010.3	优良
28	江西运通世纪地产有限公司	天赐良园三期	红谷滩新区	铝合金中空门窗	10 050	2009.5—2010.1	优良
29	南昌市筑城房地产开发有限公司	奥林匹克花园	象湖新城	铝合金中空门窗	8 820	2009.5—2010.2	优良
30	江西江铃房地产开发有限公司	江铃·晶城	团结路	铝合金中空门窗	2 000	2009.2—2009.5	优良
31	南昌中溢置业有限公司	香溢花城三区	青山湖大道	铝合金阳台栏杆	1 000	2008.12—2009.2	优良

续表

序号	建设单位	工程名字	工程地点	门窗类型	工程量（平方米）	开、竣工日期	质量达到标准
32	南昌中溢置业有限公司	香溢花城三区	青山湖大道	铝合金中空门窗及单元门	16 000	2008.9—2009.4	优良
33	南昌万达房地产开发有限公司	万达华府	红谷滩新区	铝合金中空门窗	42 000	2008.6—2009.3	优良
34	江西恒益房地产开发有限公司	鹿璟名居	红谷滩新区	铝合金中空门窗	24 700	2007.9—2008.12	优良
35	南昌市筑城房地产开发有限公司	奥林匹克花园	象湖新城	铝合金中空门窗	28 000	2006.6—2008.8	合格
36	南昌市祥瑞房地产开发有限公司	蓝堡国际公寓	迎宾大道	铝合金中空门窗	11 000	2007.9—2008.5	优良
37	南昌市筑城房地产开发有限公司	筑城奥斯卡	阳明东路	铝合金中空门窗	1 500	2007.12—2008.2	优良
38	江西阳光乳业集团	阳光大酒店	迎宾大道	铝合金中空门窗	1 300	2007.11—2008.3	优良
39	南昌绿苑房地产开发有限公司	丰和新城	红谷滩新区	铝合金中空门窗、栏杆	4 000	2006.8—2007.3	合格
40	南昌金昌利房地产开发有限公司	秀泊经典	青山湖	铝合金中空门窗、栏杆、百页	25 000	2006.9—2007.6	优良
41	解放军第九四医院	九四医院住宅楼	井冈山大道	铝合金中空门窗	9 000	2006.9—2007.5	优良
42	江西平安房地产开发有限公司	平安象湖风情	象湖新城	铝合金门窗	4 500	2006.9—2007.5	合格
43	中牧集团	中牧股份生物药厂	小兰工业园	铝合金中空窗、玻璃幕墙	2 000	2006.10—2007.3	合格
44	南昌铭雅欧洲城实业有限公司	铭雅·欧洲城	庐山南大道	铝合金中空门窗、单元门	5 500	2006.4—2006.7	合格
45	南昌新丰房地产开发有限公司	圣淘沙花园	红谷滩新区	铝合金门窗、栏杆	11 000	2006.3—2006.8	合格
46	南昌万达房地产开发有限公司	万达星城	红谷滩新区	铝合金门窗、百叶、单元门	13 000	2005.7—2007.8	优良
47	南昌中溢置业有限公司	香溢花城	青山湖	铝合金门窗	7 500	2005.3—2005.8	合格

【案例使用说明】

瑞原转型之路:二次创业突围战能否取得大捷

一、教学目的与用途

本案例适用于 MBA 或本科工商管理类的专业教学,主要适用的课程包括《管理学原理》《公司组织与管理》《企业战略管理》《人力资源管理》等,可以用来讨论企业生命周期、企业战略选择与发展等相关主题。

本案例的教学目的在于通过描述门窗生产商江西瑞原的发展困境,揭示其业务转型面临的挑战,引发读者对企业战略转型的策略选择的思考,深化读者对企业在不同生命周期状况的分析、战略机会识别、战略选择策略等相关理论的认识,培养读者透过表象看本质的分析能力和全面、系统分析战略优劣的辩证思维,提高解决实际管理问题的能力。

二、启发思考题

(1)涂清君为什么要选择自主创业?你认为自主创业的难点在哪里?

(2)根据企业生命周期理论,分析瑞原经历了生命周期哪几个阶段以及在不同阶段其发展状况如何?

(3)通过阅读本案例,试图分析并归纳影响瑞原业务转型的主要因素有哪些?

(4)结合案例及相关资料,请分析江西瑞原在进行"二次创业"和开拓新的业务领域中会遇到哪些问题或风险?应该如何合理地解决或规避这些问题或风险?

(5)基于波特提出的竞争战略理论,你觉得瑞原应该实施哪种战略?

(6)根据瑞原发展的历程,谈谈企业多元化经营的利弊。

三、分析思路

本案例具有多方面的启发性,基于自己的教学目的与用途,可以灵活使用本案例。基于本案例主要内容以及涉及的相关理论,在此提出案例分析思路,仅供参考。

(1)运用生命周期理论,根据案例描述内容,从瑞原发展历程出发,重点分析瑞原不同生命周期发展阶段的状况,结合竞争战略理论,把握瑞原战略选择与发展走向。

(2)运用波特五力模型从行业环境的角度来分析,在本案例中要重点把握供应商、终端用户、竞争对手、政府对江西瑞原公司业务转型的重要影响。

(3)运用 SWOT 方法分析,要提取案例的信息归纳瑞原战略转型的优势、劣势、机遇与挑战,分析瑞原战略转型的最佳时机和策略。

(4)面对"二次创业"时,瑞原应该如何合理地处理好可能遇到的问题与矛盾,凝聚共识,形成合力,成功实现战略转型,加快公司发展。

四、理论依据与分析

根据上述案例分析思路,结合"启发思考题"中的有关问题,在此总结本案例的理论依据及分析案例的主要内容,仅供参考。

（一）理论依据

1. 企业生命周期理论

生命周期是一种非常有用的工具,标准的生命周期分析认为,市场会经历发展、成长、成熟、衰退几个阶段。然而,真实的情况要微妙得多,给那些真正理解这一过程的企业提供了更多的机会,同时也更好地对未来可能发生的危机进行规避。因此,企业在成长过程中会经历具有不同特点和危机的若干发展阶段,要求企业在各个方面实施不断地变革以与之相适应。

2. 竞争战略理论

基本竞争战略是由美国哈佛商学院著名的战略管理学家迈克尔·波特（Michael E. Porter）提出的。基本竞争战略有成本领先战略、差异化战略和集中化战略三种。企业必须从这三种战略中选择一种,作为其主导战略。要么把成本控制到比竞争者更低的程度；要么在企业产品和服务中形成与众不同的特色,让顾客感觉到你提供了比其他竞争者更多的价值；要么致力服务于某一特定的市场细分、某一特定的产品种类或某一特定的地理范围。这三种战略架构上差异很大,成功地实施它们需要不同的资源和技能,由于企业文化混乱、组织安排缺失、激励机制冲突,夹在中间的企业还可能因此而遭受更大的损失。

3. 五力分析模型

五力分析模型又称波特竞争力模型,是美国哈佛商学院教授迈克尔·波特于 20 世纪 80 年代初提出的,该模型的提出对企业战略制定产生全球性的深远影响。用于竞争战略的分析,可以有效地分析客户的竞争环境。波特指出,任何一个企业都要面临来自行业的五种力量的竞争。这五种力量分别是供应商的讨价还价能力、购买者的讨价还价能力、潜在竞争者进入的能力、替代品的替代能力、行业内竞争者现在的竞争能力（见图 1）。正是这五种竞争力量共同决定了行业竞争的强度、行业的规模以及行业发展的态势,其中,最强的一种或几种力量将占据行业竞争的统治地位,并对行业内各企业的战略选择产生重要影响。

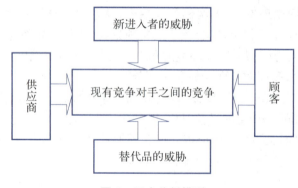

图 1　五力分析模型

4. SWOT 分析法

SWOT 分析法(也称 TOWS 分析法)即态势分析法,是 20 世纪 80 年代初由美国旧金山大学的管理学教授海因茨·韦里克(Heinz. Weihrich)提出,经常被用于企业战略制定、竞争对手分析等场合。它从企业的优势(Strength)、劣势(Weakness)、机会(Opportunity)和威胁(Threats)四个方面入手,实际上是将企业内外部条件各方面内容进行综合和概括,进而分析组织的优劣势、面临的机会和威胁。

SWOT 分析法总体上来说是一种比较准确和清晰的方法,它能比较客观地分析和研究目标企业的现实情况。利用这种方法,可以找出对自己有利且值得发扬的因素以及对自己不利且需要回避的因素,发现问题并找出解决办法,从而明确未来的发展方向。

企业生命周期理论主要体现在瑞原公司的发展历程上,瑞原经历了近 10 年的发展,经历了生命周期的不同阶段,通过运用企业生命周期理论对其分析,可以清晰地把握其发展脉络;竞争战略理论主要体现在瑞原在不同生命周期发展阶段战略的制定与实施上,随着门窗行业的不断发展以及瑞原自身的不断成长,瑞原需要适时调整战略,以便得到更好的发展;五力分析模型主要是对门窗行业的基本竞争态势的分析;SWOT 分析法主要体现在对瑞原外部环境和内部资源进行分析的过程,从而找出自身的优势、劣势及外部的机遇与挑战,并为战略的合理制定与实施提供重要依据。

(二) 问题分析

问题 1. 涂清君为什么要选择自主创业？你认为自主创业的难点在哪里？

涂清君自主创业的主要原因在于两个方面:一方面是继承家业,接好父亲的班,另一方面在于自己在外工作闯荡几年,并未很好地实现自己的人生价值,这也是市场经济体制下人才自由流动的必然。自主创业的难点主要在于项目的选择,找到一个所谓的"蓝海"项目很难。

问题 2. 根据企业生命周期理论,分析瑞原经历了生命周期哪几个阶段以及在不同阶段其发展状况如何？

根据企业生命周期理论,瑞原从创建到逐步发展壮大经历了生命周期的发展阶段和成长阶段,现处于成长向成熟的过渡阶段,具体表现状况如下:

1. 发展阶段(2002—2007 年)

在发展阶段过程中,瑞原一直保持良好的发展势头,涂清君接班,全权负责瑞原的运营与管理;瑞原拿到第一笔 300 万元开发商客户单,实现客户对象由建筑商向开发商的零突破;在 2007 年年初,涂清君亲力亲为,一手创办江西瑞原门窗装饰有限公司,实现公司业务由挂靠经营向独立经营的质的转变,为瑞原的快速成长奠定了坚实的基础。

2. 成长阶段(2007—2012 年)

在成长阶段过程中,2007 年,瑞原公司成立,凭借涂清君个人的精心经营,瑞原的业务量保持稳定的增长速度,五年间,瑞原的年营业收入持续增长,但与此同时,瑞原也面临新的挑战与困境:公司松散的管理体制与公司业务规模扩大并逐步发展壮大不匹配;深圳保杭公司进入江西市场,瑞原业务市场占有率受到一定的影响与挑战;瑞原公司管理与技术人才相对匮乏,一定程度上给瑞原公司实施业务领域拓展带来一定阻力。

3. 成长向成熟的过渡阶段(2013年至今)

瑞原经过了成长阶段,现处于由成长向成熟的过渡阶段,公司积累了足够的资本,一定程度上保证了瑞原有条件实施战略转型,实现二次创业;与此同时,瑞原也要考虑到公司发展的现状,技术创新的突破、产品优势的建立、业务市场的开拓以及人才队伍的构建与管理体系的完善这几个方面的问题亟待解决。

问题3. 通过阅读本案例,试图分析并归纳影响瑞原业务转型的主要因素有哪些?

这一问题可结合安德鲁斯的SWOT理论来进行分析。基于瑞原内部优势与劣势和外部机会与威胁分析,可以总结出影响瑞原业务转型的主要因素如下:

1. 人才因素

瑞原一直面临着技术人才、管理人才缺失的困境。目前,瑞原的一线生产员工主要来源于周边村庄的剩余劳动力,学历基础薄弱;管理上,家族成员占一半以上,管理素质一般,专业知识有限。

2. 管理因素

瑞原从小作坊向现代化中小型企业逐步发展转变,资本得到一定的积累,但管理体制的建设一直处于停滞不前的状态,公司内部管理缺乏一套完整、系统的管理体系,一定程度上影响到公司管理决策的进度。

3. 技术因素

从目前状况来看,瑞原的门窗产品在行业内的声誉一直不错,但若想突破传统行业,向幕墙热门行业转移,一方面需要技术创新的突破;另一方面也需要建立一支强大的技术队伍,才有可能实现向新的业务领域的迈进,在行业中形成自有的核心竞争力。

4. 竞争因素

在瑞原业务转型的过程中,竞争对手的影响也不容忽视。一方面,瑞原要保持在传统门窗行业市场的份额,以保证公司的正常运营;另一方面,需要顺利实现对新的业务领域的突破,在这个过程中,需要清楚地把握竞争对手的策略的实施,从而为公司战略调整提供依据与保障。

5. 市场因素

在瑞原业务转型的过程中,还要考虑到新的业务市场开拓的问题。要分析新的业务市场的进入壁垒,考虑以什么吸引客户并得到客户的信赖与支持以及如何维护好新的业务客户关系。

问题4. 结合案例及相关资料,请分析江西瑞原在进行"二次创业"和开拓新的业务领域中会遇到哪些问题或风险?应该如何合理解决或规避这些问题或风险?

这个问题可以依据波特的五力模型来确定。具体从供应商讨价还价能力、购买者的讨价还价能力、潜在进入者的威胁、替代品的威胁以及来自目前在同一行业的公司间的竞争这五个方面来确定其在进行"二次创业"和开拓新的业务领域的过程中会遇到的问题或风险。

在供应商讨价还价能力方面，对瑞原门窗生产商来说，它的供应商就是那些为其生产门窗提供铝材、塑钢、玻璃等各种原材料和提供切割机、机床等生产安装设备的公司企业。在与原材料供应商的讨价还价过程中，瑞原虽然处于买方，但并没有什么明显优势。尤其是近年来，钢铁、木材、铝及塑料原料主要品种聚乙烯、聚氯乙烯树脂价格等原材料价格均有不同程度的上涨，导致门窗原材料价格也随之上涨。而对生产安装设备的供应商来说，瑞原左右价格的能力要强一些，但在购买或进口一些高技术装备时，瑞原的讨价还价能力也会受到一定程度的不利影响。

在购买者的讨价还价能力方面，实施战略转型，走二次创业的道路，瑞原将面临新的顾客群体的建立和新的市场的开拓。目前，对江西瑞原来说，它的购买者主要是江西地产开发商。瑞原主要通过参加项目公开招标来赢得订单。由于同行竞争者为了能够中标，在制定标书时总是绞尽脑汁地在保证工程质量的前提下压缩成本和利润，以降低报价。这样，瑞原作为门窗生产商在与地产开发商的讨价还价中一般是处在弱势地位的。未来可能单单以其为公司业务发展的阵地不能保证公司的快速发展与成长，而开拓新的省外市场，存在一定的进入壁垒。

在进入者、替代品的威胁方面，随着我国市场经济的发展和国家倡导节能环保政策的推动，我国门窗市场将更加开放，将会形成省内、省外企业之间剧烈竞争的格局。因此，可以预见，在未来战略期内，我国门窗产业将会涌入大量的新进入者，由于新进入者大部分将是民营企业，他们在技术上并不占优势，但在成本价格方面会有较强的竞争能力和优势，此外，对瑞原而言，由于其目前以铝合金门窗、塑钢门窗为主要业务，未来随着国家鼓励发展塑料门窗政策一步一步地推进，塑料门窗由于其材质的优势，具有优良的保温、隔声、气密、水密性能，节能效果显著，而且耐腐蚀、阻燃，使用寿命长，可能会受到一定的影响。

在现有竞争对手之间的竞争方面，在江西本土地区，瑞原一直保持在市场前三，与其发展水平相当的江西省几家门窗企业暂时未表现出明显的优势，在江西市场竞争的程度有限，但目前受到外来同行深圳保杭的挑战，瑞原的市场份额也随之减少，瑞原如何发挥本土优势，稳坐"地头蛇"宝座是其需要思考的问题。

具体如何合理解决问题、规避风险可依据不同的情境而定，在此不作赘述。

问题5. 基于波特提出的竞争战略理论，你觉得瑞原应该实施哪种战略？

波特提出的竞争战略理论包括成本领先战略、差异化战略和集中化战略。

1. 总成本领先战略

总成本领先战略所隐含的是经济学理论中基本的规模经济与学习效应。要求企业积极建立达到有效规模的生产设施，在经验基础上全力以赴地降低成本，抓紧成本与管理费用的控制，最大限度地减少研究与开发、服务、推销、广告等方面的成本费用。为了达到这一目标，有必要在管理方面对成本控制给予高度重视。尽管质量、服务以及其他方面不容忽视，但贯穿整个战略的主题是使成本低于竞争对手。

2. 差异化战略

差异化战略是将公司提供的产品或服务差异化，形成一些在全产业范围内具有独特性的东西，即差异化。实现差异化战略有许多方式，如实际品牌形象、技术特点、外观特点、客户服务、经销网络以及其他方面的独特性。最理想的情况是使公司在几个方面都差异化。如果差异化战略可以实现,它就成为在产业中赢得超常收益的可行战略,但这不意味着公司可以忽略成本,只是此时成本并不是它的首要目标。

3. 集中化战略

集中化战略是主攻某个特定的顾客群、某产品系列的一个细分区段或某一个地区市场。集中化战略不像前两种战略那样,要在全产业范围内实现其目标,而是围绕着很好地为某一特定目标服务这一中心建立的,它所制定的每一项方针都要考虑这一目标。这一战略的前提是公司能够以更高的效率、更好的效果为某一狭窄的战略对象服务,从而超过在更广阔范围内的竞争对手。

目前,瑞原以经营门窗装饰业务为主,在该领域一直保持良好的发展势头,在其实施战略转型初期,应该采用总成本领先战略与差异化战略同步进行,一方面,积极建立达到有效规模的生产设施,在经验基础上全力以赴地降低成本,抓紧成本与管理费用的控制,最大限度地减少研究与开发、服务、推销、广告等方面的成本费用,加强企业管理;另一方面,扩大对幕墙安装的投入,在品牌形象、技术特点、外观特点、客户服务、经销网络以及其他方面形成自身的独特性,让幕墙安装逐步成为瑞原发展的核心业务;在战略转型基本完成和实现二次创业之后,瑞原需要考虑实施集中化战略,主攻幕墙安装这一产品市场,通过技术与管理的创新,增强产品的市场竞争力,建立有效的营销模式与渠道,不断开拓新的市场,实现专业化发展。

问题 6. 根据瑞原发展的历程谈谈企业多元化经营的利弊。

多元化经营是企业为了获取更多的利益,通过吸收、合并其他行业的企业或者丰富产品组合结构的一种经营模式。它是在企业发展到一定阶段,为寻求长远发展而采取的一种成长性扩张行为。企业的经营领域是单一的还是多样的,是专业化还是多元化,很难有孰好孰坏之分,并无一定之规。但企业的选择一定要符合自身的实际情况,符合自己的发展阶段。

瑞原在发展的新时期,考虑进军幕墙安装行业,走相关多元化的发展道路,一方面,幕墙安装行业利润空间更加广阔,能够快速地推进瑞原经营收入的增长,积累资本开拓新的业务领域;另一方面,现在瑞原还是以门窗装饰为其主业务,目前拥有的技术、人才、市场等方面的优势有限,若实现多元化经营,如果技术不能创新、人才引进度不够、市场开拓量有限,就可能会影响到企业管理发展的稳定性。

五、背景信息

(一) 案例背景介绍

随着近年来房地产市场经济的热浪来袭,也带动起门窗行业的新的变化与发展,门窗行业的发展好坏与房地产的发展息息相关。本案例讲述了江西瑞原公司业务发展在过去数十年的变化,具体描述江西瑞原公司从一家作坊式门窗生产加工商逐渐向现代型企业转变,并成为江西本土地区门窗行业中的佼佼者。本案例重点展示了公司的业务领域如何随着公司的战略变化而变化以及在不同阶段业务转型对公司发展的重要作用。

（二）相关产品图片

图 2　系列隔热门窗

图 3　系列推拉门窗

六、关键要点

（一）分析内容的关键要点

（1）企业在发展过程中，如何明确自身优势，分析自身存在的不足，明辨所处行业的环境特点，协调好各种各样的驱动力和抑制力，以选择合适的发展战略是关键点。

（2）门窗生产商发展到现今阶段，如何处理快速的规模扩张和企业发展中遇到的各种障碍问题之间的矛盾是本案例研讨的关键点，此外，通过对本案例内容全面、系统的把握，针对本案例存在的问题分析提出相应的解决方案也是其关键点。

（二）分析方法的关键要点

1. SWOT 分析的深度和运用注意事项

SWOT 方法自形成以来，广泛应用于战略研究与竞争分析，成为战略管理和竞争情报的重要分析工具，分析直观、使用简单是它的重要优点，即使没有精确的数据支持和更专业化的分析工具，也可以得出有说服力的结论。但是，正是这种直观和简单，使 SWOT 不可避免地带有精度不够的缺陷。

首先，学生应当懂得仅仅罗列出企业内部与外部的种种事实和数据并将其按照 S、W、O、T 进行分类是远远不够的。这是整个分析的起点和基础，但绝不是分析的重点和目的。通过分析事实和数据，得出相应的 SO 战略、WO 战略、ST 战略和 WT 战略才真正对企业决策具有指导意义。

其次，SWOT 分析采用定性方法，通过罗列 S、W、O、T 的各种表现，形成一种模糊的企业竞争地位描述。以此为依据做出的判断，不免带有一定程度的主观臆断。所以，在使用 SWOT 方法时要注意方法的局限性，在罗列作为判断依据的事实时，要尽量真实、客观、精确，并提供一定的定量数据弥补 SWOT 定性分析的不足，构造高层定性分析的基础。

2. 正确理解五力模型的前提及其结论的局限性

关于五力分析模型的实践运用一直存在许多争论。目前较为一致的看法是：该模型更多是一种理论思考工具，而非可以实际操作的战略工具。

该模型的理论是建立在以下三个假定基础之上的：

(1) 制定战略者可以了解整个行业的信息，显然，现实中是难于做到的；

(2) 同行业之间只有竞争关系，没有合作关系。但现实中，企业之间存在多种合作关系，不一定是你死我活的竞争关系；

(3) 行业的规模是固定的，因此，只有通过夺取对手的份额来占有更大的资源和市场。但现实中，企业之间往往不是通过吃掉对手而是与对手共同做大行业的蛋糕来获取更大的资源和市场。同时，市场可以通过不断地开发和创新来增大容量。

七、建议课堂计划

本案例可以作为专门的案例讨论课来进行，通过采取小组讨论的方式分析本案例，以完成本案例的教学目标。以下按照教学课程时间进度、课堂讲授思路、板书建议以及所需的教学设备及材料提供的课堂计划建议，仅供参考。

（一）教学课程时间

整个案例讨论课的课程时间控制在两个课时（每个课时 45 分钟）。

（二）课堂讲授思路

1. 课前教学准备

根据课程教学班级学生专业结构和知识背景，对课程教学班级进行分组，每组人数控制在 5—7 人，要求各小组成员做好分工与合作，教师可考虑提出案例思考题，请参与者在课前完成阅读和初步思考。

2. 课中讨论阶段

首先，教师作简要的课堂前言，明确课堂教学主题（2—5 分钟），主要介绍案例大致背景(行业现状、企业性质、企业规模、涉及人物等)、案例大致内容(本案例主要介绍的公司创建、运营和转变及其内容的概要,可参照摘要部分进行适当扩展)、案例涉及问题(即阅读本案例需要解决的问题,使学生带着问题去阅读案例)等内容。

其次,开展分组讨论(60分钟),根据课堂教学学生容量进行合理分组,先小组展开组内讨论,即给予一定的自由讨论时间(20—30分钟),让小组内各成员对案例存在的问题进行分析,并针对问题提出解决思路和方法,最后整合小组总体看法;小组间讨论:各小组选取一名代表,代表本小组简明扼要地阐述本小组对各问题的分析及解决思路,还可以将问题中一些较难的问题或者值得深入研究的内容提出来,以供全体学生作进一步探讨、交流、完善。

最后,进行归纳总结(15—20分钟),在学生方案分享或讨论结束后进行,教师应该就各小组分析问题的思路和解决的方案进行总结。首先,应该对各小组的结果进行点评,提出结果存在的优缺点;其次,提出自身对案例的看法,进一步引导学生的思路,以供借鉴;最后,提出一些悬疑问题,供学生课后继续思考,并写出对案例难题的思路分析和解决方案,留待进一步探讨。

如有必要,请参与者针对案例提出更加详细的分析报告,包括案例现状、优劣势分析、决策建议等,为后续章节内容做好铺垫。

(三)板书建议

在课堂教学过程中,建议采用图画式板书与提纲式板书相结合,图画式板书生动、形象、直观,事物的内在关系显现得淋漓尽致,能有效地激发参与者的学习兴趣,促进抽象思维能力的发展;提纲式板书条理清楚,重点突出,字句简洁,教学思路清晰。

(四)所需的教学设备及材料

1. 设备

多媒体教学设备,如多媒体计算机、投影仪、电动投影屏幕、音响设备等。

2. 材料

所有学生每人一份案例材料(打印稿或电子稿)和教学用PPT(案例配套PPT、案例附件PPT、理论教学PPT等)。

二、昌佳鑫科技：
承载"富兴"之路的组织变革[①]

【案例正文】

> **摘　要**：本案例以一家初创、民营、家族、科技、制造的企业为背景，通过故事性方式描述了该公司的组织变革过程，包括变革最初的设想、公司人物的关系以及在转型过程中凸显的此类企业在接受新思路方面的弊端。本案例希望通过对昌佳鑫科技组织变革困难的分析与讨论，引发读者对此类型企业组织变革策略的思考。
>
> **关键词**：组织变革；液晶显示面板；昌佳鑫；富兴

0　引　言

2011年3月底，江西昌佳鑫科技有限公司（以下简称昌佳鑫）在没有剪彩、没有贺礼的情况下"悄无声息"地开业了。公司虽然成立了，但大家的脸上并未呈现出过多的笑容，反而倒有几丝担忧。作为中小型家族企业，昌佳鑫还会沿着深圳市富兴科技有限公司（以下简称富兴）的轨迹继续前行吗？

昌佳鑫开业当天，董事长林国、法人代表林华、总经理刘洪等人围坐在圆桌前，经过多次激烈的商议，最终决定为昌佳鑫开辟一条新的发展路子，以避免公司重走富兴在市场竞争加剧时出现管理不规范、运营较混乱的局面。

那么，昌佳鑫新的发展路子怎么走？现有的组织结构存在哪些问题？如何进行优化？未来的发展会面临哪些挑战？

---

① (1) 本案例由江西财经大学工商管理学院胡海波根据本人在企业进行管理咨询时的亲身经历撰写而成，深圳市富兴科技有限公司黄石宝参与了前期企业访谈、资料整理、写作构思等工作，清华大学经济管理学院郭佳参与了案例的修改。作者拥有著作权中的署名权、修改权、改编权。未经允许，本案例的所有部分都不能以任何方式与手段擅自复制或传播。(2) 由于企业保密的要求，在本案例中对有关人物、名称、数据等做了必要的掩饰性处理。(3) 本案例已收录清华大学中国工商管理案例中心，并经该中心同意委托江西财经大学工商管理学院案例中心授权学院全体教师使用。(4) 本案例只供课堂讨论之用，并无意暗示或说明某种管理行为是否有效。

1 富兴的创建与发展

深圳市富兴科技有限公司是一家专业从事研发、生产和销售液晶显示面板材料的厂商,由林国在该行业激增的时候一手创办的家族企业,公司成立于2004年,发展至今,已初具规模,厂区在深圳南山区租赁了1 000平方米的生产和办公用地,如今有员工100余人,主要生产和销售液晶显示面板,如手机视窗玻璃镜片、摄像头镜片、触控保护玻璃等,年销售额约为1 000万元。公司注册资本为2 600万元,其中,林国出资2 574万元,占99%,彭财出资26万元,占1%。

富兴成立之初,主要是与港商合作,自己接订单,生产外包给港资生产商,这样的形式使富兴在交接订单时较为被动,同时利润空间也更小,但迫于资金的压力,只能是采取此种策略不断获取资金,然后不断补充生产设备。第二,资金面的脱困。由于公司刚成立,生产设备不全,同时市场并未完全打开,初期基本采取生产外包和低价策略以获取市场份额。富兴就是在这双重压力下缓步崛起的,并于2005年成功摆脱困境,自此富兴进入了发展的黄金阶段。

从2005年一直到2008年,富兴处在高速发展阶段,并在2008年进入了发展的顶峰期,2008年,富兴完全垄断了金立①的摄像头、视窗镜片等手机玻璃类配件生产订单。这一阶段可谓是富兴发展史上的辉煌期,公司的生产设备数量、人员规模、市场口碑等都达到历史最高位。

公司发展至2009年,行业随着电器产品的发展已然处于白热化竞争的态势,例如,手机视窗玻璃镜片的市场随着智能手机的攻城略地正在不断萎缩中;摄像头镜片的市场格局已经形成,相关产品的单价随着竞争厂商的工艺改进和良率提升,单价在不断下跌,利润空间也在不断地萎缩,再加上金融海啸对整个经济环境的影响,企业一直隐藏的问题开始不断显现,如管理水平落后、组织效率低下、员工素质不高等,这些问题的不断聚集,致使公司时而出现未能按时交货的现象,公司业绩也在开始不断地滑落,甚至,还出现了厂长离职带走客户的现象,公司的发展自此便遇到了瓶颈,改革迫在眉睫。在这改革之路开始之时,林总尝试与华南理工大学就相关技术开发进行了产学研合作,以期在技术研发上带给公司新鲜血液。

在经历了2009年的发展滑落期后,林总认识到了企业必须改革,以寻找突破之路,将企业带入现代公司发展的正轨之中。在结合自身、公司和市场的综合考虑下,林总选择了向经济欠发达地区转移的战略方针,昌佳鑫自此便成立了。同时,意在将公司带向产业链的高端市场中。

---

① 深圳市金立通信设备有限公司是一家专业手机研发、加工生产、内外销同步进行的民营高科技企业,旗下拥有"金立"和"欧新"两大手机品牌。

2　昌佳鑫的创建

在富兴寻求变革的路上,林氏兄弟决定成立昌佳鑫公司,昌佳鑫将承接富兴的主营业务,承担富兴变革路上的重担。

昌佳鑫于2010年在林氏兄弟的家乡江西萍乡注册成立。天时地利人和,昌佳鑫成功入驻了当地政府支持力度最大的经济开发区创新创业园。

之所以选择内陆城市,富兴的林国董事长认为:"近年来,沿海一带劳动力成本大幅上涨,再加上'用工荒'的情形,导致大多数制造行业的中小企业主叫苦连天,富兴也经历了这样的情况。在此种情形下,转战内陆的想法就此诞生。"

选址起初,林氏兄弟也遇到了阻碍。之前,富兴的主战场在深圳,兄弟二人对萍乡当地的父母官和相关机构并不熟路,要想让公司顺利进驻当地支持力度最大的园区还是有很大难度的,而刘洪的适时加入使这种尴尬局面迎刃而解。昌佳鑫在最短的时间、以最顺利的方式进驻了创新创业园①,同时刘洪也成为林国心目中最合适的总经理人选。

2010年6月,由林国投资450万、林华投资50万、共500万元的昌佳鑫正式注册成立,租赁厂房2 700平方米。厂房的装修和机器设备的购进、安装、调试也相继进行。一直到2010年12月,一切就绪,但林国认为还差一道东风,公司才可开业。林国认为,昌佳鑫只有建立完善的管理制度和组织结构体系,形成强大的内部管理机制,打造一个高效的团队,这样才能保障生产效率的不断爬升。

现代管理理念的匮乏使富兴长期以来管理制度不健全、组织结构臃肿、发展动力不足。为了不走富兴的老路,林国决定请陕西科技大学和华南理工大学的相关专家莅临公司指导,寻求解决方案,并由此购进了两项专利,自主申报了多项专利。经过辗转寻访,林国最终于2011年春节前结识了江西财经大学工商管理学院的胡老师,希望借用先进的管理理念来解决一直萦绕他心中的苦水。

3　创建初期的人员管理

2011年年初,林国开始协调富兴与昌佳鑫的人员问题,准备尽快将昌佳鑫运营起来,直到2011年3月底才有真正的结果。最终决定,在运营管理上以刘洪、林华为主导,在生产执行上以富兴厂厂长白文的兄弟白武和富兴自愿奔赴昌佳鑫的一些班组长为主导。当前,昌佳鑫共有员工50余人,学历多为高中或以下。当前的组织结构如图1所示。

---

①　入驻公司(企业),投资强度达到500万元以上,年纳税额在40万元(承租面积约2 000平方米)以上,出口创汇在400万元以上的,可享受第一年房租全免(装修时间一个月除外),第2、3年房租减半的优惠政策;合同到期续签后,按综合用房租金为每平方米每月5.5元收取。

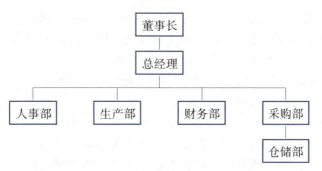

图 1　组织结构

结构中所谓的部门其实并非部门,仅仅是由其中的某人分理该部分,而最为完整的部门当属生产部。生产部的结构如图 2 所示。

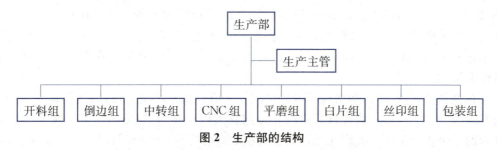

图 2　生产部的结构

2011 年 3 月,首批员工正式入职于昌佳鑫,自此昌佳鑫才真正扬帆起航,但航程并没有一帆风顺。刚起航,第一个现实难题就摆在他们眼前——生产主力军的聘用。刘总陈述道:"熟练的员工肯定是难以找到的,那只能将人员招聘到,然后对其进行培训了"。既然人招到了,就会涉及管理的问题,老员工自然用的是老的管理方式,富兴那种被林国认为很差的管理方式,在昌佳鑫被延续使用。4 月中旬,包括昌佳鑫会计钟会在内,各部门员工基本匹配完成,新员工的培训也陆续完成,公司运营自此进入发展期,当月即创造产量 45 万多片,在 7 月更是达到 100 万多片的产量。

虽然昌佳鑫已经开始运作了,在林国看来,"行业发展迅速,技术革新较快,现在富兴及昌佳鑫已经落在别人后面了。正所谓'攘外必先安内',要想在这个行业走下去,内部管理的革新迫在眉睫。而当前由于个人能力有限,身边缺乏职业经理人,使管理水平一直停留在原来的水平;导致经常出现推诿扯皮、员工心理不满、两公司的沟通机制不完善、无奖惩机制、无成本控制体系等一系列问题,制约了公司的发展进程。"如何让昌佳鑫尽快地走向规范性和精细化的管理道路成为林国心中的苦水。

从林国的话语中,胡老师深深感到问题的严重性,遂派遣助手随林国一同至昌佳鑫公司,开始收集基础资料,并作初步的调查。

4　人员管理的问题所在

助手在昌佳鑫公司期间,列席参加各高层进行的非正式会议多次,一般参与人员包括林国、林华、刘洪、钟会等人,在讨论过程中,林国表示自己一般在富兴公司,以后公司的大小事务由林华、刘洪、钟会三人共同商议决定,并报备富兴,由富兴做最终的决定。

钟会则向助手单独抱怨道:"非生产人员的工资过于固定,并无上升空间,而生产人员则可以通过不断的积累,从普工到熟练工、组长、师傅的级别;同时,我的工作范围也并不是很明确,很多杂事有时都会让我来处理。"

通过调查发现,现有非生产人员四名,分别为林华、刘洪、钟会和前台,生产上相对较完整,设厂长和生产主管各一名,各生产工序匹配相应的班组长,其余皆为普工。

在初步了解昌佳鑫的现状后,2011年7月30日,胡老师及其助手如约至昌佳鑫公司,先后与刘洪等人进行了访谈。

在访谈中,刘洪表示:"高层的分工很不明确,我主要负责处理外部公关,同时兼管行政后勤。但我的权力是较为有限的,林总并没有完全授权于我,多数决策均由我和林华、钟会商议决定,还得报备富兴审批,特别是涉及花钱的事务。林华在公司的事务其实是负责采购的,但由于林华与林国的关系,他有时会越权处理一些事务,例如,谩骂工作未达要求的员工等。"刘洪一边说着自己的工作,一边有些面露不满,胡老师自此深感其中关系的微妙。

在谈到公司现状时,刘洪说:"两公司间并未进行独立的财务核算,昌佳鑫所需的原材料采购费、工资、水电费等日常费用均需向富兴申请拨付,这使我们基本算是富兴在江西的一个生产工厂。我们在此处有着有利的政府资源,但当前管理制度不健全,决策变动性较大,财务体系不健全,与富兴公司的结算方式更是不合理。当前,公司人员流动性较大的主要原因是我们开出的工资太低了。公司部门设计的情况是行政部(前台)、财务部(钟会)、采购部、生产部门。子部门共8个,各部设组长,分别为开料部、倒边部、中转部、CNC部、平磨部、白片部、丝印部、包装部,其中,倒边部设组长两名,其余各部门设组长1名。"

林华表示自己负责的是原材料采购、送货、公司值班等事务。针对公司当前情况,他说道:"富兴与我们的财务核算是捆绑在一起的,资金的流转由富兴掌控,资金流易断裂;在公司资金缺乏的情况下,常有自掏腰包的情况;由于富兴拨款的原因,常使工资发放不及时,这易挫伤员工工作的积极性,导致员工流失,造成时间、资金等方面的浪费。同时,有断水、断电等影响生产的潜在风险。不过,我们为了让员工上班更加舒适,已为员工提供遮阳停车场所,生产车间增加风扇等防暑措施;并设立了晨会制度,基本全员参与,主要是鼓励大家积极工作,对生产效率、良率进行分析,分配当天的工作任务等。"

另外,林华还透露胡老师所看到的微妙关系的缘由,林华继续说道:"昌佳鑫的主要事项决策都是需要经过林国的,但他的决策主观性强、变动性大,导致决策的随意性明显。我曾与嫂子有过矛盾,导致我两兄弟有时也会存在一些沟通不畅。对于刘洪,在前期,林国让其主导创建昌佳鑫之时,就承诺给予其一定股份,但我在股份比例问题上与林国、刘洪有不同的意见,导致相互之间仍存有隔阂。"

而在会计部的钟会看来,她觉得:"员工管理较好,但未到20岁的年轻人经常会出一些问题,30—50岁的员工在操作方面,会有不听从组长安排的情况。另外,倒边部采用计件式考核,若产能计划未能按时、按质、按量完成,将按标准扣减工资,此方式影响较大,导致该组员工流动性较大。"

厂长及生产部的主管则表示:"昌佳鑫基本可以看作是富兴的委托加工点,生产计划、原材料、订单等基本由富兴安排处理。当前,公司并无品质部,需要尽快成立品质部、物料仓储部等部门。"在生产部门上,他们认为丝印部(即丝网印刷部)难以构建,说道:"丝印人少是因为培训需要较长的时间,人员也难招,且由于化学材料的原因,长期做该份工作,易对健康有影响;而当前员工主要由本地人构成,这给管理带来较大困难,但还没有有效的解决办法。"

同时,厂长还表示:"当前倒边是生产流程中最关键、最困难的一步,该部门是率先采用计件浮动工资制的部门,其他部门也正在拟定采用此种工资制,我认为计件浮动工资制令员工工作压力大,工作量相对饱满,而且能够让部分努力工作的员工获得相对较高的收入;而计时固定工资制会让员工感觉工资标准较低,希望提高标准,但个别人认为不该吃大锅饭,希望采用计件浮动工资制的工资体系,而且易管理。"

在与高管访谈后的次日,当胡老师针对班组长进行访谈的时候,一个带伤的中年人激动地跑过来,很快助手被其拉到会议室聊起来,他讲道:"我是平磨部的组长,但我已经好几天没来上班了。"当被问到为什么时,他讲道:"刘总想让我一并兼管超声波和钢化两个工艺,但并未给出明确的时间,而他认为是我故意怠慢该工作,说我不服从管理,遂采取'勒令放假,上班时间另行通知'的处罚方式,他针对不服管理的人员,均是这样处理的,到现在他还没有给我明确的上班时间。"在聊到自己在公司的经历时,这位组长说道:"我以前也在富兴工厂工作过几个月,本可以作为厂长调至昌佳鑫进行管理工作的,但我觉得公司的多数制度不健全,难以管理,遂拒绝了。"

通过对生产子部门的访谈和座谈,项目组了解到,公司该部分生产主干均是经验较丰富者,学历不高,对现代的经营管理模式并无认识,对生产上出现的问题多以经验处理,遇棘手问题则向上面反映处理。同时,多数班组长和员工均表示沟通是当前存在的一个较大问题,甚至影响了生产效率;另外,工作环境、工资等方面的不公平也令员工心存不满。

5 人员管理制度方案的设计

昌佳鑫的人员管理方面存在着严重的问题。在厘清现有组织架构后,昌佳鑫开始搭建部门职责说明书和岗位工作说明书,并依此提出组织结构设计方案。在经过多次互动后,相关说明书已得到完善,确定了各部门的职责、职权及职位设置和各岗位的工作权限、任职资格、职位关系等。在此期间,胡老师及其助手还着手设计组织结构方案、基本经营保障费管控方案以及拟定董事会工作章程。

(1)组织结构设计方案。在经过与林国的讨论后,项目组最后决定,组织结构按照成立董事会、新增3名副总经理、独立行政部和人力资源部、新增技术部、品质管理部和市场部,厘清部门职责和岗位职责,提高工作效能的思路进行。在副总经理的设计方面,意在减少总经理的管理幅度,分别分管不同性质的部门,致力于推进所辖部门的规范化、高效化、制度化和标准化建设，在当前情况下，可考虑总经理暂兼某副总经理一职，副总经理可暂兼其下属某部门主管一职，待人员情况稳定后再作调整，同时，时机成熟后，可采取总经理轮值的方式。

（2）基本经营保障费管控方案。该方案强调费用总额控制的重要性和关键性，并在总额控制的基础上结合业绩考核，从而将消费和生产结合为一个整体；采用定期备案、集中审计的费用过程控制机制。

（3）拟定董事会工作章程。董事会主要是为解决昌佳鑫高层认为林国决策变动性、随意性大而设定的，同时，将解决决策采取拍脑袋、以经验为主的方式。该方案由5名董事组成(其中，独立董事1名)，设董事长1人。在会议的表决上，采取董事长一票否决权的制度。

6 方案受阻

起初，组织变革方案的实施并不是一帆风顺。首先是部门职责说明书和岗位工作说明书的落实，在项目组将完善后的说明书交至昌佳鑫后，高层一致表示将尽快落实使用，并要求在使用过程中去发现问题不断完善。但待项目组离开公司后，资料堆积在公司的文件夹里，从未有对使用情况的回复，而当林国来电询问刘洪情况时，他总会找各种借口搪塞。对于组织结构设计方案，林国表示较为赞同，但却未安排相关人员在项目组的指导下去落实，该方案不免又以落空终结。

基本经营保障费管控方案是在与林国、林华、刘洪等人商议下最终决定的，昌佳鑫方面表示很是赞同，但林国却一直未落实。在谈到原因时，林国表示："钱交给他们实在是不放心啊，而且富兴自己的财务也没有很好地管控，如果将财务放下去，难免会出现难以掌控的局面。虽然公司有我弟弟在，但其能力还是有所欠缺，仍无法掌控公司的局面。"

最终，董事会这一制度获得了一定进展，并召开了所谓的第一次董事会，然而，此次会议却是一次不成功的会议。

这次会议于昌佳鑫董事长办公室举行，主要议题是成立董事会，参会人员主要有林国、刘洪、林华、富兴厂厂长白武、钟会、胡老师，胡老师助手列席本次会议。初步拟定的董事会成员为林国、刘洪、林华、白武、胡老师，其中，林国为董事长，胡老师为独立董事，钟会为董事会秘书。这一切貌似都进行得很是顺利，但在讨论一段时间后，白武突然用一种怀疑的态度和一种不同的语调说道："我不想参与这个董事会，做这些没啥意义的事情，我只想做好我自己的工作。"在林国的再三劝说下，白武还是表示不答应，自此该方案也被搁浅。

自项目进展过程中的相关说明书未获落实之时起，林国和胡老师便开始商议换将一事。当前的刘洪并不具备现代管理的思想，对项目工作的怠慢让林国很是不满。

林国表示："昌佳鑫的运营之所以如此艰难，我觉得关键还是人的因素。"

邹木，这个被林国称为他创办公司以来的第一任厂长浮出水面。

在与邹木洽谈得差不多之时，同时为了彻底整顿昌佳鑫，结合现有订单情况，2011

二、昌佳鑫科技：承载"富兴"之路的组织变革

年年底，在未经会议和企业相关人士讨论的情况下，林国选择对昌佳鑫实行停业处理，主要人员全部调至富兴。

调至富兴后，刘洪出任富兴的行政主管，但在富兴的工作表现，让林国感知刘洪和白武之间来往甚密，遂怀疑二人对公司有何企图，很快便被林国辞退，其后，白武也相继被辞退。

7 重新起航

迫于当地政府的压力，公司很快便恢复了生产，以最大程度降低停业带来的潜在损失，消除当地劳动力对公司的负面看法。

邹木出任昌佳鑫总经理一事，林国也在积极洽谈中。关于薪资部分，林国提出采取工资加业绩提成的方式让邹木加盟，但邹木则要求采取固定高工资的方式聘请自己。在此矛盾的基础上，林国便向其提出了业绩目标，只要能够达到目标便可给予相关工资，考核期为三个月。

在 2012 年 3 月初，邹木便正式出任昌佳鑫的总经理，上任后，邹总对生产现场进行了整顿，同时结合自身经验自行制定了相对完整的管理制度，以规范员工行为和端正工作作风。同时，将制度张贴于过道中，让所有员工均对照执行。另外，邹木结合自身管理工厂多年的经验，从文化、职业和工作等多方面对员工加强了培训。

但林国结合自身接触社会和运营企业多年的经验，对邹木的做法仍持观望态度，虽期待其能够将昌佳鑫带上新的发展旅途，但心中不免有诸多疑虑。

2012 年 6 月，随着富兴战略的调整和布局，昌佳鑫组织变革不再成为林国关注的焦点，转而成为如何让富兴突破瓶颈，实现跨越式发展。自此，昌佳鑫的航程将承载更多，变得更加艰难。

附录 1

行业背景信息

1. 手机镜片部分生产工艺简介

（1）开料。将原材料玻璃按生产图纸的尺寸及厚度进行裁剪，再转到下道工序生产。

（2）仿形。将开料过来的材料进行成型加工，加工成与客户提供图纸一致的形状。

（3）开槽。将要求有槽位的产品进行开槽。

（4）倒边。将车边完成的产品进行磨边处理，按客户要求达到外观和性能的要求。

（5）精雕。主要将需要打孔和开台阶等一般工艺做不到的玻璃产品进行加工。

（6）平磨。将倒边完成的产品进行表面光洁度的要求，且控制玻璃的厚度要求。

(7) 钢化。将平磨加工完成的产品进行强化处理,使玻璃的表面硬度和抗冲击性能提高,从而达到客户要求。

(8) 丝印。将平磨完成的白片产品进行电镀效果处理,达到镜片要求的效果。

(9) 包装。将效果处理完成且达到客户要求的产品进行清洗、检验、包装。

2. 相关产品图片

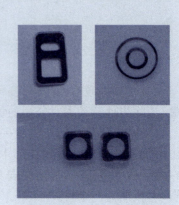

图3　手机镜片和摄像头镜片

3. 相关行业背景信息

手机镜片(手机视窗玻璃镜片、摄像头镜片、触控保护玻璃)行业随着手机的发展已然处于白热化竞争的态势。其中,手机视窗玻璃镜片的市场随着智能手机的攻城略地正在不断萎缩中;摄像头镜片的市场格局已经形成,相关产品的单价随着竞争厂商的工艺改进和良率提升,单价在不断下跌,利润空间也在不断地萎缩中;在触控保护玻璃市场方面,显示了强劲的增长力,2013年3月,根据NPD Display Search最新出版的Touch Panel Cover Glass Report指出,智能手机和平板电脑等可触控移动电子产品的成长将驱动全球保护玻璃出货量于2013年超15亿片,并于2017年超25亿片。但多数订单被触摸面板生产商自行解决了,流落市场的订单仍较少。因而富兴提出转型为触摸面板生产商的战略目标。

"触控屏幕在中大尺寸电子装置,如迷你笔记本电脑、平板计算机和台式一体机个人计算机及其在教育与训练的应用上渗透率正迅速地增加"Display Search触控技术总监Jennifer Colegrove博士指出。Display Search预计从5寸到10.2寸供迷你笔记本电脑和平板计算机所需的触控屏幕中出货量在2016年将达到1亿2千2百万片。

触控面板全球需求量大且成长速度快,根据NPD Display Search Touch Panel Market Analysis Report报告指出,制造厂商希望微软Windows8操作系统能促使成熟笔记本电脑市场在2013年进一步成长。2012年,笔记本电脑触控屏的渗透率低于3%,2013年,预期将高于12%。相对触屏手机与平板渗透率,2012年具触控功能手机渗透率高达77%,平板电脑触控屏渗透率更是100%。根据行业资讯报告,行动装置对于较大尺寸、较高解析度屏幕与触控功能的需求,协助拉抬中小尺寸面板市扩张,2016年度全球产值预估可达715亿美元。

附录 2

相关人物背景信息

林国,男,1978年出生于江西省萍乡市。文化程度不高,在谈到自己的学历时,林总曾笑称"感觉只有小学生的水平"。1997年,他像大多数乡镇年轻人一样外出务工,但去了经济发展迅猛的城市——深圳,进了蓬勃发展的公司——深圳市雷地科技实业有限公司。刚进入公司之初,由于学历等原因,也只能像其他大多数人一样作为一名一线员工辛苦地劳作着,但他不甘于这样做下去,而是很快向公司提出转入市场部从事业务开拓工作的申请,公司看出了他的吃苦耐劳和挑战自我的精神以及充满激情和坚持不懈的工作状态,遂同意了该要求。可以说,转入市场部工作是他人生的一个小的转折点,因为通过接触客户,并在学习如何开发新客户、挖掘潜在客户和维护老客户等过程中让他清晰地认识和深刻地感受到市场的需求方向以及有关产品的市场前景。2003年,具有远大抱负的林总由于不满足于现状,毅然选择了离开公司,并着手筹划创办属于自己的事业。

林总在充分掌握政策和市场变化的情形下,于2003年开始以小作坊的企业形式从事手机镜片的生产和销售。但不幸的是,在生产上,由于经营管理不善,最终以失败告终;而幸运的是,在销售上,由于清晰地认识到了客户的需求,并结合自己的人脉资源,做得很成功,并从中积累了一定的原始资本。虽然在创业路上有失败,但林总并没有随之放弃,而是在顺应市场趋势的情况下,越挫越勇,在2004年年底注册成立了深圳市富兴科技有限公司,从事手机、摄像头、亚克力、MP3、MP4、纳米等玻璃镜片的生产和销售。

林华,林国的亲弟弟,1981年出生于江西省萍乡市,文化程度仅至中学。自2004年跟随林国在深圳闯荡业务。

刘洪,1976年出生于江西省萍乡市,曾参过军,后退伍,就任昌佳鑫总经理前,无正当职业,同时鲜有企业管理经验。由于多年在萍乡活动,朋友和人脉较广。

白文和白武为两亲兄弟,分别出生于1970年和1974年,安徽人,白武虽作为弟弟,但在该行业有务实的作风和多年的经验,白文属跟随白武在该行业中闯荡的。

钟会,1975年出生于江西省萍乡市,有5年的外资企业会计方面工作经验,大专学历。

【案例使用说明】

昌佳鑫科技:承载"富兴"之路的组织变革

一、教学目的与用途

(1) 本案例主要适用于全日制 MBA 或在职 MBA 一、二年级学员的教学,主要适用的课程包括《管理学原理》《公司组织与管理》《人力资源管理》《组织行为学》等,可用来讨论企业组织变革、企业组织结构及其优化等相关主题。

（2）本案例的教学有以下四个目标：

① 培养团队合作精神。本案例要求学员通过团队的方式去解决问题，以求在解决问题的过程中培养学员的团队合作精神，在该过程中能够充分展现和提升学员对待团队其他人员的以下态度和意识：欣赏（三人行，必有我师）、尊重（尊人，人而尊之）、宽容（惟宽可以容人）、信任（成功协作的基石）、沟通（解决问题的道路）、负责（自信地面对一切）、诚信（人无信则不立）、热心（关心身边的每一块"短木板"）和我们（作为一个整体）等。

② 掌握解决问题的方法。一种方法是解决一类问题的手段，此处方法是指学员在认识和分析问题的过程中，为解决问题所采取的方式、程序和手段。因而强调学员在分析本案例时，掌握怎样去发现和总结问题，怎样去分析和解决问题。

③ 提升学员的实践能力。科学的方法来自实践和调查，通过解决这个以实际企业和事件为背景的案例，在课堂上提升学员解决实际问题的实践能力。

④ 提高知识共享的意识。学习的最高境界是知识的共享，共享知识能够在相互之间取长补短、相互学习、共同进步，本案例教学意在通过团队内交流和团队间交流来提供学员知识共享的意识。

二、启发思考题

（1）江西昌佳鑫科技有限公司现有的组织结构是怎样的？存在哪些问题？应该如何进行优化？优化过程中需要特别注意哪些方面？

（2）结合案例及相关资料，根据江西昌佳鑫科技有限公司在经营过程中存在的问题，并结合相关资料，从宏观层面分析和总结当今中小型家族企业在经营管理过程中存在的通病，并针对这些通病，提出相应的解决建议或解决方案。

（3）从哪些方面着手、通过哪些方式、怎样实施可推进江西昌佳鑫科技有限公司治理结构的完善？

（4）结合案例及相关材料，分析江西昌佳鑫科技有限公司组织管理过程中存在的主要障碍或问题有哪些？

（5）结合江西昌佳鑫科技有限公司组织结构方案和基本经营保障费管控方案设计与推行过程的基本情况，从组织合作精神出发，分析组织主要成员的观念、态度和行为的具体表现。

三、分析思路

针对本案例，其分析的逻辑路径基本遵循"研究案例→提炼问题→分析问题→解决问题"的"四步走"方式。

在研究案例上：首先是略读案例，也即通读一遍案例，初步了解案例所描述的事件及其背景，在大脑中形成一个基本轮廓；然后是详读案例，也即在略读的基础上，详读案例的每一部分，详细了解每件事情背后存在的问题及产生的影响，然后总结问题所在；最后是精读案例，也即有选择性地对不了解或了解不深的部分进行仔细研读，以确保充分了解案例的每件事情。这些事情包括刘洪出任总经理期间公司出现的基本矛盾以及林国态度的转变,进而得出相关关键人物的性格,对事件和人物认识的把握能力。

在提炼问题上:做到对案例关键问题的提炼,即找到案例的关键之处,强调对关键问题进行分析并找寻解决之路。本案例的关键问题即为林国这位主要决策者的性格分析,在他多疑和相关能力不足的情况下,如何化解他的疑虑和获取他的绝对信任成为本案例问题解决的关键。

在分析问题上:做到结合案例分析关键问题,同时不忽略影响关键问题的主要及次要因素,从而能够在全面、全方位的视角下对存在的问题有一个透彻的解析。

在解决问题上:强调理论全面、分析到位、切中要害;同时能够以小见大,站到一个战略、一个行业、一类企业的角度上去做进一步的分析,并提出合理、合适的解决之路。

四、理论依据与分析

根据上述案例分析思路,结合"启发思考题"中的有关问题,在此总结本案例的理论依据及分析案例主要内容,仅供参考。

(一) 理论依据

组织结构的相关理论包括组织变革理论、组织平衡理论和组织发展理论三个理论的综合运用。组织变革理论从组织整体上对组织优化的具体内容(包括程度、相关因素等)进行了较为深刻的研究。组织平衡理论包括(组织的对内平衡体现为贡献和诱因的平衡)和组织的对外平衡(即组织同组织成员以外的经济、技术和社会外部环境的平衡)。组织发展理论认为组织发展是组织自我更新的持续过程,组织成员在信任和坦率的环境中,通过分析组织偏差和找出解决办法,促使组织更新发展,必须重视处理分析和敏感训练两种技术。具体理论依据如下:

1. 组织变革理论

组织变革是一个复杂、动态的过程,是指运用行为科学和相关管理方法,对组织的权利结构、组织规模、沟通渠道、角色设定、组织与其他组织之间的关系以及对组织成员的观念、态度和行为、成员之间的合作精神等进行有目的、系统地调整和革新,以适应组织所处的内外环境、技术特征和组织任务等方面的变化,提高组织效能。企业组织变革有激进式变革和渐进式变革两种典型的模式。激进式变革能够以较快的速度达到目的态,因为这种变革模式对组织进行的调整是大幅度的、全面的,可谓是超调量大,所以变革过程就会较快;与此同时,超调量大会导致组织的平稳性差,严重的时候会导致组织崩溃;渐进式变革则是通过局部的修补和调整来实现,这种方式的变革对组织产生的震动较小,而且可以经常性地、局部地进行调整,直至达到目的态。这种变革方式的不利之处在于容易产生路径依赖,导致企业组织长期不能摆脱旧机制的束缚。

2. 组织平衡理论

组织平衡是有关组织生存、发展必须满足的条件方面的基本原理,是对组织生态的说明。不论具体组织形态如何,如果一个组织在内外环境条件变化中有效地实现了组织与个体、与环境的平衡,就说明组织中存在有效的管理过程。组织平衡是组织生存发展和管理职能之间内在必然联系的关键所在。组织平衡具体包括组织内部平衡、组织与环境的平衡、组织动态平衡三个方面。首先，组织内部平衡是指组织与个人之间的平衡；其次，组织与环境的平衡具体表现是：组织是环境中生存发展的生物有机体，组织并非简单、被动地适应环境，它也有能动地发挥作用的余地：一是可以在一定范围内对环境因素做出选择；二是可以在一定范围内创造或影响环境；再者，组织动态平衡强调以发展、变化的眼光看问题，组织内外所有相关因素都处在变化中。一方面，当组织内外环境条件发生变化时，原有平衡即被打破，需要根据变化了的情况建立新的平衡；另一方面，组织本身存在打破平衡的力量。组织中客观存在的差异、矛盾和冲突本身就是平衡的一种破坏性力量。

3. 组织发展理论

组织发展是一个通过利用行为科学的技术和理论在组织中进行有计划的变革的过程。组织发展指的是在外部或内部的行为科学顾问（有时被称为变革推动者）的帮助下，为提高一个组织解决问题的能力及其外部环境中的变革能力而作的长期努力。它是一个有计划的、涵盖整个组织范围的、同时有高层管理者控制的努力过程，它以提高组织效率和活力为目的，该过程利用行为科学知识，通过在组织的"进程"中实施有计划的干预而进行。组织发展有五大显著的基本特征：一是组织发展包含深层次的变革，包含高度的价值导向；二是组织发展是一个诊断——改进周期；三是组织发展是一个渐进过程；四是组织发展是以有计划的再教育手段实现变革的策略；五是组织发展具有明确的目标与计划性。

组织变革理论主要体现在对昌佳鑫目前组织的变革上，昌佳鑫在管理上以刘洪、林华为主导，在生产执行上以富兴厂厂长白文的兄弟白武和富兴自愿奔赴昌佳鑫的一些班组长为主导；组织平衡理论主要对内体现在林华权利的平衡，具体来说，昌佳鑫作为一家典型的家族式企业，林华作为昌佳鑫董事长林国的亲弟弟，在公司决策过程中个人主观性较强，往往与现实情况存在一定差距；对外体现在与富兴等外部环境的平衡，昌佳鑫作为林国与其弟弟林华共同投资单独成立的公司，一方面看似与富兴划分界限，但昌佳鑫在财务方面并没有实行独立核算，公司资金全部由富兴控制；组织发展理论主要体现在其自我更新上，随着昌佳鑫公司的发展，组织也需要不断更新和发展。在江西昌佳鑫科技有限公司组织结构方案和基本经营保障费管控方案设计与推行过程中，公司管理高层成员之间在认识上存在分歧，态度不一致，观念不统一，行为不合拍，组织成员间存在信任危机。

（二）问题分析

问题1. 江西昌佳鑫科技有限公司现有的组织结构是怎样的？存在哪些问题？应该如何进行优化？优化过程中需要特别注意哪些方面？

根据案例材料，江西昌佳鑫科技有限公司的组织结构如图1所示，存在的主要问题包括以下几个方面：一是公司经营决策盲目性大，缺乏科学的"专家"论证体系，昌佳鑫的主要事项决策都需要经过林国，但他的决策主观性强、变动性大，导致决策的随意性明显；二是部门功能界定不明确，导致职责、权利不对称，组织结构中所谓的部门其实并非部门，仅仅是由其中的某人分理该部分，此外，高层的分工很不明确，例如，总经理刘洪主要负责处理外部公关，同时兼管行政后勤。但其权力较为有限，林总并没有完全授权于他,多数决策均由他和林华、钟会商议决定,还得报备富兴审批,特别是涉及花钱的事务。林华在公司的事务其实是负责采购的,但由于林华与林国的关系,他有时会越权处理一些事务,如谩骂工作未达要求的员工等;三是"人治"多于"法治",管理靠主观印象和直觉判断,制度建设滞后,由于林总个人能力有限,身边缺乏职业经理人,使管理水平一直停留在原来的水平;导致经常出现推诿扯皮、员工心理不满、两公司的沟通机制不完善、无奖惩机制、无成本控制体系等一系列问题,制约了公司的发展进程。

  针对以上存在的主要问题,应该采取相应优化措施,具体可从以下几个方面着手:一是明确公司经营业务和组织机构之间的关系,建立统一的决策机构;二是对组织功能重新定义和组织目标确认,合理进行部门设置、职责界定、人员编制和岗位职责等工作;三是规范内部管理流程,建立"由上而下"和"自下而上"的管理控制体系,在优化过程中,有些方面值得注意,例如,如何让公司高层尤其是林国有效合理地放权,让昌佳鑫真正实现独立运营管理的模式,如何规避家族企业内部人员亲缘关系带来的矛盾问题等。

  问题2. 结合案例及相关资料,根据江西昌佳鑫科技有限公司在经营过程中存在的问题,并结合相关资料,从宏观层面分析和总结当今中小型家族企业在经营管理过程中存在的通病,并针对这些通病,提出相应的解决建议或解决方案。

  江西昌佳鑫科技有限公司在经营过程中存在的主要问题有:一是内部缺乏有效的管理机制,团队协作能力水平不高,生产效率低下。江西昌佳鑫科技有限公司内部管理较混乱,生产方面人员匹配度不高,一定程度上影响了生产效率的提升;二是财务体系不健全,缺乏独立经营核算机制。江西昌佳鑫科技有限公司与深圳富兴科技有限公司统一结算方式不是很合理,在资金调控方面给昌佳鑫带来一定阻力;三是昌佳鑫员工绩效考核体系不科学、不健全。例如,倒边部采用计件式考核,若产能计划未能按时、按质、按量完成,将按标准扣减工资,此方式影响较大,导致该组员工流动性较大。

  江西昌佳鑫科技有限公司作为典型的中小型家族企业,在经营过程中还存在一些通病:组织机制不健全,人员沟通协调有障碍;家族成员所有权与控制权两权合一,一般外来人员很难享受股权,其心态永远只是打工者,始终难以融入组织中;给人力资源带来一定的限制;管理决策主观性强,不科学。针对这些通病,建议可采取以下措施:打破传统式组织架构,引入职业经理人;合理、有效地向专业管理人员授权,增强外来人员对企业的归属感、忠诚度;转变家族企业管理观念,放松融资控制,推动家族企业的资本社会化和管理社会化。

  问题3. 从哪些方面着手、通过哪些方式、怎样实施可推进江西昌佳鑫科技有限公司治理结构的完善?

  首先,着力推行公司董事会制方案,在会议的表决上,采取董事长一票否决权的制度,一方面解决昌佳鑫由于林国决策变动性、随意性大的问题,防止拍脑袋、经验主义的情况发生;另一方面保证林国对昌佳鑫的绝对领导权;其次,合理设置部门、厘清部门职责和岗位职责,规范内部管理制度,明确公司管理决策层的权责,确保公司正常、有序、高效地运营;再者,完善员工绩效考核机制,建立股权激励方案,江西昌佳鑫内部不同部门的员工绩效考核标准不一致,导致员工的工作积极性不高,甚至造成一定的人才流失,对高层管理人员尤其是外来高层管理人员缺乏有效的股权激励机制,挫败了其为公司贡献力量的热情;最后合理调整员工的薪资待遇,建立科学的绩效考核体系,有助于吸引稀缺的人才、发现优秀的人才、留住有用的人才,同时,对贡献突出的高层管理人员给予一定的股权激励,增强其与公司命运的关系,进而促使其为公司的发展尽心尽力、尽职尽责。

问题 4. 结合案例及相关材料,分析江西昌佳鑫科技有限公司组织管理过程中存在的主要障碍或问题有哪些?

在组织管理过程中,江西昌佳鑫科技有限公司存在的主要障碍或问题如下:

1. 管理分工不明确,权责划分不清晰

公司高层的分工不是很明确,例如,总经理刘洪主要负责处理外部公关,同时兼管行政后勤,但实际操作过程中需要与林华、钟会商议决定,并报富兴审批;林华负责采购,但由于林华与林国的关系,有时他会越权管理一些事务;昌佳鑫的重大决策由林国一个人来决定,决策主观性较强、变动性大,很容易影响到公司的正常运转。

2. "人治"多于"法治",内部管理不规范

昌佳鑫缺乏一套全面、系统的管理体系,管理制度建设进度缓慢,员工规则意识普遍低下,高层决策集权化,员工绩效考核标准不统一等方面问题,造成其内部管理一片混乱,导致内部公平性不强,员工满意程度不高,对公司的忠诚度及认同感不强,公司发展士气不足。

3. 团队人心不齐,工作执行力不足

团队人心不齐,公司信任危机问题严重,例如,林华曾与嫂子(林国妻子)有过矛盾,导致其两兄弟有时也会存在一些沟通不畅,白武否定董事会制工作章程,公司高层内部彼此缺乏信任感等;工作执行力不足,体现在部门职责说明书和岗位工作说明书的落实,待项目方离开公司后,资料堆积在公司的文件夹里,从未有对使用情况的回复,而当林国来电询问刘洪情况时,他总会找各种借口搪塞,此外,对林国自身而言,对于组织结构设计方案,林国表示较为赞同,但却未安排相关人员在项目组的指导下去落实,该方案不免又以落空终结;基本经营保障费管控方案是在与林国、林华、刘洪等人商议下最终决定的,昌佳鑫方面表示很是赞同,但林国却一直未落实。

问题 5. 结合江西昌佳鑫科技有限公司组织结构方案和基本经营保障费管控方案设计与推行过程的基本情况,从组织合作精神出发,分析组织主要成员的观念、态度或行为的具体表现。

根据江西昌佳鑫科技有限公司组织结构方案和基本经营保障费管控方案设计与推行过程的基本情况,从组织合作精神出发,组织主要成员的观念、态度或行为不尽相同,具体表现如下:

1. 林国:确定具体方案,但未推动方案落地

关于江西昌佳鑫科技有限公司组织结构方案和基本经营保障费管控方案,林国表示认同,但在实际推行过程中,却未得到很好的落实,尤其是基本经营保障费管控方案,谈及原因时,林国表示:"钱交给他们实在是不放心啊,而且富兴自己的财务也没有很好地管控,如果将财务放下去,难免会出现难以掌控的局面。虽然,公司有我弟弟在,但其能力还有所欠缺,仍无法掌控公司的局面。"由此来看,林国作为昌佳鑫的最高领导者,

对其公司高层成员的信任感不强,对未来昌佳鑫的发展持保守的观念与不容乐观的心态。

2. 刘洪:不从自身找原因,只谈外部的因素

在方案设计与推行之前,项目组对昌佳鑫的高层管理人员进行访谈,在与总经理刘洪的访谈过程中,刘洪一直强调公司内部分工不明确、其他高管存在越权管理现象、财务体系不健全、管理制度不到位等问题,但没有提到半点个人问题,刘洪对组织现状以抱怨为主,对组织的认同感也不强,一切问题的发生归因于组织自身的问题。

3. 林华:在问题中发现积极的一面,主动寻找问题的根源

从对林华的访谈记录来看,他也谈到昌佳鑫的财务核算问题给昌佳鑫的经营发展带来一定的障碍,此外,也提到通过为员工提供遮阳停车场所,生产车间增加风扇等防暑措施;并设立了晨会制度,基本全员参与,主要是鼓励大家积极工作,提高员工的工作参与度,增强员工的集体意识,另外,林华还透露公司决策、沟通协调方面、股权结构等方面的问题,主动分析了问题发生的根源,林华作为昌佳鑫的高层管理人员,希望通过组织成员共同协同前进,以实现新的突破与变化。

4. 钟会:员工管理问题不大,薪资待遇存在问题

钟会觉得公司的员工很好管理,基本上没有什么大的问题,此外,他认为员工薪资待遇方面标准不一致,例如,倒边部采用计件式考核,若产能计划未能按时、按质、按量完成,将按标准扣减工资,此方式影响较大,导致该组员工流动性较大,在一定程度上影响了组织部门间的协调合作关系,挫伤了大部分员工的积极性,认为需要建立健全合理、科学的绩效考核标准,实施有效的薪酬管理体系。

五、相关企业背景信息

深圳市富兴科技有限公司从2004年发展至今,已初具规模,在深圳市南山区租赁了1 000平方米的生产和办公用地。现今共有员工100余人。年销售额1 000万元左右。

公司注册资本为2 600万元,其中,林国出资2 574万元,占99%,彭财出资26万元,占1%。

发展主要经历了四个阶段:

第一阶段,脱困。脱困主要包括两方面:第一,生产面的脱困。富兴成立之初,主要是与港商合作,自己接订单,生产外包给港资生产商,这样的形式使富兴在交接订单时较为被动,利润空间也更小,但迫于资金的压力,只能采取此种策略不断获取资金,然后不断补充生产设备。第二,资金面的脱困。由于公司刚成立,生产设备不全,市场并未完全打开,初期基本采取生产外包和低价策略以获取市场份额。富兴就是在这双重压力下缓步崛起的,并于2005年成功摆脱困境,自此富兴进入了发展的黄金阶段。

第二阶段,发展。该阶段从2005年一直到2008年,并在2008年进入了发展的高峰期,在与林总交流这一阶段时,他说道"在2008年,富兴完全垄断了金立的摄像头、视窗镜片等手机玻璃类配件生产订单"。这一阶段可谓是富兴发展史上的辉煌期,公司的生产设备数量、人员规模、市场口碑等都达到历史最高位。

第三阶段,瓶颈。公司发展至2009年,市场竞争加剧,再加上金融海啸对整个经济

环境的影响,企业一直隐藏的问题开始不断显现,如管理水平落后、组织效率低下、员工素质不高等,这些问题的不断聚集,致使公司时而出现未能按时交货的现象,公司业绩也开始不断地滑落,甚至,还出现了厂长离职带走客户的现象,公司的发展自此便遇到了瓶颈,改革迫在眉睫。在这改革之路开始之时,林总尝试与华南理工大学就相关技术开发进行产学研合作,以期在技术研发上带给公司新鲜血液。

第四阶段,转移。在经历了2009年的发展滑落期后,林总认识到企业必须改革,以寻找突破之路,将企业带入现代公司发展的正轨之中;在结合自身、公司和市场的综合考虑下,林总选择了向经济欠发达地区转移的战略方针,昌佳鑫自此便成立了。同时,意在将公司带向产业链的高端市场中。

六、关键要点

(一) 案例分析的关键处

(1) 林国的接受度。在案例描述中,我们可以发现林国对一些认准的事情,其接受度是有限的;

(2) 管理层等对组织变革的认可以及方案的执行力度;

(3) 如何将本案例中描述的问题通过以小见大的方式进而提升到中小型家族企业这一层次,同时通过解决该案例存在的问题,对中小型家族企业普遍存在的问题提出解决建议。

(二) 案例教学的关键处

(1) 知识点。包括组织结构、人力资源、公司运营等理论,并能以理论为基础去解决问题。

(2) 能力点。分析问题和解决问题的方式;以小见大的分析和概括能力。

七、建议的课堂计划

对本案例的教学建议采取小组讨论式,通过该方式分析和解决本案例,将能够充分达成本案例的教学目标。由此,在对本案例进行教学前,需要对教学班的全体同学进行恰当地分组。通过小组讨论的形式,在达成教学目标的同时,教师也可根据课程的时间性和学员的特性选取以下两种方式中的一种开展对本案例的教学。

(一) 教学准备阶段

1. 恰当分组

由教学班的5—7名学员组成,兼顾不同专业或行业背景,并要求小组成员自行分工,以增加讨论的效率。

2. 方式选择

将本案例使用至相关教学中可采取以下两种不同的方式。

(1) 方式一。课后讨论为主。本方式对课时的要求不高,仅需要2—3个课时供方案完成后小组间的交流和教师的总结,强调更深入分析案例、更充分讨论案例、更全面解决问题。

(2) 方式二。课堂讨论为主。本方式需要连续的3—4个课时,强调在信息有限条件下的问题限时解决,以强化学员对案例材料所提供信息的充分把握度和时间的把控度。

(二)案例讨论阶段

1. 方式一

这种方式以课后讨论为主体,因而在学员拿到案例材料前,教师并不需要以开场白的方式对案例作基础性的介绍或引导。因而,首先是教师直接将完整的案例和案例需要解决的问题等材料分发给各位学员(电子稿或纸质稿),同时给以一定的时间(1—2周)让各小组自行在课后解决案例相关问题,即对案例有关问题进行原因分析,并提出解决方案,同时要求最终提交的稿件包括WORD(全面展现解决方案)和PPT(供课堂展示用,规定展示的时间要求);然后,教师在提交的相关稿件中根据两种稿件的优劣、课堂时间的长短和展示时间的长短选取一定数量的小组向全班展示其解决思路和最终结论,同时,其他学员可在规定时间内根据展示的方案提出自己的疑惑或点评之;最后,由教师对案例进行总结。

2. 方式二

这种方式以课堂讨论为主,因而在材料分发前,教师须让学员了解材料的大致内容,并给出一些提示性问题以及解决问题的大致要求,让学员在阅读时更有针对性。

在案例的开场白上,需要教师介绍案例大致背景(所处行业、企业性质、大概规模、涉及人物等)、案例大致内容(本案例主要介绍的公司背景、公司运营前后管理层思路的变化,可参照摘要部分进行适当扩展)、案例涉及问题(即阅读本案例需要解决的问题,使学员带着问题去阅读案例)等内容。在黑板板书的布置上,需要大致展现案例所涉及的内容概要和需要解决的问题以及解决案例问题所涉及的基础性理论。

在教师开场白完成后,开始分发案例材料,并给以学员一定的时间阅读案例材料,使他们充分了解背景材料,从而使讨论过程更易进行。首先是小组内讨论,即给一定的自由讨论时间,让小组内各学员对案例存在的问题进行分析,并针对问题提出解决思路和方法,最后整合小组总体看法;也可以是小组间讨论,各小组选取一名代表,代表本小组简明扼要地阐述本小组对各问题的分析及解决思路,还可以将一些较难的问题或者值得深入研究的内容提出来,以供全体学员作进一步地探讨、交流、完善。

(三)案例总结阶段

该阶段主要是教师点评。在学员方案分享或讨论结束后进行,教师应该就各小组分析问题的思路和解决的方案进行总结。首先,应该是对各小组的结果进行点评,提出结果存在的优缺点;其次,提出自身对案例的看法,进一步引导学员的思路,以供借鉴;最后,提出一些悬疑问题,供学员课后继续思考,并写出对案例难题的思路分析和解决方案,留待进一步探讨。

(四)所需的教学设备及材料

1. 设备

多媒体教学设备,如多媒体计算机、投影仪、电动投影屏幕、音响设备等。

2. 材料

所有学员每人一份案例材料(打印稿或子稿)和教学用PPT等。

三、香港中原地产集团总裁施永青先生的无为而治管理思想[①]

【案例正文】

> **摘　要**：香港中原地产集团总裁施永青先生白手起家，创办了非常有影响力的地产中介公司，被誉为"地产教父"。施永青事业的成功，得力于他一直研究与学习的著名典籍《道德经》，他从中吸取了无为而治思想的精华，并结合自己的企业实践活动，总结出一系列行之有效的管理方法，得到了业内人士的高度赞誉。同时，他又将老子的智慧推广到报业、生活等领域，并大力投身慈善活动，广泛宣传中国圣贤文化的当代管理价值，香港中原地产集团总裁施永青先生的管理实践让我们再次领略到老子思想的强大生命力。
>
> **关键词**：香港中原集团；无为而治；无为与有为

0　引　言

中原集团的旗舰品牌中原地产创立于1978年，随着不断发展，集团业务范围拓展迅速，目前，集团旗下除中原地产这一知名品牌外，还包括利嘉阁地产、宝原地产、信誉家、森拓普等多家子公司及附属品牌。中原集团聘任员工逾16 000人，跨地域分行接近1 000家，并以服务中国内地、香港及澳门三地的房地产市场为业务发展核心。中原集团秉承"无为而治"的企业文化，并以"凭创见，走到更前"为服务宗旨，令中原地产不单成为内地、香港两地最具规模的地产代理机构之一，在相关服务领域也往往开业界先河。

[①] (1) 本案例由江西财经大学工商管理学院柳振群根据公开资料改编撰写。未经允许，本案例的所有部分都不能以任何方式与手段擅自复制或传播。(2) 本案例委托工商管理学院案例中心授权学院全体教师使用。(3) 本案例只供课堂讨论之用，并无意暗示或说明某种管理行为是否有效。

三、香港中原地产集团总裁施永青先生的无为而治管理思想

1 香港中原地产集团及总裁施永青先生简介

1.1 香港中原集团简介

中原集团立足香港,以服务中国内地、香港及澳门三地的房地产市场为业务发展核心,经过35年发展,已经在38个城市成立分公司,业务辐射至全国过百城市,聘任员工逾50 000人,跨地域分店总数逾2 000家,是目前房地产代理行业内最具规模的企业之一。中原集团更将业务拓展至中国台北及新加坡两地市场,逐步扩大在华语区的布局。

中原集团重视企业的行业责任和社会责任,坚守行业准则,坚持以正确方法引领行业规范发展,并设立专业研究机构,向市场提供客观真实的第一手信息,在政府决策过程中提供有效参考依据,为行业及社会作出自己的贡献。中原集团更主张来源于社会,服务于社会,长期积极参与社会公益事业和慈善活动,旗下分公司成立的中原爱心社、精英会等组织多年来通过各种方式,以实际行动回馈社会。为更好地推动慈善事业,中原集团更于2004年在香港设立中原慈善基金,致力于扶贫及协助教育工作。

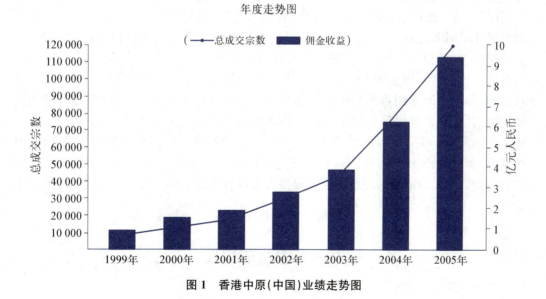

图1　香港中原(中国)业绩走势图

1.2 施永青先生简介

施永青是香港中原地产创始人之一,1949年生于上海,祖籍浙江宁波。4岁时定居香港,19岁毕业后,从事夜校教育工作8年。1978年,他和同伴开创中原地产代理公司。1992年,中原挺进内地市场。施永青创立的中原集团,目前员工数万。施永青还

兼任香港房屋委员会成员、香港策略发展委员会委员、香港地产代理监管局成员等公职,曾是曾荫权确定的香港经济机遇委员会的成员之一。2008年,中原地产创立30周年,年满60岁的施永青宣布退休。

除房地产外,施永青在香港以私人名义创办免费报纸《AM730》,并开设专栏亲自撰稿,专栏除议论时事外,更深入浅出地分享其营商、管理实践经验及人生哲学等,广受大众欢迎。施永青乐善好施,建立了施永青慈善基金。

施永青的价值观是"无为"。施永青一直坚持无为而治,30多年来,施永青一直在中原地产贯彻着无为而治的理念,而无为而治也使中原地产发展为国内最大的房地产代理机构。

施永青热衷公益事业,曾多次以香港乐施会成员的身份亲身参与内地的扶贫工作。曾亲至云南省和贵州省做"乐施之友",介绍水稻及牲畜的优良品种给当地农民,帮助农民脱贫。他还参加苗圃行动、绿色和平组织、支持内地教育事业。除号召中原集团积极参与慈善事业外,他也参与出资在湖南、广东分别兴建了三所希望小学。2008年,施永青将个人手上持有的中原地产、中原(中国)等3家公司的股份全数注入施永青慈善基金,用于推动社会公益事业,尤其关注中国内地的三农问题,以实际行动书写了将财富还于社会的富豪新样本。此外,还将《AM730》的部分股份捐出做慈善。

施永青为电台主持过节目,对学术活动有很高的兴趣。他个人参与不少学术组织,并为大专院校及各类团体演讲授课,讲题并不局限于地产方面,还涉及哲学、经济、政治、管理以及自然科学方面。他去过广州讲会、光华演讲过"领导无为,员工必有为"。他参加过深圳市房地产经纪行业高峰论坛、博鳌房地产论坛。他也曾去过复旦大学、新浪财经等交流自己的管理思想。施永青参加过新浪科技《总裁在线》和广大网友进行交流。他做客过新浪财经,参加"第十六届中外管理官产学恳谈会"。2012年11月2日,作为中原集团董事的施永青作为主讲嘉宾参加了复旦大学"硅谷银行管理大师论坛"。他和复旦大学管理学院师生畅谈了自组织理论和无为而治的理念。此外,施永青还开通了各种博客,如新浪博客、搜房博客、网易博客、金融界博客、腾讯微博、网易微博、和讯财经微博等,作为一个思想交流的平台。他会在他的博客中分享他对地产、对生活、对无为而治的理解。这让很多人有机会和这个传奇人物进行近距离地了解和沟通。

2　无为而治思想的来源与含义

2.1　无为而治思想的来源

无为而治来源于《老子》一书。《老子》又名《道德经》,是春秋周守藏室史老子所著。《道德经》这部神奇的宝典,博大精深,玄妙无比,它对中国古老的哲学、科学、政治、宗教等都产生了深刻的影响,它无论对中华民族的性格铸成还是对政治的统一与稳定都起到不可估量的作用。孔子曾经感慨地说道:"至于龙吾不能知,其乘风云而天上。吾今日见老子,其犹龙邪!"潘基文在连任联合国秘书长宣誓就职时,引用了《道德经》中的名言"天之道,利而不害;圣人之道,为而不争。"海尔集团总裁张瑞敏特别喜欢"天下万物生于有,有生于无。"松下电器创始人松下幸之助说:"我并没有什么秘诀,我经营的唯一方法是经常顺应自然的法则去做事。"

《老子》第十七章把统治者分为四等:"太上,下之有之;其次,亲而誉之;其次畏之;其次辱之。"意思是说,第一等的统治者是百姓知道有他却还是很自然,是道治;第二等的统治者是制定行为规范得到人民的亲誉,是德治;第三等的统治者是依靠权威令百姓惧怕,是法治;最后一等是统治者不讲信誉受到人民鄙视,是术治。太上就是第一等的统治者,王弼说:"太上谓大人也。大人在上,故曰太上。大人在上居无为之事,行不言之教,万物作焉而不为始,故下之有之而已,言从上也。"按王弼的理解,第一等的统治者能施行无为而治,一切顺应自然,所以人民知道有统治者也会很自然。因为他们"处上而民不重,处前而民不害",所以,"功成事遂,百姓皆为我自然。"无为而治即指第一等的统治者,是最符合"道"的,其特点就是顺应自然和民意。

▶ 2.2 无为而治的含义

对于无为而治的含义,历史上不同的思想家有不同的理解。概括起来有四种:一是庄子的"无为名尸,无为谋府,无为事任,无为知主。"①这种无为是人同于自然,达到天地万物与我齐一的境界,是一种消极适应自然的想法。和老子的"无为"是有差别的。二是王弼的"谋之于为兆,为之于未始。"②即防患于未然,和我们所说的扼杀在摇篮里一样。事情尚未发生就把矛盾消除的"不攻其为,使其无心于为"。这种"无为"实则是一种非常积极的想法。和老子的无为也非完全一样。三是宋尹学派的"因物之性、因人之情。"③即要遵循万物之性,顺从人民之情,自觉而为,不强人为我,也就是遵循客观规律办事。如果违背客观规律而勉强为之,就是"有为"。可见,很切近老子"无为"之主旨的。四是郭象的"自为、自任、尽能。"④即君主可以命令大臣,但不能束缚大臣的手脚;大臣可以驾驭百官,但不能包办百官的事情;官吏可以治民,但不能替百姓做所有的事情。各司其职就是"自任",各尽其能就是"尽能",各行其是就是"自为"。

总之,上述理解都是老子之"无为"的一偏,但一个共同之处就是任自然。老子的"无为"不是什么都不为,也不是非常积极地为之,而是顺应自然和民意地为之。要"辅

---

① 《庄子·应帝王》篇提出:"无为名尸,无为谋府,无为事任,无为知主"。
② 王弼在《老子指略》中有这样一段议论:"夫邪之兴也,岂邪之所为乎?淫之所起也,岂淫者之所造乎?故闲邪在乎存诚,不在察善息淫在乎去华,不在滋彰?绝贪在乎去欲不在严刑?止讼存乎不尚,不在善听。故不攻其为也,使其无心于为也?不害其欲也,使其无心于欲也。谋之于未兆,为之于未始,如斯而已矣。"
③ 《管子·心术》篇提出"无为而制窍"的观点:"耳目者,视听之官也,心而无与于视听之事,则官得守其分矣。夫心有欲者,物过而目不见,声至而耳不闻也。故曰:'上离其道,下失其事。'故曰:'心术者,无为而制窍者也?'"
④ 郭象说:"无为者,非拱默之谓也,直各任其自为,则性命安矣。"

万物之自然","治大国若烹小鲜",要与人为善,所谓"圣人无常心以百姓心为心",不急躁胡来,不过多干预。从做到而无为而无不为的一等统治者。

2.3 无为与有为的辩证统一

其实,无为与有为是辩证统一的。其辩证性表现在无为注重放权,不过多干预,有为强调干预和集权;其统一性表现在无为和有为通常是可以相互融合,相互转化的。无为并非一无所为,相反,"无为"的目的正是"有所为",而这种"有所为"是一种润物细无声的为,有为和无为是辩证统一的,辩证在老子的《道德经》中随处可以看到。老子提出"无为而无不为"明确地显示出"无为"与"无不为"对立概念之间的统一性和相互转化的辩证统一思想。

有所作为是无为而治的真正目的。无为,不是不为,而是要领导者有所为,有所不为。老子"为"的最高原则是"为无为":即在不该为的时候就不为,在该为的时候就要为。领导者因为有权在手,经常利用手中的权力干预,在老子看来,这种有为就是有违"道"的。

"无为而治"的思想是辩证的思想,辩证的思想往往是富于创新的思想。所以,我认为"无为"并不是像很多人认为的那样是一种消极的思想,相反,如果正确地把握和运用,不仅可以推动创新,还可以推动社会的发展。

3 香港中原集团为何会走向"无为而治"

起初,中原也曾试过以严密的管理系统去管治地产代理。但凡外出工作,要先问准上司;工作回来,需向上司汇报工作的进度。后来生意好了,上司可能有时也不在公司,根本没有机会问准上司才出外工作。于是又发明各式各样的表格,要求员工填报这样,填报那样。

地产代理是靠佣金作为主要收入的,填表是不会增加佣金收入的,因此他们对填表都非常厌恶,总是阳奉阴违,马虎了事。要真正来做的话,管理人员就忙得不可开交,也看不到明显的成效;不真正来做的话,制度就如同虚设。

其实,不只是地产代理不喜欢做这类没有建设性的文书工作,连做教师的也抗拒这类工作。近年,教统局加强了监管,无论是教师还是校长,都怨声载道,弄到教统局的官员都差点要为此落台。

当时,施永青的合作伙伴是一个意志坚定,永不言败的人,由他订出来的监管制度,他是不管花多少气力也要贯彻到底的。结果就苦了中层的管理人员,常被夹在中间,两面不讨好。不少人更因执行纪律不力而失去这位合作伙伴的欢心,纷纷被迫离开公司,令公司流失了不少人才。在这样的环境下,公司当然不容易壮大,变成每隔一段时间就出现一次大规模的管理人员流失,造成大量的内部虚耗。最后,这位合作伙伴亦因众叛亲离而被迫放弃管理工作。

施永青吸取了他的教训,知道要细致监管人的具体行为是不容易的。即使是纪律部队,也只能在进行步操时才能步调一致。地产代理的工作性质复杂,不可能用左右左的步操方式去管理。因此,在施永青当政后,他转向另一种相反的管理哲学,不再企图具体操控员工的细致行为,而是缔造一个让他们肯自发努力工作的环境,利用工作成果去吸引他们,利用社会的需要去制约他们。施永青借老子的道德经,称这种管理为"无为而治"。

在早年,香港很多公司都规定女性上班必须穿裙子,中原作为一间以营业为主导的公司,当然也有这样的规矩。但有部分女同事认为,时代不同了,不一定要穿裙子才算大方得体,穿裤子也应可以接受,这是大势所趋。

公司的管理层对此意见并不一致,弄出了一个妥协方案,先容许女同事穿裙裤。然而,大家对裙裤的定义并不一致,于是要求严的主管就指责要求松的主管做坏规矩,任由下属穿着似裤多过似裙的服装,令他做了丑人。

结果要劳烦董事会要为裙裤下一个明确的定义,以避免管理层继续争拗下去,试想象一下,一间地产代理公司的董事会,开会时不研究如何推销楼盘,而改去研究什么才算裙裤,真是极大的荒谬。

就在施永青为此感到烦恼的时候,他看到《道德经》上有一句这样的话:"民之难治,以其上之有为。"员工穿什么衣服,本身受到社会的制约,公司大可以不管这么多,那管理层就不用那么烦恼了。事实上,营业员为了给客户留下一个良好印象,一定会设法打扮得大方得体,因此,当公司不再在这个问题上诸多限制时,营业员并未在衣着问题上出过什么大乱子,反而有人主动去研究如何改善社交礼仪,以给客户留下一个好印象。

由此可见,过分有为,样样都管,结果只会越管越烦;相反,让事情自然发展,它一样受到"道"的制约,效果可能比人为的好。

4 施永青的无为而治管理思想

4.1 有所为有所不为

施永青说他推行无为而治最主要的原因是知不知:知道自己不了解地区形势,所以不参与新分行选点工作;知道自己不了解前线员工的工作表现,所以就不参与他们的升迁提拔工作,区域经理说升迁谁就升迁谁,这就是老子说的"知不知,尚矣。"

另外,施永青还用生物论解释了无为的原因。那就是企业是一个生命体,有自己生长和生存的意志。企业本来就是有生命的,应该考虑的是如何让企业的寿命比创始人的寿命更长。这就要看到企业的本质,企业的内在动力是企业生存和发展的动力。企业要生存下来要有一个系统,这是在企业成长过程中形成的,这个系统就是企业的生命,是企业成长内在的动力。做企业的核心是如何让这个系统变得更强,让他有延续生存的能力。很多时候,我们认为企业是由各种器官构成的,实际上不是这样,把五官、心脏和胃这些器官堆放在一起是不能成为生命的，企业的系统必须要有生命，很多企业创始人会认为企业是自己创造出来的，其实不是的，企业是"天"创造出来的，有自己生长和生存的意志，我们就是遵循这种意志做企业。

中原地产初创期的生存方法就是在施永青"无为"的管理模式下努力追求收支平衡；其繁衍的方法就是在"无为"的管理模式下超越对手，取得领导地位。可见"无为"并不是一无所为，而正是"有所为有所不为"让企业长久不衰，永葆生机和活力。中原的繁衍是指布局范围、业务种类的繁衍。在香港取得领导地位之后，中原地产的生命之线开始向内地和台湾"繁衍"，业务节节攀升。这种繁衍不是一成不变的繁衍，而是依旧依照"无为而治"的管理理念，适应具体的环境，采用顺势而为的灵活应变策略。正如施本人所说的那样，中原地产在 1996、1997 两年发展神速，共增添二百家分行，平均每三天半就开一家新分行，能有这么快的扩张速度，主要原因是完全放弃御驾亲征，一切让区域经理拍板书算数。否则，如果每个考虑的铺点都先得由施永青看过，如何装修也要施永青定案的话，一个星期也开不了一家。企业应该是一个自组织的生命体，坚持大道无为应该是管理企业长存的关键。

4.2 看似不为其实有所为

通常，人们认为领导者积累了丰富的经验，所以应该尽量让他们去做事情。实则不然，"错有错的道理"。现实是复杂的，时空交错，但没有时空是完全一样的，过去的经验只能说明过去，未来的不定数没有人可以完全预测得到，所以，经验往往会束缚住一个的行为，会让一个人看作这样的发展为理所当然。而让尝试的机会都没有。往往突破就孕育在尝试之中。新的尝试，机构才有可能有新的接触，机构才会进步。这就是错有错的道理。而正需要老板无为下属才有机会犯错。

管理者要掌握大的方向。施先生讲，他一向信奉"将能君不预者胜"。他不喜欢管人，只给出大方向，让员工自己做主，宁愿放马后炮也不喜欢干预。一个领导者如果真的一无所为，可想而知，组织必定会散作散沙，所以，领导者在尽量无为的时候仍要提出大的方向，这样志同道合者就会留下，从而忍不住各自献计，并为自己的方案努力工作。

资讯时代，决策应该由掌握资讯的人做。当然，不能让企业总是犯错，正确的决策对一个企业来说仍旧是很重要的。所以，处于资讯时代，正确的决定应由掌握资讯的人作出，而非坐在写字台前的老板。如果勉强做决策，只会做多错多。

4.3 随缘而聚的无为而治

很多人喜欢施永青"无为而治"的管理理念，他们便会乐意去中原地产工作，并在中原给予的空间上尽最大努力去发挥。关于施永青的中原地产的杰作，很多人认为是因为他善于发现，善于挖掘千里马。但是，施永青却说，他并非不是什么伯乐。他说"相马不如放马跑"。施永青认为在用人上也应该是"无为"的。物以类聚，志同道合者自然而然会留下一起努力奋斗，并不需要怎么去学相马之术。无为而治的基础一是授权，给员工空间;另一方面就是好的分配制度。施永青中原地产的分配制度采取的是三三制,即公司的可分配利润分成三部分,第一部分分给股东,第二部分分给员工,第三部分用作公司投资再发展。这种将员工利益与企业利益捆绑在一起的方法会极大地提高员工的积极性和协同效应。"当员工把自己的事业前途与公司的未来发展紧密地结合在一起时,自然会在不同的层面考虑到公司的利益,不用收到公司的明确指示,也会自觉做出适当的取舍。""我其实并非伯乐,根本不识哪匹是千里马,我只是让我的马有机会自己乱跑罢了。既然一跑就知道哪匹跑得快,何需花心思去学相马?"这都是他自己经常说的话。

总结中原成功的经验,施永青认为中原集团将中国古代道家的核心思想"无为而治"运用于企业的管理之中,信奉"无为管理,有为行事",才能在业界开创傲人的战绩。正是"中原模式"制胜的秘诀帮助了企业在激烈的竞争中长盛不衰。施永青相信"道法自然",强调一切依照自然去做,用"无为而治"的管理思想管理着中原地产。他喜欢用生物学理论来解释企业的运作与发展。他认为企业是一个生命体,是一个并非简单零件相加的生物体,是一个把一部分一部分加到一起可以达到1+1>2效果的生命体。所以,他认为管理者应该看到大局,只给点建议或意见,把事情给属下去做,即"上无为,下有为"。

就像前面所说的,"无为"不是什么都不做,而是统观大局,在大事上有所为,敢于放权的自组织管理。1982 年的调整、1997 年的调整、1995 年的上升和 2002 年的上升都是施有为的表现。抓住 2001 年香港楼市出现中介公司倒闭潮,收购濒临破产的香港第三大房地产中介公司,第二年便实现扭亏为盈。施永青的妙手回春成为美谈,这说明不是不为,而是看准时机统观大局和长远,大事有所为。

▶ 4.4 做人处世哲学:上善若水

施永青基金于 1994 年在香港注册,创办人正是施永青先生。2008 年,施永青先生将个人手上持有的中原地产、中原(中国)等 3 家公司的股份全数注入施永青基金,用于推动社会公益事业,尤其关注中国内地农村的农民生计、教育、医疗等事业。2010 年,施永青先生将 AM730 的 76% 股份注入施永青基金。水善在润万物,施永青曾经告诉记者,"我现在考虑的不是怎么赚钱,而是考虑怎样把赚来的钱花得更有意义。"

"上善若水",水与万物不争,却能润万物于无声之中。用施永青自己的话,就是"我前半生所赚已够家人此生用度,不想留给子女。""我现在想的是如何活得更有意义。"正因为如此,他把自己一生赚的财富交给农民,让更多的人去创造出更多的财富。

5 无为而治推动中原集团发展既快速又稳健

依托香港背景,秉承"无为而治"的管理理念,中原集团旗下主打品牌中原地产不仅在香港独占鳌头,内地业务更是节节攀升,自 20 世纪 90 年代初进入内地市场以来,凭借在香港的成功经验和模式,采用顺势而为的灵活应变策略,中原地产已在内地近35个主要城市完成网点布局,并迅速实现本土化融合,在各地市场占据重要位置,同时,中原地产以专业、诚信的品牌形象在市场上赢得良好口碑,成为房地产代理行业内的成功典范和标杆。

【案例使用说明】

香港中原地产集团总裁施永青先生的无为而治管理思想

一、教学目的与用途

(1) 本案例适用于《管理学原理》课程,可以用来讨论中国管理思想。
(2) 本案例可用于本科工商管理专业。
(3) 本案例的教学目的包括:
① 熟悉老子无为而治思想的内涵;
② 理解无为而治思想的实践方法;
③ 了解无为而治思想实践的价值与难点。

二、研究问题

(1) 香港中原地产集团施永青先生为何要推行无为而治?
(2) 无为而治的主要内涵是什么?
(3) 无为而治的主要价值是什么?
(4) 香港中原集团是如何推行无为而治的?
(5) 香港中原集团推行无为而治的主要成果有哪些?

三、分析思路

依据企业管理的基本理论与基本概念,探讨无为而治与有为而治各自管理方法的特点及其适用的基础。

四、理论依据及分析

(1) 道家思想是中国思想的基础之一,也是中国管理思想的重要来源。历代统治者往往"内用黄老,外示儒术"。道家思想博大精深,涉及管理原则、管理环境、管理策略、管理方法。道家管理思想是中国管理思想遗产中珍贵的内容,"清静"、"无为"的道家管理智慧格外受到重视。道家管理思想已深深地融入在中国古代管理智慧之中,是其中最值得珍视的一部分。

老子(传说公元前600年左右—公元前470年左右),姓李名耳,字伯阳,思想家,道家学派的始祖。相传生活在春秋时期。老子著有《道德经》,他的学说后被庄周发展。道家后人将老子视为宗师,与儒家的孔子相比拟。

(2)《道德经》又称《老子》,全文共约五千字。《道德经》提出了"无为而治"的主张,成为中国历史上某些朝代(如西汉初)的治国方略,对早期中国的稳定起到过一定作用。历史上,《道德经》注者如云,甚至有几位皇帝都为其作注。如唐开元二十三年(735年),唐玄宗亲注《老子》。《道德经》已经成为中华民族的重要精神财富之一。

五、关键要点

(1) 本案例的核心在于企业管理的复杂性,认识到无为而治管理思想的主要含义及实践方法、实践价值与注意事项。

(2) 关键知识点:企业管理;无为而治。

六、建议课堂计划

时间安排:建议课堂教学 2 课时。课堂讨论 60 分钟,然后教师用 30 分钟作总结。

课前计划:提前一周将该案例发给学生,要求学生在课前完成阅读和初步思考。建议的启发思考题可以包括:

(1) 香港中原集团为何要实行无为而治?

(2) 如何分析无为而治的实践价值?

课中计划:进行分组讨论。讨论内容包括:

(1) 怎样理解无为而治?

(2) 无为而治对领导者有哪些要求?

(3) 企业如何推行无为而治?

四、富士康"十三跳"的思考[①]

【案例正文】

> **摘　要：** 当前，我国企业管理普遍存在的问题是，企业的快速发展与管理相对滞后的矛盾较为突出。富士康作为利用科学管理思想进行管理的典型企业，即使公司得到了快速增长的奇迹，公司也在发展过程中出现了员工接连跳楼的负面事件。我国企业应该以反思富士康事件为契机，既吸取其管理思想的精华，也要重视与人本管理的结合。
>
> **关键词：** 富士康；科学管理；人本管理

0　引　言

富士康科技集团是台湾鸿海精密集团在大陆投资兴办的高新科技企业。自1988年在深圳地区投资建厂以来、在总裁郭台铭先生的带领下，集团规模与实力迅速壮大[②]。在中国大陆，从珠三角到长三角到环渤海、从西南到中南到东北成功建立了30余个科技工业园区、在亚洲、美洲、欧洲等地拥有200余家子公司和派驻机构、现拥有120余万员工及全球顶尖客户群。

1　富士康公司及其价值观

富士康科技集团是专业从事计算机、通讯、消费电子等3C产品研发制造，广泛涉足数位内容、汽车零组件、通路、云运算服务及新能源、新材料开发应用的高新科技企业。凭借前瞻决策、扎根科技和专业制造，自1974年在台湾创立，1988年投资中国大陆以来，富士康迅速发展壮大，拥有百余万员工及全球顶尖客户群，是全球最大的电子

[①] (1) 本案例由江西财经大学工商管理学院郭英、丁小迪根据公开资料改编撰写。未经允许，本案例的所有部分都不能以任何方式与手段擅自复制或传播。(2) 本案例委托江西财经大学工商管理学院案例中心授权学院全体教师使用。(3) 本案例只供课堂讨论之用，并无意暗示或说明某种管理行为是否有效。

[②] 百度百科，http://baike.baidu.com/link?url=zpLDoz6p3G0SWLgzFHr9orGk12。

产业科技制造服务商①。2012年,进出口总额达2 446亿美元,按海关统计,占中国大陆进出口总额的4.1%,2012年,旗下15家公司入榜中国出口200强,综合排名第一;2013年,跃居《财富》全球500强第30位。

富士康公司的价值观是:① 经营理念:爱心、信心、决心。② 从业精神:融合、责任、进步。③ 成长定位:长期、稳定、发展、科技、国际。④ 文化特征:辛勤工作的文化;负责任的文化;团结合作且资源共享的文化;有贡献就有所得的文化。⑤ 核心竞争力:速度、品质、技术、弹性、成本。

2　富士康公司成功的基石——泰罗科学管理的优势

20世纪初,科学管理之父泰罗提出了科学管理理论的概念,即:科学,而不是单凭经验办事;合作,而不是个人主义;以最大限度的产出,取代有限的产出,每个人都发挥最大的工作效率,以获得最大的成功。

泰罗科学管理科学地制定操作规程并改进管理,在调动员工的积极性方面,从原来的靠饥饿政策转变为靠金钱刺激,因此,与传统的管理思想相比,泰罗科学管理有了很大的进步,开创了科学管理的新时代,并在生产管理中的应用效果明显,迅速推广到世界各地,这种制度使工厂的生产劳动合理化,从而加速了资本主义国家的工业化进程。

富士康集团作为一个代工企业,其飞速发展的保障就是泰罗的科学。为了要吸引到客户,必须要求成本低、质量好、技术精、制造能力强、服务周到,这些都迫使富士康不断地提升竞争力,提高劳动生产效率。在富士康,工人的工作、吃饭和睡觉都被安排得井然有序,富士康的生产是"表格化"的,不同班组的上班时间被有序地错开,每一个工人都必须在规定的时间内完成自己的生活,每天去掉排队和走路的时间内完成自己的生活,他们真正吃饭的可能只有中间的20分钟,如果这个点不去吃饭,就吃不到饭了。要洗衣服也被要求在规定的时间段送至规定的地点,由专门的洗衣公司回收,所有的这一切都是为了提高生产效率。在这种"科学细分"的生产环节、生活环节的共同作用下,富士康实现了爆发式增长,工厂规模不断扩大,从而创造了富士康的神话。

3　富士康公司管理的弊端——泰罗科学管理的弊端

泰勒科学管理的作业程序和管理方法在生产力发展和社会进步方面所起的重要积极作用是毋庸置疑的。然而,随着经济社会的不断发展,资本主义蓬勃发展背景下产生的泰罗科学管理的弊端被不断地放大。

---

① 富士康(中国)公司官网,http://www.foxconn.com.cn/。

由内地及港台20所高校60多名师生共同完成的一份报告《富士康调研总报告》,调查采用问卷与访谈相结合的方法,共获得有效问卷1 736份,涉及富士康位于深圳、南京、昆山、杭州、天津、廊坊、太原、上海、武汉等9个城市的12个厂区。报告总结富士康存在以下几方面的弊端:

(1) 分工过于细化,容易导致工作过于单调,枯燥无味。在员工工作态度调查中,约有33.3%员工认为自己的工作单调无味,而且工龄越长,越倾向于认为自己的工作单调枯燥。从赫兹伯格双因素理论来看,工作本身属激励因素。该因素的缺失直接影响员工工作满意的提高。富士康的工资构成一定程度上保证了员工的生产率和出勤率,但较低的满意度往往会导致较高的流动率。在富士康工作的员工,能坚持两年以上的仅占10.1%,而在半年内和一年内离职的分别占到了21.2%和60.6%①。

(2) 富士康生产一线员工多为"80末"或"90后",粗暴专制管理容易导致问题。截至目前的"十三连跳"虽然有错综复杂的其他原因,富士康的管理模式肯定是促成此悲剧的因素之一。提及"80末"、"90后",人们一贯称之为特立独行的一族。进入富士康的"80末"与"90后",又往往是未曾接触过较好教育的一族,因此,在承挫和自我疏导方面存在很多问题。当问及遇到不顺心的事如何处理时,竟有42.4%的人选择了自己默默忍受。在富士康,工会制度根本不健全,员工缺乏所需途径捍卫自身权益。以生产为导向的大企业里,个人的社会需求往往会被忽略。在所作调查中,工作之余参加过公司所举办活动的员工数仅占5.1%,40.4%的选择了睡觉,而有54.5%的员工选择了玩游戏或上网聊天以寻求慰藉。

(3) 富士康加班月均83.2小时。调查发现,富士康工人工作时间过长,加班时数超出法律规定。为了保证机器24小时运转,富士康实行"黑白两班倒",白班工人的工作时间是8:00—20:00,夜班工人相反。问卷数据显示,75%的工人月平均休息天数为4天,8%的工人月平均休息天数少于4天。另外,73.3%的工人平均每天工作时间在10小时及以上。工人月平均累计加班时间为83.2小时,严重违反《劳动合同法》(第41条)每月最高加班不超过36小时的规定。

由于产量指标过高,一些工人在10小时内难以完成生产任务,于是,富士康要求工人"义务加班"。"义务加班"时间不计入工人的工作时间,没有任何报酬。昆山富士康工厂的工人反映这一现象非常普遍,"他(指线长)会给你规定产量,假如说你今天产量不能完成的话,他就会用加班的时间来完成他的产量,这段时间是不按加班工资算的。"

调查人员发现,富士康承诺月加班时间不超过80小时。但是调研组发现,部分工人的月加班时间仍然超过80小时,而且80小时以外的加班时间没有加班费。

---

① 富士康调查报告, http://www.360doc.com/content/10/1010/20/74223_59937678.shtml。

【案例使用说明】

富士康"十三跳"的思考

一、教学目的与用途

（1）本案例适用于《管理学原理》课程，可以用来讨论企业的"管理思想与理论沿革"主题。也可用于商业伦理学课程。

（2）本案例可用于本科工商管理专业。

（3）本案例的教学目的包括：

① 熟悉管理学主要的思想；

② 了解现在管理思想理论的沿革；

③ 熟悉科学管理思想在实际企业管理中的应用。

二、研究问题

（1）富士康科技集团在实际的企业管理中是如何运用管理方法的？请结合案例具体说明。

（2）从管理思想运用的角度分析富士康"十三跳"的原因。

（3）简述泰罗科学管理思想和人本管理的主要内容。

（4）运用自己所学的人本管理的知识，简要说明如何在富士康实施人本管理。

三、分析思路

从泰罗科学管理在富士康科技集团的运用出发，分析在实际运用中科学管理的弊端，并找出解决问题的办法，即在日常企业管理中注重人本管理。

四、理论依据及分析

（一）科学管理思想

泰罗的科学管理理论使人们认识到管理学是一门建立在明确的法规、条文和原则之上的科学，它适用于人类的各种活动，从最简单的个人行为到经过充分组织安排的大公司的业务活动。科学管理理论对管理学理论和管理实践的影响是深远的，直到今天，科学管理的许多思想和做法仍被许多国家参照采用。

科学管理的理论观点有：① 管理科学的根本目的是谋求最高工作效率。泰罗认为，最高的工作效率是工厂主和工人共同达到富裕的基础。② 达到最高工作效率的重要手段，是用科学的管理方法代替旧的经验管理。③ 实施科学管理的核心问题，是要求管理人员和工人双方在精神上和思想上来一个彻底变革。

根据以上观点，泰罗提出了以下的管理制度：① 对工人提出科学的操作方法，以便合理利用工时，提高工效。② 在工资制度上实行差别计件制。③ 对工人进行科学的选择、培训和提高。④ 制订科学的工艺规程，并用文件形式固定下来以利推广。⑤ 管理和劳动分离，把管理工作称为计划职能，把工人的劳动称为执行职能。

(二) 人本管理

人本管理思想是把员工作为企业最重要的资源,以员工的能力、特长、兴趣、心理状况等综合情况来科学地安排最合适的工作,并在工作中充分地考虑到员工的成长和价值,使用科学的管理方法,通过全面的人力资源开发计划和企业文化建设,使员工能够在工作中充分地调动和发挥工作积极性、主动性和创造性,从而提高工作效率、增加工作业绩,为达成企业发展目标做出最大的贡献。人本管理思想产生于西方20世纪30年代,真正将其有效运用于企业管理,是在20世纪六七十年代。人本管理思想是现代企业管理思想、管理理念的革命。

人本管理有企业人、环境、文化及价值观四项基本要素。

(1) 企业人。在企业经营管理活动中,人是管理活动的主体,也是管理活动的客体。在管理的主体和客体之间有着人、财、物、信息等管理活动和管理联系,正是这些活动才使企业管理的主体与客体发生着紧密依存、相互联系的管理关系。管理关系是人的关系,首要的管理是对人的管理。

(2) 管理环境。管理活动是在企业的物质环境与错综复杂的人际关系环境两者相结合的系统中进行,这些综合起来就叫作管理的环境。

(3) 文化背景。现代企业文化主要由四个层次所构成,即:① 表层的物质文化,是现代企业文化的第一个层次,由企业员工创造的产品和各种物质设施等所构成的器物文化。② 浅层的行为文化,是企业员工在生产经营、学习娱乐、人际交往活动的文化,这种文化特征是企业精神、企业目标的动态反映。③ 中层的制度文化,是企业文化的第三个层次,主要是指现代企业生产经营活动中形成的企业精神、企业价值观等意识形态相适应的企业制度、规章、组织机构等。这种文化被称为一种强制性文化。④ 深层的精神文化,是现代企业文化的核心层,主要是指企业在生产经营中形成的独具本企业特征的意识形态和文化观念,它往往是企业多年经营中逐步形成的。

(4) 价值观。价值观是人类在社会活动中产生的关于客观现实的主观意念,具有稳定性和持久性。现代企业的价值观是企业在追求经营成功的过程中所推崇的基本信念及奉行的行为准则。在企业发展过程中,企业价值观经历了三个阶段的演变:第一阶段是最大利润价值观;第二阶段是经营利润合理价值观,即在合理利润条件下企业的长远发展和企业员工自身价值的实现;第三阶段是企业与社会互利的价值观,即在确定的利润水平上把员工、企业、社会的利益统筹考虑,也就是把社会责任看作企业价值体系中不可缺少的部分。

五、关键要点

(1) 本案例的核心在于理解泰罗科学管理思想在日常企业管理中所起的作用以及可能产生的弊端,并结合企业实际采用人本管理来克服弊端。

(2) 关键知识点:泰罗科学管理思想;人本管理。

六、建议课堂计划

时间安排:建议课堂教学2课时。课堂讨论60分钟,然后教师用30分钟作总结。

课前计划：提前一周将该案例发给学生，要求学生在课前完成阅读和初步思考。建议的启发思考题可以包括：

　　（1）富士康科技集团在日常企业管理中如何运用泰罗的科学管理思想？

　　（2）什么是人本管理？在企业中运用人本管理会给生产效率带来什么影响？结合具体的例子谈谈。

　　课中计划：进行分组讨论。讨论内容包括：

　　（1）科学管理思想和人本管理的主要内容是什么？

　　（2）科学管理和人本管理在日常企业管理中孰重孰轻？在什么情景下使用什么管理方法？

　　（3）如何看待富士康的"十三跳"，其他企业应该如何避免发生这样的悲剧？

五、德胜(苏州)洋楼有限公司的精细化管理[①]

【案例正文】

> **摘　要**：德胜公司从事美制现代木(钢)结构住宅的研究、开发设计及建造,是迄今为止中华人民共和国境内唯一具有现代轻型木结构住宅施工资质的企业。德胜洋楼提倡踏实、认真、负责工作及不投机取巧、偷工减料的价值观。员工可以每月预先支取生活费;不用领导签字就可以随时报销;每年还有机会出国旅游;甚至公司会为"终身员工"养老送终;不用打卡上班,可以随时调休。对于那些有梦想,想出去创业的员工,德胜不仅接受他们办理1—3年的长假申请,而且保留工职和工龄,甚至可以为他们提供去新地方、新单位的路费。如果在3年内,该员工想重新回德胜,公司还可以提供相应的岗位。
>
> **关键词**：德胜洋楼;价值观;长假申请

德胜公司的企业文化核心是：诚实、勤劳、有爱心、不走捷径。德胜的高层深信："制度只能对君子有效,对小人,任何优良制度的威力都将大打折扣,或者是无效的。"德胜公司呼吁人们做一个合格的员工,应努力使自己变成君子。同时,德胜公司也首先以君子示人。例如,不实行打卡制;可以随时调休;可以请长假去另外的公司闯荡,最长可达3年,保留工职和工龄;公司不能接受员工因办公事而自己垫钱(支付)的事情发生;带病工作不仅不受表扬,而且可能受到相应的处罚[②]。

1 德胜洋楼有限公司及其公司理念

1.1 公司简介

德胜(苏州)洋楼有限公司(以下简称德胜公司)成立于1997年,注册地址为苏州工业园

[①] (1) 本案例由江西财经大学工商管理学院郭英、陈超根据公开资料改编撰写。未经允许,本案例的所有部分都不能以任何方式与手段擅自复制或传播。(2) 本案例委托江西财经大学工商管理学院案例中心授权学院全体教师使用。(3) 本案例只供课堂讨论之用,并无意暗示或说明某种管理行为是否有效。

[②] 德胜洋楼,http://www.tecsunhomes.com/。

区娄葑东区淞江路 3 号,是美国联邦德胜公司(FEDERAL TECSUN, INC.)在中国苏州工业园区设立的全资子公司,它的前身是美国联邦德胜公司在中国上海设立的代表处[①]。

经过数年的发展,德胜公司现已成为拥有固定资产超过 2 亿元的企业,中国苏州总部占地约 52.5 亩;在昆山购地 236 亩建设德胜昆山工业园,作为公司的工业生产基地。现公司年生产加工能力可以满足 1 000 栋以上的木结构别墅工程所需全部材料(按平均每幢 300 平方米计)。截至 2005 年 12 月 31 日,公司拥有员工 1 260 名。其中,接受过轻型木结构住宅培训的工程及技术人员 830 名;专业管理人员 56 名;轻型木结构专家 4 名;轻型木结构设计人员 19 名;高级工程师 28 人;博士生导师 2 名;独立质量监督人员 10 名;全面质量服务神秘访客 6 名;现场施工总监 12 名;资料员 8 名。

▶ 1.2 历史年表

1998 年 2 月,德胜公司被美国住宅协会吸纳为海外会员,成为中国境内唯一一家进入此协会的企业。

2003 年 9 月,江苏省科技厅批准德胜公司为江苏省高新技术企业。

2003 年 10 月,德胜公司一次性顺利地通过了 ISO9001:2000 质量管理体系和 ISO14001:1996 环境管理体系的认证。

2003 年 10 月,经教育部门批准,由德胜公司捐资创办的德胜—鲁班(休宁)木工学校正式开学,首批学生于 2005 年 6 月毕业,并获得匠士学位(中国首批)。中国政府相关领导及美国、加拿大和芬兰等国驻华使领馆官员参加了隆重的毕业典礼。

2004 年 4 月,同济大学德胜住宅研究院成立,博士生导师徐政教授任院长。德胜住宅研究院坐落于同济大学安亭校区,与同济大学大众汽车研究院交相辉映,成为同济大学在交通和住宅领域的两大研发基地。

2005 年 8 月,由德胜公司捐资成立的专门招收家境困难的农村学生的休宁德胜平民学校正式开学。凡进入该校的学生,衣、食、住、行、学杂等费用一律全免。

2005 年 11 月,德胜公司被苏州市科技局、苏州市知识产权局确定为苏州市培育自主知识产权重点企业。

2006 年 1 月,"TECSUN 德胜洋楼"被江苏省工商行政管理局认定为江苏省著名商标。

2005 年 12 月,《德胜员工守则》面向全国正式发行。德胜公司把自己多年来从自身企业(中国境内)管理实践中总结出来的经验毫无保留地奉献给了社会。

▶ 1.3 公司理念

德胜根据程序的要求,提出了许许多多的细节规范:

旋空调的塑料螺丝,用旋铁螺丝的方法旋是不行的;

2 593 这栋房子,工地上 3 寸的 L 型弯头,计划用 3 个,结果用了 5 个,得写出理由来;

---

① 百度百科,http://baike.baidu.com/link?url=CzW7oikuVa1UUCSXB2q1TSGkXK2MQuepeU9kfRmI37g。

每6寸钉一个钉子,就不可以在6寸半或7寸处钉钉子;

洋楼里的一个死角,按程序要花20元的油漆,就不可以偷工减料;

钉石膏板要把施工者的名字写在板头上;

接待室规定天晴开哪几盏灯、下雨又加开哪几盏灯,必须严格执行,接待参观的样板房,规定范围内的灯、音乐唱机和电视必须打开;

小区的绿化有虫害,必须弄清楚食叶类和食汁类不同类别的害虫,前者用"敌杀死",后者用"绿叶通"。

在德胜,做事情不允许"基本上理解""大概这么做"①。

2 践行制度化管理——严格的内部管理和质量控制

2.1 德胜制度设计的思路

(1) 精确的标准控制。德胜公司制定的管理规则接近3万字,内容包括员工的日常行为、同事关系、奖惩、权利制约、财务报销等各方面,几乎涵盖了员工在企业中生活、工作的各个方面。在生产环节,德胜公司的管理规则更是精细,例如,德胜公司规定,两个钉子之间的距离是6寸,既然是规定,那就不能在6寸半和7寸处钉钉子。

(2) 规则的系统化和精细化。为了将农民改造成具有现代意识的产业工人,德胜公司的规则几乎从原始开始,《德胜员工读本》对员工行为方式、工作流程和奖罚标准等都规定到了细枝末节。从"每天刷牙一次"到"饭前便后必须洗手",甚至连一个月内要洗澡几次、理发几次,都做出了具体规定。

(3) 完整极具操作性的程序。规则建立之后的执行是重点,高效执行的前提是建立一套完整、具备操作性的程序。德胜公司非常重视程序,设立了专门的"程序中心",无论做什么事,都有一套程序可遵循。按照程序做事,许多复杂的事情都变得简单起来。这种将管理对象逐一分解、量化为具体的数字、程序和责任的精细化管理模式,使每一项工作内容都能看得见、摸得着、说得准,使每一个问题都有专人负责,而不是打乱仗,既强调全员管理,又涵盖全过程管理。

制度设计有两种思路:一种是制度写得很多,面面俱到,至于能不能做到,能不能执行到位,考虑得很少,反正多比少好,说了等于做了,强调了等于做到位了。另一种是宁愿少写一些,但写一条就要做到一条,以后再逐步完善。这是一种富有挑战性的制度设计思路,是需要勇气、魄力的抉择。

许多企业和公共组织都提出要实行制度化(法治化)管理,但最终无法落实。制度文件并不等于制度化管理,制度没有得到执行,等于一纸空文。而一般企业的制度执行率不高,主要体现在以下两方面:一是发现了违规行为(显性违规),没有坚决处罚,而

---

① 德胜洋楼,http://www.tecsunhomes.com/。

是高抬贵手,手下留情;二是隐性违规比例很大。因为一般企业的信息反馈系统很薄弱,知情不报,听之任之的大有人在。一般企业的隐性违规可能是显性违规的 20 倍以上(参照司法案件隐性率),被举报、查处的人不足 5%。

2.2 德胜的制度设计

德胜(苏州)洋楼有限公司是一家具有现代轻型木结构住宅施工资质的企业,与一般企业或组织不同,其制度具有非常高的执行率,具体表现在:

(1)显性违规行为一经发现、查实,就按奖惩条例 100% 执行,无一例外,甚至对管理干部的处罚要比普通员工重 10%。

(2)未被发现的隐性违规行为比例较小。

任何一个健全的制度化管理体系都要包括制度要求条款、实施执行程序和监督检查程序三个组成部分。但是,一般企业通常只有制度要求条款,没有或少有实施执行细则和监督检查程序,通常,这三者之间的比例能达到 3∶2∶1 就不错了。结构决定功能,制度结构的缺陷导致许多企业的制度难以落实执行到位。而德胜的制度要求条款、实施执行细则、监督检查程序三者之间却大约为 1∶2∶3 的比例。如图 1 和表 1 所示。

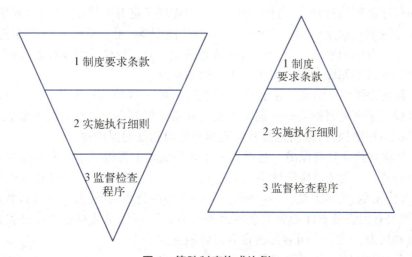

图 1　德胜制度构成比例

表 1　德胜的制度结构

制度的组成部分	制度要求条款	实施执行细则	监督检查程序
德胜制度三个部分的内容	职工守则 34 条及其他制度要求条款	奖惩条例、试用职工条例、制度学习活动、申明与承诺、财务报销规则、采购规则、执行长值班长制度、复训制度、售后服务制度、仓库管理制度、施工安全及劳动保护措施、开工(准备)报告	权力制约规则、1855 规则、听证会程序、解聘预警程序、司法(调查审核)委员会、程序中心、德胜公告、质量督察制度、个人信用系统、神秘访客制度、训导制度、反腐公函……

续　表

制度的组成部分	制度要求条款	实施执行细则	监督检查程序
德胜制度构成比例	1/6	2/6	3/6
一般企业构成比例	3/6	2/6	1/6

例如，制度要求员工不得接受客户的礼品和宴请，许多单位都做出了这样的制度规定。但是怎么操作呢？德胜会针对制度要求条款，提出更具体的执行细则：不得接受20支以上的香烟、100克以上的酒、20元以上的工作餐，违者属于谋取非法收入，一经查实立即开除。谁来检查监督？怎么检查这个条款的执行呢？德胜人力资源部会向所有的约200家供应商和合作商寄发反腐公函及反馈表，每半年一次，雷打不动。供应商在与德胜公司首次洽谈合作时，就要签一份禁止回扣同意书。

3　高效的控制机制——健全的督察机制

在德胜（苏州）洋楼有限公司中，刚柔并济的企业文化得到了完美的体现。一方面，对制度和程序严格执行；另一方面，整个公司的管理又富有人性化，从雨伞异地"通存通取"、公司车辆的任意使用到员工可以申请因公睡眠等，无一不给人留下深刻的印象。是什么让很平凡的德胜人与公司制度和谐相融呢？公司健全的督察机制发挥了重要的作用。德胜的督察制度主要有以下几个方面的特点：

（1）督察工作定位明确。德胜执行督察的目的是维护公司制度，捍卫公司的价值观。德胜设立了两种督察官——制度督察官和质量督察官。督察官的主要职责就是维护制度不择不扣地执行，他们是德胜价值观和公司制度的保护神。

（2）督察官独立且有保障。德胜督察工作的成效主要得益于督察官的选拔和督察官的权力保障：一是选择特殊性格的人担任督察官；合格的督察人员具备的条件是明察秋毫、大公无私、实事求是、一丝不苟。一个合格的督察人员，除了要具备较高的专业知识外，更要有很强的责任心和崇高的道德修养。二是公司从制度上保证督察人员崇高的地位和权力。三是公司对督察官有特殊的保护。

（3）客观的督察工作思路和程序。主要体现在两个方面：① 全方位客观的评价，避免主观臆断。在德胜的督察工作中，督察人员一般要从员工的思想品质、工作方法、工作态度以及日常习惯来综合考察一个人。批评缺点，表扬优点；处罚错误，奖励成绩。这样的处理结果比较客观，且容易让人心悦诚服地接受。② 中国独一无二的企业听证会。对违反制度的员工，德胜建立了中国独一无二的企业听证会机制，以保证对违反制度有效执行。同时，使员工得到较为全面的评价和反馈，起到了很好的教育效果。

3.1　监督检查程序是重中之重

德胜公司坚定主张，说到就要做到、做好。强烈反对提出一些做不到的、不能兑现的、无法操作实施的制度要求。凡德胜公司的制度,都有详细的、可操作的实施执行细则和监督检查程序。特别是监督检查程序,更是德胜制度执行机制中的重中之重。

德胜在保障制度执行上,采取了多种有效的措施。如:
- 制度每月学两次;
- 设立独立督察官与神秘访客;
- 实行工地训导;
- 解聘预警机制;
- 1855规则与吃一年苦工程。

例如,2007年8月14日,德胜公司第9批赴美访问团到了洛杉矶。当地时间19点30分,访问团6个成员在下榻处召开了公司每半月一次的制度学习例会。会议内容有3项:

(1) 学习《奖惩条例》中新增加的条款;
(2) 学习员工读本中的《人生六戒》以及有关食品和保健方面的文章;
(3) 讨论公司的音像资料和其他知识产权的管理、保护方面的问题。

3.2 德胜的程序管理

在进行高效率的制度化管理的同时,德胜还针对具体岗位或者工序进行程序管理。德胜程序中心已经成立4年了,这是德胜公司为推行程序化管理,专门设立的创新管理机构。德胜认为,制度管理与程序管理存在一定的区别(见表2),如果说一个企业的制度是一部总揽全局的"宪法"的话,程序管理就可以说是具体的"行业法规"了。德胜赋予程序管理4大任务,使各项工作井井有条。

表2 程序管理与制度管理的区别

特 征	程 序 管 理	制 度 管 理
适用范围	专用性强,有的只适用于某个部门某个岗位,如浇灌水泥的施工程序。	通用性强,适用于全体或大部分员工,如考勤制度。
数 量	工作程序相对较多,每个部门,每个岗位几乎都有许多专用的工作程序。	制度条款相对较少。
严格性	一般企业对程序和流程执行的要求不够严格,执行时随意性大,不按程序操作也不被处罚(除非造成严重后果)。	一般企业对制度执行的要求较严格,违反制度一般会受处罚。

【案例使用说明】

德胜(苏州)洋楼有限公司的精细化管理

一、教学目的与用途

(1) 本案例适用于《管理学原理》课程,可以用来讨论企业的"组织文化和制度控制"主题,也可用于精细化管理课程。

(2) 本案例可用于本科工商管理专业。

(3) 本案例的教学目的包括:

① 熟悉管理控制的职能;

② 理解企业前馈控制的重要性;

③ 了解精细化管理的代表性观点。

二、研究问题

(1) 德胜为什么能够把一群来自农村的农民培养成素质一流、循规蹈矩的产业工人?

(2) 造就德胜(苏州)有限公司上班不打卡、报销不签字等一系列其他企业做不到的原因有哪些?

(3) 为什么倡导企业的控制管理?

(4) 企业文化的重要性。

三、分析思路

从企业制度控制的概念、企业制度管理和程序管理、企业如何进行控制、控制的分类、企业的组织文化、影响企业文化和制度管理的因素等方面分析。

四、理论依据及分析

1. 相关基础知识包括企业的社会责任和管理伦理。

任何系统的运行过程均为输入—转换—输出。根据控制点的不同时间,控制可分为预先控制、现场控制和事后控制[①];

(1) 预先控制即在系统运行的输入阶段就进行控制,也叫前馈控制,由于控制早于行动,又称面向未来的控制。

(2) 现场控制是在计划的执行中同步进行控制,也叫事中控制。现场控制能及时发现偏差,及时纠正偏差,立竿见影,使损失控制在较低程度,也是一种经济有效的方法,但对控制人员的素质要求较高,要求有敏锐的判断力、快速的反应能力和灵活多变的控制手段。

(3) 事后控制即在计划完成后进行控制,也叫反馈控制。事后控制有一个致命的弱点即滞后性,从衡量结果、比较分析到制定纠偏措施及实施,都需要时间,很容易贻误时机,增加控制的难度,而且损失往往已经发生了。

以上三种控制方式虽然各有特点,但在实际应用中往往是结合使用的。预先控制虽然可以事先做好准备,防患于未然,但有些突发事件是防不胜防的,这时必须辅之以现场控制,否则,将前功尽弃。同样,不论是预先控制还是现场控制,都要用事后控制来检验,因为计划是否按预定执行,不是仅靠想象就行了,必须有真实的业绩支持。另外,

---

① 罗宾斯著,孙健敏等译,《管理学(第9版)》,中国人民大学出版社,2012年。

在循环发展的过程中,对前一个阶段是事后控制,对后一个阶段则往往是事先控制。而且,现场控制没有准备与积累也是难以奏效的。

2. 有效控制的原则

① 反映计划要求原则;
② 组织适宜性原则;
③ 控制关键点原则;
④ 例外原则;
⑤ 直接控制原则;
⑥ 控制趋势原则。

3. 全面质量管理

全面质量管理(TQC)是由美国管理专家戴明首先提出,却在日本开花结果,从而风靡全世界。全面质量管理有四个特征:

(1) 全过程的质量管理。即质量管理不仅仅在生产过程,而且应"始于市场,终于市场",从产品设计开始,直至产品进入市场以及售后服务等,质量管理都应贯穿其中。

(2) 全企业的质量管理。质量管理不仅仅是质量管理部门的事情,它和全企业各个部门都息息相关,因为产品质量是做出来的,不是检验出来的,故每项工作都与质量相关。

(3) 全员的质量管理。每个部门的工作质量决定于每个职工的工作质量,所以,每个职工都要保证质量,为此,由工人成立了很多质量小组,专门研究所在部门或工段的质量问题。

(4) 全面科学的质量管理方法。TQC 使用的方法是科学全面的,它以统计分析方法为基础,综合应用各种质量管理方法。全面质量管理提出了"一切为了顾客,一切以预防为主,一切凭数据说话,一切按'计划—执行—检查—处理'循环(即 PDCA 循环)办事"。这里需要指出的是,它说的"顾客",不仅仅是产品或服务的购买者,还包括"公共顾客",即与企业有关的周边环境、社会公众,企业的各类中间商,还有生产过程中的下道工序等。PDCA 循环也称戴明环,整个质量管理体系按照其顺序循环运行,大环套小环,一环扣一环。"一切凭数据说话"使用老质量管理七种工具(即统计分析表、排列图、因果图、直方图、控制图、散布图等方法)和新质量管理七种工具(即关联图法、K线法、系统图法、矩阵图法、矩阵数据解析法、PDCA 法和箭头图法)作为控制技术,进行数理统计分析,并由此了解质量状态。

五、关键要点

(1) 本案例的核心在于认识企业组织文化与制度管理的复杂性、重要性,并能够结合中国的实际情况来进行探讨。

(2) 关键知识点:企业组织文化;制度管理;督察机制。

六、建议课堂计划

时间安排:建议课堂教学 2 课时。课堂讨论 60 分钟,然后教师用 30 分钟作总结。

课前计划：提前一周将该案例发给学生，要求学生在课前完成阅读和初步思考。建议的启发思考题可以包括：

(1) 德胜这类中小型企业是如何推行自己的企业文化的？

(2) 如何看待这类公司能够做到而许多大型企业不能做到的培训优秀员工机制？

课中计划：进行分组讨论。讨论内容包括：

(1) 企业控制的概念是什么？有哪些类型？

(2) 精细化管理的观点有哪些？

(3) 如何看待德胜这种高度自觉的企业行为？

六、葛兰素史克(中国)投资有限公司的道德观及行为[①]

【案例正文】

> **摘　要**：葛兰素史克是医药领域中拥有世界级领先地位的公司。它倡导公开透明、正派诚实的价值观,承诺负责、公开和透明地经营。然而,葛兰素史克(中国)投资有限公司部分高管因涉嫌严重商业贿赂等经济犯罪,被依法立案侦查。该公司包括行贿在内的运营成本要占销售额的 20%—30%,而这直接导致最终由顾客承担的高药价。葛兰素史克伦敦总部为此发布致歉声明,表示对此类行为零容忍,支持中国政府根除腐败的决心和医疗改革,同时强调英国总部对在中国发生的违规行为"一无所知"。
>
> **关键词**：葛兰素史克；价值观；商业贿赂

葛兰素史克(英文简称为 GSK)是一家世界领先的、声称以负责和道德的方式运营、致力于让人们能够做到更多、感觉更舒适、生活更长久,从而提高人类生活质量的公司,其中国部的相关人员因向政府官员、医院、医生等大肆行贿的严重经济犯罪,部分高管于 2013 年 7 月被立案侦查。个中原委,值得深思。

1　葛兰素史克公司及其价值观

葛兰素史克公司由葛兰素威康和史克必成联合于 2000 年 12 月成立。两家公司的历史均可追溯至 19 世纪中叶,各自在一个多世纪的不断创新和数次合并中,在医药领域都确立了世界级的领先地位。该公司也是少数为世界卫生组织确定的三大全球性疾病——疟疾、艾滋病和结核病同时研制药物和疫苗的公司之一[②],是位列世界 500 强第

[①] (1) 本案例由江西财经大学工商管理学院余焕新根据公开资料改编撰写。未经允许,本案例的所有部分都不能以任何方式与手段擅自复制或传播。(2) 本案例委托江西财经大学工商管理学院案例中心授权学院全体教师使用。(3) 本案例只供课堂讨论之用,并无意暗示或说明某种管理行为是否有效。

[②] 百度百科,http://baike.baidu.com/view/214914.htm。

253位、业内第7位的制药业巨擘①。其总部位于英国,分支机构遍布世界100多个国家,主要的研发中心位于英国、美国、西班牙、比利时和中国,在全球建有约70家生产基地。

  该公司的价值观是:让人们能够做到更多、感觉更舒适、生活更长久,从而提高人类的生活质量;尊重他人、以病人为中心、公开透明、正派诚实②。在其发布的2011年度《企业责任报告》中,公司重申了自己的承诺——负责、公开和透明地经营,企业责任是公司的战略核心,其战略是:在为病人、消费者和政府提供共享价值的同时取得可持续的财务绩效。GSK首席执行官安伟杰(Andrew Witty)在评价该报告时指出:"在GSK,我们坚信以负责和道德的方式进行业务运营对我们企业的成功至关重要,这是我们工作方式和业务发展的基础,可保证我们取得可持续的财务表现,并为病人、消费者和政府三方创造共享价值。"他还说,以负责和道德的方式运营公司是GSK关注的首要问题,公司继续审查自身的政策和运营,以保证符合自身的价值和道德观念。2011年,针对直接与医疗保健专家工作的职业销售代表,GSK在美国实施了一套全新的激励薪酬体系。该体系不再以个人销售目标作为奖励的依据,而是参考代表为改善患者健康而向客户提供服务的质量水平③。

  葛兰素史克目前是在华规模最大的跨国制药企业之一,投资总额超过5亿美元,在中国拥有5 000多名本土员工,拥有1个全球全功能的研发中心及6家生产基地——中美天津史克制药有限公司(合资)、葛兰素史克(天津)有限公司(合资)、葛兰素史克制药(苏州)有限公司、上海葛兰素史克生物制品有限公司、葛兰素史克生物制品(深圳)有限公司和南京美瑞制药有限公司。

  公司在中国发展的20年间,积极投身于社会健康。葛兰素史克(中国)"在中国永久的承诺"是:在中国将通过医药领域的积极探索、努力拼搏,致力于帮助中国大众实现健康人生,为中国医药经济的健康发展贡献一分力量④。葛兰素史克中国公司的企业宗旨之一,是成为中国的优秀企业公民⑤。迄今,公司在中国援助的资金、药品和设备价值总计超过2.5亿元人民币。在2013年4月20日四川省雅安市芦山县发生7.0级强烈地震后,葛兰素史克(全球)和葛兰素史克(中国)管理层立即给予极大的关注。葛兰素史克(中国)投资有限公司向四川省雅安市雨城区红十字会捐赠抗生素产品复达欣和心血管产品速碧林共7 500盒,葛兰素史克在华合资企业中美天津史克制药有限公司捐赠外用止痛药品芬必得乳膏及外伤急救用百多邦创面消毒喷雾剂共2 960支。葛兰素史克(全球)通过英国慈善机构Save the Children向芦山县捐赠现金25 000英镑。以上捐赠共计约867 700元人民币⑥。

---

  ① 《经济参考报》,2013年7月15日。
  ② 葛兰素(中国)公司官网,http://www.gsk-china.com/chinese/html/aboutus/our-spirit.html。
  ③ 葛兰素(中国)公司官网,http://www.gsk-china.com/chinese/html/home/GSK-CR-report.html。
  ④ 葛兰素(中国)公司官网,http://www.gsk-china.com/chinese/index.asp。
  ⑤ 葛兰素(中国)公司官网,http://www.gsk-china.com/chinese/html/forthecommunity/index.html。
  ⑥ 葛兰素(中国)公司官网,http://www.gsk-china.com/asp/News/client/newconten/428201323410.htm。

2 葛兰素史克(中国)部分高管被立案侦查[①]

2013年7月11日,中国公安部的一则通报成为国内外医药界的一枚重磅炸弹:因涉嫌严重商业贿赂等经济犯罪,葛兰素史克(中国)投资有限公司部分高管被依法立案侦查。通报说,6月27日,GSK中国副总裁兼企业运营总经理梁宏被警方带走接受调查。与梁宏同日被带走的还有GSK中国的副总裁兼人力资源部总监张国维、法务部总监赵虹燕和商业发展事业企业运营总经理黄红。这四人被称为GSK中国的"四驾马车"。

使GSK中国进入警方视线的是一家名不见经传的旅行社。2006年成立的上海临江国际旅行社几乎没做过任何旅游业务,而是只和一些药企打交道,令人奇怪的是,临江旅行社年营业额却从成立之初的几百万元飙升到案发前的数亿元。2013年上半年,包括临江在内的一些旅行社异常经营活动被公安部在工作中发现。在有关部门协助下,公安部部署涉案地公安机关开展调查,发现GSK中国及其关联企业存在重大经济犯罪嫌疑。在掌握确凿证据后,公安部明确指示长沙、上海、郑州公安机关立案侦查,于6月28日、7月10日两次开展集中抓捕,对GSK中国的部分高管和多家旅行社的部分从业人员采取刑事强制措施。

临江旅行社的法人代表翁剑雍说:"这几年,我和梁宏形成了默契,他把办会议的业务单给我,我把其中一部分钱返给他"。从2010年开始,在梁宏的"关照"下,他拿到了梁宏所负责部门的大部分会议项目,截至2013年,报账金额共计约有3 000万元。按照"行规",梁宏的"好处"有200余万元。这些好处费一部分直接给梁宏,另一部分放在翁剑雍处,供梁宏和家人到各地旅游以及处理一些他们公司无法走账的开销。

每次承办会议后,翁剑雍都要去GSK中国的财务部门报账。他们通过这样的方式中饱私囊。例如,某一次会议的最初预算是100人,但实际只有80人。梁宏报给公司的是100人,而临江旅行社开出的费用票据也是100人的,并用这些票据向GSK中国报账。其中,不存在的20个人的费用就是虚增的费用,这部分费用虽然暂时放在临江公司,但实际上是不定期地返给梁宏等。一次会议最少返四、五万元,最多时可给梁宏50万元。此外,还有虚构项目的,根本不存在的会议也开发票去报账。

翁剑雍说,这些钱一般都是放在旅行社。当梁宏需要钱时,会打电话直接要,有时候是直接给梁宏,有时候是梁宏的手下去拿钱。除了直接拿现金,翁给梁宏的回报还有一种方式,就是倒贴钱带梁宏旅游。翁说,梁宏是一个喜欢旅游的人,基本每年两次出境游,国内游也有很多次。虽然每次梁宏都会给一部分钱,但远远不够真实的花销,缺的这部分,就由临江补上。2011年元旦,梁宏和其他3个朋友去马尔代夫玩了3天,只向临江支付了7万元,而此次的实际花费在30万元。此后还有一次,梁宏带着妻子等

[①] 《经济参考报》,2013年7月15日。

共 4 人去澳大利亚旅游,总共支付了 10 万,而实际花销也在 30 万元左右。翁说,由于他和梁宏的关系比较好,一般不会直接谈钱,"大家都有默契"。

梁宏所负责的部门并非 GSK 中国与临江旅行社"合作"的唯一部门。2009 年以来,临江旅行社承接了 GSK 中国多个部门的各项会议和培训项目后,通过各种方式返给 GSK 中国部分高管的金额达 2 000 余万元。这些钱一部分进了高管的腰包,另一部分向下逐级分流,流到各级销售乃至最基层的医药代表手中,成为 GSK 中国向相关部门、单位行贿的资金源。

翁剑雍还交代:"我在 GSK 分到的蛋糕肯定不是最大的一块。"据了解,GSK 中国最大的一个冷链项目,单笔贿金就提了 200 万元,也是靠虚开虚报做出来的。GSK 中国一次年会的费用"就超过了 1 个亿(元人民币)"。

公安部通报显示,近年来,GSK 中国为达到打开药品销售渠道、提高药品售价等目的,利用旅行社等渠道,采取直接行贿或赞助项目等方式,向政府部门个别官员、医药行业协会和基金会、医院、医生等大肆行贿。梁宏承认,他负责"打交道"的一般是主管部门的领导或专家;同时,他还"管理"着全国各地近 3 000 名医药代表,直接面向医院和医生。每年他有权审批的预算达到数亿元。梁宏也承认,自己受贿的很大一部分回扣用于行贿政府官员。梁宏称,2012 年在北京曾被一个政府部门查处,他从临江拿了 25 万元,最终摆平此事。

据梁宏说,他这个系统每年的会议费有几个亿,除了给临江的上千万元以外,更多的会议费用分摊到大区、地区的销售经理以及最下级的销售代表使用,这些人员与地方旅行社联系,组织医生、专家和政府官员开研讨会。梁宏称,GSK 中国像他有这样权限的高管,至少有六、七位。

3 推高药价,患者买单

"羊毛出在羊身上",一位 GSK 中国公司的区域销售经理表示,包括行贿在内的运营成本,除含在药价里,没有别的办法,上述成本直接导致药价高。梁宏表示,运营成本在药价里要占到 20%—30%,开任何会议、做任何事都有成本,这些最终都在药价里面。

葛兰素史克制药(苏州)有限公司生产的贺普丁是一种慢性乙肝治疗用药,在北京的医院里每盒要卖到 200 多元。据梁宏介绍,一盒贺普丁的出厂价约是 140 元,加税 20%、经销商加价 10%、医院加价 15% 以后,才会到达消费者的手中。但是,如果不是过高的所谓"运营成本",这个价格不应这么高。

据一位销售代表介绍,入职后,每个医药代表会领到 1 万元的"备用金"和一张大名单,上面有全国各个医院的医生档案,接下来就是按照区域去联系医生,投其所好地"做工作"。按公司规定,销售代表可根据个人业绩,每月以讲课费、会议费、礼品费等形式报销销售额的 7%—10%,用于对医生行贿。还有医药代表交代,一些"吃不死人、治不好病、价格高、回扣多"的药最好卖,只要关系"到位了",有些医生甚至能开一些不对症的药①。

据了解,GSK 的部分进口药品价格虚高问题更为严重。例如,保妥思 100 单位的 A 型肉毒杆菌注射液在美国大概卖 1 000 元人民币,即便加上税款,在国内的价格也应不超过 1 500 元,但一般却能卖到 6 000 多②。某款成本仅约 5 美元的药物在中国以十倍价格卖给患者,其中部分利润被拿来贿赂医生和医院管理者。

据联合早报报道,葛兰素史克去年在中国的销售收入大幅增长 20% 至大约 10 亿英镑,几近其新兴市场销售增幅的四倍。中国警方表示,行贿和性贿赂在其中起了一定作用③。

该公司在中国最新被披露出的一桩丑闻更令外界吃惊,其位于上海的药物研发中心被举报一种治疗多发性硬化症的新药在未报告其应有的动物试验结果之前已在进行早期人体测试,医学伦理学家称之为药品研究领域的"弥天大罪"。实际上,这件事是 6 月中旬事发的,在接到内部举报并调查后,葛兰素史克解雇了上海研发中心负责人臧敬五④。

4 葛兰素史克总部的致歉

2013 年 7 月 15 日,GSK 伦敦总部发布致歉声明:公司支持中国政府根除腐败的决心和医疗改革。调查中所发现的问题令人羞愧,我们对所发生的事情深表歉意。GSK 还表示,某些员工及第三方机构因欺诈和不道德行为严重违背了葛兰素史克(全球)的规章制度、管理流程、价值观和标准。葛兰素史克对此类行为绝不姑息和容忍。"我们将全力配合相关政府部门调查,并将根据调查的结论,采取一切必要的行动,"GSK 称:"公司也正采取一系列紧急措施。我们正重新审查与所有第三方代理的合作,并已立即停止使用本次调查所涉旅行社的服务,且全面检查所有与旅行社相关的历史合作记录。还将认真审查中国的合规工作流程。"⑤

在葛兰素史克声明发布后,有人提出质疑,认为其是在进行责任切割,将相关指控推到公司个别员工和第三方机构身上。对其中国公司的行为,总公司不可能一无所知。

葛兰素史克伦敦总部于 2013 年 7 月 22 日再次发表声明,声称一些熟悉公司运作体系的高管可能通过逃避公司流程和监管进行了不当操作,触犯了中国法律。公司表示,对此类行为零容忍,他们将全力支持中国政府根除腐败的决心和行动,全力支持中国政府的医疗改革,并已准备好与中国政府合作。声明称,葛兰素史克正在积极研究在中国的运营模式,计划通过调整运营模式,降低药品价格中的运营成本,从而让更多的中国患者能获得买得起的药品。

---

① 新华网,http://news.xinhuanet.com/yzyd/local/20130726/c_116694330_2.htm。
② 中国广播网,http://china.cnr.cn/yaowen/201307/t20130714_513054923_1.shtml。
③ 联合早报网,2013 年 7 月 17 日。
④ 《21 世纪经济报道》,2013 年 7 月 25 日。
⑤ 《经济参考报》,2013 年 7 月 16 日。

当地时间7月24日12点15分,葛兰素史克CEO安伟杰(Andrew Witty)在公布二季度财报的媒体电话会议上称在中国所面临的欺诈指控是"可耻的"、"完全违背了我们的价值观",在表达对此深感失望之余,强调英国总部对在中国发生的违规行为"一无所知"①。他还称,自己"绝对愿意"并且准备到中国去,但公司也有其他很多需要他关注的问题。事发至今,葛兰素史克仅派出分管国际事务的Abbas Hussain赴中国与有关当局会面。该公司中国部门商务运营总监马克·赖利(Mark Reilly)在6月27日调查开始后返回伦敦滞留至今,未回到上海协助调查。葛兰素史克7月初还声称四个月的内部调查"没有证据表明我们在中国的业务存在贪污或贿赂"。仅一周之后公安当局就宣布葛兰素史克参与了大范围的贿赂及腐败行为,并拘捕了4名该公司中国高管。安伟杰辩称,公司此前所进行的调查与在中国目前涉案的调查内容不同,因此,当时并没有发现举报人所称的任何不法行为的证据。他称会全面配合中国政府在这个问题上合作,还强调公司内99.9%的人是在以正确的方式做事②。

一家跨国药企不愿透露姓名的营销高管评价说,正如安伟杰所言,这的确"很可耻"——尤其是当一个全球性的医药巨头隐瞒真相,直到最后不得不承认其在中国所做的事。"在今年搞了超过20个内部审计之后,很难想象该公司高层如何还能对在中国所犯错误表现出天真和无知?"他反问③。

5 并非个案

葛兰素史克公司2013年7月24日又表示,已同意支付2.29亿美元和解来自美国8个州的诉讼,这些诉讼指其糖尿病药物安糖健(Avandia)不当营销。该公司在一份监管文件中显示,这次和解协议包括此前设定的诉讼条款。该公司表示,该协议还包括路易斯安那州的总检察长提出的其他涉及葛兰素史克公司产品所带来的指控。除了路易斯安那州、肯塔基州、密西西比州、马里兰、南卡罗来纳州、新墨西哥州、西弗吉尼亚州和犹他州也对其进行了指控。这8个州已经退出了此前的和解,此前的和解是关于去年37个州对安糖健引发心脏问题的指控。该产品于2010年在欧洲退市,在美国也属于严格控制类药物。

葛兰素史克公司去年曾支付30亿美元来和解一项刑事指控,这是美国历史上最大的医疗保健欺诈案件之一,涉及为未经批准的产品用途做宣传,其中包括未成年患者对抗抑郁药帕罗西汀的使用。而且它未能提供美国食品和药物管理局(FDA)要求的安糖健的安全数据。当时的法庭文件曾指出,葛兰素史克透过"将现金贿赂包装成咨询费用、价值不菲的餐饮及奢华娱乐休闲活动",鼓励医生在未得FDA批准前,向18岁以下人士开出抗抑郁药帕罗西汀,或是聘请医生在电台节目中,"不着痕迹"地推广"安非他

---

① 《21世纪经济报道》,2013年7月25日。
② 新华网,http://news.xinhuanet.com/fortune/2013-07/22/c_116642822.htm。
③ 《21世纪经济报道》,2013年7月25日。

酮"未经核实的药效,如减肥及治疗阳痿等。这与中国正在调查的葛兰素史克成本和贿赂案中揭露的手法如出一辙。当时安伟杰信誓旦旦地说,该公司对这样的营销手法将采取零容忍的态度,会全面检查,加强合规部门监督作用,以防止类似丑闻重演①。

【案例使用说明】

葛兰素史克(中国)投资有限公司的道德观及行为

一、教学目的与用途

(1) 本案例适用于《管理学原理》课程,可以用来讨论企业的"社会责任和管理伦理"主题。也可用于商业伦理学课程。

(2) 本案例可用于本科工商管理专业。

(3) 本案例的教学目的包括:

① 熟悉企业社会责任的概念;

② 理解企业社会责任的复杂性;

③ 了解管理伦理的代表性观点。

二、研究问题

(1) 葛兰素史克(中国)公司为什么一方面从事着社会捐赠等慈善活动,一方面又存在行贿受贿的行为?

(2) 造成葛兰素史克公司价值观与行为的矛盾的原因有哪些?

(3) 为什么要倡导企业的社会责任?

(4) 企业应承担哪些社会责任?

三、分析思路

从企业社会责任的概念、企业社会责任的不同观点及其依据、企业如何承担社会责任、几种不同的道德观、影响社会责任和管理伦理的因素等方面分析。

四、理论依据及分析

(一) 企业社会责任

关于公司的社会责任,人们有不同的认识。总体上,可归为两种:一种观点站在纯经济的立场,认为管理者的责任是追求利润最大化;另一种观点站在社会经济的立场,认为管理的责任不仅仅是追求公司利润最大化,而且要增进社会福利。

纯经济观是以传统的观点来看待企业的运作,认为公司管理当局的任务就是设法以最有效率的方法来组合各项生产资源,使生产成本最低,同时将产品卖给愿意支付最高价格的顾客,为企业创造最大的利润。这种从纯经济的角度看待企业社会责任的主

---

① 《21世纪经济报道》,2013年7月25日。

要论点有：① 企业参与社会目标会冲击工商企业的根本使命。② 企业已经拥有较大的权力，不应再加大。③ 并没有广泛的社会授权要求工商企业参与社会问题。④ 企业无法承担大量的社会责任。⑤ 企业的社会行为会降低企业的国际竞争力。⑥ 缺乏对企业参与社会活动的全力支持。⑦ 企业的社会参与可能使企业负担过量成本。在现代经济学家中，1979年获得诺贝尔经济学奖的经济学家弗里德曼是这种观点的典型支持者。

社会经济观认为，企业除了要赚取合理利润外，还应为基本相关利益群体承担其应负的社会责任。社会经济观认为，造成企业承担社会责任的主要论点有：① 社会大众期望企业承担社会责任。② 企业承担社会责任是一种长期的自利。③ 企业拥有解决社会问题的资源和能力。④ 企业拥有大量的权力，根据推理，企业也相应承担同等程度的社会责任。⑤ 现代社会是一个相互依存的系统，企事业单位的内部活动对外部环境有影响。⑥ 通过企业的参与来防止社会问题的发生。⑦ 企业参与社会抑制了额外的政府法规管理和干预，其结果使企业决策有了更大的自由和灵活性。

（二）管理伦理

在规范的伦理学领域中已经形成以下几种道德理论：

（1）显要义务理论。这是指在一定时间一定环境中人们自认为合适的行为。在多数场所无须推敲，便明白自己应当做什么，并以此作为一种道德义务。它主要包括诚实、感恩、公正、行善、自我完善以及不作恶六项重要义务。

（2）相称理论。这是指从目的、手段和质量来判断某一行为是否符合道德。目的指的是行为后面的动机，手段指的是行为引起的结果。

（3）社会公正理论。这是指从一种"起始位置"的状态出发，构建一个理想的社会公正系统，这一系统所适用的伦理准则是力图使弱者利益得到增进，或至少不致因强者的剥夺而使弱者变弱。

（4）道德形式主义理论。这是指确定行为的道德性是看它是否违反个人权力和普遍规律，而不管其可选择的结果。具体地说，每次行动的前提应是基于原则上可以接受，每个人都能执行的，而且决策者愿意他人执行这一决策。

（5）功利观点。这是从行为引起的后果来判断行为的道德性，即某行为能否为最大多数人带来最大利益及最大幸福来判断行为的道德性。

（6）道义观。这是从行为背后的动机来判断行为的道德性。

在实践中，最经常采用的是功利观和道义观两大理论，并将两种理论结合起来判断某项管理行为及管理决策的道德性。

五、关键要点

（1）本案例的核心在于认识企业社会责任与管理伦理的复杂性、争议性，并能够结合中国的实际情况来进行探讨。

（2）关键知识点：企业社会责任；管理伦理；跨国公司。

六、建议课堂计划

时间安排：建议课堂教学2课时。课堂讨论60分钟，然后教师用30分钟作总结。

课前计划：提前一周将该案例发给学生，要求学生在课前完成阅读和初步思考。
建议的启发思考题可以包括：
（1）葛兰素史克这类跨国公司为何要明确提出自己的价值观？
（2）如何看待这类跨国公司每年都发布企业社会责任报告书的行为？
课中计划：进行分组讨论。讨论内容包括：
（1）企业社会责任的概念是什么？主要观点有哪些？
（2）关于管理伦理的主要观点有哪些？
（3）如何看到葛兰素史克的"贿赂门"？

七、"让听见炮声的人来决策"[①]

【案例正文】

> **摘　要**：华为以客户为中心来调整组织机构和决策机制,"让听见炮声的人来决策",找到了一把提高作战部队效率和后方平台高效服务前方的钥匙。华为总裁任正非在这段题为《让听得见炮声的人来决策》的讲话中,他多次提起:"应该让听得见炮声的人来决策。后方配备的先进设备、优质资源,应该在前线一发现目标和机会时就能及时发挥作用,提供有效的支持,而不是由拥有资源的人来指挥战争、拥兵自重。""军队是消灭敌人,我们就是获取利润。我们机构设置的目的,就是为作战,作战的目的,是为了取得利润。"
>
> **关键词**：华为;决策;授权

华为于1987年成立于中国深圳,是全球第一大通信设备供应商,全球第三大智能手机厂商,也是全球领先的信息与通信解决方案供应商。公司围绕客户的需求持续创新,与合作伙伴开放合作,在电信网络、企业网络、消费者和云计算等领域构筑了端到端的解决方案优势,并致力于为电信运营商、企业和消费者等提供有竞争力的ICT解决方案和服务,持续提升客户体验,为客户创造最大价值。目前,华为的产品和解决方案已经应用于140多个国家,服务全球1/3的人口。

1　华为公司及其价值观[②]

华为技术有限公司是一家生产销售通信设备的民营通信科技公司,总部位于中国广东省深圳市龙岗区坂田华为基地。华为的产品主要涉及通信网络中的交换网络、传输网络、无线及有线固定接入网络和数据通信网络及无线终端产品,为世界各地的通信运营商及专业网络拥有者提供硬件设备、软件、服务和解决方案。华为于1987年在中国深圳正式注册成立。现任总裁为任正非,董事长为孙亚芳。

[①] (1) 本案例由江西财经大学工商管理学刘克春、陈超根据公开资料改编撰写。未经允许,本案例的所有部分都不能以任何方式与手段擅自复制或传播。(2) 本案例委托江西财经大学工商管理学院案例中心授权学院全体教师使用。(3) 本案例只供课堂讨论之用,并无意暗示或说明某种管理行为是否有效。

[②] 百度百科,http://baike.baidu.com/link?url=npf6-VBQTsOPDA9auaFDtnGYUSGW。

该公司的价值观是：华为围绕客户需求和技术领先持续创新，与业界伙伴开放合作，聚焦构筑面向未来的"智能的信息管道"，持续为客户和全社会创造价值。基于这些价值主张，华为致力于丰富人们的沟通和生活，提升工作效率。与此同时，华为力争成为电信运营商和企业客户的第一选择和最佳合作伙伴，成为深受消费者喜爱的品牌①。

（1）无处不在的宽带。从笔记本电脑、智能手机、智能Pad，到未来不断涌现的各种创新设备，终端将逐步多样化。人们将越来越渴望能在任意时间、任意地点使用任何设备连接到网络，可靠性和安全性已成为人们的基本诉求。面对即将到来的数字洪水，网络需要变得更宽、更智能，以保障流畅的多媒体交互，提供更好的服务和应用。华为致力于提升网络容量、增强网络使能、优化网络管理；在新架构、Single平台和新技术等方面持续创新，向客户提供技术领先、平滑演进的产品和解决方案，帮助客户建设精简高效的基础网络，使人们享受到无处不在的宽带。

（2）敏捷创新。展望未来，ICT仍处于快速发展阶段，移动性、云计算、大数据和社区化等新趋势正在引领行业开创新的格局；世界正在发生深刻的数字化变革，物联网、电子商务和数字媒体等正在促进传统产业的升级和重构。各行各业需要强大的信息分析能力，快速洞察商机，并不断提高组织协同，更快更好地将新产品、新业务推向市场。华为提供基于云计算的数据中心基础设施解决方案，帮助客户提升存储、计算资源的使用效率；提供统一通信、移动办公等解决方案，帮助客户提升工作效率，降低运营成本，从而实现卓越运营，持续进行商业创新和业务创新。

（3）极致体验。为了能更好地学习、工作、娱乐和生活，人们期望简单易用、零等待、贴近真实的业务体验。华为将加大在视频、音频、触控、图像处理和情感体验算法等领域的研究，推广UCD(User Centric Design)，向用户提供协同、一致的跨屏体验；提供高质量、易于维护的产品和人性化的BSS/OSS系统；打造可视的供应链，实现友好、便捷的交易交付流程。

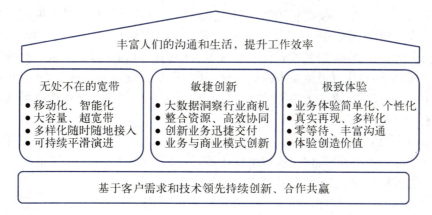

图1 华为的价值观

---

① 华为官网，http://www.huawei.com/cn/。

2 华为的管理决策：让听见炮声的人决策

华为总裁任正非提出了"让听得见炮声的人决策"后，迅速成为业界的管理热点。其实，让听得见炮声的人来决策的观点实质上就是让决策权下沉，给予一线人员必要的决策权力，令这些最了解一线情况的人员能够根据商场的实际变化情况，及时呼叫炮火，同时也能够让整个组织的资源得到最有效的利用和效能的发挥。

90%以上的企业家都期望能有人进行分担，他们并非不愿意授权，忧虑在于不知如何授权以及授权后如何跟进的问题上。我国的中小企业数量最多，有来自销售一线的炮声，有来自品牌宣传的炮声，有来自竞争对手的炮声，还有来自行业政策的炮声。企业成长到一定规模时，企业组织结构层次分明，决策很难准确且有效，命中炮火也是关键，这就涉及决策者不知如何授权和授权后的监督两个最典型的问题，决策权应向个人能力强的岗位倾斜，授权前对每个授权对象进行考核，领导者应当有选择地倾听炮声。

▶ 2.1 谁来呼唤炮火

中小企业的决策更多是基于老板的决策能力。由于企业规模尚小、层级少，中小企业老板的角色一般更多地相当于大业务员，因此，常常处于火线前沿，相对而言能够及时听到炮声。当企业成长到一定的规模并且有了相当的层级之后，高层领导离前线的炮声就越来越遥远，获取炮声的来源已经不是真切的轰隆声，而是来自下属的文字报告，且能否获得真实有效的炮火分析，还取决于下属对情况的准确把握和内部信息沟通机制是否畅通，无形之中已经将最高领导层与前线之间放置了一道隔音板。

对管理者来说，特别是高层，如果不能真切地得到一手的一线的炮火分析报告，不能够完整、准确地获取商场的变化，其决策就很难做到准确且有效。就中小企业而言，是否由于其船小好调头，使老板能够获得准确的情报进而做出准确的判断呢？这也未必。原因在于即便是听到炮声也往往是听到多方面的炮声，不仅有来自销售一线的，还会有来自品牌宣传、竞争对手或者行业政策等方面的炮声，此时，如何从这些炮声中做出选择判断，哪些是来自最重要方向的炮火，哪些只是佯攻可暂缓处理，从而集中前后方资源于主攻方向，这将是考验的关键。用新东方教育集团董事长俞敏洪的话说，"要有选择地倾听炮声"。

然而，不管是中小企业还是大企业的高层管理者，即便是再有能力也不可能把所有的一线商情全部进行处理，何况这根本就达不到，因为内部的流程往往使信息的上传下达有着天然的滞后性，这必然要求呼唤炮火的决策要部分下放到一线。

对企业而言，也是如此。处于一线的营销人员、客服人员、售后人员等最能够了解客户的需求、市场的变化、产品或服务的反馈等信息，这些信息对企业领导者的决策有着至关重要的作用。由于竞争的激烈，在争夺和维护客户中，及时、有效地解决遇到的问题将是提高其正向心理感受的关节点，所以，必须要对一线的需求及时地做出反应。

这就要求企业领导层对一线人员进行授权,使他们能够有足够的自主权利进行处理。"我们后方配备的先进设备、优质资源,应该在前线一发现目标和机会时就能及时发挥作用,提供有效的支持,而不是拥有资源的人来指挥战争、拥兵自重。"

2.2 如何呼唤炮火

对一个组织来说,如何保证让一线人员能真正完成呼唤炮火的使命,并能够使炮火准确命中也是关键。这其中就需要企业的领导者、组织架构和流程的梳理再造以及内部沟通机制和组织文化的相应建设。

如果领导者不能够意识到放权的重要性,那很难想象他会让一线人员来呼唤炮火。对领导者来说,之所以不愿意放权,除却个别有着极强的权力欲望的因素之外,无外乎两点原因:一方面是不知道如何来授权;另一方面是担心授权后如何来保证被授权人能够正确、有效地使用权力,也就是授权后的监督问题。

对于如何进行授权,这是很多领导者所困惑的。第一个问题的关键是流程[①]。流程设置的首要目的是为了防控风险,因此,在管理中才会设置各个流程节点。但流程往往与效率相矛盾,而授权的首要目的其实就是为了提高效率,于是,就派生出了风险与效率的矛盾。要解决这个矛盾首先要进行事务的划分。对发生频率较高的工作应着眼于提高效率,缩短单次工作时间,此类工作应尽量将决策权下放,让一线的人员来完成呼唤炮火的任务;对发生频率较低、单次投入较大的工作应着眼于控制风险,设置必要的流程控制节点,此类工作应尽量将决策权回收,呼唤炮火的任务应该由更高层级的人员来完成。所以,就流程而言,要对呼唤炮火的工作任务进行必要的区分,这样才能使授权有针对性。第二个问题的关键就是呼唤炮火人员的能力问题。一般来说,决策权应向个人能力强的岗位倾斜,例外的情况是,即便某些岗位员工能力不强,但从公司战略出发需提升其能力,也有可能将决策权授予这些员工,只不过要设置一定的控制机制和辅导措施。授权之前要对每个授权的对象进行考核,也就是说是否授对了人。当把人确定好后,剩下的东西就简单了,而且授权越多越好,这是最简单的方式,因为授权是给员工的压力,更重要的是建立一种信任的关系。

【案例使用说明】

"让听见炮声的人来决策"

一、教学目的与用途

(1) 本案例适用于《管理学原理》课程,可以用来讨论"企业决策"的主题。

(2) 本案例可用于本科工商管理专业。

(3) 本案例的教学目的包括:

[①] 罗宾斯著,孙健敏等译,《管理学(第9版)》,中国人民大学出版社,2012年。

① 熟悉决策的概念；
② 理解决策问题的分类；
③ 理解授权的必要性和程序；

二、研究问题

(1) 华为总裁任正非"让听见炮声的人来决策"是如何来决策？请结合案例说明。
(2) 企业决策的过程是什么？结合一具体实例谈谈。
(3) 授权要注意哪些问题？如何才能真正做到充分的授权？

三、分析思路

从华为总裁任正非提出的"让听见炮声的人来决策"出发，从谁来呼唤炮火、如何呼唤炮火两个角度分析华为在日常的企业管理中是如何决策的。

四、理论依据及分析

（一）决策

决策是人们在政治、经济、技术和日常生活中普遍存在的一种行为；决策是管理中经常发生的一种活动；决策是决定的意思，它是为了实现特定的目标，根据客观的可能性，在占有一定信息和经验的基础上，借助一定的工具、技巧和方法，对影响目标实现的诸因素进行分析、计算和判断选优后，对未来行动作出决定。决策分析是一门与经济学、数学、心理学和组织行为学有密切相关的综合性学科。它的研究对象是决策，它的研究目的是帮助人们提高决策质量，减少决策的时间和成本。因此，决策分析是一门创造性的管理技术。它包括发现问题、确定目标、确定评价标准、方案制定、方案选优和方案实施等过程①。

决策分类：按决策范围分为战略决策、战术决策和业务决策；(三者相辅相成，构成紧密联系，不可分割的整体，是指导与被指导的关系。地位不同，特点不同)战略：指直接关系到组织的生存和发展，涉及组织全局的长远性的、方向性的决策。风险大。一般需要长时间才可看出决策结果，所需解决问题复杂，环境变动较大，并不过分依赖数学模式和技术，定性定量并重，对决策者的洞察力和判断力要求高。战术：又称管理决策。是组织内部范围贯彻执行的决策，属于战略决策过程的具体决策。不直接决定组织命运，但会影响组织目标的实现和工作销量的高低。业务：又称执行性决策。是日常工作中为了提高生产效率，工作效率所做的决策。涉及范围小，只对局部产生影响。按决策性质分为程序化决策和非程序化决策；程序化：经常重复发生，能按原已规定的程序、处理方法和标准进行的决策。非程序化：管理中首次出现的或偶然出现的非重复性的决策。无先例可循，随机性和偶然性大。按决策主体分为个人决策和群体决策；个人：在最后选定决策方案是，由最高领导最终做出决定的一种决策形式。(决策迅速，责任明确，充分发挥领导个人的主观能动性)群体：两个或以上的决策群体所做出

---

① 百度百科，http://baike.baidu.com/link? url=0QvcHG-CbBk9ZpGDPr2oQ6gB5TxSlmTvTY3CYT

的决策。(耗时,复杂,但可集思广益,弥补个人不足)按决策问题的可控程度分为确定型决策、不确定型决策和风险型决策。确定型:决策所需的各种情报资料已完全掌握的条件下作出的决策。不确定型:资料无法加以具体测定,而客观形式又必须要求做出决定的决策。风险型:决策方案未来的自然状态不能预先肯定,可能有几种状态,每种的自然状态发生的概率可以做出客观估计,但不管哪种方案都有风险的决策。

(二) 授权

授权是组织运作的关键,它是以人为对象,将完成某项工作所必需的权力授给部属人员。即主管将处理用人、用钱、做事、交涉、协调等决策权移转给部属,不只授予权力,且还托付完成该项工作的必要责任。组织中的不同层级有不同的职权,权限则会在不同的层级间流动,因而产生授权的问题。授权是管理人的重要任务之一。有效的授权是一项重要的管理技巧。若授权得当,所有参与者均可受惠。

授权的基本依据是目标责任,要根据责任者承担的目标责任的大小授予一定的权力。在授权时还要遵循以下一些原则:

(1) 相近原则。这有两层意思:给下级直接授权,不要越级授权;应把权力授予最接近做出目标决策和执行的人员,使一旦发生问题,可立即做出反应。

(2) 授要原则。指授给下级的权力应该是下级在实现目标中最需要的、比较重要的权力,能够解决实质性问题。

(3) 明责授权。授权要以责任为前提,授权同时要明确其职责,使下级明确自己的责任范围和权限范围。

(4) 动态原则。针对下级的不同环境条件、不同的目标责任及不同的时间,应该授予不同的权力。

五、关键要点

(1) 本案例的核心在于理解华为"让听见炮声的人决策"的方法,充分理解授权在企业管理中的重要性。

(2) 关键知识点:决策;授权。

六、建议课堂计划

时间安排:建议课堂教学 2 课时。课堂讨论 60 分钟,然后教师用 30 分钟作总结。

课前计划:提前一周将该案例发给学生,要求学生在课前完成阅读和初步思考。建议的启发思考题可以包括:

(1) 决策的概念是什么?影响决策准确性的因素有哪些?

(2) 授权需要注意什么问题?授权对企业管理的影响有哪些?

课中计划:进行分组讨论。讨论内容包括:

(1) 华为总裁任正非"让听见炮声的人决策"的实质是什么?你觉得这样的决策方法对企业决策准确性的提高有什么重要意义?

(2) 授权受哪些因素影响?在这些影响因素中哪个是最重要的因素?结合实例谈谈自己的观点。

八、联想集团的组织结构变革历程[①]

【案例正文】

> **摘　要**：一个组织的成长大致可以分为创业、聚合、规范化、成熟、再发展或衰退几个阶段，每个阶段的组织结构、领导方式、管理体制、员工心态都有其特点，每一阶段最后都面临某种危机和管理问题，都要采取管理策略解决这些危机以达到成长的目的。伴随组织成长阶段的不同，组织结构也由此各不相同。通过分析联想集团发展进程，可以窥见其在各个阶段不一样的组织结构。
>
> **关键词**：组织；联想集团；组织结构

0　引　言

联想集团正致力于成为一家值得信赖并受人尊重，在多个行业拥有领先企业，在世界范围内具有影响力的国际化投资控股公司。其发展经历了创业初期的"平底快船式"、成长期的"大船结构式"、大公司时期"舰队结构式"到分拆后至今的"航母结构式"演变历程。联想的成长过程，值得每一个中国企业和经理人学习和探讨。

1　关于联想集团

联想集团初创于1984年11月，原为中国科学院计算所新技术发展公司，经过三十几年的发展，现已发展成为综合营业额1 152亿元，总资产644亿元，历年累计上缴国家各种税收126亿元，公司员工总数近3万人的大型控股集团。2011年第三季度已经成为仅次于惠普的世界第二大PC生产商[②]。

联想集团采用母子公司结构，目前涉及IT、投资、地产等三大行业，下属联想集团、神州

[①]　(1) 本案例由江西财经大学工商管理学院郭英根据公开资料改编撰写。未经允许，本案例的所有部分都不能以任何方式与手段擅自复制或传播。(2) 本案例委托江西财经大学工商管理学院案例中心授权学院全体教师使用。(3) 本案例只供课堂讨论之用，并无意暗示或说明某种管理行为是否有效。

[②]　百度百科，http://baike.baidu.com/link?url=hKlU6cyUGWAfBmVgrxC7tObV7B9yRZ7tN。

数码、联想投资、融科智地、弘毅投资五家子公司。2011年位列中国民企500强第五位[①]。

联想的核心价值观是：成就客户——我们致力于每位客户的满意和成功；创业创新——我们追求对客户和公司都至关重要的创新，同时快速而高效地推动其实现；诚信正直——我们秉持信任、诚实和富有责任感，无论是对内部还是外部；多元共赢——我们倡导互相理解，珍视多元性，以全球视野看待我们的文化。

2 初期的发展历程与组织演变(1984—1987)

2.1 发展历程

联想集团的前身是中国科学院计算所在1984年11月成立的北京新技术发展公司。1984年，中国开始推进城市经济体制改革，在中国科学院工作的柳传志受到市场化改革的鼓舞和启发，带领11名科研人员，以20万元投资在一间小平房里创办了这家国有民营企业。公司的主要业务是为中科院购买的计算机验收、组装、培训、维修。资金紧张的时候，这些科研出身的科学家甚至卖过旱冰鞋、卖过手套。后来，倪光南加入联想，柳传志和倪光南构成了一对企业家和科学家的"珠联璧合"。

2.2 组织结构——"平底快船"式

在1984年—1987年间，公司的组织主要表现出以下特点：工作分工比较简单，在总经理领导下设立技术开发部、工程部、办公室、财务室、业务部。公司内设IBM代理北京中心和集体所有制的商店各一个。1984年和1986年的联想公司的组织结构如图1和图2所示。这种没有权力等级的简单结构，联想公司后来称之为"平底快船"式结构。

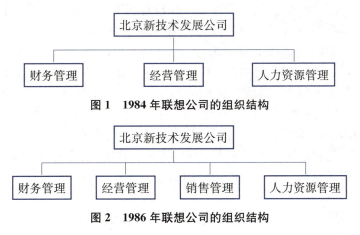

图1 1984年联想公司的组织结构

图2 1986年联想公司的组织结构

---

① 联想官网，http://www.lenovo.com.cn/。

这一时期的组织结构，用通俗的话概括，就是人员少、部门少。人员和部门一专多能，只要是市场需要，什么事都要干，主要以服务赚取资金投入科研。与这种策略相适应的，总经理直接指挥，权力高度集中，没有层次，能维持组织的灵活性和快速决策。当时的业务以贸易和技术服务为主，除联想汉卡有一定的规模，多数项目业务量不大，能保证彼此之间的沟通。同时，由于资金紧张，就需要集中使用。领导人有必要也有能力对为数不多的下级实行直接的监督和控制。这一时期组织运作的结果是：① 初步形成了联想公司对外面向市场、内部相对集中的组织思路；② 总体看，企业组织结构比较合理、高效、统一，为企业早期的资本积累和产品开发提供了组织保证；③ 培养了一批管理和业务骨干。

3 成长期(1988—1992)

▶ 3.1 发展历程

1987年4月，新技术发展公司与海淀区供销社签订联营协议，成立了中科院计算所计算机技术公司。这次联营使新技术公司获得了中关村大街宝贵的土地资源，也使公司增大了扩张的动力和资本。1989年下半年，该公司在增资到3 000万元后不久，改名为北京联想计算机集团公司（简称北京联想）。在增资后的新公司中，新技术发展公司占有的股份为2 680万元，供销社仍是以土地折资，增资到320万元。

在联营、增资的同时，新技术发展公司还与香港导远公司、香港中国新技术转让公司于1988年4月以三方分别出资40万、30万、30万港元在香港成立了香港联想控股有限公司（简称香港联想）。当时的香港导远公司擅长做国际贸易，但缺乏技术产品；而新技术公司拥有联想汉卡的技术和生产规模，但国际贸易的经验和渠道不足，两者的结合实现了柳传志当时所称的"瞎子背瘸子"的优势互补。在三方合资成立的香港联想中，董事局负责重大问题决策，总经理负责日常管理决策。在人事安排上，柳传志担任董事局主席，香港导远公司的吕谭平先生任副主席兼总经理。

1987年，新技术公司与美国的AST公司合作，开始代理AST公司的电脑销售业务，学会了做贸易，并开始准备自己生产电脑。在积累电脑贸易能力的同时，开始其拓展计划的第二步——将业务由贸易领域延伸到生产领域。电脑主机板在计算机的整个利润链上利润微薄，属于最下游的产品，是欧美大厂商不屑于进入的领域。以中科院计算机所作为后盾，联想选择主板市场，与台湾、香港的厂商展开竞争。联想不但在技术实力上同众多的港台厂商相比具有竞争优势，并且因为集中资源在香港发展主板生产能力，从而最终取得了世界板卡市场份额10%以上的市场地位，成为世界三大板卡供应商之一。

▶ 3.2 组织结构——"大船结构"

在1988—1993年的时间里，联想的组织结构开始由初创期的"平底快船"式的简单结构转为直线职能制。联想公司内部后来将这种组织称为"大船结构"模式。他们在原有集中指挥、统一作战的两个要素之外又加入了专业化分工的内容,重新组建了以开发、生产、销售三大系统为主体的、体现贸工技结合的新的组织结构。尤其值得一提的是,联想在销售系统中设立了三个业务部门,其中,业务一部负责联想汉卡、微机、CAD、网络产品、小型机等产品的销售;业务二部以创办和管理分公司为主要任务,分公司不作为利润中心,而只作为公司的销售渠道;业务三部负责市场的开拓工作及AST 微机的销售。这种组织结构强调明确岗位责任、权力等级和智能分工,强调交流和沟通的正式化,强调统一指挥和专业化分工。

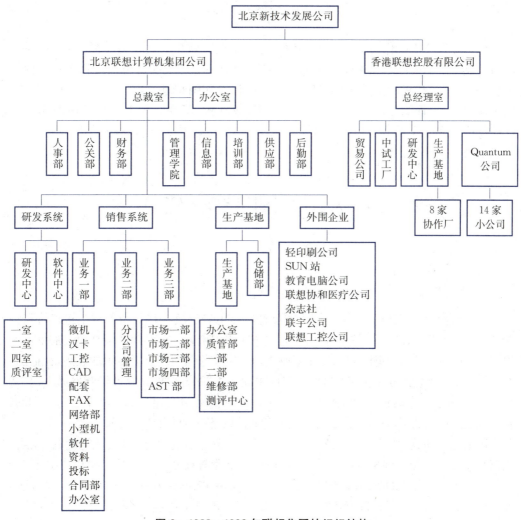

图3 1988—1993年联想集团的组织结构

联想公司这种组织结构模式的主要特征表现如下:

(1) 集中指挥、统一协调。联想公司以开发、生产和经营三大系统为主体,围绕三大主体,设置了一个决策系统、一套服务系统、一个供货渠道、一个财务部门,人员统一调动,资金统一管理,公司内部实行目标管理和指令性工作方式,统一思想,统一号令。

(2) 各业务部门(即"船舱")实行经济承包合同制。从1988年起,联想按工作性质划分各专业部,如业务部下设立汉卡、微机、网络、小型机、CAD、工控、软盘和资料等专业部,任务明确,实行"船舱式"管理,提高了工作质量和效率。

(3) 公司实行集体领导,董事会下设总裁(经理)室。为了维护集体领导,联想规定了几条原则:经常交换思想,统一认识,对外统一口径;有不同意见摆到桌面上,共同讨论问题;不为个人谋取私利;处理矛盾观点鲜明,态度明朗,敢于承担责任等。

(4) 逐步实现制度管理。从1989年起,联想公司开始健全和完善各种企业管理制度,如财务制度、职工培训制度、干部聘任制度和库房管理制度等。实行制度管理,使各"船舱"连接起来,既有分工,又有协作;既提高了各自的工作效率,又照顾了公司的整体利益和目标。

(5) 思想政治工作与奖惩严明的组织纪律结合。联想公司实行了总经理室与员工的对话制度,与员工及时沟通思想,交流感情,积极关心员工的自身利益和成长,对所有员工一视同仁,积极解决员工的各种福利待遇和实际困难等问题。联想公司也有严格的纪律,如不谋取第二职业、不许吃回扣、不许收红包、不许利用工作关系谋取私利等。这些使联想公司锻炼和造就了一支老中青结合的、纪律严明、军容整肃、团结协作、朝气蓬勃的员工队伍。

4 大公司时期(1995—2000)

4.1 时代背景

在20世纪90年代初,我国开始大幅度地降低电脑整机进口关税并取消进口许可证,AST、Compaq、IBM、HP等国外品牌因此大举进入中国市场。在电脑市场高速发展的同时,出现了国内品牌节节败退的问题。在创业之初就树立起强烈的市场意识的联想,在推出自有品牌电脑中组建形成了贸工技"两头在外、中间在内"的海内外互补性经营格局。到1994年下半年,联想已发展到拥有资本近10亿,海内外40余家分公司和子公司,各业务部门的经营领域已经扩展到了包括计算机、打印设备和通信设备在内的几十个品种[①]。

随着公司业务规模和业务范围的扩大以及经营环境的变迁,直线职能制的"大船结构"已难以适应新形势的要求。具体表现在:企业规模扩大后,现有体制在决策速度慢、市场应变能力差的弊端日益显露;权力高度集中在总部,决策层不能贴近市场,适应不了激烈的竞争;高层管理者因精力和能力所限,妨碍企业制定合适的战略;不利于调动下属的积极性;不利于培养干部,特别是培养领军人物等。

在这种背景下,联想公司内部引发了一场管理思想和体制的大讨论。1994年,联想公司年终工作会议总结事业部试点经验,决定全面实行从"大船结构"向以事业部为

---

① 《经济日报》,2012年7月。

基本组织形式的体制,即向所谓"舰队结构"体制的转变。公司原有经营部门按产品划分为 14 个事业部。在公司总体战略部署和统一经营计划指导下,事业部对产供销各环节实行统一管理,享有经营决策权、财务支配权和人事管理权,从"大船里的船舱"变成"小舰艇"。至于公司总部,则通过设立销售总监和财务总监、成立审计部、健全人事、财务和审计等方面的制度,对事业部进行目标管理和过程监控。

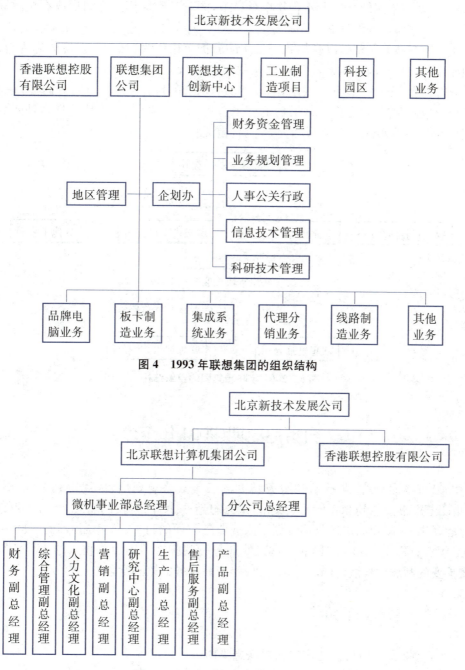

图 4 1993 年联想集团的组织结构

图 5 1994 年联想集团的组织结构

4.2 2000—2001年业务分拆和组织调整

2000年,为了主动迎接以互联网经济为代表的时代挑战,并在知识经济的竞争中获得竞争优势和更大的发展,联想集团实行了大规模的业务和组织结构调整。其基本原则是,使联想集团的几块主要业务相对集中,同时又确保相互之间形成有机的联系,以促进集团整体业务的发展。

这次组织结构调整是以联想数码公司的分拆上市作为突破口,以柳传志为首的高层领导班子先是在前一年对集团内部两块业务进行了人员分拆、组织架构分拆、ERP系统分拆,而后作为一步重要的动作,联想集团在2001年3月7日对外宣布"联想电脑""神州数码"的战略分拆进入最后的资本分拆阶段。2001年6月1日,"神州数码"(代码0861)在香港成功上市,募集了3.7亿港元。

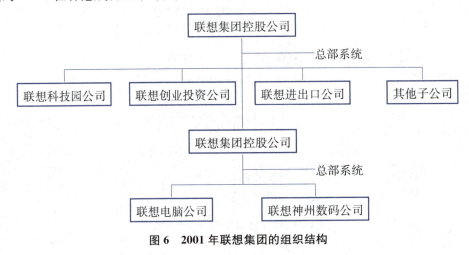

图6　2001年联想集团的组织结构

5　分拆后时期(2001年至今)

2001年4月,联想向技术和服务转型的三年战略规划出台,规定到2003财务年度,集团营业额要达到600亿元人民币,最终打造一个"高科技的联想、服务的联想、国际化的联想"。联想高层还具体规划了服务业务方面的目标:5年后,即到2006年,联想IT服务、IT1for1和互联网服务这三块业务一共应占到集团总收入的15%,将成为集团重要的利润增长点。同时,服务要成为产品业务的核心竞争力。

5.1　联想集团重组

2004年2月28日,杨元庆宣布对联想集团进行重组。
图7为2004年联想集团的组织结构。

八、联想集团的组织结构变革历程

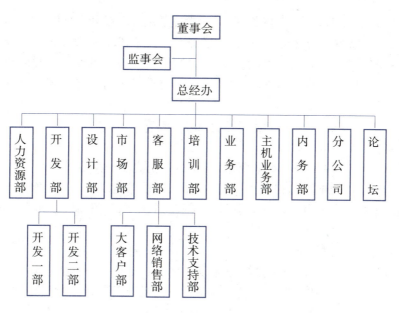

图7　2004年联想集团的组织结构

5.2　并购 IBM 的 PC 业务

图 8 为并购 IBM 的 PC 业务后联想集团的组织结构。

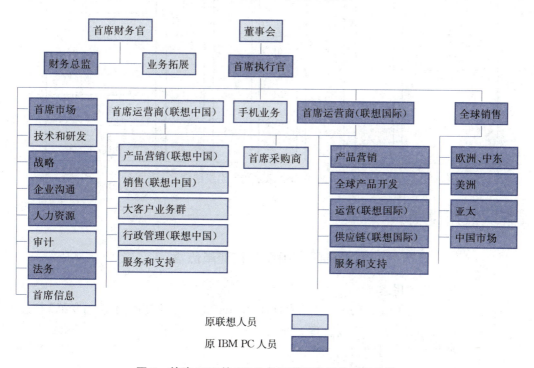

图8　并购 IBM 的 PC 业务后联想集团的组织结构

2004年12月8日,经过双方长达13个月的酝酿,联想和IBM共同签署了PC业务转让协议。此项收购的交易额为12.5亿美元。其中,6.5亿美元为现金支付,其余6亿美元以联想集团公司18.9%的股权作价(禁售期3年)。另外,联想将承担IBM PC事业部发生的5亿美元的净负债。这样,实际的交易额达到了17.5亿美元。

5.3 2009年3月,进行新的组织结构调整

(1) 以市场成熟度代替地域来划分,成立两个新的业务集团。

成熟市场客户:加拿大、以色列、日本、美国、西欧等地以及全球大客户。

新兴市场客户:中国内地、中国香港、中国澳门、中国台湾、韩国、东盟、印度、非洲、俄罗斯及中亚等国家和地区。

(2) 对产品组织进行调整。

Think产品集团:专注于关系型业务以及高端的交易型中小企业市场。

Idea产品集团:专注于新兴市场和成熟市场的主流消费者以及交易型中小企业商用客户。

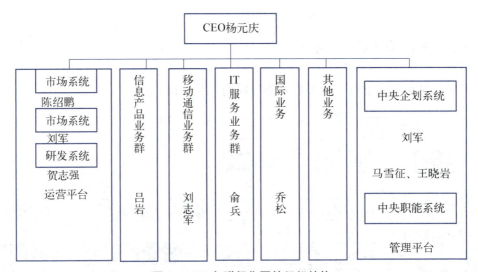

图9 2009年联想集团的组织结构

【案例使用说明】

联想集团的组织结构变革历程

一、教学目的与用途

(1) 本案例适用于《管理学原理》课程,可以用来讨论企业的"组织设计与变革"主题。

(2) 本案例可用于本科工商管理专业。

(3) 本案例的教学目的包括:

① 熟悉组织结构的概念;

② 理解组织变革发展的重要性;
③ 了解组织结构的类型。

二、研究问题

(1) 你认为联想集团组织变革的总体过程呈现什么样的特点？是事先精心策划的产物还是行动中逐渐演变的结果？
(2) 产品、客户、地区都可以成为事业部制的依据，请结合实际经营进行分析。
(3) 请结合实际分析组织结构的类型及各自适应条件。
(4) 请结合实际分析组织结构变革的动力、阻力及影响因素。

三、分析思路

在组织发展的不同阶段，应该根据组织发展的特点和需要来制定企业的组织结构。从企业如何进行组织变革、几种不同的组织结构、影响组织结构变革和发展的因素等方面分析。

四、理论依据及分析

（一）组织设计的基本原则

组织设计是以组织结构安排为核心的组织系统的整体设计工作。组织设计的原则尽管体现为流动性，但历经数十年设计理论与实务的演化，还是存在着较为一般性的基本原则。这些基本原则为企业设计既有效率又有效果的组织结构提供了强有力的指导作用。当然，任何原则性的条文在发挥正向作用的同时，也不可避免地产生着负向作用。所以，在具体运用这些原则指导组织设计时，既要注意坚持，又要注意超越。组织设计的基本原则包括：① 分工明晰原则；② 指挥统一原则；③ 权责对称原则；④ 管理幅度适当原则；⑤ 人职结合原则；⑥ 部门化原则；⑦ 稳定性与适应性平衡原则[①]。

（二）组织设计的相关因素

① 战略因素；② 规模因素；③ 资源因素；④ 环境因素。

（三）组织变革的动力

(1) 外部环境变化：① 劳动力的性质；② 技术革新；③ 全球经济一体化；④ 全球市场竞争；⑤ 社会趋势；⑥ 世界政治。
(2) 内部条件变化：① 管理技术条件的改变；② 管理人员调整与管理水平提高；③ 组织运行政策与目标的改变；④ 组织规模的扩张与业务的迅速发展；⑤ 组织内部运行机制的优化；⑥ 组织成员对工作的期望与个人价值观念的变化等。
组织成员的期望与实际情况的差异导致变革。

五、关键要点

(1) 本案例的核心在于认识组织变革与发展的复杂性、重要性，并能够结合中国企

---

① 吴照云，《管理学（第6版）》，中国社会科学出版社，2012年。

业的实际情况来进行探讨。

（2）关键知识点：组织设计；组织结构变革。

六、建议课堂计划

时间安排：建议课堂教学 2 课时。课堂讨论 60 分钟，然后教师用 30 分钟作总结。

课前计划：提前一周将该案例发给学生，要求学生在课前完成阅读和初步思考。建议的启发思考题可以包括：

（1）联想这种中国的大型国有民营企业是如何进行组织结构变革的？

（2）国有民营企业进行组织结构变革有哪些优势和劣势？

课中计划：进行分组讨论。讨论内容包括：

（1）组织结构变革的程序是什么？主要类型有哪些？

（2）关于组织结构变革的主要观点有哪些？

九、组织结构的优化——三叶草结构[①]

【案例正文】

> **摘　要**：在企业环境日益复杂多变的今天,对信息的控制能力已经成为决定企业成功与否最为重要的因素之一。如何建立一个最优的企业组织结构以便获得最充足有效的信息,成为一个迫切而重要的问题。案例首先指出信息时代的来临,并认为企业组织结构实质上是信息流的载体。在此基础上,提出了一个以信息流动为主线的企业组织结构,并阐述了该结构的理论和实践意义。
>
> **关键词**：信息流;三叶草式;组织结构

0 引　言

三叶草式组织结构是管理作家查尔斯·汉迪创造的一个词,特指由三部分或三片叶子构成的一种组织结构。其定义是"以基本的管理者和员工为核心,以外部合同工人和兼职工人为补充的一种组织形式"。

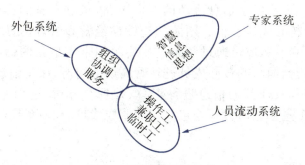

图1　三叶草式组织结构

[①] （1）本案例由江西财经大学工商管理学院邹艳芬、丁小迪根据公开资料改编撰写。未经允许,本案例的所有部分都不能以任何方式与手段擅自复制或传播。（2）本案例委托江西财经大学工商管理学院案例中心授权学院全体教师使用。（3）本案例只供课堂讨论之用,并无意暗示或说明某种管理行为是否有效。

1　三叶草组织的构成元素

第一片叶子代表核心专家系统，由资深专家、技术人员和管理人员组成的核心员工。这些员工大多受过良好的专业化培训，是企业高级管理层的组成力量。第二片叶子由与企业存在合同关系的个人或组织构成，通常还包括一些曾经为企业工作过且现在仍为其提供服务的专家。这些个人是围绕企业运转的行星，但为了更好地完成项目或履行合同，在决策制定方面享有很高的自主权。第三片叶子代表的是具有很大弹性的劳动力，如兼职工和临时工等。在汉迪的模式里，这部分人不仅仅是雇用的帮手，企业应该充分贴近他们，让他们觉得自己是组织中的一员，从而高标准地完成工作。这部分工人的决策制定权通常局限在他们的工作范围之内。

这种组织模式（或它的变化形式）通常用来解释企业为什么要把非核心的职能转包给社会上的其他企业，三组人各怀不同的期望，接受三种不同的管理，领不等的工资，并且被以不同的方式组织起来。

2　三叶草式组织的横向结构——横向信息沟通

三叶草式组织结构在横向上把企业类比成一棵三叶草，企业中不同的团队就是独立的一片片三叶草，每片三叶草的三片叶子分别代表团队中的核心成员、外包合同和兼职者三个部分；企业所依存的外部环境是三叶草生长所需要的阳光、水、土壤、养料等；信息在组织中横向和纵向流动就如同一棵三叶草的生命活动，而三叶草的成长就像企业的成长和壮大。三叶草式组织横向结构以组织横向信息流动为主线，与外部环境形成了信息流动的双向环路，依靠自身的灵活性，适应不断变化的外部环境。核心成员进行着团队的连续性经营和管理，是团队成功的关键性因素。外包部门和兼职成员通过频繁进出为组织带入最新的信息，使外部信息顺畅流入组织，他们与团队的核心成员进行着高度的沟通，保持信息流动通畅。核心成员再将团队内部及外部的信息进行汇总、处理和分析，进而制定团队的发展战略，将战略思想信息再逆向传入外包部门和兼职成员，从而指导整个团队的运作和发展。

3　三叶草式组织的纵向结构——纵向信息沟通

若把企业纵向类比成一棵三叶草，企业的最高管理层就是三叶草的根，企业的中层管理者则是三叶草的茎，而企业中的各个团队则是三叶草的叶，三者共同组成了三叶草生命体。

3.1　根层——战略层

根层是企业的最高管理层,也是企业的中心机构(即总裁及研究、计划、人事、财务部门),他们获得外部信息,然后与企业内部信息进行整合,提出企业的战略,进而决定企业经营管理的战术。最高管理层对企业具有重要意义,它就如同三叶草的根系,如果根系太浅,一是不稳定,经不起风吹,环境稍有恶劣变化的趋势,企业就会因不适应而垮掉;二是根与土壤接触的面积太小,不能从外部环境中得到决策所必需的信息,所以,制定战略必然不是最优的。如同三叶草根的深浅直接决定了三叶草的大小一样,最高管理层掌握信息的能力直接影响到整个企业发展与壮大的程度。

3.2　茎层——传递层

茎层是企业的中层管理者(即团队经理),是整个企业信息流动的中枢,他们从最高管理层得到企业的战略信息,经过整理加工后,形成具体的执行方案,传递给执行层团队;同时指导执行层团队的工作,进行监督和管理,对执行层团队上报的信息进行处理和加工,传递给最高管理者。这就如同三叶草的茎,向下运输叶制造出的有机物给根,向上运输根吸收的养料和水分给叶。中层管理者对企业内部信息流动具有关键的意义,若中层管理者不能有效地完成其工作,纵使最高管理层的战略再好,执行层团队也不会领略;执行层团队的市场信息再准确,最高管理层也不会掌握,这就像三叶草的茎部维管束阻塞,有机物无法到达根部,水分也无法到达叶子,三叶草很快就会枯萎,即企业终将衰退。

3.3　叶层——执行层

叶层是企业中的具体执行层团队(即核心成员、外包合同和兼职者部分),只要在不违背总目标、总方针、总计划的前提下,日常经营活动完全由团队自行处理,因而,团队成为日常经营决策的中心,是完全自主的经营单位,可以充分发挥自己的主观能动性。执行层使团队充分地与市场等外部环境接触,掌握外部信息,经过筛选和整理将信息传递给中层管理者。如果企业没有执行层团队与外部环境的接触,就像三叶草没有叶子进行光合作用,三叶草就不会生长,企业也就不会发展壮大。另外,三叶草在光合作用中会释放氧气,为适应内外部环境湿度变化,将通过蒸腾作用散失水蒸气以自我调节。这犹如企业中的执行层团队,将与外部环境接触中所得到的丰富但复杂的信息进行加工整理,剔除掉虚假的信息和价值低的信息一样。这样可以为企业筛选出适合其发展战略的信息体系,降低信息不对称或信息虚假可能带给企业决策带来的风险。

4　总　　结

组织结构从简单到复杂,都是建立在工作任务分解的思路之上。然而在当今市场多变的情况下,信息已成为企业管理决策的最重要依据之一。企业决策信息主要来自企业内部和企业外部。企业必须能随时掌握动态信息,有效地运用各种有价值的信息,及时做出经营决策,降低运行风险。因此,有必要优化现有的组织结构,以为组织内外部信息顺畅流通提供适当的组织结构路线。

三叶草式组织就是这样一种结构,它将组织的信息加以横向与纵向的划分,信息流与组织结构相融合,通过沟通和控制达到信息迅速流通的目的,给企业决策提供重要依据,进而促进企业迅速发展。三叶草结构给我们的启示是,一个企业的组织结构关键是要解决信息流动的通路问题。当企业出现这样或那样的问题时,首先应该在信息流动的角度去思考,把握信息流动的路径,再寻求问题存在于信息流动路径的具体环节,从而最终求得解决方案。

【案例使用说明】

组织结构的优化——三叶草结构

一、教学目的与用途

(1) 本案例适用于《管理学原理》课程,可以用来讨论企业的"组织结构优化问题研究"主题。

(2) 本案例可用于本科工商管理专业。

(3) 本案例的教学目的包括:

① 了解企业组织的一般结构;

② 熟悉三叶草组织的概念;

③ 熟悉三叶草组织中的信息是如何传递的。

二、研究问题

(1) 三叶草组织结构由哪几个部分组成?

(2) 三叶草组织的各个部分在信息传递过程中起到了什么作用?

(3) 三叶草组织相对于其他组织结构有哪些优缺点?

(4) 三叶草组织结构适用于什么样的企业?

三、分析思路

从三叶草组织结构的概念入手,然后分析信息在三叶草组织结构中的传递路径,并阐述了三叶草组织结构中的各部分在信息传递过程中所起的作用,体现出了三叶草组织结构的优越之处。

四、理论依据及分析

(一) 组织结构

组织结构是指对于工作任务如何进行分工、分组和协调合作。组织结构是表明组织各部分排列顺序、空间位置、聚散状态、联系方式以及各要素之间相互关系的一种模式,是整个管理系统的"框架"。组织结构是组织的全体成员为实现组织目标,在管理工作中进行分工协作,在职务范围、责任、权利等方面所形成的结构体系。组织结构是组织在职、责、权方面的动态结构体系,其本质是为实现组织战略目标而采取的一种分工协作体系,组织结构必须随着组织的重大战略调整而调整。

（二）三叶草组织

三叶草组织是爱尔兰管理作家查尔斯·汉迪在其《非理性时代》一书中提出的,特指由三部分或三片叶子构成的一种组织结构。三叶的形状象征企业由三组迥然不同的人组成,其定义是"以基本的管理者和员工为核心,以外部合同工人和兼职工人为补充的一种组织形式"。这种组织模式（或它的变化形式）通常用来解释企业为什么要把非核心的职能转包给社会上的其他企业,三组人各怀不同的期望,接受三种不同的管理,领取不等的工资,并且被以不同的方式组织起来。

三叶草组织的第一片叶子代表核心专家系统,由资深专家、技术人员和管理人员组成的核心员工。这些员工大多受过良好的专业化培训,是企业高级管理层的组成力量。第二片叶子由与企业存在合同关系的个人或组织构成,通常还包括一些曾经为企业工作过,但现在为其提供服务的专家。这些个人是围绕企业运转的行星,但为了更好地完成项目或履行合同,在决策制定方面享有很高的自主权。第三片叶子代表的是具有很大弹性的劳动力,如兼职工和临时工等。在汉迪的模式里,这部分人不仅仅是雇用的帮手,企业应该充分贴近他们,让他们觉得自己是组织中的一员,从而高标准地完成工作。这部分工人的决策制定权通常局限在他们的工作范围之内。

五、关键要点

（1）本案例的核心在于认识三叶草组织结构的概念以及信息在三叶草组织中传递的过程、各部分所起的作用。

（2）关键知识点：三叶草式；组织结构。

六、建议课堂计划

时间安排：建议课堂教学2课时。课堂讨论60分钟,然后教师用30分钟作总结。

课前计划：提前一周将案例发给学生,要求学生在课前完成阅读和初步思考。建议的启发思考题可以包括：

（1）三叶草组织结构的概念是什么？由哪几部分组成？

（2）三叶草组织结构与其他组织结构相比有哪些优缺点？

课中计划：进行分组讨论。讨论内容包括：

（1）在三叶草组织中,信息是如何传递的？

（2）与其他组织相比,三叶草组织结构有什么优点？

（3）在实际企业中,三叶草组织结构适合什么样的企业？试从身边的一个企业中举一个具体实例。

十、佛山市星光传动机械有限公司生产管理流程重构[①]

【案例正文】

> **摘　要**：随着企业生产规模的扩大,迫切需要建立企业流程再造的理论框架,研究企业流程再造的实施策略,包括开发流程分析模型及规范化程序,构造企业流程再造组织体系与管理结构等,这是指导企业流程再造项目成功实施的基础,也是理论走向成熟的需要。本案例从佛山市星光传动机械有限公司管理中存在的问题出发,提出了用重新设计业务流程的方法来解决问题。具体步骤是：流程准备阶段——流程设计阶段——流程实施阶段——流程实施效果。
>
> **关键词**：生产管理；业务流程重构

1　基本情况

佛山市星光传动机械有限公司是一家由1965年建厂的军工企业——国营星光工模具厂通过资产重组、改制建成的现代股份制企业[②]。1980年以来,传动机械一直是公司的拳头产品,主导产品机械无级变速器、减速机先后获国家、省、市诸多荣誉,产销量居全国第一,奠定了全国无级变速器生产基地的地位[③]。2002年、2003年星光传动机械系列产品再次获得"中国机电行业标志性品牌""中国知名减速机产品质量公证十佳品牌"等称号,成为减变速行业著名品牌。

公司一贯坚持重科技、严管理、以人为本、创一流品牌、做一流服务的方针,经过长期努力,成绩卓著,先后被国家统计部门列入"中国金属产品行业100强""中国500家最佳经济效益工业企业普通机械制造第十名""中国500家最大工业及行业50家第十五名""广东省工业企业200强",并率先在国内同行业中通过ISO9001国际质量体系

[①]（1）本案例由江西财经大学工商管理学院龚代华根据公开资料改编撰写。未经允许,本案例的所有部分都不能以任何方式与手段擅自复制或传播。（2）本案例委托江西财经大学工商管理学院案例中心授权学院全体教师使用。（3）本案例只供课堂讨论之用,并无意暗示或说明某种管理行为是否有效。

[②]佛山市星光传动机械有限公司,http://xgcd.corp.gongye360.com/。

[③]同上。

认证[1]。

公司的主要产品有 JWB‑X 系列机械无级变速器、RV 系列蜗杆减变速器、B 系列、JXJ 系列摆线针轮减速器、齿轮减速机、高速间歇分割器等十二大系列,共计 1 200 多种规格,产品广泛应用于食品包装、啤酒饮料、建筑陶瓷、橡胶塑料、制药制革、电子仪表、石油化工、冶金矿山、起重运输、纺织印染等行业。

2 管 理 问 题

1 200 种产品规格给生产管理(特别是生产计划和采购管理)带来了很大的挑战。最初,该公司是靠手工编制生产计划,一张纸、一支笔是全部的管理工具。由于产品复杂,规格多,采用原始手段编制生产计划存在以下问题:

(1) 计划不准确。在产品,数量、交货期方面多次出现错误。

(2) 物料清单混乱。

在编制物料清单时,必须根据产品结构树将产品进行分解,例如,一张桌子可以分解为一个桌面和四条退。最后,把相同的零部件数量加总,就得到一个生产计划的物料清单。由于产品结构非常复杂,种类很多,用手工编织物料清单非常困难,如此编制的物料清单自然是错误百出。

(3) 采购部整天救火。采购计划是根据物料清单制定的,由于物料清单不准确,采购计划自然不准确。采购完成后,进入生产过程,不是缺东少西,就是张冠李戴,有些物料则会有大量剩余。为了满足生产要求,采购部只有不断地补充采购,采购部的工作计划性非常差,整天忙于救火。采购工作存在以下严重问题:① 大量物料剩余。由于采购批量的限制,追加采购往往会产生物料剩余,由于产品规格多,所有这些产品规格的剩余物料之和是一个很大的数。日积月累,数量更是惊人。半个车间都堆满了这些物料。② 增加了成本。大量物料库存占用了很多资金。补偿采购增加了采购次数,采购成本也成比例增加。③ 延迟交货。由于经常发生停工待料的现象,大部分产品的交货期都延迟,有些产品延迟较多,公司不得不同意采购商推迟交付货款以作补偿,导致公司的应收账款较多。④ 物料流失严重。该产品有几道工序由外协厂加工,其中,有一道工序是开模,整块的钢板分割成零件的模胚,之后,进入星光公司加工。在这过程中,有比较严重的物料流失现象,由于边角料都留在外协企业,星光公司很难获得证据。

以上问题导致了严重的后果,如生产效率低下、生产成本高、企业违约率高、浪费严重等。

3 解 决 之 道

为了解决以上问题,星光公司决定建设管理信息系统。考虑到现有的流程完全不

---

[1] 佛山星光传动机械苏州办事处,http://www.ca800.com/p/1nrusp10pj916/intro.html。

适用于计算机管理,必须进行业务流程重构。其过程分三个阶段。

3.1 准备阶段

准备阶段主要考虑下列问题:
(1) 列出关键流程、支持流程和管理流程;
(2) 识别关键经营问题;
(3) 确定对关键经营问题影响最大的流程;
(4) 制定流程改进计划;
(5) 定义项目;
(6) 成立领导小组;
(7) 成立设计小组;
(8) 确定项目目标;
(9) 确定流程的界限,即确定流程的开始点和结束点。

3.2 流程设计阶段

设计小组按以下步骤展开工作:
(1) 将目前流程归档;
(2) 找出当前流程中的"不连接点",即效率低下之处或任何影响流程效率的地方。它可能是一条遗漏的输入或步骤,或者是没有必要的或不标准的输出,也可能是工作时间安排错误,如平行工作变成了串联工作;
(3) 利用特性要因图(fishboning)或 Kepner - Tregoe 问题分析工具来分析造成"不连接点"的原因;
(4) 构思从现有流程过渡到合理流程的桥梁。其主要目的是重新考虑项目目标,摈弃旧思路,挑战旧假设并帮助设计小组从分析性思维转移到创造性思维中去;
(5) 设计新流程的手工步骤和自动步骤;
在具体设计中可以适当利用以下原则:
(1) 减少流程步骤;
(2) 减少界面;
(3) 消除环路;
(4) 消除瓶颈;
(5) 用平行流程代替顺序流程。

3.3 实施阶段

在实施阶段,要重点解决如下问题:
(1) 估测变化以及变化将对现状带来的影响;

(2) 制定可行的执行方案;
(3) 开发详尽的、统一的执行计划,这要包括事件、人物、地点及风险分析;
(4) 领导小组批准执行方并匹配必要的资源。

由于业务流程重构充分考虑了星光产品的特点,经过手工运行一段时间后,进行了修改和完善,流程运行比较顺畅。在此基础上,定制开发了管理信息系统。

4 效　　果

该项目取得了良好的效果,生产计划准确率达到 100%,采购计划准确率达到 100%,物料配套率达到 95.6%,及时交货率达到 93%;每年降低成本 1 067 万元左右。

【案例使用说明】

佛山市星光传动机械有限公司生产管理流程重构

一、教学目的与用途

(1) 本案例适用于《管理学原理》课程,可以让学生对《管理学》中业务流程重组的过程有一个大概的认识,对业务流程有一个直观的认识。
(2) 本案例可用于本科工商管理专业。
(3) 本案例的教学目的包括:
① 熟悉企业业务流程的概念;
② 理解企业业务流程设计的过程;
③ 熟悉业务流程设计在实施时要解决的问题。

二、启发思考题

(1) 业务流程和生产流水线有什么联系?
(2) 在学习和生活中是否存在一些需要改进的流程?请举例说明如何改进?

三、分析思路

从佛山市星光传动机械管理中存在的问题出发,提出了用重新设计业务流程的方法来解决问题。具体步骤是:流程准备阶段—流程设计阶段—流程实施阶段—流程实施效果。

四、理论依据与分析

业务流程重组强调以业务流程为改造对象和中心,以关心客户的需求和满意度为目标,对现有的业务流程进行根本的再思考和彻底的再设计,利用先进的制造技术、信息技术以及现代的管理手段最大限度地实现技术上的功能集成和管理上的职能集成,

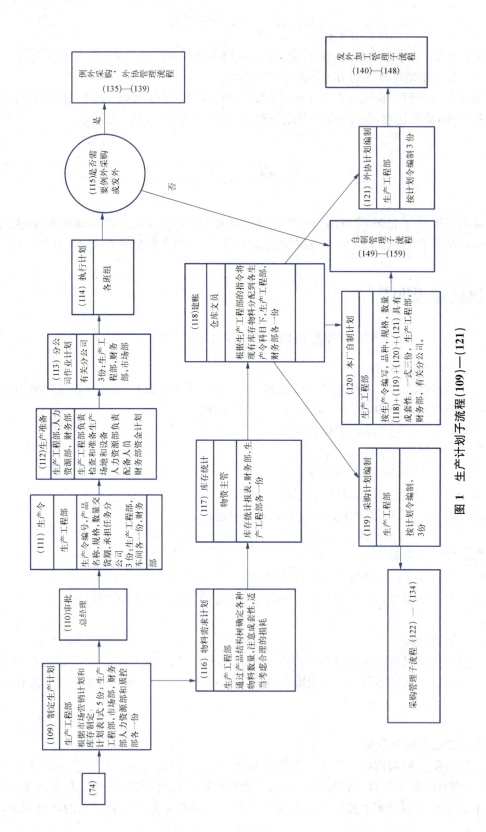

图1 生产计划子流程(109)—(121)

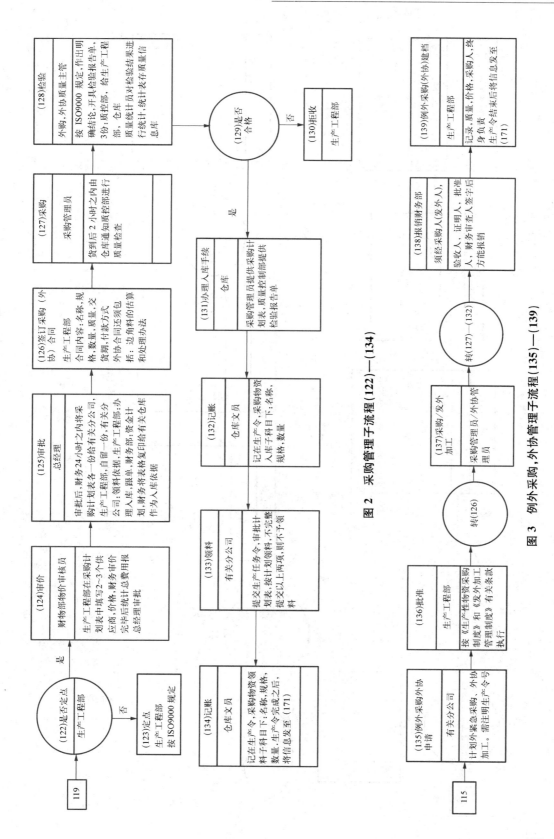

图 2 采购管理子流程 (122)—(134)

图 3 例外采购、外协管理子流程 (135)—(139)

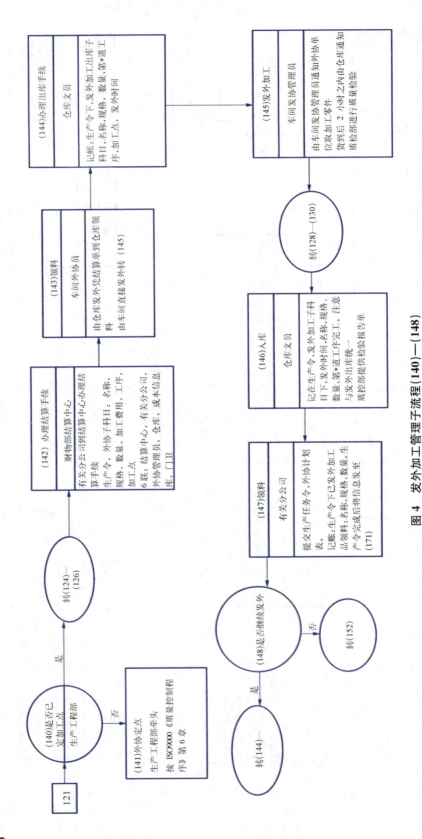

图 4 发外加工管理子流程（140）—（148）

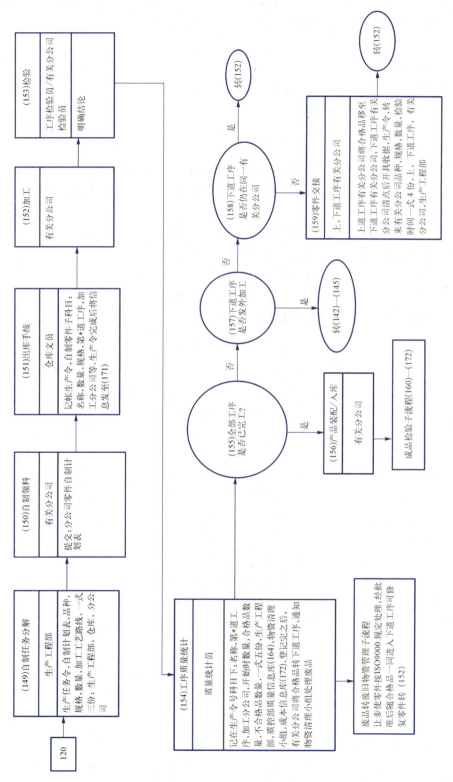

图 5 自制管理子流程(149)—(159)

以打破传统的职能型组织结构,建立全新的过程型组织结构,从而实现企业经营在成本、质量、服务和速度等方面的戏剧性的改善。

五、关键要点
(1) 如何诊断流程中存在的问题和改进问题的基本原则。
(2) 关键知识点:业务流程重组。

六、建议课堂计划:
时间安排:建议课堂教学 2 课时。课堂讨论 60 分钟,然后教师用 30 分钟作总结。
课前计划:提前一周将案例发给学生,要求学生在课前完成阅读和初步思考。建议的启发思考题可以包括:
(1) 在企业日常的生产中,业务流程重组是如何应用的?
(2) 在业务流程重组的实际运行中,应该注意什么问题?
课中计划:进行分组讨论。讨论内容包括:
(1) 业务流程重组的概念是什么?具体的实施步骤是什么?
(2) 业务流程重组在具体实施的过程中需要?

十一、上汽收购双龙汽车案例[①]

【案例正文】

> **摘　要**：2004年，上海汽车集团股份有限公司以5亿美元的价格收购了韩国双龙48.92%的股权。在经过短暂的蜜月期后，由于韩国的经济环境恶化，双龙公司出现亏损，在这种情况下，作为母公司的上汽集团提出了裁员计划，此举遭到了双龙公司工会的极力抵制，经多次沟通，双方仍无法达成一致意见。最终在2009年双龙向韩国法院提出回生申请，进入破产重组程序，这也意味着双龙的大股东上汽集团永远失去了对双龙的控制权。上汽入主双龙汽车将近5年，5亿美元的投资打了水漂，损失可谓巨大。
>
> **关键词**：上汽集团；韩国双龙；并购后整合；跨文化管理

0　引　言

2004年10月28日，上汽以5亿美元的价格高调收购了韩国双龙48.92%的股权，上汽借此巩固了其世界500强的地位。这是国内车企第一次以控股方身份兼并国外龙头汽车公司。这一汽车业当时最大的海外并购事件，被看作是中国汽车业跨国经营的标志性事件。

1　上汽集团

上海汽车集团股份有限公司（以下简称"上汽"）是中国三大汽车集团之一，前身是上海汽车股份有限公司，2006年经过重组，成为国内A股市场最大的汽车上市公司。截至2012年年底，上汽集团总股本达到110亿股。目前，上汽集团的主要业务涵盖整车（包括乘用车、商用车）、零部件（包括发动机、变速箱、动力传动、底盘、内外饰、电子电

[①] （1）本案例由江西财经大学工商管理学院夏锦文根据公开资料改编撰写。未经允许，本案例的所有部分都不能以任何方式与手段擅自复制或传播。（2）本案例委托江西财经大学工商管理学院案例中心授权学院全体教师使用。（3）本案例只供课堂讨论之用，并无意暗示或说明某种管理行为是否有效。

器等)的研发、生产、销售、物流、车载信息、二手车等汽车服务贸易业务以及汽车金融业务。

上汽集团坚持自主开发与对外合作并举:一方面,通过加强与德国大众汽车、美国通用汽车等全球著名汽车公司的战略合作;另一方面,集成全球资源,加快技术创新,推进自主品牌建设。所属主要整车企业包括乘用车公司、商用车公司、上海大众、上海通用、上汽通用五菱、南京依维柯、上汽依维柯红岩、上海申沃等。

2012年,上汽集团整车销量达到449万辆,同比增长12%,继续保持国内汽车市场领先优势,并以上一年度672.54亿美元的合并销售收入第八次入选《财富》杂志世界500强,排名第130位,比2011年上升了21位①。

上汽作为国际化品牌的经营者,依托上汽集团20多年的合资合作所积累的技术、制造、采购、营销和管理优势,以国际化的视野,创造性地集成全球优势资源,以高品质的产品与服务,满足消费者的品位需求,以优秀的国际合作团队打造中国汽车领导品牌,进而成为全球汽车业不可或缺的力量。

2 韩 国 双 龙

双龙汽车公司(SSANG YONG Motor Company)附属韩国双龙集团,是以制造四轮驱动汽车为主,并生产大型客车、特种车、汽车发动机及零配件的著名汽车制造企业。双龙汽车的前身为创立于1954年的东亚汽车公司,1986年10月并入双龙集团,1988年3月更名为双龙汽车公司。2003年,双龙汽车销售量为14.66万辆,在韩国汽车市场的占有率为12.5%,拥有独立的整车设计、研发能力和由93家独家经销商组成的海外销售网络。以犀牛牌四轮驱动吉普车和克兰多牌家用型吉普车为代表的双龙汽车,已出口到欧洲、亚洲、中南美洲及非洲等60多个国家和地区②。

双龙汽车从专门生产四轮驱动越野车和特种车起家,后与德国奔驰汽车公司合资,签订技术合作协议,取得了奔驰动力系统、生产组装技术百分之百的转移,在短时间内便获得技术上的重大突破,为之后一系列产品的发展奠定了技术基础。双龙公司于1997年推出顶级轿车CHAIRMAN,成为韩国史上最畅销的高级房车,双龙开始进入高档车市场。经过多年的经验积累,1999年,双龙率先投身于柴油发动机研究,自主研发了新一代柴油引擎技术及第三代共轨直喷发动机,从而彻底改变了柴油车冒黑烟和振动激烈的缺点,噪声标准可以和汽油车相媲美,确保了具有世界级水平的柴油技术,在后来的柴油发动机技术领域奠定了世界级的领先地位,并使双龙汽车名满全球。

1997年,亚洲金融危机爆发,使韩元贬值近一半,双龙到期债务共计17兆亿韩元(约合13.5亿美元),使资金链发生断裂。双龙汽车因资不抵债而被大宇集团并购,后来又因为大宇集团解散,在1999年被分离出来,成为独立的上市公司。不过,此时的双

---

① 上海汽车集团股份有限公司官方网站,http://wwwhttp://www.saicgroup.com/chinese/gsgk/gsjj。
② 《双龙品牌介绍》,搜狐汽车,http://auto.sohu.com/20070414/n249433131.shtml。

龙汽车自有资本仍为负613亿韩元,其债权团探讨向海外出售股权,以便收回其投入的资金。2003年下半年,双龙汽车公司债权团邀请包括美国通用汽车、法国雷诺汽车公司和雪铁龙汽车公司、中国上汽以及印度的塔塔等海外企业前来投标,2004年,双龙汽车以5亿美元正式被上汽收购。2008年,随着国际油价的飞涨以及全球金融危机的影响,双龙汽车销量锐减,2009年2月6日,韩国法院宣布双龙汽车进入破产重组程序,上汽失去对双龙的控制权。2010年11月23日,双龙汽车与印度最大的多功能汽车制造商马亨德拉(Mahindra)集团在韩国首尔签署最终协议,马亨德拉集团取得双龙汽车70%股权,马亨德拉正式成为双龙汽车的经营者。

3 并购过程——一波三折

2003年下半年,双龙汽车公司债权团加快了出售双龙汽车公司股权的步伐,邀请海外企业前来投标,从中遴选合适的购买对象。上汽参与竞标,并聘请上海通力律师事务所、德意志银行、瑞士银行等第三方机构进行第一阶段尽职调查,开始对韩国法律法规和风俗文化进行全面了解。此外,除中国上海汽车集团外,表示参加竞标意向的外国企业还有十来家,其中包括美国通用汽车公司、法国雷诺汽车公司和雪铁龙汽车公司以及印度的塔塔集团等,最终上汽顺利中标。

2003年10月16日,双龙汽车及其债权银行团称,将把48.9%的股权出售给上汽,当时的出售价格约合3 000亿—5 000亿韩元。随后,双方便计划在年内签订谅解备忘录。2003年12月,国家发改委发文同意上汽集团在韩国参加竞标收购双龙汽车部分股权。

但事情并没有这么顺利。蓝星化工集团财大气粗,横刀夺爱。2003年11月15日,蓝星总裁任建新委派副总裁赴韩国,向双龙汽车提出收购意向书。12月13日,蓝星集团主管及顾问组成的4人考察小组抵达汉城,将初步的提议与韩国方面沟通。蓝星出价比其他任何买家都高了不少,此外,蓝星还承诺,在2010年前投入7亿美元完善双龙的生产设备及研发领域,在投资3亿美元在中国建立销售网络。12月16日下午,韩国双龙汽车债权团宣布,在韩国双龙汽车的股权出售中,中国蓝星化工集团战胜其他竞争对手,成为双龙汽车股权出售的优先协商对象。

不过,上汽也不甘示弱,联合政府,抢回了旧爱。2004年3月,蓝星因为没有获得国家发改委的批准而对外宣布放弃收购韩国双龙汽车。同年7月27日,上汽与朝兴银行(CHB)就收购韩国双龙汽车的谅解备忘录达成了共识,并正式签署备忘录。上汽集团承诺收购双龙汽车后将保留双龙汽车公司现有的管理层和员工队伍,而且在开发新车和增设工厂时进行必要的投资。10月28日,上汽集团和韩国双龙汽车公司债权委员会代表朝兴银行在汉城签署了双龙汽车公司的最终买卖合同,上汽斥资约5亿美元,收购了经营状态岌岌可危的韩国双龙汽车48.92%的股权。韩国双龙汽车株式会社成为上汽集团的控股子公司。次年,通过证券交易,增持双龙股份至51.33%,成为绝对控股的大股东。

4 整合经过——怨声载道

上汽收购双龙后并没有全盘接管,只是派出3位高管进行监督、学习,双龙原管理层继续留任。2005年1月27日,蒋志伟被选为新任代表董事,双龙实行以苏镇琯和蒋志伟为首的2人代表董事体制。并购之初,上汽针对并购双龙后的前100天做了一个整合计划。在这期间,中韩双方沟通顺畅,都表现得相当积极。双龙也创造出历史上出口销售业绩的最高纪录。上半年,上汽双龙出口总量几乎达到去年同期的两倍,强强联手带来的协同效应已经显现,证明了整合计划的成功。

但是,事情并没有那么简单。随着韩元的升值,韩国柴油价格不断上涨,以大排量车为王牌产品的双龙汽车所受冲击最大,企业转赢为亏。2005年11月5日,上汽双龙决定强行换帅,宣布免去代理理事、社长苏镇琯所有职务,由48岁的双龙产品开发部部长崔馨铎为新任代理总经理,接着对副总经理级别的企划财务本部长、研究所所长和常务级别的采购、管理企划董事进行了人事调整。担心换帅之后继而裁员的双龙工会则以87.44%的赞成率决定进行总罢工,以达成所谓"让大股东中国上海汽车集团履行投资承诺和抵制技术外泄"的目标,阻止上汽双龙在中国建合资工厂以及裁员,并要求上汽股份兑现收购时承诺发展双龙汽车的投资计划。在上汽双龙于年初公布到2010年累计投资约25亿美元等计划后,并让苏镇琯出面与工会重新签订了协议,双龙内部才得以短暂平静[①]。

2006年8月11日,在上汽双龙举行的临时股东大会和董事会上,正式任命通用(中国)前董事长兼首席执行官墨斐为上汽双龙代表理事,替换蒋志伟,正式进驻双龙。墨斐上任后马上提出解聘550名工人的"结构调整方案",引起双龙工会"玉碎罢工",即食宿罢工。在罢工期间,尽管中方人员与工会保持实时沟通,不断给双龙的员工(包括其家属)做思想工作,但双方意见难以达成共识,经历28次谈判后仍没有结果。在罢工的同时,双龙工人还指责上汽双龙的中国高层将双龙的技术泄露给上汽,但上汽双龙对此说法予以否认。8月22日,上汽双龙在韩国首尔与公司工会召开会议。会上,公司方面同意,管理层撤回解雇计划,保障雇佣,并且截至2009年,公司将投入12.5亿美元用于公司发展,条件是工人能够尽快地停止罢工行为。双龙工会及工人作出的让步为:冻结今年的工资和所有津贴;中止部分工人两年的福利制度;允许双龙管理层实施更灵活的人力资源政策。

受油价高涨和韩国经济疲软等影响,2008年,双龙汽车总销量仅为9.266 5万辆,比2007年减少了29.6%。其中,2008年12月的数量与去年同期相比,降幅高达50%以上。2008年12月,双龙已无力支付员工工资。此时,双龙以原计划2009年推出一种新的省油小型运动车为由头,要求母公司上汽集团为其注资。上汽集团提出了援助条件,双龙公司要从生产一线裁员2 000人,上汽才能提供约两亿美元的资金援助。

---

① 刘涛,"上汽韩国之鉴",《中国企业家》,2006年第21期。

2009年1月5日,上汽紧急调拨4 500万美元注入双龙,用于支付员工工资,但工会坚持不裁员使上汽无法接受,其两亿美元的救济性资金援助也暂时搁浅。

5 最终结果——惨败收场

虽然2009年1月5日,上汽紧急调拨4 500万美元注入双龙,用于支付员工工资,但上汽无法接受工会坚持不裁员的举措,从而也暂时搁浅其两亿美元的救济性资金援助。救不救双龙,一时间上汽陷入两难境地,如果不救双龙,原先的投资就等于打了水漂,而在没有继续资金投入的前提下,上汽只能静观其变。各方始终无法取得一致意见,慎重考虑后,2009年1月9日,上汽只得让双龙提出企业回生申请,韩国的"回生"程序类似于西方的申请破产保护。这意味着,如果双龙问题在各方协商后仍旧无法妥善解决,这个韩国第四大汽车公司将破产。2009年2月6日,韩国法院宣布双龙汽车进入破产重组程序。这意味着双龙的大股东上汽集团永远失去了对双龙的控制权。

虽然双龙汽车最后得以戏剧性地重启企业"回生"程序,暂时逃离清算命运,不过已和上汽没多大关系。上汽入主双龙汽车将近5年,损失可谓巨大,当初的5亿美元打了水漂。一场辉煌中韩的海外并购,国内汽车行业第一次以控股方身份兼并国外龙头汽车公司的项目,它的意义不言而喻,但结局却让所有人为之惋惜与心痛。

【案例使用说明】

上汽收购双龙汽车案例

一、教学目的与用途

(1) 本案例适用于《管理学原理》课程,可以用来讨论"跨文化管理"主题,也可用于讨论"管理沟通"和"组织变革"等主题。

(2) 本案例可用于本科工商管理专业。

(3) 本案例的教学目的包括:

① 熟悉跨文化管理的概念,理解跨文化管理的复杂性;

② 组织实施变革时会遇到的阻力以及如何消除这些阻力。

二、研究问题

(1) 韩国企业中的工会与中国企业中的工会有何不同?

(2) 造成上汽集团并购失败的原因何在?

(3) 中国企业在实施"走出去"战略时应该注意哪些问题?

三、分析思路

从跨文化管理的概念、不同国家企业工会的不同角色以及企业实施变革时应注意的问题等方面分析。

四、理论依据及分析

(一) 跨文化管理

跨文化管理是指涉及不同文化背景的人、物、事的管理。随着科学技术的进步,世界经济迅速发展,生产的社会化已超越了国界,分工协作从企业内部、国内各地区之间发展到各国之间,企业要从事跨国经营,这正是跨文化管理产生的根源。正如彼德·德鲁克所说,跨国经营的企业是一种"多文化结构",其经营管理根本上就是把一个政治上、文化上的多样性结合起来而进行统一管理的问题。跨国经营企业面临的是一个在诸多差异之间进行生产经营活动的经营环境,企业经营环境的跨文化差异是企业跨文化管理的基本前提。一般来说,跨国经营企业所面临的经营环境包括经济环境、政治环境、法律环境和社会文化环境。在经济环境、政治环境、法律环境和社会环境大体相似的两个国家,跨国经营企业的活动往往存在较大的差异,其主要原因就在于文化环境的不同,充分了解文化因素有助于跨国经营企业生产经营活动的正常进行。

(二) 组织变革

组织变革是指为了提高组织成效而对现有组织进行改造的过程,这种改造涉及组织的方方面面,并将影响组织成员的职权和职责以及组织内部的信息沟通等。在个体和组织行为方面的研究所得到的丰富的发现之一是组织和成员抵制变革。消除这些抵制的方法有:

(1) 教育和沟通。向员工个人、小组甚至整个企业说明变革的必要性和合理性。

(2) 参与和融合。让企业内部员工参与变革设计。

(3) 促进和支持。为受变革影响的员工提供再培训、休假、感情支持和理解。

(4) 商谈和协商。与有可能反对变革的人商谈,甚至可以提出条件赢得理解。

(5) 操纵与合作。在变革设计和执行中赋予关键人物以重要职位。

(6) 直接和间接的强制。用解雇、调换工作和不给晋职等手段相威胁。

五、关键要点

(1) 本案例的核心在于认识企业跨国经营时所面对的文化环境的差异性,以及在实施变革时所遇到的阻力。

(2) 关键知识点:跨文化管理;组织变革;工会。

六、建议课堂计划

时间安排:建议课堂教学 2 课时。课堂讨论 60 分钟,然后教师用 30 分钟作总结。

课前计划:提前一周将案例发给学生,要求学生在课前完成阅读和初步思考。建议的启发思考题可以包括:

(1) 上汽为何要并购韩国双龙公司?

(2) 中国和韩国的企业工会有何不同?

课中计划:进行分组讨论。讨论内容包括:

（1）跨文化管理的概念是什么？如何成功实施跨文化管理？
（2）上汽将双龙公司作为海外并购的第一家公司是否是一个合适的选择？
（3）上汽并购双龙公司失败的原因在哪里？
（4）上汽应该如何处理与双龙公司工会的关系？
（5）中国企业在实施"走出去"战略时应该注意哪些文化差异？

十二、黄宏生领导特质的变与不变

【案例正文】

> **摘　要：** 黄宏生(1956年—)是创维创始人和原创维集团兼创维控股董事局主席,出生于中国海南岛,毕业于华南理工大学无线电工程专业。2006年,黄宏生及其胞弟、创维前执行董事黄培升因串谋盗窃及串谋诈骗创维数码5 000多万港元被判监禁6年。2009年7月被保释出狱,后任金龙客车董事长。2012年8月,黄宏生及其弟弟黄培升正式"回归"创维数码控股有限公司。领导的实质是一种影响别人的过程,是一种人与人之间的交往过程,通过该过程来影响、激励和引导人们执行某项任务,以达到特定目标的一种行为。
>
> **关键词：** 创维；串谋；行为

0　引　言

"你问我会不会万念俱灰,生不如死？我的回答是：'肯定不会！'相反,当我们有机会再见面时,一定是看到红光满面、笑容熠熠的老板。"这是2006年,创维集团创始人黄宏生写给创维员工的一段话。

1　黄宏生和他的创维

1.1　创维之前的黄宏生

1956年出生的黄宏生和他那代人一样,经历过"上山下乡"。1972年,不满18岁的黄宏生在海南山区接受贫下中农改造,做伐木工,上山以炸药开路,即使前面炮声隆隆,

---

① （1）本案例由江西财经大学工商管理学院余焕新根据公开资料改编撰写。未经允许,本案例的所有部分都不能以任何方式与手段擅自复制或传播。（2）本案例委托江西财经大学工商管理学院案例中心授权学院全体教师使用。（3）本案例只供课堂讨论之用,并无意暗示或说明某种管理行为是否有效。

碎石飞溅,他也必须坚持把最后几个炮眼点燃。黄宏生说:"那个时候,生活非常艰苦,上班和下班就是上山和下山,一天来回大概要走四五个小时,就光走路都把你走死,所以,我们非常羡慕拖拉机手。""上山下乡"期间,在恶劣的生活环境和日复一日的劳作中,黄宏生始终没有失去斗志,他坚持写日记,《钢铁是怎样炼成的》《青春之歌》成了他那时最好的精神食粮。

1978年,高考恢复,上百万青年纷纷涌向刚刚打开大门的大学,华南理工大学的无线电专业便招进了几十个年龄相差超过20岁以上的学生,其中的3位是李东生、陈伟荣和黄宏生。十多年后,他们三人分别创办了TCL、康佳和创维,极盛之时,这三家公司的彩电产量之和占全国总产量的40%。黄宏生曾与康佳前总裁陈伟荣、TCL董事长李东生被业界称为华南家电"三剑客"。他们各自有着独特的个性:黄宏生敢于冒险;陈伟荣执著倔强;李东生刚柔并济。

毕业后,黄宏生进入华南电子进出口公司工作。三年后,个人业绩占公司半壁江山的黄宏生被破格提拔为常务副总经理。这一年他年仅28岁。也正是这一年,黄宏生放弃副厅级待遇赴香港"下海",建立创维公司。

1.2 创维集团

创维成立于1988年,总部坐落在具有创新"硅谷"之称的深圳高新技术产业园,拥有3万多名员工。创维立足中国,面向全球,是以研发制造消费类电子、显示器件、数字机顶盒、安防监视器、网络通信、半导体、冰洗、3C数码、LED照明等产品为主要产业的大型高科技集团公司,2000年在中国香港主板上市(HK00751)。经过24年发展,创维已跻身世界十大彩电品牌、中国显示行业领导品牌和中国电子百强第十四位,2011年,创维品牌价值达281.69亿元[①]。创维坚持"核心产业做强,相关产业做大"的战略,以香港创维数码控股有限公司为龙头,旗下设深圳创维-RGB电子公司、海外发展公司、数字技术公司、群欣安防科技公司、液晶器件公司等十多家产业公司。拥有成都、南京、宜春三大物流中心;深圳石岩、深圳龙岗、深圳公明、广州、南京、呼和浩特等生产基地;香港、深圳、北京、广州、南京等科研机构[②]。国内彩电、数字机顶盒、安防监视器市场占有率以及LCD市场占有率、彩电行业持续盈利、年发明专利数量等六项行业第一。经过多年的布局和发展,逐步形成国际化经营模式,营销、服务分支机构遍布全球。在国内设有41个分公司、209个办事处,拥有超过2万个签约客户,缜密的分销、完善的服务体系渗透到县、镇(乡)市场。创维以品质为基石,倡导"彻底的产品主义",坚持技术创新的发展理念,在核心产业彩电领域多次引领和推动产业转型升级,并在第三代显示技术OLED领域自主研发,不断续写彩电历史,奠定了创维在业界领导型品牌地位。创维以国际视野拓展业务,彩电、数字机顶盒等产品远销欧盟、美国、日本、俄罗斯以及东南亚、南美、中东等地区。

---

① 百度百科,http://baike.baidu.com/link?url=hj5xwzJFAJedbhQYV3hQQEQQaxlKDTAvIYaokM9。
② 创维官网,http://www.skyworth.com/cn/default.html。

2 "虎山行"行动之前黄宏生性格的不变

2.1 中国小商人——黄宏生

黄的老友评价他生活俭朴,卡拉 OK 几乎不会唱,高尔夫也不在行,赶路的时候有大排档就去吃五块钱一份的煲仔饭,深夜加班躺在沙发上和衣便睡。有一则段子在创维内部广为流传,据说,早些年黄宏生本人视察市场,四个人却只开一个标准间,两人睡床,两人睡地,而黄则以身作则。他甚至想以 2 000 元的月薪招揽 MBA 人才。与他交恶的陆强华则评价他:"有人说他重钱重权,我认为这都不算什么,但他有人格缺陷;他应给别人的钱不给,而宁愿花更多的钱去摆平事情。"

创业初期,有不少员工都来自他的老家海南。而缺乏安全感的黄宏生,将财务体系一直交由黄氏嫡系亲信把持,财务人员的执行权甚至要高于其所属部门的负责人。由于不信任外聘的职业经理人,黄宏生养成了一个很特别的习惯:每天上午 10 点半左右给每个高层的办公室打电话,以确定他们在不在。黄甚至有时会直接找一名普通员工谈话,这也造成了职业经理人不必要的猜疑。

2.2 家族式管理

创维是黄宏生一手带大的孩子。从 1987 年下海创业开始,黄宏生一路坎坷,曾经连年亏损,债台高筑。也正是这样的创业路程让黄宏生对企业有一种割舍不断的情结——创维不仅是自己的孩子,也是自己个人价值的体现。因此,他的管理风格就是事无巨细必亲自过问,中层发放奖金,超过 1 万元都要他亲自批。在很多人的眼中,创维就是黄宏生,黄宏生就是创维,两者之间没有什么区别。也正是这样的情感,让黄宏生在面对来自职业经理人的权力挑战时,付出了难以想象的代价。

自从上市以后,创维高层人员的构成以及创维家族股份所占的比重就一直为外界所质疑。黄宏生妻子林卫平加入创维 13 年,现任创维集团副总裁;黄宏生弟弟黄培生曾任创维数码控股有限公司前执行董事;黄宏生的母亲罗玉英则是创维集团一家非直接全资子公司创维电视控股有限公司的董事。黄宏生家族一股独大,财报显示,黄氏家族在上市公司中占股达 77.45%,其他董事所占股份皆 3% 以下。正是这种家族企业中的监管缺失使黄宏生走上了牢狱之路。

北京工商大学经济学教授胡星斗认为:"中国很多家族企业内部管理不规范,治理结构不健全,董事长一人说了算,'家长制'成为中国家族企业的痼疾。企业内部监管的力度不够,缺乏必要的审计部门,很多家族企业中领导者一人独断,结果通常是决策权由一人掌握,这样不仅容易造成决策者判断上的失误,在防范和化解法律和金融风险时,使企业失去了群策群力的机会,缺乏监管也使企业无法从根本上保障账目的透明度。"

2.3 陆强华的出走

2000年,创维集团原中国区销售总经理陆强华携150多号人马(其中有11位原创维片区经理和20多位管理层的核心干部)集体跳槽,创维业绩大受影响。一度闹到劳动仲裁委员会,成为中国彩电业内部人事关系的一次大震动。

事实上,陆强华并非是与创维分手的唯一高管人员。2000年以来,先后有杜健君、胡秋生、褚秀菊、陶均、郭腾跃等10多名高管人员从创维出走,其中不少倒戈到对手阵营中。根深蒂固的原因就是黄宏生对权力的警觉。黄绝不允许创维的经理人权力和号召力过高,更不用提创维高管们一直都要求的股权。

3 再造创维工程

2000年2月,创维集团从美国硅谷高薪聘请了五位高级人才,首先付出一笔离开当日原公司股价做参考的股票期权补偿,并严格按"硅谷的方式"分四年付清;然后再付出比美国略高的年薪,同时也让他们拥有创维的股票期权,这样,他们加盟创维的总收入比起他们每人因辞工而损失的近两百万美元更高。黄宏生还采取了减持自己所持股份的办法,使管理层人员的股份进一步提高。后来,创维还引入新的高管进入董事会,这样,黄宏生从其占有的51%的股份中先后拿出15%给陆续加入创维的技术人员,让他们持有股份。通过几次减持,黄宏生目前还拥有30%的股份。

在2002年科技表彰大会上,创维还通过期权方式重奖研发人员,集团首席科学家李鸿安先生获得100万资金和300万股票期权,被称为"价值千万元"的打工皇帝。为了进一步凝聚人心,创维又采取了员工持股的措施,800位骨干员工得到了股份,持股员工将近占到员工总数的10%。

黄宏生还建设新的领导团队,逐步放权。创维六大产业公司每一家都有自己的CEO,通过外引内提,焕发领导层的活力。最重要的是,黄宏生对自己在组织中的定位做了思考,他逐渐从事无巨细的事务性工作中解脱出来,开始关注战略问题,不再出任创维集团的总裁,而只保留董事长职务,并且向所有职工公开自己的手机号码和电子邮箱。

黄宏生所做的又一调整是,所有关键岗位,绝不再搞空降部队。他以GE为榜样,"GE的模式是任何人都要先经过公司的考察后才能委以重任,创维在高速发展的过程中往往比较急躁,喜欢用空降部队,这些人容易与企业文化有冲突。"在这样的框架下,黄宏生启用了一大批年轻有为的职业经理人充实到创维的关键岗位上。其中,杨东文和张学斌就是在这个阶段崭露头角的创维新一代管理者。

有一件事情可以说明黄宏生的这种转变。当张学斌来到创维后,他面对陆强华离职后混乱的组织结构和错综的人际关系,心里清楚没有强大的权力,自己这个中国区总裁只能是形同虚设。因此,张学斌向黄宏生要权:"3 000万元以内的材料费可以自行决定。"没想到黄宏生当时就签了字。

慢慢地,这些职业经理人在曾经是家天下的创维立住了脚,树立了自己的职业权威。而创维也从中受益,2000年,创维亏损将近1.3亿元,2001年就扭亏为盈。此后,黄宏生慢慢开始拿出500万股期权给张学斌,然后是800万、1500万,股权问题上也松了口子。

4 告别黄宏生时代

2004年11月30日,黄宏生出事后,为了迅速扭转局面,创维必须在很短的时间内完善内部治理结构,只有规范了企业内部治理,才能从"黄宏生的创维"到"公众公司的创维"的转变。2004年11月30日晚,张学斌接到黄宏生传真来的简短授权书:全权委托张学斌管理创维。

随即,创维展开自救行动。在8天内成立了"独立委员会",迅速改组了董事会,涉案的黄宏生仅保留非执行董事一职,其弟则辞去一切行政职务,与案件有关的前首席财务官郑建中也被辞退。此外,创维还分设集团主席及行政总裁职责,并设立薪酬委员会及提名委员会。由现任中国电子商会副会长的王殿甫出任创维数码CEO,坐镇创维。

管理层的大换血标志着创维深刻内部变革的开始。而此前培养完成的内部职业经理人,在危难之际,担当起了扶持创维大旗的重任。当局面初步稳定下来之后,创维对股份结构也作了必要的调整,这一方面是为了保障企业创始人的利益,同时也是为了更好地激励职业经理人的闯劲。

创维数码的公开资料显示,黄宏生除个人在创维数码持股1.72%外,还通过一项信托持有创维数码37.45%的股权,而该信托由黄的妻子林卫平和其子女全权受益。也就是说,即使黄宏生完全出局,创维数码的控股权依然掌握在黄氏家族手中。但在公司的决策、经营以及运作等方面,都必须仰仗这两年迅速崛起的职业经理人队伍。特别是在"香港涉案"事件以后,创维已经由老板管理的模式完全过渡到职业经理人管理。2006年2月,离开创维两年的原营销总裁杨东文回归创维,并进入创维数码董事会,担任执行董事。

经过一系列调整,创维数码的管理层架构十分清晰。执行董事共有5人,分别是王殿甫、张学斌、丁凯、梁子正和林卫平。德高望重的家电业元老王殿甫和张学斌一起负责企业发展方向以及战略等方面的决策,并不在下属公司担任管理职务。杨东文负责创维生命线——彩电国内市场的生产和销售。在国际市场,创维聘请了曾在LG和TTE任职的韩国人金相烨打理。技术方面依然由创维数码首席科学家李鸿安负责。

截至2005年3月30日,临危受命的张学斌持有创维数码2 300万股购股权以及600万股股份。另一位创维的老臣、70岁的丁凯女士,持有创维数码1 000万股股份以及200万股购股权。其他高管享有几十万甚至百万元的年薪,但实际持有的股份数量却非常有限。经过一系列内部公司治理结构的调整,创维拿出了2005年的良好业绩(2004年4月1日至2005年3月31日,含黄宏生涉讼脱离公司管理的4个月)。报表显示，创维在 2005 年财年创造了 4.03 亿港元的净利润。这一数据，几乎等于深康佳、TCL 集团、海信电器、厦华电子等 4 家国内彩电类上市公司的净利润总和。这一成绩完全是由职业经理人主宰创维的成绩单。"两年来，创维的治理结构已经发生变化，一直是现有的班底在运作，大股东实际上没有参与日常运营。"创维内部人士说。

虽是被迫应对危机，但无意间推动的组织变革却重塑了创维，同时也在不情愿中让职业经理人走到了前台。黄宏生以自己的人生坎坷书写了一位企业创始人谢幕的心路历程。每一个人都自然拥有对无极权力的渴望和对金钱的贪欲，但是，只有历经了权力和金钱的挫败后又重新挺立的人，才能说是一个完全意义上的主人，而不是奴隶。

黄宏生从高度集权到让职业经理人走上前台，不仅仅完成了企业的顺利转型，同时也完成了人格上的自我救赎。虽然身陷监牢，但他已经成为创维永远的精神领袖。

【案例使用说明】

黄宏生领导特质的变与不变

一、教学目的与用途

（1）本案例适用于《管理学原理》课程，可以用来讨论企业的"管理者和领导者"主题。也可用于讨论"领导特质"主题。

（2）本案例可用于本科工商管理专业。

（3）本案例的教学目的包括：

① 熟悉领导者特质的概念；

② 理解管理者和领导者的区别与相同之处；

③ 了解领导特质理论的代表性观点。

二、研究问题

（1）黄宏生为什么一方面可以勇于冒险、开创企业，另一方面又对手下员工不肯放权、甚至有些抠门？

（2）造成黄宏生前后对职业经理人态度、性格转变的原因有哪些？

（3）为什么要实行职业经理人管理制度？

（4）企业发展壮大后，创始人应该如何处理与企业关系？

三、分析思路

从领导特质理论出发，关于领导特质理论的不同观点及其内容、企业创始人如何管理发展型公司、怎样对待职业经理人制度以及如何充分合理授权等方面分析。

四、理论依据及分析

（一）管理者与领导者的关系

哈佛商学院的亚伯拉罕·扎莱兹尼克（Abraham Zaleznik）指出，管理者和领导者是两类完全不同的人,他们在动机、个人历史及想问题、做事情的方式上存在着差异。他认为,管理者如果不是以一种消极的态度,也是以一种非个人化的态度面对目标的,而领导者则以一种个人的、积极的态度面对目标;管理者倾向于把工作视为可以达到的过程;领导者的工作具有高度的冒险性,他们常常倾向于主动寻求冒险,尤其当机遇和奖励很高时;管理者喜欢与人打交道的工作,他们回避单独行为,他们根据自己在事件和决策过程中所扮演的角色与他人发生联系。而领导者关心的则是观点,以一种更为直觉的方式与他人发生联系。

同在哈佛商学院的约翰·科特(John Kotter)却从另一个角度指出了管理与领导的差异。他认为,管理主要处理复杂的问题,优秀的管理者通过制定计划、设计规范的组织结构以及监督计划实施的结果达到有序而一致的状态。相反,领导主要处理变化的问题,领导者通过开发未来的前景而确定前进的方向,然后,他们把这种前景与其他人进行交流,并激励其他人克服障碍达到这一目标。科特认为,要达到组织的最佳效果,领导和管理具有同等的重要性,两者不可或缺。但大多数组织总是过于强调管理而忽视领导的重要性,因此,我们应更加注重开发组织中领导的作用。

美国学者斯蒂芬·P·罗宾斯则认为:"管理者是被任命的,他们有合法的权力进行奖励和处罚,其影响力来自他们所在的职位所赋予的正式权力。相反,领导者既可以是任命的,也可以是从一个群体中产生出来的,领导者可以不运用正式权力来影响他人的活动。"也就是说,并非所有的领导者都是管理者,也不是所有的管理者都是领导者。有人虽有经理头衔,但很少能影响他人的行为和工作;也有人并无正式职权或经理之名,但却能以个人的身份和感染力去影响他人的行为。他们不是管理者,但却是一个领导者,一个至关重要的非正式领导者。

(二)领导特质理论

领导特质理论(Trait Theory)也称伟人理论(Greatman Theory),是研究领导者的心理特质与其影响力及领导效能关系的理论。这种理论阐述的重点是领导者与非领导者的个人品质差别①。

研究者在现实生活中也找到了一些依据。例如,一般领导者在社交性、坚持性、创造性、协调性、处理问题的能力等方面都超过了普通人。此外,其性格特征也有别于普通人,例如,一般性格较为外向、智力较高、爱好群居、责任心强,积极地参与相应的社会活动,在工作中有坚韧性、能细致、周到地考虑和解决问题等。但是,持反对意见的人认为,很多领导者并无上述天赋的个性特质,并且很多有上述特质的人也并未成为领导者。不同的研究所得出的结论往往不一致,而且常常出现相互矛盾的情况,究其原因:

(1)领导是一种动态过程,任何人都不可能生而具有领导者的特质,领导者的特性和品质是后天的,是在实践中形成的,可以通过培养训练而获得。

(2)各种组织的工作性质不同,为达成组织目标所需要的功能也不相同。因此,不同组织对领导者人格特质的要求大不相同。即使在同一组织中,工作和任务也是多质性的,工作岗位的性质不同,对领导者的人格特质的要求也不一样。有人适合做这种工

---

① 罗宾斯著,孙健敏等译,《管理学(第9版)》,中国人民大学出版社,2012年。

作的领导,但不一定适合做另一种工作的领导。领导的人格特质都是具体的、特定的。企图找到一种普遍适用的领导人格特质,显然不符合实际。

五、关键要点

(1) 本案例的核心在于认识企业家领导特质对公司的影响、家族企业如何转变传统管理方式以及怎样对待职业经理人制度等,并能够结合中国的实际情况来进行探讨。

(2) 关键知识点:领导特质;家族企业;职业经理人制度。

六、建议课堂计划

时间安排:建议课堂教学2课时。课堂讨论60分钟,然后教师用30分钟作总结。

课前计划:提前一周将案例发给学生,要求学生在课前完成阅读和初步思考。建议的启发思考题可以包括:

(1) 领导者是否应具备某些个人特点?

(2) 如何看待这些特质与成为领导者的关系?

(3) 领导者应该如何充分、合理地授权?

课中计划:进行分组讨论。讨论内容包括:

(1) 领导特质理论的概念是什么?主要观点有哪些?

(2) 怎样正确对待职业经理人制度?

(3) 领导者如何充分、合理地授权?

十三、德国国家发展银行"摆乌龙"事件[①]

【案例正文】

> **摘 要**：人们在工作和生活之中，每时每刻都进行着沟通，信息的沟通是联系企业中有共同目标和企业中有协作关系的个人、部门之间的桥梁。事实上，"法约尔跳板"很早就指出了横向沟通的重要性。德国国家发展银行由于沟通不畅，不仅给自己造成3亿欧元的损失，同时也给组织蒙上阴影。德国财政部长佩尔·施泰因布吕克放出狠话："得有人为这一蠢行付出代价"，德国国家发展银行也被指责为最蠢银行，值得后人反思。
>
> **关键词**：桥梁；沟通；最蠢银行

0 引 言

信息沟通是保证组织高效运行的前提，也是管理的基础，任何组织的任何管理工作都离不开信息沟通。就管理者来讲，通常要承担三个角色，那就是信息沟通角色、人际关系角色和决策者角色。信息沟通角色的职能就是及时将上级指令传达到下级，变为部属的行动；迅速将市场信息及部属情况反馈到上级，以供上级决策使用；横向部门之间及时交流信息、进展情况以便更好地协作，并与市场发生联络。而横向沟通虽然很早就有了"法约尔跳板"的理论构建，但现实生活中不仅做得不好，研究者的重视也不够。被指责为"德国最愚蠢的银行"——德国国家发展银行上演的"摆乌龙"事件就可见一斑。

1 德国国家发展银行上演的"摆乌龙"事件回放

2008年9月15日，在美国纽约，一名雷曼兄弟公司的雇员拿着装有私人物品的纸

[①] (1) 本案例由江西财经大学工商管理学院杨晓玲根据公开资料改编撰写。未经允许，本案例的所有部分都不能以任何方式与手段擅自复制或传播。(2) 本案例委托江西财经大学工商管理学院案例中心授权学院全体教师使用。(3) 本案例只供课堂讨论之用，并无意暗示或说明某种管理行为是否有效。

箱离开公司。当日,美国第四大证券公司雷曼兄弟申请破产保护,意味着这家在华尔街生存了 158 年的老牌投资银行将寿终正寝。

美国第四大投资银行雷曼兄弟公司于 2008 年 9 月 15 日申请破产,让分布全球的债权人欲哭无泪。而德国国家发展银行(英文简称为 KFW)因一个错误指令,在原有损失基础上,平添 3 亿欧元(约合 4.35 亿美元)①。德国财政部长佩尔·施泰因布吕克 18 日放出狠话:"得有人为这一蠢行付出代价。"

2 肉包子打狗有去无回

雷曼兄弟公司 15 日一大早向法院提交破产申请。就在同一天,德国国家发展银行通过自动付款系统,向雷曼兄弟公司转入 3 亿欧元。

据彭博新闻社报道,这是一笔涉及外汇掉期协议的交易。外汇掉期是一种利率产品,交易双方约定在特定时期以约定价格交换货币。掉期交易的指令输入计算机后,通常由电脑自动完成。

事情发生后,KFW 辩称,转账是掉期交易的一部分,这是一个"技术失误"。但批评者指出,转账前一天,有关雷曼兄弟公司破产的消息已经满天飞,银行应该意识到,15 日转账会肉包子打狗有去无回。

3 "最蠢银行"摔第二个跟头

转账风波曝光后,德国媒体和政府人士大肆抨击。德国销量最大的《图片报》在 18 日头版标题中,称 KFW 是"德国最愚蠢的银行"。

这是 KFW 近期在雷曼兄弟公司身上摔的第二个跟头。此前,KFW 隐晦承认,雷曼兄弟破产将给银行带来若干亿欧元的损失。KFW 监事会成员于尔根·科佩林则告诉德国电视台,风险敞口在 5 亿至 6 亿欧元。

财政部长施泰因布吕克 18 日说,转账事件"匪夷所思"。他要求银行方面做出完整解释,并发誓将采取任何必要举措。他的发言人托尔斯滕·阿尔比希说,这意味着或许将有人为此遭到严厉处置。

德国财政部之前以"震惊、震怒"来形容转账事件带来的冲击。KFW 首席执行官乌尔里奇·施罗德 3 周前刚上任。不过,KFW 监事会主席、德国经济部长米夏埃尔·格洛斯的发言人说,现在要说惩罚谁为时过早。

---

① 《京华时报》,2008 年 9 月 20 日。

4 次贷危机受害者割肉转让

除了上述损失，KFW 还是美国次级抵押贷款危机的直接受害者。彭博社报道，KFW 正在考虑把所持德国工业银行的股份转售给美国投资人"孤星金"。

德国工业银行因旗下部门投资美国次贷市场亏损，拖累整个银行倒闭，成为德国第一个"次贷牺牲品"。KFW 是德国工业银行的第一大股东，持有大约 46% 股权①。但是，由于 KFW 拟议中的转让价不到政府监管部门心理价位的 20%，这一转让方案让 KFW 饱受质疑。

KFW 定于当地时间 18 日下午 4 时召集董事会，投票决定出售德国工业银行股份事宜。转账风波曝光后，德国舆论哗然，社会各界大为震惊。财政部长佩尔施泰因布吕克发誓，一定要查个水落石出，并严厉惩罚相关责任人。一家法律事务所受财政部的委托，进驻银行进行全面调查。几天后，他们向国会和财政部递交了一份调查报告，调查报告并不复杂深奥，只是一一记载了被询问人员在这 10 分钟内忙了些什么。这里，看看他们忙了些什么②。

首席执行官乌尔里奇施罗德：我知道今天要按照协议预先地约定转账，至于是否撤销这笔巨额交易，应该让董事会开会讨论决定。

董事长保卢斯：我们还没有得到风险评估报告，无法及时作出正确的决策。

董事会秘书史里芬：我打电话给国际业务部催要风险评估报告，可那里总是占线。我想，还是隔一会儿再打吧。

负责处理与雷曼兄弟公司业务的高级经理希特霍芬：我让文员上网浏览新闻，一旦有雷曼兄弟公司的消息就立即报告，现在，我要去休息室喝杯咖啡了。

文员施特鲁克：10 时 3 分，我在网上看到雷曼兄弟公司向法院申请破产保护的新闻，马上跑到希特霍芬的办公室。当时，他不在办公室，我就写了张便条放在办公桌上，他回来后会看到的。

结算部经理德尔布吕克：今天是协议规定的交易日子，我没有接到停止交易的指令，那就按照原计划转账吧。

结算部自动付款系统操作员曼斯坦因：德尔布吕克让我执行转账操作，我什么也没问就做了。

德国经济评论家哈恩说，在这家银行，上到董事长，下到操作员，没有一个人是愚蠢的，可悲的是，几乎在同一时间，每个人都开了点小差，加在一起，就创造出了"德国最愚蠢的银行"。

---

① 新华网，http://news.sina.com.cn/w/2008-09-20/074516323603.shtml。
② 《中国会计报》，2011 年 10 月 21 日。

【案例使用说明】

德国国家发展银行"摆乌龙"事件

一、教学目的与用途

（1）本案例适用于《管理学原理》课程，可以用来讨论"组织的信息沟通"主题。也适用于《公司组织与管理》等课程。

（2）本案例可用于本科工商管理专业。

（3）本案例的教学目的包括：

① 熟悉组织沟通的相关概念（如组织沟通的渠道、形式等）；

② 掌握组织沟通的相关原则、理论；

③ 了解在企业遭遇重大危机事件时组织应该如何沟通才能应对得当。

二、研究问题

（1）什么是组织沟通的渠道？

（2）常见的组织沟通模式有哪些？

（3）"法约尔跳板"的横向沟通的适用条件是什么？

三、分析思路

从组织沟通的渠道以及关于组织沟通的基本原则、等级链原则、例外原则等方面分析。实际上，这件"摆乌龙"事件酿成的悲剧一定程度上就是太过注重等级制度和信息的上下流程，而忽视了横向沟通和斜向沟通的价值和意义。

最早对横向沟通重视和研究的是法约尔。法约尔认为在紧急情况下，跨越权力而进行的横向沟通很重要。法约尔在其著作《工业管理与一般管理》中指出："等级制度就是从最高权力机构直至低层管理人员的领导系列。等级路线就是情报由最高权力机构向下发出或把情报上报给最高权力机构中间经过等级制度每一级的传递联系路线。"为了应付统一指挥原则可能引起的联络方面的延误，法约尔提出了允许横跨权利线进行交往联系的"跳板"原则。

"等级路线"——上下沟通渠道的畅通对保证传达的需要和指挥统一是很必要的。"法约尔跳板"是"等级路线"的很好补充，为组织的跨部门沟通提供了一条捷径，其信息传递简单、迅速和可靠。必须指出的是，"法约尔跳板"也说明了管理效率和等级制度（或组织秩序）之间存在的关联性，它们之间很多时候呈现为冲突的状态，只有少数能做到两者的协调，同时兼顾组织效率和组织秩序。尤其是在部门利益与总体利益发生冲突的时候，人们往往会忽视整体利益的存在而片面放大部门利益，除了等级路线外，其他什么也不知道。这时候，"等级路线"就会成为他们逃避责任的"护身符"。

综上所述，通过横向沟通，可以使有些信息直接在同一层次的联系中进行交流，从而缩短信息沟通的距离，加快信息沟通的速度；同时又可以调动管理者的积极性，促进各部门之间的相互配合和协作，尤其是对待突发事件和非常事件上，更能体现一个组织的管理效率。横向沟通做得好，就可以做到临危不乱，处变不惊，进而化解危机。但横向沟通往往跨越了组织中的不同部门，脱离了正式的指挥系统，这种沟通渠道也是不无危险的。因此，具体到一个组织中，需要因地制宜，顺势而为。其实，在德国国家发展银行上演的"摆乌龙"事件中，只要这些管理者在任何两个层级上发生横向沟通，就可以避免这场悲剧的发生，这家银行也就无需用"技术错误"这样冠冕堂皇的托词为自己辩解了。所以，重新来理解"法约尔跳板"的内涵和精髓，意义就非常深远。

四、理论依据及分析

组织沟通是指组织内部进行的信息交流、传递和理解的活动。在一个组织内部，既存在着人与人之间的沟通，也存在着部门与部门之间的沟通。良好的人际沟通是进行组织中部门之间沟通的前提，有效的部门之间沟通又是管理者组织协调各部分之间关系的重要条件。在一个组织中，成员之间所进行的沟通是通过不同形式的信息沟通渠道来进行的。一种是正式沟通渠道；另一种是非正式沟通渠道。不同的沟通渠道又与不同的沟通网络相结合。

正式沟通是指在组织系统内依据正规的组织程序，按权力等级进行的沟通。如公函来往、文件传达、召开会议、上下级之间的定期信息交换等。组织中大量的信息都是通过正式沟通渠道传递的。

正式沟通的优点是沟通效果好、严肃可靠、约束力强、易于保密、沟通信息量大，并且具有权威性。缺点是沟通速度较慢。

正式沟通的渠道可依其信息流向分为下行沟通、上行沟通、平行沟通和斜向沟通。

（1）下行沟通。下行沟通是指上级向下级进行的信息传递。如一个组织的上级管理者将工作计划、任务、规章制度向下级传达。下行沟通是组织中最重要的沟通方式。通过下行沟通才可以使下级明确组织的计划、任务、工作方针、程序和步骤。

（2）上行沟通。这是下级机构或人员按照组织的隶属关系与上级机构或领导者进行的沟通。这种沟通不仅是组织成员向领导以及下级向上级反映自己的要求和愿望、提出批评和建议的正常渠道，而且可以对执行上级指令作出回馈反应，使上级了解其信息被接受和执行的程度，为上级修正指令和制定新的决策指令提供资料。

（3）平行沟通。它是指组织结构中处于同一层次上的成员或群体之间的沟通。命令的统一性要求信息传递应垂直地通过等级链进行，严格地按照命令统一性将会使沟通的路线过长，上层管理者的协调任务过重，也许还会延误时机。早年的法国管理学家亨利·法约尔为这个问题提供了答案。他提出的"跳板原则"（也称"法约尔桥"）指出，在同级人员之间可以直接联系，这种直接联系就是指平行沟通，它不必按隶属关系逐级向上级汇报后再层层向下传递，减少了烦琐，使沟通变得简单、快捷。

（4）斜向沟通。它是指非属同一组织层次上的个人或群体之间的沟通。它时常发生在职能部门和直线部门之间，如当人事部门的一位主管直接与比他管理地位高的生产部门的经理联系时，他所采取的是斜向沟通。

五、关键要点

（1）本案例的核心在于认识组织沟通的重要性与复杂性，并能够结合案例对如何运用组织沟通渠道、等级链原则、例外原则等进行探讨。

（2）关键知识点：下行沟通；上行沟通；平行沟通和斜向沟通。

六、建议课堂计划

时间安排：建议课堂教学 1 课时。课堂讨论 30 分钟，然后教师用 15 分钟作总结。

课前计划：提前一周将案例发给学生，要求学生在课前完成阅读和初步思考。建议的启发思考题可以包括：

（1）理解等级制度、等级链的概念及其相互关系。

（2）在一般情况下，企业信息的沟通以何种沟通的渠道为主？为什么？

课中计划：进行分组讨论。讨论内容包括：

（1）在正式组织的沟通中，上下沟通、横向沟通的优缺点分别是什么？

（2）在企业遭遇重大危机事件时，上下沟通、横向沟通如何有效发挥作用？

十四、三一重工的股权激励[①]

【案例正文】

> **摘　要**：随着公司股权的日益分散和管理技术的日益复杂化，世界各国的大公司为了合理激励公司管理人员，创新激励方式，纷纷推行了股票期权等形式的股权激励机制。股权激励作为一种长期性激励机制，在解决现代企业制度下的委托代理问题中发挥着重要的作用。本案例主要分析三一重工股权激励的基本情况，再针对我国上市公司实行股权激励制度存在的问题提出相应的对策和建议。
>
> **关键词**：三一重工；股权激励；员工激励

2012年12月5日晚间，三一重工（600031.SH）公布了将获得激励的2 533名员工名单，其中，获股票期权激励的员工有2 108人，获限制性股票激励的员工有1 408人。公司近期的股权激励计划因授予股票之多、激励人数之众备受关注。

1　公司发展及现状

三一重工有限公司始创于1989年。二十多年来，三一重工秉持"创建一流企业，造就一流人才，做出一流贡献"的企业宗旨，打造了业内知名的"三一"品牌。2007年，三一重工实现销售收入135亿元，利润40亿元，成为1949年以来湖南省首家销售过百亿的民营企业。2010年，实现销售收入约500亿元。三一重工是全球工程机械制造商50强、全球最大的混凝土机械制造商、中国企业500强、工程机械行业综合效益和竞争力最强企业、福布斯"中国顶尖企业"、中国最具成长力自主品牌、中国最具竞争力品牌、中国工程机械行业标志性品牌、亚洲品牌500强。

▶ 1.1　公司的发展

三一重工主要从事工程机械的研发、制造、销售，产品包括建筑机械、筑路机械、起

[①] （1）本案例由江西财经大学工商管理学院宋丽丽根据公开资料改编撰写。未经允许，本案例的所有部分都不能以任何方式与手段擅自复制或传播。（2）本案例委托江西财经大学工商管理学院案例中心授权学院全体教师使用。（3）本案例只供课堂讨论之用，并无意暗示或说明某种管理行为是否有效。

重机械等25大类120多个品种,主导产品有液压砖机、制砖机、免烧砖机设备;混凝土输送泵、混凝土输送泵车、混凝土搅拌站、沥青搅拌站、压路机、摊铺机、平地机、履带起重机、汽车起重机、港口机械等。三一混凝土输送机械、履带起重机械、旋挖钻机已成为国内第一品牌,混凝土输送泵车、混凝土输送泵和全液压压路机市场占有率居国内首位,泵车产量居世界首位,是全球最大的长臂架、大排量泵车制造企业[①]。

三一重工指导思想的主要内容包括:

(1) 一个根本。以人才为根本,建立符合现代企业发展要求与公司实际需要的基于公司核心能力建设的人力资源管理体系,真正做到引得进、用得好、留得住,重点提升人员素质,打造行业一流的研发、营销和管理骨干队伍。

(2) 研发和服务两项核心能力。研发能力要确保混凝土输送机械在国内的领先地位,争取路面机械达到国内一流,三一重装新产品达到国外同类产品的水平。服务能力要超过同行标准,超过客户期望,成为行业标杆。

(3) 三个关系。即规模、效益和品牌三者之间的关系,规模是效益的基础,也是品牌的基础;规模服从于效益,效益服从于品牌。

(4) 三个利用。利用国际分工重组国际市场;利用宏观经济调整带来的行业调整和企业重组的机会;利用新技术进步带来的产业升级。

三一集团是经湖南省人民政府批准,由三一重工业集团有限公司整体变更设立的。经有限公司2000年10月28日股东会决议通过,有限公司以2000年10月31日为基准日经审计的净资产18 000万元,按1∶1的比例折为18 000万股,由原有限公司股东三一控股有限公司、湖南高科技创业投资有限公司、锡山市亿利大机械有限公司、河南兴华机械制造厂和娄底市新野企业有限公司按其在原有限公司的权益比例持有,其中,三一控股持有17 380.93万股,高创投公司持有334.64万股,亿利大公司持有167.33万股,兴华厂持有89.24万股,新野公司持有27.86万股。三一重工业集团有限公司所有资产、债务和人员全部进入股份有限公司。于2000年12月8日在湖南省工商行政管理局注册登记并领取企业法人营业执照,注册资本18 000万元[②]。

▶ 1.2 行业背景

三一重工依靠混凝土泵设备行业垄断和自身竞争优势,赚取了相当的超额利润。国外大型厂商的进入,将加剧国内混凝土泵设备的市场竞争,然而,受行业传统特点、竞争策略等多因素制约,"价格战"不会必然爆发,只要三一保持其产品的高端特性,超额利润格局将得以维持。根据国家"十五"发展规划,"十五"期间的投资重点仍然是交通运输、水利、水电、建筑、电力通讯及环保行业等基础设施的建设。"西气东输"所需的施工设备投资预计将达到200多亿元,"南水北调"等大型水利枢纽工程每年所需的施工

---

① 三一集团官网,http://www.sanygroup.com/group/zh-cn/。
② 百度百科,三一重工股份有限公司。

设备金额也将达到 500 多亿元,国内市场对工程机械有非常大的需求①。

1.3 主要创始者

梁稳根 1956 年 1 月出生于湖南省涟源市茅塘镇。1983 年毕业于中南矿冶学院(现中南大学)材料学专业,高级工程师。1983 年至 1986 年在兵器工业部洪源机械厂工作,曾任计划处副处长、体改委副主任。1986 年下海创办涟源特种焊接材料厂。1991 年将企业更名为湖南三一集团有限公司,源于"创建一流企业,造就一流人才,做出一流贡献",并担任董事长。梁稳根先生是三一重工的主要创始人、中共十七大代表,八、九、十届全国人大代表、全国劳动模范、全国优秀民营企业家,优秀中国特色社会主义事业建设者、"中国经济年度人物"、福布斯"中国上市公司最佳老板"、"蒙代尔·世界经理人成就奖"获得者。梁稳根的梦想是"种植一块中华民族工业的试验田,铸造中国的世界名牌"。

2005 年 6 月 10 日,三一重工股权分置改革方案以高票获得通过,由此成为中国股权分置改革第一股,被永久地载入了中国资本市场发展的史册。此次成功,正是三一文化精髓的最佳诠释:"国家之责大于公司之利","心存感激,产业报国"。梁稳根因此当选"2005 年 CCTV 中国经济年度人物",评委会的评语是:"他花了 19 年时间,把创业梦想耕耘成中国经济改革的试验田。"

2 股权激励现状及问题

2005 年 12 月 31 日,中国证监会发布《上市公司股权激励管理办法(试行)》(以下称《管理办法》),于 2006 年 1 月 1 日生效,这是我国第一部关于上市公司实施股权激励的法规。继《管理办法》之后,国资委和证监会相继发布了系列法规和规定,解除了原《公司法》和原《证券法》对股权激励的限制性规定,使股权激励能够在我国真正施行②。

2.1 股权激励现状

(1) 上市公司股权激励的模式。截至 2011 年 1 月,沪、深两市的上市公司总数为 1 985 家,共有 184 家实行了股权激励方案,占上市公司总数的 9.27%。在我国上市公司的股权激励模式中,股票期权、业绩股票和管理层认购三种模式所占比例较大。

(2) 用于激励的股票来源。截至 2008 年 6 月 30 日,沪、深两市共有 109 家上市公司公告 110 次管理层股权激励预案。在 110 次预案中,永新股份同时采用两种来源分别用于限制性股票和股票期权。其中,通过定向增发方式的有 90 家上市公司,占

---

① 证券之星,2003 年 7 月 2 日。
② 中央政府门户网,http://www.gov.cn/gzdt/2006-01/04/content_147360.htm。

81.08%;通过大股东转让的有 14 家,占 12.61%;通过公开市场回购的有 7 家,占 6.31%[①]。

2.2 我国上市公司股权激励存在的问题

股权激励制度之所以能够一直成为经济界备受关注的焦点,主要是其能够有效地解决委托代理的相关问题。但是,我国上市公司的内部治理制度建设以及整个资本市场环境、相关法律法规的设立等外围因素还不够成熟,就可能导致一些问题的产生,比如会导致代理人自身的短视行为,并且有可能操作利润等。就目前的情况来看,我国上市企业的股权激励制度存在着以下的一些问题:

(1) 公司治理结构不完善。作为一种长效性激励机制的股权激励,必须在完善的治理结构下才能发挥应有的作用。尽管我国上市公司已经形成了由股东大会、董事会、决策管理机构和监事会组成的内部治理结构,但在实际运作中,绝大部分上市公司都只是由经营者全权代理履行职责,股东大会长期缺位,弱化了对经营者的监督责任,形成"内部人控制",致使经营者有机可乘。此时,股权激励的实施只会使经营者为了自身利益片面追求股价或业绩的上涨而实施盈余管理,极有可能通过违规行为使股价上升,与公司的业绩相悖,严重阻碍了上市公司股权激励的有效实施。

(2) 缺乏有效的资本市场。有效的证券市场是股票期权激励机制中最重要的条件之一。只有在有效市场前提下,公司的股价才能在相当程度上反映上市公司的未来营利能力,股票期权的激励作用才能得到有效地发挥,有其存在的意义。然而,我国目前的证券市场处于弱势有效,对企业的信息反应比较弱,股票价格中包含很多投机性因素,经常出现大幅度波动,与上市公司预期营利相脱节,使证券市场在一定程度上丧失了对经理人员的评价功能。此时,股票期权大大降低了其激励作用,在执行中极易出现扭曲现象。

(3) 考核体系不健全。股权激励制度的最终效果要通过具体指标来进行考核,然而,在我国,国家统一制定的股权激励办法中并没有具体规定股权激励的指标,上市企业对指标的选取与设定具有一定的随意性。大多数上市公司都是以经营业绩作为考核指标,并且多选择净资产收益率和营业利润率这两个财务指标,在公司存在经营风险的情况下,这些指标具有很大的片面性。

3 主要内容

"冬天来了,春天还会远吗?"11 月 7 日,三一重工推出的一项股权激励方案似"冬天里的一把火",为行业严冬送上了一丝暖意。该方案拟将 1.78 亿份股票激励给包括 10 多位高管在内的 2 533 名员工。三一重工获得股票期权最多的前十名员工如表 1 所

---

① 百度百科,http://beike.com/view/608871.htm。

示。消息一出,有媒体评论,此次激励力度之大、覆盖面之广前所未有。作为行业龙头企业,三一此举必将把"员工成功"转化为企业发展的动力,并有力提振行业信心,率先带动行业复苏突围。2012年12月6日,三一重工股价飞涨,如图1所示。

表1 三一重工员工股票期权表

获得股票期权最多的前十位员工					
序号	姓 名	岗位	获授的期权激励（万股）	占授予期权总数的比例（%）	占目前总股本的比例（%）
1	梁林河	高级副总裁	430	2.78	0.06
2	段大为	高级副总裁	255	1.65	0.03
3	代晴华	副总裁	315	2.03	0.04
4	黄建龙	董事、副总裁	160	1.03	0.02
5	贺东东	副总裁	133	0.86	0.02
6	周万春	副总裁	259	1.67	0.03
7	俞宏福	副总裁	290	1.87	0.04
8	戚 建	副总裁	232	1.50	0.03
9	向儒安	副总裁	226	1.46	0.03
10	伏卫忠	副总裁	173	1.12	0.02

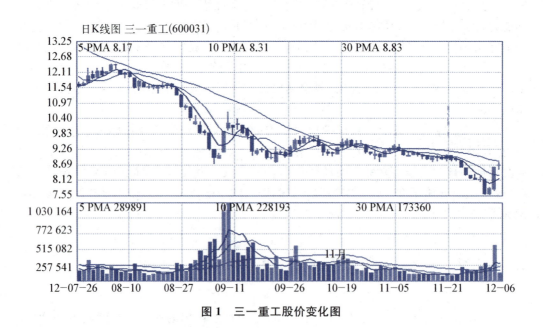

图1 三一重工股价变化图

3.1 方案酝酿已久,并经权威机构评估

激励细则合法合规。据三一重工公告,激励计划拟向激励对象授予权益总17 825.51

万份,激励人员包括董事、高级管理人员、中层管理人员和核心业务(技术)人员总计2 533人。公告披露,该激励计划包括股票期权激励计划和限制性股票激励计划两部分。在股票期权行权方面,方案规定,行权价格为9.38元,限制性股票的授予价格为4.69元。期权占比接近90%,限制性股票仅占比10%,行权条件是2013、2014、2015年年度净利润分别比上年增长不低于10%(等待期净利润不低于前三年均值),市值与实体经济的双重考核,彰显管理层对公司股价和业绩的信心。

为了更好地让广大股东熟悉激励方案的背景,三一重工相关负责人,即三一重工副总经理、财务总监兼董事会秘书肖友良认为:"此次股权激励方案,我们精心准备达三个月之久。为了兼顾股东、公司及员工利益,我们邀请了国内一流的法律及咨询机构,共同起草方案,他们也出具了专业意见。作为一个注重诚信的公司,三一发布这么重大的激励方案,完全符合法律法规。"三一重工认为,股权激励可以提升核心员工的积极性。此外,公司对股票期权和限制性股票激励计划的行权和解锁条件还有如下规定:若行权期内任何一期未达到行权条件,则当期可申请行权的相应比例的股票期权可以递延到下一年,在下一年达到行权条件时一并行权。若下一年仍未达到行权条件,公司有权不予行权并注销。若解锁期内任何一期未达到解锁条件,则当期可申请解锁的相应比例的限制性股票可以递延到下一年,在下一年达到解锁条件时一并解锁。若下一年仍未达到解锁条件,公司有权不予解锁并回购注销。

在股东关注的行权条件方面,相比其他上市公司,三一重工激励方案中的行权条件规定也合情合理。公告显示,中集集团2009年推出的股票期权计划中,其行权门槛是"扣除非经常性损益后的净利润较其上年增长不低于6%"。青岛海尔、苏泊尔、天士力、同方股份等众多知名企业的股权激励的行权门槛均在10%左右。上海荣正投资咨询有限公司为国内知名的股权激励专业咨询公司,具有丰富的股权激励操作实战经验,作为本次股权激励计划的设计方,在合法合规方面,公司出具了《独立财务顾问报告》。同时,荣正咨询合伙人何志聪提到,三一重工股权激励方案除了合法合规外,需要综合考虑行业特征、发展阶段、战略目标、企业文化四大要素,其方案具有较强的个性,不是一般意义上的"可复制型"方案。

▶ 3.2 行业迷茫关头

目前,对于中国工程机械行业的发展乃至中国经济的未来走向,唱荣唱衰两派观点正争论激烈。

1. 三一大规模激励实为信心之举

在行业严冬时刻,三一重工此番大规模股权激励,三一经营团队用行动表明自己对行业发展的信心。对此,国金证券研究员董亚光称,公司选择在当前行业需求低迷和业绩表现不佳的时候进行股权激励,一方面显示公司对未来成长仍有信心,另一方面也可提高核心员工的积极性。

值得注意的一个细节是,在此次三一重工公布的激励方案中,规定激励对象需完成与公司签订的绩效合约的考核要求,且为合格以上。未达标的职能总部、事业部和子公司的激励对象不得行权。而实际上,三一内部制定的绩效合约要远高于此次激励计划规定的最低10%增速。在三一重工发布激励计划的第二天,中共"十八大"开幕,党的新一届领导集体无疑又将拉开中国新一轮改革发展的序幕。

预计2013年,中央政策将向大型水利项目、保障房投资、道路维护、新型能源建设、城市轨道建设倾斜。来自招商证券的刘荣对此表示,由于新开工到工程机械复苏存在一定的时滞,预计2013年,工程机械市场需求将回升。申银万国的李晓光则表示:"基建增强的背景依然存在,房地产新开工的预期在销售维持、去库存化率提升的情况下将逐步改善。虽然目前工程机械无法像2009年6月以后那样大幅反弹,但我们认为在基建增强、房地产新开工预期逐步改善的情况下,工程机械的股票将抬升。"

但在最近召开的英国建筑设备协会(CEA)年度大会上,英国咨询公司 Off-Highways Research 的 Colin Timms 在谈到中国未来的需求时,评论道:"我们看到的增长将不可持续",中国政府加大投资将会再次引发市场过热,造成不良后果。有媒体评论,作为中国工程机械行业的风向标,在行业发展出现分歧的关键时刻,三一重工加大股权激励,实为信心之举,这无疑为低迷的工程机械额行业注入了一针"强心剂"。

2. 激励力度大,覆盖范围广

此次三一重工股权激励拟将1.78亿份股票激励给包括10多位高管在内的2 533名员工,涵盖董事、高级管理人员、中层管理人员和核心业务(技术)人员。记者照总量计算,此次2 533名员工人均获得激励股票超过7万股。此次激励力度之大,覆盖面之广,实属罕见。这种真正意义上的"员工持股计划",体现企业、员工、股东的三方共赢。

三一成"造富工厂","股权激励+高工资+升职空间=帮助员工成功",这是三一开给员工的幸福公式。一边是许多人处于就业状态,特别是一大批大中专毕业生找不到合适岗位;一边是人才总量不足,特别是高新技术人才和高级管理人才严重匮乏。如何化解这对矛盾?除招聘和挖掘人才外,三一还将构建自身的培训体系放到公司战略这一高度。韩宗和31岁进入三一时,还只是一名普通钳工。由于工作表现突出,2006年获得公司"送读计划"的指标,目前,他正全脱产就读于湖南农业大学工商管理专业。早在2000年,三一"送读计划"的雏形就已经形成。近年来,公司投入资金,已将300余名优秀的管理人员、技术人员和营销服务人员送往各大院校研读 MBA、EMBA、工程硕士,一些一线工人还被送往高等院校学习。2002年,三一投资建设了自己的培训中心。中心设有营销、研发、服务、技工、管理、人事等一系列培训。仅2007年,集团培训员工62 205人次,全员人均培训天数达21天。27岁的邓铭志6年前走出校园便一脚踏进了三一,当初的调度员如今已成为公司核心部门泵送制造部副部长。"我是'三一大学'毕业的。"邓铭志心存感激地对记者说,他前后多次到公司培训中心接受带薪学习,就在去年的4月份,还到广州培训了英语。

除邀请国内知名的励志教育、时间管理、经营管理、安全管理等专家来三一为员工授课外,在三一教授团队中,还经常看到张五常、许小年、樊纲等知名经济学家的身影。向文波说:"给员工最大的福利,就是使他们的知识、能力得到持续提升"。"除硬件设施投入外,2006年公司用于培训的直接费用超过1 000万元,2007年超过了4 000万元"。王务超介绍,"近年来,公司用于员工培训的资金占支付员工工资收入的10%,而微软、

IBM 等国际知名企业的这个数据是 5%。"作为公司的中层管理人员,精益质量部的胡铁军业绩突出,他为公司产品的品质提升付出了汗马功劳。在听说自己成为股权激励的一员后,胡铁军喜出望外,他表示,这让他更加坚定了与公司同发展的信心,"现在,自己的努力已经与公司业绩直接挂钩,自己一下变得更加有工作动力了"。面对股权激励,三一重工泵送事业部的刘存勇也表达相同的喜悦。他是明星产品 86 泵车的研发骨干,他表示,其实小到"衣食住行"各项福利,大到送读培训、出国挂职锻炼,公司为员工已经提供了很好的条件。"现在,又有了大规模的股权激励,感觉自己与公司已经深深地捆绑在了一起"。

在发布激励方案后,三一重工总裁向文波坦言:"企业发展了,除了更好地回馈社会、贡献国家,还要与员工共享发展成果。员工是公司的血液、细胞,是三一赖以生存和发展的源泉。目前,公司加大股权激励必将充分激发员工活力,为企业发展注入强大动力,为股东创造更大回报。"向文波表示,通过股权激励,三一将创造更多的百万富翁、千万富翁甚至亿万富翁,进而实现三一"造富工厂"的梦想。

3.3 股权激励为企业装上"加速引擎",三一未来可期

在上市公司中,通过股权激励实现公司长远发展,为股东创造更大回报的例子不在少数。这些企业都有一个共同点,那就是经过股权激励后的实际净利润增长远高于行权条件中规定的净利润增长率。

中集集团是全球最大的集装箱供应商,2009 年推出股票期权激励,根据近几年年报,扣非后净利润年均复合增长率达到 53%,尤其是 2009 年公布激励方案后,2010 年扣非后的净利润增长高达 1 090.64%。

TCL 集团于 2011 年初实施了股权激励方案,规定扣非后 2011 年净利润较 2010 年增长率为 12%,而根据 2011 年年报,TCL 集团扣非后净利润较 2010 年高达 270%。

报喜鸟的 2005—2007 年净利润年均复合率高达 67.4%,而从 2008 年实施股票期权方案可知,业绩年度目标为:2008 年净利润较 2007 年增长率不低于 15.9%,2009 年净利润较 2008 年增长率不低于 9.1%,2010 年净利润较 2009 年净利润增长率不低于 8.3%,行权期这三年实际增速分别高达 55%、43%和 31.6%。

针对三一重工的这次股权激励,第一创业金牌分析师郭强表示,一方面,公司产品品牌美誉度高,在技术、质量、营销、服务上占据明显优势;另一方面,公司在产业链纵向一体化以及国际化方面引领行业,尤其通过自建、收购、合资合作的方式逐步在海外市场站稳了脚跟。在行业调整期中,三一竞争地位将进一步巩固,加之如今股权激励的利好因素,未来可期。

4 结　尾

作为该行业有着举足轻重地位的企业,三一重工具有代表性、开创性、鲜明性。通

过研究三一重工的股权激励,可以间接地折射出我国上市公司股权激励所存在的问题,提出相应的建议。

(1) 加强上市公司的内部治理。对我国上市公司实施股权激励的内部约束来说,最重要的应该是独立董事、监事和薪酬委员会的监督约束,因为他们具有一定的独立性和客观性,又在股权激励计划的制定和通过过程中处于关键地位。因此,除了从一般公司治理的角度来加强公司的管理和经营之外,还要重点强化独立董事、监事和薪酬委员会的监督作用,避免股权激励成为管理层的一种"自我激励"手段。

(2) 建立科学的股权激励考核体系。经营者的业绩评价体系应与各项指标结合起来,不仅要考虑能反映被授予者过去业绩的指标,而且还要考虑市场价值等能预示企业未来发展潜力的指标,还要定量指标与定性指标相结合。因此,指标体系的设计应当采用财务指标和非财务指标相结合的模式,综合考核上市公司的生存能力、盈利能力、创值能力、成长能力以及竞争能力等方面,以便更全面、准确地反映经营者的经营效果。

(3) 加强资本市场建设。加强资本市场建设最重要的是要加强信息披露,加强对信息质量的监管和处罚力度,将民事责任引入信息披露制度,以消除市场信息的不对称性,制止内幕交易和欺诈行为,促进上市公司信息披露的及时、完整和规范,以充分保障广大投资者,尤其是小投资者的知情权,有效防止上市公司管理层或其他机构操纵股价的行为。

【案例使用说明】

三一重工的股权激励

一、教学目的与用途

(1) 本案例适用于《管理学原理》课程,可用来讨论激励问题。也适用于《创业学概论》《公司组织与管理》等课程。

(2) 本案例可用于本科工商管理专业。

(3) 本案例的教学目的包括:

① 了解股权激励的基本概念;

② 掌握股权激励的一般方法;

③ 如何结合企业实际量身打造股权激励方案。

二、启发思考题

(1) 什么是股权激励?股权激励的基本原理是什么?股权激励的常见模式有哪些?

(2) 三一重工采用股权激励方式的优缺点分别是什么?目前的股权激励面临的主要难题是什么?

(3) 股权激励方法如何与其他激励方法相结合?

三、分析思路

股权激励的最大优点在于创造性地以股票升值所产生的价差作为对高级管理人员

的报酬,从而将高级管理人员的报酬与企业长期经营业绩相联系,从而激励员工的积极性。实施员工持股计划,有利于提升团队凝聚力,增强员工的工作积极性和主动性。但股权激励还应当与提升上市公司的业绩相结合,才能够产生更大效果。员工持股计划的推出,应当充分考虑上市公司的发展环境和内部竞争优势,更重要的是,要将激励重点引导到核心竞争力的提升上。

首先,核心技术人员的股权激励要注重中长期的科研攻关项目的完成。股权激励的主要目的是员工与上市公司共命运,能够将自身的利益与公司利益紧密结合。但科技人员的股权激励显得更加重要。只有建立与科技攻关项目转换效果相结合的股权激励,才会起到更加重要作用。因此,加强科研人员的股权激励管理非常必要。

其次,高管人员的股权激励应与高管任职责任结合起来。在上市公司股权激励过程中,高管人员承担着重要责任。包括董事在内的高管人员应当将提升上市公司的业绩目标作为解禁条件,避免高管不尽责,忽略上市公司业绩,造成盲目套现,不利于上市公司的中长期经营和发展。可以说,只要未达到相应的业绩标准,高管人员的解禁时间就要相应延长,直到达到相应的业绩标准。

第三,加强股权激励业绩条件的审计。主要应当立足于上市公司分红回报的审计,更重要的是现金回报。只有将分红回报作为评价上市公司业绩的基础,才会使上市公司高管做实业绩,避免为了套现而粉饰财务报表的情况发生。为此,上市公司股权激励有必要与上市公司的投资者回报(尤其是分红回报等)紧密结合起来,这将会产生良好的效果。

最后,要充分发现和挖掘上市公司竞争力,保持上市公司的持续经营为前提推出股权激励。因为以业绩增长作为员工的行权条件,还会涉及市场环境,尤其是相关行业政策的外部因素。因此,要实现上市公司的内生性增长、竞争优势的提升和产品链的扩展,更重要的是核心技术的攻关等。只有这样,才能使股权激励发挥重要作用,从而避免忽略外部客观因素,通过股权激励后,难以培育上市公司核心竞争力,使股权激励效果大打折扣。

总之,员工持股计划的推出,要立足于保持长期持续稳定的业绩增长为前提,避免在股权激励过程前后的上市公司业绩大起大落,尤其是投资者回报的断断续续。当然,在未能够完成相应的业绩指标的情况下,推出的股权激励及时回购注销也是一种有效办法,从而推动员工的持股责任,增强员工创造更好业绩的使命感。

四、理论依据与分析

(一)股权激励的理论依据

代理理论指出,代理人对其自身的工作能力和工作努力程度的了解当然要高于雇主,因而就在雇主与代理人之间产生了信息不对称问题。代理人知道这种信息不对称的存在,因此,他们就有可能利用这一点在执行代理职能时不以雇主的利益最大化为目标,甚至做出有损雇主利益的决策。为了防止这一点,雇主就要对代理人的行为进行监控,或将代理人的利益和自己的利益结合起来,进而转嫁或消除所谓的"代理人风险"。股票期权可以将管理人员自身利益和公司股东的利益结合起来,从而在一定程度上消除"代理人风险"。

合作预期理论认为,虽然通过监控能给雇主提供更多有关代理人的信息,但是,雇主和代理人双方通过不断地谈判和合作最终能达成一个合理的协议,就是业绩薪酬合同。代理人和雇主彼此相信对方的诚信,而代理人也愿意和雇主共担由其管理引起的风险。

(二) 股权激励常用模式

1. 股票期权

(1) 股票期权是一种选择权,是允许激励对象在未来条件成熟时购买本公司一定数量的股票的权利。

(2) 公司事先授予激励对象的是股票期权,公司事先设定了激励对象可以购买本公司股票的条件(通常称为行权条件),只有行权条件成就时激励对象才有权购买本公司股票(行权),把期权变为实在的股权。行权条件一般包括三个方面:一是公司方面的,如公司要达到的预定的业绩;二是等待期方面的,授予期权后需要等待的时间(等待期一般为2—3年);三是激励对象自身方面的,如通过考核并没有违法违规事件等。

(3) 行权条件成熟后,激励对象有选择行权或不行权的自由。激励对象获得的收益体现在授予股票期权时确定的行权价和行权之后股票市场价之间的差额。如果股票市场价高于行权价,并且对公司股票有信心,激励对象会选择行权,否则,激励对象就会放弃行权,股票期权作废。

2. 限制性股票

公司预先设定了公司要达到的业绩目标,当业绩目标达到后,公司将一定数量的本公司股票无偿赠予或低价售与激励对象。授予的股票不能任意抛售,而是受到一定的限制,一是禁售期的限制:在禁售期内,激励对象获授的股票不能抛售。禁售期根据激励对象的不同设定不同的期限。如对公司董事、经理的限制规定的禁售期限长于一般激励对象。二是解锁条件和解锁期的限制:当达到既定业绩目标后,激励对象的股票可以解锁,即可以上市交易。解锁一般是分期进行的,可以是匀速,也可以是变速。

3. 股票增值权

股票增值权就是公司授予激励对象享有在设定期限内股价上涨收益的权利,承担股价下降风险的义务。具体来讲:

(1) 公司授予激励对象一定数量的股票增值权,每份股票增值权与每股股份对应。

(2) 公司在授予股票增值权时设定一个股票基准价,如果执行日股票价格高于基准价,则两者的价差就是公司奖励给激励对象的收益,激励对象获得的收益总和为股票执行价与股票基准价的价差乘以获授的股票增值权数量。奖励一般从未分配利润中支出。如果执行日股票价格低于基准价,则要受到惩罚,如股票执行价与股票基准价的价差的二分之一从激励对象的工资中分期扣除。

分红权/虚拟股票

虚拟股票和分红权类似,公司授予激励对象的是一种股票的收益权,而非真实的股票。激励对象没有所有权、表决权,不能出售股票,离开公司自动失效。

五、关键要点
(1) 本案例的核心在于了解股权激励的一般方法,并能够结合不同企业设置不同的股权激励方案。
(2) 关键知识点:股权激励;股票期权;员工持股计划。

六、建议课堂计划
时间安排:建议课堂教学 2 课时。课堂讨论 60 分钟,然后教师用 30 分钟作总结。
课前计划:提前一周将案例发给学生,要求学生在课前完成阅读和初步思考。建议的启发思考题可以包括:
(1) 股权激励对股票市场有何要求?
(2) 三一重工的企业价值观对其实施股权激励有何影响?
课中计划:进行分组讨论。讨论内容包括:
(1) 股权激励的概念是什么?具体的激励方法有哪些?
(2) 三一重工是如何结合自身的实际情况推出股权激励的?
(3) 在三一重工,股权激励是如何与其他激励方法相结合的?

第二部分
《市场营销学》
课程案例精选

- 市场营销系

一、柯达公司的营销困惑

【案例正文】

> **摘　要：** 本案例描述了世界上最大的影像产品及相关服务的生产和供应商伊士曼柯达公司在新的环境下对市场营销的认识。作为一家在纽约证券交易所挂牌的上市公司,柯达公司的业务遍布150多个国家和地区,全球员工约8万人。多年来,伊士曼柯达公司在影像拍摄、分享、输出和显示领域一直处于世界领先地位。但是,随着数码技术的崛起,柯达公司于2012年1月19日申请破产保护。柯达公司的问题到底是什么?是团队决策层的问题还是普通员工的问题?是观念问题还是执行问题?是自身问题还是外部环境问题?该公司对市场营销认识上的偏差有哪些?产生以上种种问题的原因是什么?以上种种疑问都是值得探讨的。本案例主要从市场营销角度探讨柯达公司在新的环境下对市场营销认识上的偏差。
>
> **关键词：** 营销环境;营销观念;破产保护

1　公司发展及现状

1.1　公司简介

伊士曼柯达公司(Eastman Kodak Company)简称柯达公司,是世界上最大的影像产品及相关服务的生产和供应商,总部位于美国纽约州罗切斯特市,是一家在纽约证券交易所挂牌的上市公司,业务遍布150多个国家和地区,全球员工约8万人。伊士曼柯达公司在影像拍摄、分享、输出和显示领域一直处于世界领先地位,一百多年来,帮助无数的人们留住美好回忆、交流重要信息以及享受娱乐时光。但是,随着数码技术的崛起,柯达公司于2012年1月19日申请破产保护。2012年5月14日,媒体曝出柯达公司在总部大楼内安设一座小型核反应堆,已运营30年左右。柯达公司由发明家乔治·

---

① (1)本案例由江西财经大学工商管理学院吴登开根据公开资料改编撰写而成。未经允许,本案例的所有部分都不能以任何方式与手段擅自复制或传播。(2)本案例委托江西财经大学工商管理学院案例中心授权学院全体教师使用。(3)本案例只供课堂讨论之用,并无意暗示或说明某种管理行为是否有效。

伊士曼始创于1880年。柯达是"信息影像"行业的主要参与者之一,这个行业的市场价值达3 850亿美元,包括设备(如数码相机和掌上电脑)、基础设施(如在线网络和影像冲印系统)以及服务和媒介(如访问、分析和打印影像的软件、胶卷和相纸)。柯达利用先进的技术、广阔的市场覆盖面和一系列的行业合作伙伴关系来为客户提供不断创新的产品和服务,以满足他们对影像中所蕴含的丰富信息的需求。2012年1月,130多年历史的柯达公司宣布破产保护。公司有以下几大业务领域:① 摄影。为大众消费者、专业摄影师和电影摄影师提供数码和传统产品及服务;② 医疗影像。为医疗卫生行业提供传统和数字影像获取、存储和输出产品及服务;③ 商业影像。为企业和政府提供影像获取、输出和存储产品及服务;④ 元器件。为原始设备生产商(OEM)提供光学元件和感光芯片;⑤ 显示器。设计和制造世界领先的有机发光二极体(OLED)显示屏以及其他特殊材料。公司2002年的全球营业额达128亿美元,其中一半以上来自美国以外的市场。柯达全球员工总数约为7万人,其中39 000人在美国。公司在美国、加拿大、墨西哥、巴西、英国、法国、德国、澳大利亚和中国设有生产基地,向全世界几乎每一个国家销售种类众多的影像产品。

1.2 发展历史

1880年,乔治·伊士曼在美国纽约州的罗切斯特成立了伊斯曼干版制造公司,利用自己研制的乳剂配方制作照相机用干版胶片。

1888年,伊士曼公司正式推出了柯达盒式相机和那句著名的口号:"你只需按动快门,剩下的交给我们来做。"

1891年,发明家托马斯·爱迪生借助乔治·伊斯曼开发的软胶卷,发明了首款电影摄影机。柯达公司借此机会进入了电影胶片领域,并一直保持垄断地位至今。

1895年11月8日,德国物理学家伦琴无意间发现了X射线。当年圣诞节前夕,伦琴用Kodak胶片拍摄了世界上第一张X光照片。次年,柯达公司进入X光商业摄影领域,推出了第一种专为拍摄X光而设计的相纸。

19世纪末,伊士曼大举进军世界市场,在德国、法国、意大利等欧洲国家设立了销售机构,并很快在欧洲建立了销售网。

1900年,柯达公司又开发出了盒式相机,售价1美元。勃朗宁相机因其简单廉价,其多种改进型持续生产了半个多世纪。

20世纪初,柯达的产品已打入南美洲和亚洲。至1908年,柯达公司的全球雇员已经超过了五千人。

1930年,柯达占世界摄影器材市场75%的份额,利润占这一市场的90%。

1935年,柯达开发出彩色胶片柯达克罗姆胶片(kodakchrome),这是全球第一款取得商业成功的彩色胶片,也是柯达最成功的产品之一。从1935年开始上市,克罗姆胶片共生产了74年。无数幅世界级的经典照片诞生在克罗姆上感光呈现。

1952年至1954年,柯达进入大中华区市场,并成立香港分公司。

1963年,柯达再次开发出革命性产品——傻瓜相机"instamatic"系列相机。从

1963年至1970年,共有超过5 000万架傻瓜相机被售出。

1966年,柯达胶片随着月球轨道1号飞行器记录了约翰·格林的太空之旅。

1975年,柯达应用电子研究中心工程师Steven J. Sasson开发出世界上第一台数码相机。这台数码相机以磁带作为存储介质,拥有1万像素。记录一张黑白影像需要23秒。这台"手持式电子照相机"的出现颠覆了摄影的物理本质。

1986年1月9日,柯达输掉了与宝利来的专利官司,因此退出了即时拍相机行业。

1994年,柯达快速彩色冲印店进入中国市场,并迅速扩张。至2003年,近8 000家柯达冲印店布满了国内大小城市的主要街区,成为柯达中国乃至柯达全球的利润之泉。

2002年,柯达获得首次"公司平等指数"100%评级,该指数由人权运动基金会评定。并且在2003年和2004年继续保持该评级。

2004年1月13日,柯达宣布将停止在美国、加拿大和西欧生产传统胶片相机。到2004年底,柯达将停止制造使用APS和35 mm胶片的相机。胶片的生产还将继续。这些变化反映了柯达已将注意力转移到新兴的数码相机市场中。然而,4月道琼三十种工业股指数将柯达从名单中剔除,理由是柯达已是一家风光不再的公司。

2005年4月22日,柯达亏损1.42亿美元,标准普尔将柯达信用评级一举降至垃圾级,因为转型数码市场太晚,已经很难赚到钱,且传统底片市场虽然快速萎缩,但依然是柯达获利金盆,一旦放弃就会出现旧有领域弃守和新领域落后的青黄不接局面。

2009年,柯达历史最久的柯达克罗姆胶卷幻灯片停产。2010年12月30日,全球最后一家可冲印柯达克罗姆幻灯片的美国堪萨斯州Dwayne's Photo停止该幻灯片的冲印服务。

2010年12月11日,美国标准普尔500指数成分股汰旧换新,以反映科技进步造成的兴衰,在标准普尔已有74年历史的伊士曼柯达也鞠躬下台。

2011年9月30日,有消息称柯达准备申请破产保护,致使其股票价格暴跌近54%,收于每股78美分,处于38年来最低点。10月4日,柯达否认公司提交了破产保护申请,公司股价又暴涨71.77%。

2012年1月19日,柯达及其美国子公司在纽约提交了破产保护申请,海外子公司不受破产保护条款约束。

2012年12月19日,柯达同意以5.25亿美元(约40.95亿港元)向以专利公司Intellectual Ventures(代表Apple和部分其他企业)及RPX Corporation(代表Google)为首的财团出售数码影像专利。有关专利原本估值高达26亿美元。

2013年1月24日,柯达宣布已获美国破产法院批准,向Centerbridge Partners LP融资8.44亿美元完成重组,预期2013年年中将可脱离破产期。

美国当地时间2013年9月4日,柯达公司宣布完成破产重组,正式退出破产保护。

1.3 销售领域

(1) 摄影。为大众消费者、专业摄影师和电影摄影师提供数码和传统产品及服务;
(2) 医疗影像。为医疗卫生行业提供传统和数字影像获取、存储和输出产品及

服务;

(3) 商业影像。为企业和政府提供影像获取、输出和存储产品及服务;

(4) 元器件。为原始设备生产商(OEM)提供光学元件和感光芯片;

(5) 显示器。设计和制造世界领先的有机发光二极体(OLED)显示屏及其他特殊材料。

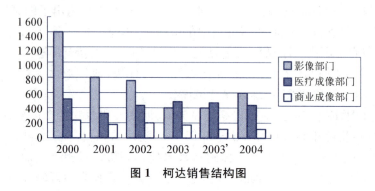

图 1　柯达销售结构图

2　柯达的营销困惑

2.1　胶片之死

记录二战风云、随阿波罗号登上月球、第一时间拍摄美国总统肯尼迪遇刺事件,在过去的 100 年时间里,柯达胶片一直是历史的见证者和记录者。在柯达的鼎盛时期,柯达相机和柯达胶片占据着美国本土市场 85% 和 90% 的份额,柯达胶片曾一度占据全球三分之二的市场份额。直到今天,柯达依然是胶片的代名词。

20 世纪末,民用胶片市场发展达到了顶峰。1999 年,柯达民用胶片营业额为 74.11 亿美元。2000 年,这一数字是 74.06 亿美元,实际上出现了负增长。也就是在这一年,数码相机在主流市场开始迅速普及。而此时的柯达,仍然对利润丰厚的胶片业务一往情深。

其实,柯达并非没有意识到数码技术的潮流。恰恰相反,全球第一部数码相机就是由柯达制造出来的。早在 1975 年,柯达工程师史蒂芬森·萨松就研制出全球第一部数码相机。这部相机体重约 3.6 千克,曝光时间为 23 秒。当时的柯达管理层看到这个产品之后说:"很漂亮,但不要让任何人知道。"

1979 年,为柯达工作了 20 年的老雇员、罗彻斯特大学商学院教授拉里·马特森提醒老东家,胶片市场将逐渐被数码产品取代。从政府勘测开始,然后是专业摄影,最后是主流市场,马特森预测,数码产品的全面普及将会发生在 2010 年。没有人知道当时的柯达管理层是如何答复老雇员的建议的。但随后 20 年的故事表明,柯达管理层无异于躺在胶片上数着现金流过日子。

好日子很快就到了头。从 2000 年开始,彩色胶片业务以每年 25% 的速度迅速下滑。柯达传统胶片业务的销售利润从 2000 年的 14.3 亿美元锐减至 2003 年的 4.18 亿美元,跌幅达 71%。也是在这段时期,同为胶片巨头的富士胶片也感受到了产业气候的变化。2000 年,胶片业务取得的利润占富士利润总额的一半以上,但到了 2005 年,胶片业务已经陷入赤字。"民用胶片这一核心业务的萎缩速度之快超出了我们的预计。"富士胶片控股株式会社全球总裁兼 CEO 古森重隆说。

柯达前 CEO 费舍尔在其任期内(1993—1999 年)曾公开承认数码时代已经到来。费舍尔的计划是出售廉价相机业务,并希望消费者继续为昂贵的胶卷买单。问题是,有了数码相机,消费者还会愿意花钱买胶卷吗?

一直到 2003 年,在时任 CEO 邓凯达(任期为 2000—2005 年)的领导下,柯达才作出艰难的决定。这一年的 9 月 25 日,柯达集团宣布,公司的业务重点将从传统胶片业务向数码领域转移,并且今后将不再向传统胶片业务进行任何重大的长期投资。柯达希望其数码业务到 2006 年能够占到总销售额的 60%,而传统胶片业务将下降到 40%(那一年,柯达的总营业额为 133.17 亿美元,传统胶片业务营业额为 92.32 亿美元,占比高达 69%)。

这个决定来得太晚了。"这是成功者的诅咒,"全球咨询公司摩立特集团副总裁李广海说,"越成功就意味着在下一次挑战中越有可能失败。"

2009 年,柯达宣布停止生产 Kodachrome 彩色胶片,并裁撤传统胶片部门。

2.2 一厢情愿

柯达之所以迟迟未能坚定地向数码业务转型,一个重要的原因是,公司的决策层不希望新兴的数码技术过快地影响现有的胶片业务。柯达并没有放松对数码技术的研发,但将他们的数码技术成果秘而不宣,也不积极地将这些技术转化为应用。这样做的意图是,尽可能地延缓数码相机的发展速度,从而延长传统胶片业务的生命周期。

这显然只是一厢情愿。数码技术的发展和应用并没有像柯达所希望的那样停滞不前,而柯达虽然拥有不少技术专利,却并没有推出强有力的产品,只能眼睁睁地看着佳能、三星等企业后来居上。等到后来柯达如梦方醒地推出自己的数码相机产品时,已经难以在这个火热的市场中占据有利位置。值得一提的是,柯达对数码技术的投资产生了一系列高价值的专利。目前,分析师估算柯达所掌握的数码技术专利价值可能超过公司市值。在 2008 年至 2011 年间公司现金流紧张之时,柯达靠出售专利和专利诉讼实现了 19 亿美元的收入。当然,这可不是柯达当初研发数码技术的初衷。

2005 年,柯达的数码相机业务曾一度攻克强敌成为美国本土的销量冠军。但新的一波数码浪潮不期而至,手机拍照的兴起导致数码相机的需求量开始下滑,柯达可谓时运不济。此时,来自惠普的空降兵彭安东(从 2005 年任 CEO 至今)将柯达的发展方向定位为打印机,彭安东的设想是进入数码印刷领域,生产为用户打印照片的打印机,保持新业务与柯达摄影业务的联系。

但在打印机领域,柯达并不掌握核心技术。柯达有相当一部分技术是通过并购、

OEM 和 ODM 所获得的。例如,彭安东曾斥巨资收购以色列赛天使公司的数码印刷部门,投入巨资进行打印设备相关技术的研发,但柯达迟迟不能打开市场。

"柯达进入了一片红海。"李广海说,"无论是在数码相机还是打印设备领域,柯达都面临着强劲的竞争对手。"日系数码相机在短短 10 年内迅速占领全球主流市场。在打印机领域,彭安东的老东家惠普地位相当于 20 世纪的柯达,而日系打印机在全球市场也颇有建树,如佳能、富士胶片和富士施乐等。

"柯达公司将企业改革的方向单纯地定位为一家'数码公司'。技术的多样性和多元化程度似乎相对不足,仅靠数码公司是不足以支撑这么大一家企业的。"古森重隆如此评论竞争对手的战略转型。

与柯达对传统胶片业务拖泥带水的处理方式不同,古森重隆对胶片的态度可谓是果断、彻底而坚决。在 2003 年出任富士胶片集团 CEO 之后,他花费了 2 500 亿日元裁撤多余的经销商、实验室、员工和研发人员。"这是一次痛苦的经历。"古森重隆说,"但如果放任自流,大家都会完蛋。"民用胶片业务从富士胶片圈定的六大成长领域中剔除,新圈定的具有市场发展前景的六大领域分别是高性能材料、医疗和生命科学、光学仪器、印刷、文件处理、电子影像。

"纵观柯达的转型计划,它总是在民用胶片、民用摄影器材等消费者设备领域打转,没有考虑到 B2B 的生意,甚至将其医疗成像业务出售。"李广海说。2000 年前后,民用胶片市场竞争进入胶着阶段,但为医院、疗养院等机构提供医疗成像解决方案业务在富士、柯达和其他传统胶片公司营业收入中占比很小,竞争并不激烈,富士胶片此后便将其作为转型的主要方向之一。

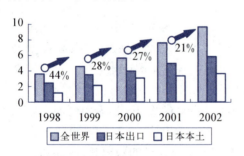

图 2　数码影像科技急剧发展《数码相机使用量》单位(百万)

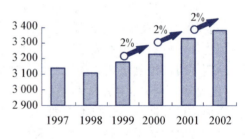

图 3　传统胶卷使用量及趋势(全世界)(单位:百万)

富士胶片的转型效果良好。2007 年,富士胶片集团的营业利润达到 2 073 亿日元,创造了历史最高纪录。即使是在随后的金融危机期间,富士胶片也取得了不错的业绩。

2.3　厄运循环

在近 20 年的时期内,并不是说柯达的历任 CEO 都没有能够做出任何正确的决策。遗憾的是,柯达不能保持战略的连续性,从而导致柯达的业务发展"厄运循环"。

例如,费舍尔在任期间曾发布过一款能够在线发布与分享照片功能的数码相机,如今社交媒体的成功证明了这一决策是有远见的,但这一业务方向并没有为费舍尔的继任者所认可。当然,费舍尔本人当时也没有意识到在线发布和分享后面所蕴含的巨大商机,如果他能将柯达的重点发展方向转向社交媒体,或许柯达如今是另一番景象。

邓凯达在任时也为转型时期的柯达业务多元化指出过一条不错的发展道路。当时,他看准了影像市场在家庭中的地位,喊出了"做妈妈的生意!"的口号。摄影和照片是为未来准备的回忆录,妈妈们对孩子的成长过程更是希望能点点滴滴地记录在案。为此,邓凯达推广"复兴计划",提倡将照片集结成画册,而不是单张照片冲印。

以中国市场为例,柯达利用分布在全国的9 000多家快速冲印店作为画册的销售终端,并成立"中央加工厨房",冲印店将照片上传至中央加工厨房,由中央加工厨房统一加工制作画册。骆雄工作的北京荣祥数码影像有限公司是中国大陆地区第一家中央加工厨房。骆雄现在还记得,在"复兴计划"的推动下,美国市场的销售情况还不错,荣祥数码的订单数也在上升,"画册比电子照片和录像更容易保存。"骆雄说。

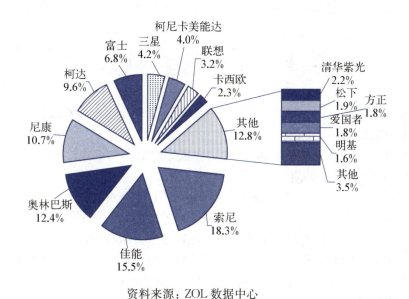

资料来源:ZOL 数据中心
制图:XueYan 时间:2003.10

图4 2003年Q3用户最关注的数码相机品牌分布

但邓凯达2005年的离任导致"复兴计划"没有持续进行。虎头蛇尾的"复兴计划"让骆雄觉得有点可惜,"美国有几家大的公司凭此业务每年盈利丰厚,中国人比欧洲人更喜欢拍照,如果柯达能够继续推进这项计划,应该会在中国获得更多的回报。"

为柯达工作了20年的罗彻斯特理工学院的约翰·华德认为,柯达是从一项利润丰厚且能有效地带动产品销售的生意中抽身,转而投入到一项"盈利难度非常大"的行当——打印设备。

打印机业务显然偏离了数字化发展趋势,与费舍尔提出的在线发布与分享计划也

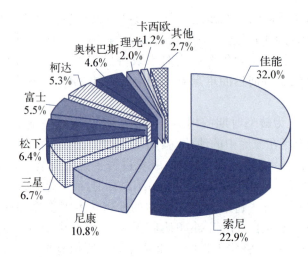

数据来源：互联网消费调研中心（ZDC）　时间：2008.06

图5　2008年5月广东最受用户关注的十大数码相机品牌分布

明显背离。用户对打印照片的需求不足以支撑有着庞大身躯的柯达恢复盈利。

3　柯达给我们的启示和教训

（1）营销是创新，是与时俱进，百年老店更需要创新和注重消费体验；

（2）在创新的市场上，企业不进则退；

（3）必须开发新科技及新产品，不能固守风光时的经营理念。当世界已从类比式转移到数位式时，柯达也必须转变；

（4）在技术上，光有专利发明是不行的，重要的是坚持下去；

（5）将自身业务类型由胶卷业务向数码型业务转变；

（6）由企业相关人员通过一定的公关手段转变官员的看法；

（7）在原有资源的基础之上引进更先进的技术与设备，为顾客提供个性化服务；

（8）在公司平稳发展的同时，不断研发并推广新产品；

（9）企业应该寻找新的商业契机，使公司向多元化发展。

【案例使用说明】

柯达公司的营销困惑

一、教学目的与用途

（1）本案例适用于《市场营销学》《营销策划》《品牌战略》等课程；

（2）本案例适用于MBA、研究生的上述课程的教学；

（3）本案例的教学目标是要求学生理解市场营销的实质，从本案例了解500强企业柯达的成长、成熟、衰退到破产保护的历程。

二、启发思考题

（1）从市场营销观念角度，结合案例实际情况，分析什么是市场营销和如何正确认识市场营销？

（2）柯达公司当年成功的原因是什么？走到破产保护的原因又是什么？

（3）柯达公司的发展历程对现在如日中天的阿里巴巴、苹果公司有什么警示作用？

三、分析思路

教师可以根据自己的教学目标（目的）来灵活使用本案例的分析思路，仅供参考。

（1）可以播放当年柯达公司辉煌时期的广告片以便学生更好地了解柯达；

（2）从市场营销观念角度进行分析；

（3）从营销环境角度进行分析。强调企业的营销行为必须根据环境的变化而变化；

（4）在分析柯达公司成长、成熟、衰退和破产保护的历程时，可以启发学生分析阿里巴巴、苹果公司等品牌应该如何居安思危。

四、理论依据与分析

（一）市场营销学的产生与发展

市场营销学于20世纪初期产生于美国。几十年来，随着社会经济及市场经济的发展，市场营销学发生了根本性的变化，从传统市场营销学演变为现代市场营销学，其应用从营利组织扩展到非营利组织，从国内扩展到国外。当今，市场营销学已成为同企业管理相结合，并同经济学、行为科学、人类学、数学等学科相结合的应用边缘管理学科。西方市场营销学的产生与发展同商品经济的发展、企业经营哲学的演变是密切相关的。美国市场营销学自20世纪初诞生以来，其发展经历了6个阶段。

1. 萌芽阶段（1900—1920年）

这一时期，各主要资本主义国家经过工业革命，生产力迅速提高，城市经济迅猛发展，商品需求量也迅速增多，出现了需过于供的卖方市场，企业产品价值实现不成问题。与此相适应，市场营销学开始创立。

2. 功能研究阶段（1921—1945年）

这一阶段以营销功能研究为其特点。此阶段最著名的代表者有克拉克（F. E. Clerk）、韦尔达（L. D. H. Weld）、亚历山大（Alexander）、瑟菲斯（Sarfare）、埃尔德（Ilder）及奥尔德逊（Alderson）。1932年，克拉克和韦尔达出版了《美国农产品营销》一书。1942年，克拉克出版的《市场营销学原理》一书在功能研究上有创新，把功能归结为交换功能、实体分配功能、辅助功能等，并提出了推销是创造需求的观点，实际上是市场营销的雏形。

3. 形成和巩固时期（1946—1955年）

这一时期的代表人物有范利（Vaile）、格雷特（Grether）、考克斯（Cox）、梅纳德

(Maynard)及贝克曼(Beckman)。1952年,范利、格雷斯和考克斯合作出版了《美国经济中的市场营销》,同年,梅纳德和贝克曼在出版的《市场营销学原理》一书中提出了市场营销的定义。由此可见,这一时期已形成市场营销的原理及研究方法,传统市场营销学已形成。

4. 市场营销管理导向时期(1956—1965年)

这一时期的代表人物主要有罗·奥尔德逊(Wraoe Alderson)、约翰·霍华德(John A. Howard)及麦卡锡(E. J. Mclarthy)。

5. 协同和发展时期(1966—1980年)

这一时期,市场营销学逐渐从经济学中独立出来,同管理科学、行为科学、心理学、社会心理学等理论相结合,使市场营销学理论更加成熟。

6. 分化和扩展时期(1981年至今)

在此期间,市场营销领域又出现了大量丰富的新概念,使市场营销这门学科出现了变形和分化的趋势,其应用范围也在不断地扩展。

1981年,莱维·辛格和菲利普·科特勒对"市场营销战"这一概念以及军事理论在市场营销战中的应用进行了研究,1985年,巴巴拉·本德·杰克逊提出了"关系营销""协商推销"等新观点。1986年,科特勒提出了"大市场营销"这一概念,提出了企业如何打进被保护市场的问题。在此期间,"直接市场营销"也是一个引人注目的新问题。

20世纪90年代以来,关于市场营销、市场营销网络、政治市场营销、市场营销决策支持系统、市场营销专家系统等新的理论与实践问题开始引起学术界和企业界的关注。进入21世纪,互联网的发展与应用推动着网上虚拟发展,基于互联网的网络营销得到迅猛发展。

(二) 市场营销的定义

西方市场营销学者从不同的角度及发展的观点对市场营销下了不同的定义。有些学者从宏观角度对市场营销下定义。例如,麦卡锡把市场营销定义为一种社会经济活动过程,其目的在于满足社会或人类需要,实现社会目标。又如,Philop Kotler指出:"市场营销是与市场有关的人类活动。市场营销意味着和市场打交道,为了满足人类需要和欲望,去实现潜在的交换"。

还有些定义是从微观角度来表述的。例如,美国市场营销协会于1960年对市场营销下的定义是:市场营销是"引导产品或劳务从生产者流向消费者的企业营销活动"。

麦卡锡于1960年也对微观市场营销下了定义,他认为市场营销"是企业经营活动的职责,它将产品及劳务从生产者直接引向消费者或使用者以便满足顾客需求及实现公司利润"。

美国市场营销协会(AMA)于1985年对市场营销下了更完整和全面的定义:市场营销"是对思想、产品及劳务进行设计、定价、促销及分销的计划和实施的过程,从而产生满足个人和组织目标的交换。"这一定义比前面的诸多定义更为全面和完善。主要表现是:

(1) 产品概念扩大了,它不仅包括产品或劳务,还包括思想;

(2) 市场营销概念扩大了,市场营销活动不仅包括营利性的经营活动,还包括非营利组织的活动;

(3) 强调了交换过程;

(4) 突出了市场营销计划的制定与实施。

美国市场营销学家菲利普·科特勒教授对市场营销的解释得到了广泛的认同,菲利普·科特勒认为,市场营销是个人或组织通过创造并同他人交换产品和价值以满足需求和欲望的一种社会和管理过程。

(三) 市场营销学的性质

1. 市场营销学是一门科学

市场营销学是什么性质的科学? 它是否是一门科学? 对此,国内外学术界持有不同的见解。

概括起来,大致分为三种观点:

一种观点认为市场营销学不是一门科学,而是一门艺术。他们认为,工商管理(包括市场营销学在内)不是科学,而是一种教会人们如何作营销决策的艺术。

第二种观点认为,市场营销学既是一种科学,又是一种行为和一种艺术。

第三种观点认为市场营销学是一门科学。这是因为市场营销学是对现代化大生产及商品经济条件下工商企业营销活动经验的总结和概括,它阐明了一系列概念、原理和方法。市场营销理论与方法一直指导着国内外企业营销活动的发展。

2. 市场营销学是一门应用科学

市场营销学是一门经济科学还是一门应用科学,学术界对此存在两种观点:一种观点认为市场营销学是一门经济科学,是研究商品流通、供求关系及价值规律的科学。另一种观点认为市场营销学是一门应用科学。无疑,市场营销学是于20世纪初从经济学的"母体"中脱胎出来的,但经过几十年的演变,它已不是经济科学,而是建立在多种学科基础上的应用科学。美国著名市场营销学家菲利浦·科特勒指出:"市场营销学是一门建立在经济科学、行为科学、现代管理理论之上的应用科学。"

3. 市场营销学既包括宏观营销学又包括微观营销学

美国著名市场营销学家麦卡锡在其代表作《基础市场学》中明确指出,任何商品经济社会的市场营销均存在两个方面:一个是宏观市场营销;另一个是微观市场营销。宏观市场营销是把市场营销活动与社会联系起来,着重阐述市场营销与满足社会需要、提高社会经济福利的关系,它是一种重要的社会过程。宏观市场营销的存在是由于社会化大生产及商品经济社会要求某种宏观市场营销机构及营销系统来组织整个社会所有的生产者与中间商的活动,组织整个社会的生产与流通,以实现社会总供需的平衡及提高社会的福利。微观市场营销是指企业活动或企业职能,是研究如何从顾客需求出发,将产品或劳务从生产者转到消费者手中,实现企业营利目标。它是一种企业经济活动的过程。

(四) 市场营销观念

市场营销观念是指企业从事营销活动的指导思想。市场营销观念是在一定的历史条件下产生的,并随企业外部环境的变化而变化。市场营销观念的演进可大致分为生产观念阶段、产品观念阶段、推销观念阶段、市场营销观念阶段和社会市场营销观念阶段。

1. 生产观念

生产观念是指导销售者行为的最古老的观念之一。生产观念认为,消费者喜欢那些可以随处买得到而且价格低廉的产品,企业应致力于提高生产效率和分销效率,扩大生产,降低成本以扩展市场。

2. 产品观念

产品观念认为,消费者最喜欢高质量、多功能和具有某些特色的产品,企业应致力于生产优质产品,并不断加以改进。它产生于市场产品供不应求的"卖方市场"形势下,最容易滋生产品观念的场合,莫过于当企业发明一项新产品时。此时,企业最容易导致"市场营销近视",即不适当地把注意力放在产品上,而不是放在市场需要上,在市场营销管理中缺乏远见,只看到自己的产品质量好,看不到市场需求在变化,致使企业经营陷入困境。

3. 推销观念

推销观念(或称销售观念)是为许多企业所采用的另一种观念。它认为,消费者通常表现出一种购买惰性或抗衡心理,如果听其自然的话,消费者一般不会足量购买某一企业的产品,因此,企业必须积极推销和大力促销,以刺激消费者大量购买本企业产品。

4. 市场营销观念

市场营销观念的形成是企业经营观念上的一次"革命",它是作为对上述诸观念的挑战而出现的一种崭新的企业经营观念。在20世纪50年代中期,营销观念认为,实现企业营销目标的关键在于正确确定目标市场的需要和欲望。"发现欲望,并满足它们","生产你能够出售的东西,而不是出售你能够生产的东西","热爱顾客而非产品","尽我们最大的努力,使顾客的每一块钱都能买到十足的价值、质量和满意"。概括起来说就是,顾客需要什么,企业就生产什么。这种观念抛弃了以企业为中心的指导思想,代之而起的是以消费者为中心的指导思想。可见,市场营销观念的4个支柱是市场中心、顾客导向、协调营销和利润。推销观念的4个支柱是企业、产品导向、推销、营利。从本质上说,市场营销观念是一种以顾客需要和欲望为导向的哲学,是消费者主权论在企业市场营销管理中的体现。

5. 社会市场营销观念

社会市场营销观念是对市场营销观念的修改和补充。这种观念认为,企业的任务是确定目标市场需求,并且在保持和增进消费者和社会福利的情况下,比竞争者更有效率地使目标顾客满意。这不仅要求企业满足目标顾客的需求与欲望,而且要考虑消费者及社会的长远利益,即把企业利益、消费者利益与社会利益有机地结合起来。

五、背景信息

密切关注柯达破产事件的最新发展。

六、关键要点

柯达案例表面是柯达市场的萎缩,实质是背后的柯达团队在企业管理决策过程中所犯下的种种错误,充分让学生了解决策团队如何根据市场营销环境的变化进行有前瞻性的决策的重要性。

七、建议的课堂计划

本案例可以作为专门的案例讨论课进行。以下是按照时间进度提供的课堂计划建议,仅供参考。

整个案例课的课堂时间控制在 35—45 分钟。

课前计划:提出启发思考题,请学员在课前完成阅读和初步思考。

课中计划:

(1) 简要的课堂前言,明确主题。(2—5 分钟)

(2) 分组讨论案例所附启发思考题,告知发言要求。(15 分钟)

(3) 小组发言(根据班级学员人数分成若干组)(选择 3 组发言,每组 5 分钟,总体控制在 15 分钟内)

(4) 引导全班进一步讨论(讨论各组没有涉及的内容以及存在分歧意见的内容),并进行归纳总结,梳理案例中涉及的理论知识,并结合理论知识,梳理案例逻辑。(5—10 分钟)

课后计划:下节课前,请学生以小组为单位,收集柯达公司原核心决策层的背景资料。

八、案例的后续进展

关注柯达公司新的营销动向。

二、韩国三星电子：营销观念变革之路[①]

【案例正文】

> **摘　要**：本案例描述了三星自1938年创立以来，跨越3代人的努力，三星从贩卖鱼干、蔬菜和水果开始，成长为现在一个世界级的、规模巨大的、充满创新精神的、高科技的企业帝国。本案例首先介绍了三星的发展历程，然后描述了三星的营销战略，其后就三星面对外部环境的变化而进行的改革与创新进行了系统地描述，最后描述了三星的未来发展。
>
> **关键词**：三星；品牌；营销观念

韩国三星电子在美国《财富》杂志公布的2012年财富500强中的科技企业中排名最前，位居全球总排行榜第20位，比2011年上升两位。三星是一家跨国企业，是韩国第一大企业，于1938年3月1日由李秉哲创立的"三星商会"开始，历时70余年，经历3代人的努力，本着重战略、重人才、重创新、重管理和重文化的理念，从贩卖鱼干、蔬菜和水果开始，成长为现在一个世界级的高科技企业帝国。然而，三星的发展并不一帆风顺，历经经济危机、外汇危机、金融危机等困难，但每次都能以精准的战略调整，走出危机并跨上更高的台阶。尽管三星集团取得了举世瞩目的成就，但在未来数字化时代，三星还需时间来检验。

1　三星的发展历程

1.1　三星商会

1938年3月1日，李秉哲创立了三星商会。"三"在韩语中意为大、多、强，"星"则是清澈、明亮、深远、永远光芒。取名为三星，显然寄寓着李秉哲对自己事业的希望和憧憬。三星商会的成立标志着三星的开始。

[①]　(1) 本案例由江西财经大学工商管理学院陆淳鸿、黄祥辉根据公开资料改编撰写。未经允许，本案例的所有部分都不能以任何方式与手段擅自复制或传播。(2) 本案例委托江西财经大学工商管理学院案例中心授权学院全体教师使用。(3) 本案例只供课堂讨论之用，并无意暗示或说明某种管理行为是否有效。

创立不久,李秉哲又办起了一个面粉加工厂。他请来早稻田大学的学友李舜根负责打理商会,并委以重任。正是由于李秉哲"用人不疑,疑人不用"的原则,李舜根后来不负所望,为三星的迅速发展做出了重要的贡献。

1.2 朝鲜酿造

与此同时,李秉哲还在不断寻找新的市场机会,以壮大年轻的"三星"商会。机会来了,原由日本人经办的每年可酿造 7 000 石粮食的"朝鲜酿造"会社因内部分裂,急于出卖。李秉哲闻讯,立即出资 10 万元买下。当时,私人酿造业受到保护,可以享受许多优惠政策。一年后,"朝鲜酿造"成了当地的纳税大户,年产量增至 1 万石,销量节节上升。然而,世事难料,1941 年,太平洋战争爆发,日本加强了对朝鲜半岛的掠夺,对许多物资实行统制,从而使三星商会与"朝鲜酿造"不但无利可图,而且连原料供应也难以保证。1945 年,战争结束,李秉哲重新焕发精神,回到了工厂。已经停产的酿造厂,开始重新恢复生产。不久,朝鲜酿造试制成功了"月桂"牌新酒,在战后萧条的市场上大受欢迎。

1.3 三星物产公司

1947 年 11 月,李秉哲在汉城成立了三星物产公司,并亲任社长。公司成立后,开始向香港、新加坡等地拓展业务。经营品种很快就增加到了 100 多种,同时,贸易对象也扩大到美国等欧美国家。一年多时间,三星竟获利 1.2 亿元,成为韩国商界一颗新星。

但是,就在李秉哲准备大干时,朝鲜战争爆发了。迫于无奈,李秉哲在汉城关闭了三星物产公司。1951 年 1 月 11 日,李秉哲的三星物产株式会社在釜山成立。李秉哲凭借其超群的经营才干,一年之间就使 3 亿元资本滚到了 60 亿元,足足增长了 20 倍!

1.4 工厂兴起

20 世纪 50 年代初,李秉哲放弃贸易业务,开始创办工厂,以实现他"产业报国"的理想。1953 年,他创办了韩国第一家大型制糖企业。在此基础上,他又创立了韩国第一家毛织厂。20 世纪 60 年代,李秉哲建立了一家大型化肥厂。

1.5 三星电子

20 世纪 70 年代,三星还是为日本三洋公司做贴牌生产业务的加工厂,主要产品是廉价的 12 英寸黑白电视机。20 世纪 90 年代,尽管三星在半导体芯片行业已经有突出成就,但在欧美等发达国家眼里,韩国仍然只是生产地摊货的地方。

此后,三星集团开始投入巨资搞研发。经过多年不懈的努力,三星终于创出了自己的品牌。如今,三星已经成为世界著名大企业,其产品遍及世界各地。因为三星电子,韩国也继美、日之后成为第三个能独立开发半导体产品的技术强国。

2 营销战略

三星品牌曾被冠以价格低廉、大路货的代名词，如今它已成为世人皆知、全球高端品牌。三星电子社长李基泰认为，三星品牌之所以能够迅速成功，主要依靠三星的全球化品牌战略及其背后的三个重要因素——产品的领导性、系统性的品牌管理和差异化营销模式。

2.1 确立"新经营"的品牌愿景

1993 年，李健熙提出并竭力倡导三星集团"新经营"，即产品一流化、为顾客提供全方位的服务及树立优秀企业公民形象的企业经营革新运动。一流的企业创造一流的质量，一流的质量塑造一流的形象，要打造品牌，首当其冲的是把好质量关。

在李秉喆时代，三星集团是靠生产和经营物美价廉的大众消费品起家并立足韩国市场的。如果把李秉喆的经营策略描述为"成本领先"，李健熙的经营策略应该是追求"差异化"优势。李健熙认为"产品缺陷就是癌症"，曾将价值 5 000 万美元的问题手机付之一炬。李健熙认识到，持续不断的产品升级和顾客服务的持续改进是质量提升的关键。三星产品升级换代的定位有一个特点，就是不以自己本身的原有产品作为定位基准，而是瞄准全球最强竞争对手的产品来考虑自己的定位。三星走过了一条由"以量取胜"到"以质取胜"的"高端化"之路。

2.2 确立"数字三星"的品牌定位

围绕这一品牌，三星提出了"数字世界（Digital All）"的品牌核心价值，给品牌注入"E公司、数字技术的领先者、高档、高价值、时尚"等新元素，使品牌内涵与进军高端数字化产品、追求高附加值的战略相适应，彻底改变三星品牌过去在消费者心目中"低档、陈旧"的印象，使三星展现出高品质、高价值、时尚潮流的新形象。此后，三星在全球范围内进行了声势浩大的品牌推广运动，以便树立三星在数字化时代领导者的品牌形象。"引领数字融合革命"品牌愿景的确立，为三星找到了品牌崛起的支点，也是三星腾飞的开始。

2.3 品牌战略的有力执行

为了把品牌战略贯彻到企业运营的每一个活动中去，1999 年，三星在集团层面正式设立了集团品牌委员会，规定所有三星集团下属公司在海外市场使用三星品牌时都需获得集团品牌委员会的许可。过去三星是一个低端消费电子制造商，拥有一大堆品牌，如 Plano、Wiseview、Tantus、Yepp 等。新的品牌战略制定后，三星果断砍掉其他品牌,着力打造"三星"一个品牌。

三星对 50 余家广告公司进行整合,选用全球五大广告集团之一的 IPG 公司负责三星的品牌推广业务,使三星的品牌形象得以统一和简化。为了进一步地提升品牌形象,2003 年,三星全面停止了传统低端电子和家用电器产品的生产,无论是手机、电视,还是 MP3,三星都将产品定位于高端市场。

三星还对其产品的销售场所进行了调整,将产品从沃尔玛、Kmart 等以低价吸引消费者的连锁超市撤出,转移至 Bestbuy、Sears、Circuit City 等高级专业商店进行销售,使三星产品在消费者眼中从"低价格"转变为"高品质"。

2.4 赞助奥运,提升品牌

体育营销是一项既需要历史积累也需要抓住未来的复杂工程,三星在这方面就做得挺好。1997 年,三星取代摩托罗拉成为奥运 TOP 合作伙伴,该举措帮助三星巩固了其作为世界一流品牌的地位。李健熙说:"我们制定了可以提高品牌价值的策略,品牌是最主要的无形资产,是企业竞争力的来源。三星决定赞助奥运会,以加强其在全球的企业形象和品牌价值,我们已经以奥运会和奥林匹克运动为主题开展了全球性的营销活动。"

奥林匹克 TOP 赞助计划已成为三星体育营销的最高策略,三星每年市场营销费用为 20 亿美元,其中,体育营销约占 20%。三星坚信奥运会将给它带来全球性的影响力,并对它的品牌价值的增长,特别是移动电话品牌价值的增长至关重要。公司的官方声明甚至称:"对奥运会上的投资,意味着无限的增长潜力。"借助奥运盛会,三星摆脱了以往低端的品牌形象,品牌价值大幅提升。

2.5 实行体验营销

三星公司设立了数码体验馆,生动地展示出尖端数字产品给人们带来的快乐。基于全产业链的优势,三星在硬件上已拥有竞争对手无法企及的优势,其中两款产品 GALAXY S III 和 GALAXY Note II 都有一流的四核、高清大屏、超薄、大存储、大电池等特点,以"人性化"、"用户体验好"建立了自己的口碑。作为行业老大,三星把为消费者带来切实的便利作为基准,真正为用户服务。

3 三星的改革与创新之路

3.1 三星的改革

曾经的三星一直被冠以"低价位、低质量、仿制品"的帽子,为了改变三星在人们心中的品牌形象与定位,20 世纪 90 年代,三星决定实行品牌重塑策略。全力打造三星成一流品牌。毫无疑问,三星成功了。现在的三星是"时尚、高档、技术领先、E 化"的全球领导性的品牌公司。

20 世纪 90 年代,伴随着三星经营业务的快速拓展,各类非相关性多元化的业务过多,使公司已经呈现出"大企业病",企业的经营业绩重视数量、轻视质量。李健熙在上任伊始就已经看到了三星存在的种种问题,包括安于现状、骄傲自满、思想守旧、盲目跟随等。此外,企业面临的外部环境也发生了重大的变化,各产业的国际竞争日益加剧。1993 年,李健熙发动了三星历史上前所未有的变革运动——新经营。

在变革思想观念方面,倡导建立健全的危机意识。为此,先后举行了三次产品对比会,李健熙当场一个个拆解三星和竞争对手的产品,向高管明示与世界最高水平的差距。李健熙要求全体员工必须始终以健全的危机意识为指导,不断接受环境的挑战,不断进行自我创新,在心存危机意识的同时,又不能妄自菲薄,否则,就可能陷入消极悲观的心态。正确的选择是既要保持危机感,又坚信改变自身必能适应环境。这种积极的心态就是三星提倡的"健全的危机意识"。这是三星"新经营"哲学思想的核心内容。

在变革目标方面,明确三星的目标是全球超一流企业。"什么是一流?无论是国家还是企业,只要比对手优秀就是一流,比任何人都优秀就是超一流。""在 21 世纪,不能做到一流就不能生存。过去二流、三流的企业在自己的领域也能够生存,但在全球化的时代,这是不可能的,要时刻保持高度的危机意识。"

在变革的口号方面,李健熙提出"除了老婆孩子,其他都要换掉!"这句口号后来成了三星变革的标志和世界性名言。在变革的信号方面,三星改变了上下班时间。为了唤起员工的变化意识,三星的高层决定从改变员工上下班时间入手。把原来朝八晚五的作息时间改成了朝七晚四。它向 20 多万员工发出了一个改革的信号,告诫全体员工改革不是某些人的事,而是和每个员工息息相关的事。

提出建立符合时代精神的企业文化。李健熙明确将人性美、道德性、礼仪、礼节作为三星的"宪法",凌驾于一切之上,并要求每个员工必须遵守和执行。三星的企业文化整理和推广工作做得很细。为了让员工们掌握企业文化精髓和核心内容,除了全员培训之外,三星还制作了《三星新经营》小册子。

变革生产经营观念,强调以质量为主的经营。对不合格产品,一律销毁。三星提出"视不合格产品为癌症""视不合格产品为敌人""视不合格产品为罪恶之源"三大口号;在生产的流程设计上,实行"一站停线(Line Stop)"系统,任何员工只要在生产流程中发现不合格产品,都可以立即关闭组装生产线。

总之,上述三星新经营的变化体系,清晰地展现了三星变革的目的、内容、方法和所要追求的目标,切实体现了三星人做事严谨、认真、系统的工作作风。"新经营"是三星发展过程中决定性的转折点。

3.2 三星的创新

1999 年,三星对外宣布了"数字融合"战略,即在未来成为"数字融合革命的一个领导者"的计划。三星在自己的企业发展史上将 2000 年及以后年份标示为"引领数字时代",三星骄傲地宣称:"在数字领域,我们完全可以成为世界公认的领导者之一。"

调整企业战略方向,聚焦到所谓的种子产业、苗圃产业和果树产业,退出枯木产业。三星公司在1998年亚洲金融危机之后就确立了以电子产品和电信产品为主打业务的战略,连续出售和舍弃了三星重工业的建设机械部门、三星物产的流通部门、韩国惠普的股份、三星电子的能源设备部门等。三星的这种战略调整奠定了三星集团发展的基础,三星快速退出了自己不擅长、没有发展前景以及发展潜力比较小的领域,从而将更多的资源和精力集中在发展潜力大的新型工业——信息通讯产业。

整合内部相关产业和事业部,实现资源优化。李健熙将三星电子、三星半导体和三星无线通信进行了合并,第一次重新组合优化各内部大机构。这样的业务整合不仅节约了公司的经营成本,同时还增强了三星公司有效运用资金与人力等资源的能力。

加大科技开发投入力度,不断开发核心技术。三星公司拥有13 000多名研究人员,在研发方面每年投入巨资,三星电子2013年4月2日发布的"2012年事业报告"显示,2012年,三星电子研发费用高达11.892 4万亿韩元(约合人民币63亿元),比2011年增加1.605 6万亿韩元,占2012年销售额的5.9%。在1997年金融危机最严酷的时候,大多数企业都削减研发资金,三星却加大投入,积极在全球招聘优秀人才。

建立各类研究机构,发动设计革命。三星逐步设立了分布全球主要城市的四大研发中心、三星综合技术院、三星创新设计实验室、三星艺术与设计学院等研究机构。通过这些机构,三星吸引了众多优秀的技术和设计人才,此外,还重金聘请了一些国际著名的工业设计师加盟。这些措施使三星在2000年以后连续获得美国工业协会年度工业设计大奖。

推行"WOW"计划。"WOW"计划是三星从1996年开始推行的一个对新产品开发的要求计划,即新产品开发要达到英文"WOW"这个感叹词这样的效果,令人拍案叫绝。为此,三星不断改进自己的产品设计和研发,在新产品推出市场前往往多次退回开发组,终于为客户创造了众多世界一流产品。

4 三星的未来

成立于1938年的三星已成为韩国最大的财阀集团,涉足电子、机械、化工和金融等多个领域,其影响力几可敌国。2012年,三星集团的总销售额达2 457亿美元,为韩国创造了约20%的GDP产值,仅三星集团旗下的三星电子一家上市公司,已跃居全球科技公司的营收之首。三星是一家典型的世袭制家族企业,其家族成员在高层管理人员中的比例超过10%,并通过内部交叉持股,使家族成员掌握着对公司的绝对控制权。

创业难,守业更难,富三代李健熙在未来表现如何还是未知数。目前,三星最大的危机来自过渡期的接班人问题,李健熙的魄力能否继续发挥作用,其儿子和职业经理人的合作是否顺利?另外,三星所处的是一个高度竞争的行业,研发和市场的主导地位能否保持,有赖于三星现在和未来的经营管理和领导团队。

【案例使用说明】

韩国三星电子：营销观念变革之路

一、教学目的与用途

（1）本案例主要适用于《市场营销》和《营销战略管理》课程。

（2）本案例适用于 MBA、高年级本科生和全日制研究生的上述课程教学。

（3）本案例的教学目标是要求学生掌握营销战略观念的类型、发展规律及不同营销战略观念适合的条件。

二、启发思考题

（1）比较几种营销观念的优缺点。

（2）简述每种营销观念提出的背景条件是什么？

（3）论述每种营销观念适合的条件是什么？

三、分析思路

教师可以根据自己的教学目标（目的）来灵活使用本案例。这里提出本案例的分析思路，仅供参考。

（1）要把五种观念按三个中心分类（以企业为中心的观念、以消费者为中心的观念、以社会营销为中心的观念）来讨论市场营销观念的演进并结合三个阶段来分析优缺点。

（2）结合营销观念提出的时间背景来分析当时营销观念提出的环境背景。

（3）结合提出的背景条件来分析每种营销观念适合的条件。

四、理论依据与分析

营销观念是指企业的营销和管理活动的指导思想。营销观念经历了一个漫长的发展过程，在不同的阶段，有不同的营销观念和指导思想。市场营销观念的更新是营销实践和理论发展极其重要的标准。

营销观念经历了生产观念、产品观念、推销观念、市场营销观念和社会市场营销观念五个阶段。前面三个阶段是以企业为中心的观念，称为旧观念，后两个为新观念，市场营销观念是以消费者为中心，社会市场营销观念是企业、消费者、社会三者都协调的观念。

五、背景信息

无其他案例正文中未提及的背景信息。

六、关键要点

理解案例所涉及的五种营销观念和三个中心分类是该案例分析的关键点。

七、建议的课堂计划

本案例可以作为专门的案例讨论课来进行。如下是按照时间进度提供的课堂计划建议,仅供参考。

整个案例课的课堂时间控制在80—90分钟。

课前计划:提出启发思考题,请学员在课前完成阅读和初步思考。

课中计划:1. 简要的课堂前言,明确主题"韩国三星电子:营销观念变革之路"。(2—5分钟)

2. 分组讨论案例所附启发思考题,告知发言要求。(30分钟)

3. 小组发言。(根据班级学员人数分成若干组,选择3组发言,每组10分钟,总体控制在30分钟内)

4. 引导全班进一步讨论(讨论各组没有涉及的内容以及存在分歧意见的内容),并进行归纳总结,梳理案例中涉及的理论知识,并结合理论知识,梳理案例逻辑。(15—20分钟)

课后计划:下节课前,请学员以小组为单位,采用PPT报告形式上交讨论结论。

八、案例的后续进展

在真实情况中,本案例的营销观念还处于不断地变革中,所以,除案例正文中提及的信息外,无后续进展。

三、中美史克"PPA"之祸解决之道

【案例正文】

> **摘　要**：本案例描述了中美天津史克制药有限公司在应对市场营销环境变化下的危机处理对策。在危机面前沉着应对，冷静思考，充分应用现有市场基础，积极推出新产品，通过重塑形象，重新赢得了消费者的信赖。
>
> **关键词**：中美史克；PPA；新康泰克

0　引　言

几年前，"早一粒，晚一粒"的康泰克广告曾是国人耳熟能详的医药广告，康泰克也因为服用频率低、治疗效果好而成为许多人感冒时的首选药物。可自从2000年11月17日，国家药监局下发"关于立即停止使用和销售所有含有PPA的药品制剂的紧急通知"，并将在11月30日前全面清查生产含PPA药品的厂家。一些消费者平时较常用的感冒药"康泰克""康得""感冒灵"等因为含PPA成为禁药。

1　公司背景

中美天津史克制药有限公司（以下简称"中美史克"）是全球最大的药厂之一的葛兰素史克（GSK）与国内大型药厂天津中新药业股份有限公司和天津太平（集团）有限公司共同投资设立的消费保健用品公司。作为最早在华设立的外商合资药厂之一，中美史克早在1987年便在中国生根。中美史克一直秉承着大爱铭心的理念，用优质的产品和爱心回报社会和广大患者和消费者。中美史克注重以人为本，多年来，始终致力于创造一个以消费者为根本、以公司核心价值观为行为指南的、员工高度敬业的公司文化。公司激动人心的"3T"文化，即相互信任（Trust）、开放透明（Transparent）、积极主动

---

① （1）本案例由江西财经大学工商管理学院余可发根据公开资料改编撰写。未经允许，本案例的所有部分都不能以任何方式与手段擅自复制或传播。（2）本案例委托江西财经大学工商管理学院案例中心授权学院全体教师使用。（3）本案例只供课堂讨论之用，并无意暗示或说明某种管理行为是否有效。

(Take Initiative)不断引导、鼓励着员工追求卓越,并吸引越来越多的人才加入公司的伟大事业。作为一家富有社会责任感的企业,中美史克关注公益的脚步也从未停止。中美史克多年来始终为她的使命孜孜不倦地努力着,那就是通过公司的不懈努力,让中国的消费者做到更多、感觉更好、活得更长久(Do More,Feel Better,Live Longer)!

2 紧急应对

中国国家药品不良反应检测中心 2000 年花了几个月的时间对国内含 PPA 药品的临床试用情况进行统计,在结合一些药品生产厂家提交的用药安全记录,发现服用含 PPA 的药品制剂(主要是感冒药)后已出现严重的不良反应,如过敏、心律失调、高血压、急性肾衰、失眠等症状;在一些急于减轻体重的肥胖者(一般是年轻女性)中,由于盲目加大含 PPA 的减肥药的剂量,还出现了胸痛、恶心、呕吐和剧烈头痛。这表明这类药品制剂存在不安全的问题,要紧急停药。虽然停药涉及一些常用的感冒药,会对生产厂家不利,但市面上可供选择的感冒药还有很多,对患者不会造成任何影响。

11 月 17 日,天津中美史克制药有限公司的电话几乎被打爆了,总机小姐一遍遍地跟打电话的媒体记者解释:"公司没人,都在紧急开会。"仍有不甘心的,电话打进公司办公室,还真有人接听——一位河南的个体运输司机证实公司确实没人。这是国家药品监督管理局发布暂停使用和销售含 PPA 的药品制剂通知的第二天。

这次名列"暂停使用"名单的有 15 种药,但大家只记住了康泰克,原因是"早一粒,晚一粒"的广告非常有名。作为向媒体广泛询问的一种回应,中美史克 11 月 20 日在北京召开了记者恳谈会,总经理杨伟强先生宣读了该公司的声明,并请消费者暂停服用这两种药品,能否退货,还要依据国家药监局为此事所作的最后论断再定。他们的这两种产品已经进入了停产程序,但他们并没有收到有关康泰克能引起脑中风的副反应报告。对于自己的两种感冒药——康泰克和康得被禁,杨伟强的回答是:"中美史克在中国的土地上生活,一切听中国政府的安排。"为了方便回答消费者的各种疑问,他们为此专设了一条服务热线。另据分析,康泰克与康得退下的市场份额每年高达 6 亿元。不过,杨伟强豪言:"我可以丢了一个产品,但不能丢了一个企业。"这句豪言多少显得悲怆:6 亿元的市场没了!紧接着,中美史克未来会不会裁员,也是难题。

3 竞争加剧

6 亿元的市场,康泰克差不多占了中国感冒药市场的一半,太大了!生产不含 PPA 感冒药的药厂,同时面临了天降的机会和诱惑。他们的兴奋形成了新的潮流。由于含 PPA 的感冒药被撤下货架,中药感冒药出现热销景象,感冒药品牌从"三国鼎立"又回到了"春秋战国"时代。中美史克"失意",三九"得意",三九医药集团的老总赵新先想借此机会做一个得意明星。赵新先在接受中央电视台采访时称:"三九有意在感冒药市场大展拳脚。"赵新先的观念是:"化学药物的毒害性和对人体的副作用已越来越引起人们的重视。无论在国内还是国外,中药市场前景非常被看好。"三九生产的正是中药感冒药。三九结合中药优势论舆论,不失时机地推出广告用语:"关键时刻,表现出色",颇为引人注目。也想抓住这次机会的还有一家中美合资企业——上海施贵宝,借此机会大量推出广告,宣称自己的药物不含PPA。在这些大牌药厂匆匆推出自己的最新市场营销策略时,一种并不特别引人注意的中药感冒药——板蓝根销量大增,供不应求。

4 重塑形象

2000年11月发生的PPA事件后,中美史克采取了相关营销措施,推出了"新康泰克"。经过一年多的角逐,感冒药市场重新洗牌,新的主流品牌格局已经形成。调查显示,"新康泰克""白加黑""感康""泰诺""百服宁"等品牌在消费者中的知名度居前列。

【案例使用说明】

中美史克"PPA"之祸解决之道

一、教学目标

本案例内容生动丰富,易于同学们对市场营销环境这一概念做全面的了解。通过分析案例,深刻认识市场营销环境对企业经营活动的影响,并根据市场营销环境的变化制定有效的市场营销战略,趋利避害,扬长避短,适应变化,抓住机会。学会应对突发事件,并通过有效措施化解危机。

二、案例简介

本案例讲述了中美史克在中国国家药监局的有关文件规定及营销环境发生变化后所做出的应对策略,并被商界广泛称道。作为企业,如何去预判营销环境的变化以及如何去应对营销环境的变化对其长期经营并处于优势而言显得尤为重要。

三、案例思考

(1)在这个案例中,中美史克遇到了什么危机?公司的经营环境发生了哪些变化?

(2)本案例中,中美史克遇到哪些宏观环境因素的变化?公司是否采取了相应的对策?

(3)如果你是中美史克的总经理,在自己的产品被禁而竞争对手大举进犯的情况下,你下一步将采取何种措施?

四、分析本案例所运用的营销理论和方法
(1) 市场营销环境分析与对策。
(2) SWOT 分析方法。
(3) 竞争市场与营销策略。
(4) 公共关系策略。

四、"开心农场"的"偷菜"生活[①]

【案例正文】

> 摘　要：本案例描述了在当前中国社会大变革的背景下,"开心农场"游戏的产生、发展以及盛极而衰的过程。"五分钟"团队敏锐地抓住了当前人们的心理需要,创造了"开心农场"的田园生活,极大地满足了人们渴望交往、渴望自我实现的需求。
>
> 关键词："五分钟";"开心农场";社交游戏

1 "开心农场"火了

2009年,一款由"五分钟"团队开发的网络社区游戏风靡网络。自2008年年底"人人网"推出这款游戏之后,社交网站"开心网"、"腾讯网"、"星辰在线"等网站也迅速推出了类似游戏。此游戏受到社会各阶层的普遍欢迎,迅速走红网络。不少游戏参与者认为,该款游戏操作起来简单、易学,极大地满足了人们随性玩乐的天性;自己在单位几乎没什么朋友,而游戏拉近了她和大家的距离;游戏满足了人们在现实生活中许多无法实现的想法;你可以"偷"到自己想要的任何东西;以前下班后经常无所事事,对工作和生活的激情都在慢慢减退,而该游戏不仅充实了自己的生活,还重新燃起了自己的生活激情;游戏可以很好地宣泄自己在工作和生活中的负面情绪,在一定程度上起到了排解压力的作用。甚至有专家认为该游戏能成为人际关系的助热剂。

"开心农场"(也称"偷菜游戏")是一款风靡网络的休闲交友游戏,是白领喜爱的以种植农作物为主的社交游戏。用户在里面扮演一个农场的农场主,在自己农场里种植各种各样的蔬菜和水果。作物从种植到成熟有着不同的阶段,每个阶段可能会发生干旱、病虫害、长杂草等情况,需要农场主的细心照顾。果实成熟之后,可以被收获进仓库,如果不及时采摘,就会被朋友偷摘。后期用户可以根据市场波动来选择合适时机卖出仓库中的果实来获得金币。金币除了购买种子,还可以购买化肥等道具和农场的装饰品以及用于农场的土地扩建。

---

①　(1) 本案例由江西财经大学工商管理学院陈凌云根据公开资料改编撰写。未经允许,本案例的所有部分都不能以任何方式与手段擅自复制或传播。(2) 本案例委托江西财经大学工商管理学院案例中心授权学院全体教师使用。(3) 本案例只供课堂讨论之用,并无意暗示或说明某种管理行为是否有效。

四、"开心农场"的"偷菜"生活

"开心农场"具有明显的游戏特点,讲究互动互助,好友越多越有趣。每天用户只需要上线给自己或者帮好友的作物浇浇水、杀杀虫、除除草、收收果实即可,如果有损友来你农场里使坏或者盗取你的果实,你的狗狗也可以抓住他。该游戏不仅可以调动用户上线的积极性,还可以促使用户发起对站内好友的邀请,让好友与之一起互动。

"开心农场"的创意绝非来源于灵机一动,它是一款由"五分钟"公司开发的社交网络游戏。"五分钟"CEO 郜韶飞和他的团队反复研究了很多选题,其中有借鉴国外的,也有自己原创的。"五分钟"团队敏锐感觉到现代社会生活节奏日益加快,人类需要承受更多的工作、生活等各方面的压力,当现实生活中的压力达到某种阈值,而在当前的生活中又找不到恰当的途径来加以释放的时候,人们选择在虚拟的世界中去达到一种作为。那么,能否设计一款游戏,让人们在上网的间歇,偶尔种种菜,顺便再去摘点别人的菜,在种菜、偷菜的同时,暂时摆脱现实生活的压力。当郜韶飞向同事们最初提出这个创意时,大家对这个点子非常兴奋。经过初步沟通,几乎所有人都毫不怀疑这款游戏上线后的人气问题。从确定做"开心农场"到实际动手开发,期间又经历了两个月左右的时间。"在我们整个应用的开发周期中,前期的策划、产品功能,包括未来商业模式的讨论占据了大部分的时间,真正用于纯写代码的时间反而不多",郜韶飞告诉记者,"这两个月里我们做了更深入的讨论,包括是否该让游戏中互动的成分更大一些,还是把农场本身的功能做得更加丰富多彩?是否让玩家玩法难度增大,加大挑战性?还是让玩家入手更为简便?很多策划方案都经历了反复讨论不断取舍的过程"。

理清思路后,游戏策划师、美工设计师、FLASH 工程师、服务器端程序员、架构师直接参与开发,经过二十个毫无周末概念的日日夜夜,"开心农场"第一个版本正式出炉。游戏上线后首先在校内网平台上做了试推广,主要目的是想测试用户对这款游戏的反应。虽然上线前"五分钟"团队没有担心过"开心农场"的人气,但实际用户数的成长速度还是超出了他们最初的预料,两三天的时间内活跃用户数就迅速突破了一万人。因为担心服务器的承载力不够,公司甚至在短期内采取了一些控制用户数成长速度的措施。在短期内征集了大量的一线用户反馈意见后,"五分钟"团队立即开始了新版本的制作。2009 年 2 月 6 日,"开心农场"全新版本正式上线,此时游戏的日活跃用户数已经突破了十万。在 2009 年春节期间,日活跃用户数突破了百万,成为 SNS 平台上人气遥遥领先的社交游戏,以至于后来类似于"开心农场"主题的游戏源源不断地出现。

当前,生活节奏快、社会压力大,人们每天都在为了生活而忙碌地奔波,致使生活缺乏乐趣,太过无聊。不少白领们沦为"车奴""房奴""卡奴",面对重重压力,他们又无处诉说。他们通过网络游戏很好地宣泄自己在工作和生活中的负面情绪,排解压力。

现在,年轻人的职业充满了太多不确定的因素,市场竞争十分激烈。不少人在工作中一直很努力,但总难达成自己预期的目标。一些人甚至在现实工作中屡屡碰壁,由此产生强烈的职业挫败感。而在虚拟的网络游戏中,他们只要通过自己的勤奋努力,就能得到许多"财富",并很快买到"豪宅""名车",迅速填补他们在现实中的焦灼感和失意感。

"开心农场"这款游戏以田园生活作为主题,从而扩大了受众范围。释放压力、舒缓心情的需要使田园生活成为很好的网络游戏主题,从而抓住了广大的游戏受众。操作简单是这款游戏的另一个特点,也使这款拥有大众化主题的游戏能够更广泛地为游戏受众所接受。只要轻点鼠标就可以完成游戏,不需要太费脑筋,这样人人都会玩,人人都爱玩。大众化的游戏主题扩大了受众范围,游戏操作简单又进一步让更多的受众去应用该款软件。

一句"你偷菜了吗?"正成为网民乃至人们在现实生活中最常挂在嘴边的话题。很多人现在每天起来的第一件事就是打开电脑,进入自己虚拟的空间中享受着农场里播种、耕耘以及收获着西红柿、南瓜、茄子、土豆等蔬菜的乐趣,为了偷菜,爱睡懒觉的人们也起得很早了,有的甚至半夜还起来偷网友的果实。大家聚在一起就在议论"偷菜"的得与失、偷与被偷的体验,玩得不亦乐乎。

在一家企业上班的"黑子"在朋友的多次鼓励下开通了网上农场,开始"种菜"。"这一个周来,每天上班的第一件事就是打开'农场',算算自己的果实是否该收,并顺便捞别人几把瓜菜。回家后,也十分惦记那几块菜地,生怕时间算错了,菜被人偷走。""黑子"说,经过几天的不懈努力,他的级别由 0 级升到了 5 级,钱袋子里还有了一万多"金币"。"得知我开通'农场'后,很多原来很少上网的朋友都要求加我,玩伴一多'得手'的机会也多了,级别升得自然也快。"虽然经常遭朋友"黑手",但为了长经验、开新地,"黑子"还是乐此不疲地到处搜罗好友发展"下线",不断说服亲戚朋友加入"菜农"行列。他说,现在,他有近 150 名朋友玩"农场",每次搜罗都能轻易偷到"菜"。

在上班族率先玩起"偷菜"后,不少退休的老人也因各种原因迷上了"农场"。"林林"开通"农场"后,因为疏于算计收获时间,果实经常被好友"偷走"。为了减少损失,她特意委托退休在家的母亲帮忙照看"农场"。"开始,我妈算计好收获时间后就去忙家务或看电视,可当尝到偷人果实的喜悦后,我妈啥也不干了,整天盯着电脑,等着偷果实。""林林"说。

虽然并不像另一款广受欢迎的网游《魔兽世界》那样,需要用人民币购买点卡才能进行游戏,但免费玩绝不意味着"开心农场"是"花钱赚吆喝"。事实上,正是"开心农场"免费进行游戏的低门槛,为其吸引来成千上万的玩家,而有了这成千上万的玩家,也就有了心甘情愿为农场花钱的主。为什么?"要想玩得比别人好,就得花钱多买道具。"自称农场资深玩家的初中生王浩(化名)对记者说。

"QQ 会员每月 10 块钱,黄钻每月 10 块钱。"王浩开始向记者细数自己耕耘 QQ 农场所要付出的现金费用。据王浩介绍,虽然 QQ 农场不收费,但他花的钱并不比玩付费大型网游少。"化肥、狗粮都要用 Q 币购买,这样自己的菜才不会被人偷。"据记者了解,Q 币是通行于腾讯网内的一种虚拟货币,其与人民币的对价基本是 1∶1。"狗粮 0.4 Q 币一天,化肥有好有差,中等的高速化肥要 1Q 币一袋,一天用两袋化肥就是 2Q 币,但是有黄钻可以全场八折……"王浩最后得出的结果是每天花费 1.92 元,这样连同会员费和黄钻特权费,他一个月在 QQ 农场上要投入 80 元左右。

王浩告诉记者,家里每月会给他 100 元零花钱,主要是让他上午饿了买点东西吃。但"为了农场,只能牺牲一下了",王浩有些自豪地说:"我是班长,农场级别也是最高的!"

四、"开心农场"的"偷菜"生活

"开心农场"从 2008 年年末以校内网(后改名为人人网)为平台运营后,就受到了很大程度的欢迎。这款开发成本不到 10 万元的游戏迅速占领了诸多国内的社交网络平台,一年内发展了上亿注册用户,最高日活跃用户数超过 1 600 万人。"偷菜"游戏玩家队伍非常壮大,从学生、上班族到退休人员,从机关工作人员到企业职工,迷恋这类游戏的人们大有人在,几乎形成全民"偷菜"之势。

2009 年 10 月,腾讯一次性斥资数百万元人民币购买了这款游戏,并改名为 QQ 农场。目前,在 QQ、校园网、开心网、人人网等 SNS 网站上风靡的"开心农场"游戏均由"五分钟"公司开发并提供运营权,合作双方采用"SNS 网站提供平台,'五分钟'公司为程序提供定制化开发服务"的联合运营模式。尽管"开心农场"是在人人网起家,但真正获得爆发性成长还是在入驻腾讯平台之后,"开心农场"每个月的营业收入达到 300 万元。而 QQ 农场每个月收入达到 5 000 万元,拉动腾讯第三季度销售额增长 3%,拉动 QQ 空间和 QQ 秀的收入增长 16%。

同时,"开心农场"的成功运营吸引了国外最大的社交网络平台 Facebook,随着 Facebook 在国内用户暴增,2009 年 10 月,"开心农场"的营收也达到高点,从原来月营利不到 75 万元暴增到 1 700 万元。

2 偷菜游戏催生新职业

风靡网络的"开心农场"、QQ 农场等偷菜游戏,成为不少人出行和工作时的牵挂。有些人甚至半夜爬起来收菜偷菜,使每天生活劳累不堪。这种红火的偷菜游戏竟然催生新职业——偷菜钟点工。商丘师范学院学生冯春就是一例。冯春老家在广西,是经济管理系大三的学生,月收入在 500 元左右。冯春介绍,他初中时就很喜欢网络游戏,一旦有新推出的大型网络游戏,他都会尽快试试手。也正因为如此,进入大学之后,他到学校附近的网吧应聘上了"游戏代练"的工作。由于他能将新账号迅速升级到对方想要的级别,因此,平时找他代练的人很多,除了学生以外,还有不少社会上的上班族。4 个多月前,曾让他代练过游戏的网友"卡通车"找到他,让他帮忙上"开心农场""收菜"和"偷菜",而且答应每"偷"一次给 2 元报酬,但每次"收入"必须在 10 000 金币以上。

后来,他见可以赚一笔零花钱,就多方联系网友和朋友,劝他们开通"开心农场"游戏,并揽下"收菜"和"偷菜"的工作。"'偷菜钟点工'这个工作不是很累,就是麻烦。"冯春说,找他做"偷菜"工作的,大多是上班族,既怕耽误工作,又怕"农场损失惨重"。

冯春一天几乎有 20 个小时在盯着电脑,有时上课时还带着笔记本电脑,以方便随时可以偷菜。每个网友交给冯春的任务,他都一丝不苟地完成。

现在,冯春在帮 13 个人管理"农场",价格也涨到了每次 3 元以上。为让雇主放心,他还特意制定了很详细的收菜偷菜时间表,"一个月下来,能赚 500 元左右的'辛苦费',但也不是每次都能收到钱的"。

冯春的一个雇主、网名为"雨桐"的网友在接受记者采访时表示,他觉得找人代替自已收菜偷菜很不错，他的账号在农场已经升到了 33 级，和朋友比起来，他算是最牛的，"收费不算高，跟买狗粮差不多，但比那个放心多了"。

然而，"偷菜"的流行引发了一系列社会问题。许多白领晚上定闹钟起来偷菜或者防止别人偷菜，并在工作时间沉迷其中，严重地影响了正常的工作。许多公司甚至出台规定，禁止玩这种游戏。

2012 年 10 月 13 日，网媒上一条消息颇为引人眼球：网络上颇具人气的"偷菜游戏"可能被取消或改良。事件起源于 9 月 30 日《西部商报》的一组连续报道：甘肃天水妇女李某受网上"偷菜游戏"误导，上演现实版偷菜闹剧，因违法被拘留罚款。此案披露后，引起社会各界强烈反响。大多市民认为，"偷菜"互动游戏泛滥至极，老少沉溺其中，意志被消磨，对青少年正确人生观的树立形成误导，社会负面作用远远超出愉悦身心的游戏初衷，弊大于利。心理专家和法学专家也明确提出建议和对策，建议国家相关部门对"偷菜游戏"设置门槛或关停。

在"开心农场"等社交游戏爆发早期，同类产品很少，因此出现了"全民偷菜"的盛况，抓住那段时间上线的社交游戏，都获得了相当的成功。但此后，各种社交游戏大量涌现，用户被分流，新推出的社交游戏用户数很难上去，再也无法重现当年"偷菜"盛况。随着用户热度的下降，该游戏的用户数也急剧下滑。

2013 年 7 月，业内传出消息，因"开心农场"而名声大噪的"五分钟"在 B 轮融资中失败，只好大量裁员，现只剩下 20 余名员工，而鼎盛时期"五分钟"员工人数近 200 人。2013 年 8 月 6 日，"开心农场"管理员在人人小组上发布了"开心农场"下线公告。公告称，因为公司战略调整和资金等各方面原因，虽然心怀万分不舍，却不得不决定于 2013 年 8 月 20 日关闭"开心农场"游戏服务器。据了解，为了补偿玩家，"五分钟"公司与人人网开放平台运营人员多次沟通后，为 7 月登录"开心农场"的老玩家申请了礼包作为补偿。

【案例使用说明】

开心农场的"偷菜"生活

一、教学目的与用途

（1）本案例适用于《市场营销学》和《消费者行为学》。

（2）本案例适用于 MBA、高年级本科生和全日制研究生的上述课程教学。

（3）本案例的教学目标是要求学生掌握马斯洛的需要层次理论、消费者的动机以及如何满足消费者的需要。

二、启发思考题

（1）市场上的社交游戏成千上万，为什么"开心农场"能获得如此成功？

（2）"开心农场"满足了消费者的什么需要？

（3）社交游戏未来的发展趋势是什么？

(4) 在互联网环境下,社交游戏如何满足消费者多样化的需要?

三、分析思路

教师可以根据自己的教学目标(目的)来灵活使用本案例。这里提出本的案例分析思路仅供参考。

(一)背景分析

中国社会正处于工业化、城市化的双重变迁过程之中,居住在城市中的人们生活节奏快,工作压力大,社会竞争日益激烈,大部分工薪阶层都沦为"房奴"和"车奴",还有更多的人对房子和车子望洋兴叹,压力重重却又无可奈何。这些都使人们需要更多的方式放松。

广大白领阶层的职业前景中充满了太多不确定的因素,因此,很多工薪阶层的群体在现实中的努力很难得到立竿见影的效果,他们的职业规划和理想遂屡屡在现实中碰壁,从而产生了强烈的职业倦怠感和挫败感。他们渴望获得一定的财富和相应的社会地位,以此寻找心理满足感。

同时,人们大多没有与家人、朋友居住在一起,加上交通的有限,使人们普遍感到"见面难"。人们"想见面、难见面",这种困难既可能是时间不够,也可能是交通不便,他们需要与家人、朋友们交往,保持一定的联系。

(二)成功之处

(1)"开心农场"这款游戏的一个最重要的特点就是花费时间少。这款游戏的研发公司名为"五分钟"。"五分钟"代表了一个短时间的概念,通常可以描述为生活中的零碎时间。"五分钟"是玩社交游戏的最低时间成本,而这也是这家公司取名"五分钟"的用意所在。"五分钟"公司一方面从受众的需求着眼,准确地把握了受众的生活规律。这款游戏最大的潜在受众是都市白领和学生,他们虽工作学习忙碌,但仍有许多闲暇的休息片段。较短的游戏时间能让游戏玩家充分抓住既有的多个工作和学习闲暇片段。特别是3G手机的普及使受众可以随时随地应用这款游戏。另一方面,从运营平台的特征入手,社交网站就是让你只要一有时间就可以去点击的网站,所以,较短游戏时间的设计理念就和社交网站的特性达到了完美地契合,让游戏受众只要一有时间就去应用这款游戏。

(2)大众化的主题是"开心农场"能够成功的又一重要原因。以往的网络游戏多以武侠、战争为题材,具有很强的竞技性,虽然很受一些青少年受众的青睐,但损失了一些年龄较大的受众和女性受众。这就很大程度上限制了游戏的受众范围。而"开心农场"这款游戏则以田园生活作为主题,从而扩大了受众范围。释放压力和舒缓心情的需要使田园生活成为很好的网络游戏主题,从而抓住了最广大的游戏受众。

(3)操作简单是这款游戏的另一个特点,也使这款拥有大众化主题的游戏能够更广泛地为游戏受众所接受。只要轻点鼠标就可以完成游戏,不需要太费脑筋,这样人人都会玩,人人都爱玩。大众化的游戏主题扩大了受众范围,游戏操作简单又进一步让更多的受众去应用该款软件。

(4)"开心农场"这款游戏的另一大亮点就是较强的互动性。"和认识的人一起玩游戏"是这款游戏最重要的特点。传统的 PC 游戏、电视游戏或手机游戏没有联网功能,适合一个人玩;传统的网络游戏和 Web game 可以联网,适合寻找同时在线的陌生人玩;而以"开心农场"为代表的社交游戏,则适合玩家通过社交网络和自己的"真实好友"一起互动,一起体验游戏的乐趣。社交游戏是让玩家和自己的亲朋好友一起互动的游戏。"开心农场"借助社交网站这一独特的平台,游戏玩家的好友多半都是在现实社会中认识的,在游戏中进入好友的农场,通过善意的劳动或恶作剧式的偷菜的形式形成网络世界与现实世界双向的、有效的互动,更使这种互动在网络世界和现实世界呈现双倍的沟通。所以,较强的互动性,特别是"五分钟"公司提出的"和认识的人一起玩游戏"的理念是"开心农场"获得广大游戏玩家青睐的重要原因之一。

四、理论依据与分析

(一) 马斯洛的需求层次理论

马斯洛认为,人的需要可以分为生理需要、安全需要、社会交往需要、自尊需要和自我实现需要。人总是由低层次需要向高层次需要发展;一个人可能同时存在几种需要,其中,某种需要占主导地位,越是高层次需要越难以满足。

(1)"开心农场"游戏迎合了当代青年在虚幻中寻求自我实现的需要。在马斯洛的需要层次论中,"自我实现"是人的最高层次,也是难以实现的需要。我国城乡发展的不平衡以及城乡"二元结构"的现状,导致现代社会的职业竞争十分残酷,使一部分人在现实生活中受挫,出现心理落差。而享乐的本能、生存的压力和生活的重担又不允许人们脱离现有的生存方式,只能将自己成功的希望寄托于虚幻的世界,以求心灵的慰藉。"开心农场"游戏的相对公平性给了人们一个自由成长的空间和机会。在这款游戏中,只要付出就有收获,而且付出越多,收获越大。此外,游戏中虚拟的财富和经验等级的上升可以让参与者体会成功的喜悦,获得成就感。

(2)"开心农场"游戏迎合了当代青年释放压力和逃避现实的需要。现代青年在学习、生活以及工作等方面遭受的压力使他们常常处于紧张和彷徨之中,他们需要有效的释放途径。"开心农场"游戏简单易懂,参与者无须花大量的时间来玩这款游戏。此外,城市的现代化方便了人们的生活,而这种快节奏的都市生活和高耸入云的现代建筑却使人们远离大自然。越来越受市民欢迎的农家乐的出现,影射出人们追求返璞归真和回归大自然的心态。"开心农场"给大家提供的正是一种陶渊明笔下的田园诗般的生活,充分满足了公众潜在的"出世"需求,满足了公众在生存压力下自我解脱的心理,因而受到当代青年的喜爱。

(3)"开心农场"游戏迎合了当代青年驱逐寂寞和填补精神空虚的需要。信息时代的来临打破了传统的联系和沟通方式,人与人之间的联系更为方便、快捷。尽管在网络中有很多经常联系的好友,但人与人之间的心灵交流和沟通却只闻其声、不见其人,这就造成现代人内心的孤独与寂寞。于是,这种孤独与寂寞成了这一代青年人共有的情感体验。

(二) 群体社会动机理论分析

"偷菜"作为一种社会行为,必然有其发生的社会动机,简单而言,包括群体内部动机和群体外在动机。对于"偷"而言,更多的是源于内在动机,是一种集体的冲动。按英国心理学家麦独孤的本能论来说,"偷菜"本身就含有某种"偷"的本能的释放,而从劳伦兹的习性论而言,网上"偷菜"也具有某种传染性,一传十,十传百,尤其是在办公室或学生中间,某种集体性的冲动往往源于最初一、两个人的"启示"。

如果再从成就动机、亲和动机、权力动机来说,"偷菜"也具有这些因素的成分,从"偷菜"所得中,偷菜者可以找到一种成就感,而在帮他人除草、杀虫时,偷菜者们则感受到了与他人亲和的美妙,这是对现实生活中人情冷漠的变相补偿,而当"偷菜"族们因种菜、偷菜而获得一定的积分时,他们则可以去购买许多虚拟商品,小到日常生活所需,大到汽车楼房,现实生活中有的,这里都可以买到,只不过是虚拟的而已,但尽管如此,他们还是在这种虚拟的游戏中尽享金钱带来的快乐,这是一种权力的延伸,中国社会中有钱就等于有权,所以,也有了权力动机的满足。

(三)从众心理

从众心理是指个体在群体的压力下改变个人意见而与多数人取得一致认识的行为倾向,是社会生活中普遍存在的一种社会心理和行为现象。社会心理学已经证实,人们具有从众心理,当决策者行动时,常常考虑他人的判断和行为,即使知道其他人是一种从众行为,完全理性的人也会参与其中并采取类似的行为。如果脱离了大多数,会让人产生不安感,尤其是对自己缺乏自信的时候,这种心理效应会更加显著。当身边的朋友和同事都在玩开心网,自己也不自觉地加入其中。不是说"偷菜"本身多么有趣,主要是和很多熟人、朋友抢着"偷"的快感。那些在现实生活中社交能力比较弱的人,该游戏正好给他们打开了一扇窗,在"偷"来"偷"去中寻找共同话题,拉近相互的距离。

五、背景信息

无更多背景信息。

六、关键要点

要理解该案例并找到答案,了解中国社会快速变化的相关背景和掌握马斯洛需要层次理论是非常关键的。

七、建议的课堂计划

本案例可以作为专门的案例讨论课来进行。如下是按照时间进度提供的课堂计划建议,仅供参考。

整个案例课的课堂时间控制在80—90分钟。

课前计划:提出启发思考题,请学员在课前完成阅读和初步思考。

课中计划:

(1)简要的课堂前言,请一位同学简单复述该案例。(2—5分钟)

(2)分组讨论案例所附启发思考题,告知发言要求。(30分钟)

(3)小组发言。(根据班级学员人数分成若干组,选择3组发言,每组10分钟,总体控制在30分钟内)

(4) 引导全班进一步讨论。(讨论各组没有涉及的内容以及存在分歧意见的内容),并进行归纳总结,梳理案例中涉及的理论知识,并结合理论知识,梳理案例逻辑。(15—20分钟)

课后计划:下节课前,请学员以小组为单位,采用PPT报告形式上交更加具体的"社区游戏的发展趋势"和"网络游戏商的营销策略"。

五、苏宁电器采购模式的转型[①]

【案例正文】

> **摘　要**：本案例描述了苏宁电器采购行为和采购模式发生的变化，揭示了组织采购行为和采购模式的影响因素及其变化方向，引发读者深度思考组织采购行为和采购模式影响因素和策略选择问题，深化读者对组织市场购买行为、组织市场购买模式等相关理论知识的认识，培养读者透过表象看本质的分析能力和从不同角度评价营销策略优劣的辩证思维。
>
> **关键词**：组织市场购买行为；组织市场购买模式；苏宁电器

1　苏宁电器简介

1990 年，苏宁电器连锁集团股份有限公司（简称苏宁电器）创立于江苏省南京市。从其发展历史看，苏宁电器经历了两次非常关键的战略选择。第一次是在 1996 年，张近东决定带领公司同时展开两个层面的转型——放弃批发业务，转向零售，并开始尝试进行连锁经营；同时，从单一的空调经营转向综合型家电经营。第二次战略选择以 2005 年 ERP 项目的上线为标志，苏宁电器选择了加强自身核心能力的战略路径，而没有加入盲目扩张的战团。目前，苏宁电器已成为中国最大的商业零售企业，名列中国民营企业前三强。2011 年，销售规模突破 1 900 亿元，员工 18 万人，在中国 600 多个城市开设了 1 700 多家连锁店，品牌价值达 815.68 亿元。围绕市场需求，按照专业化、标准化的原则，苏宁电器形成了旗舰店、社区店、专业店、专门店 4 大类、18 种形态，其旗舰店已发展到了第七代。

苏宁电器采取"租、建、购、并"四位一体、同步开发的模式，保持稳健、快速的发展态势，每年新开 200 家连锁店，同时不断加大自建旗舰店的开发，以店面标准化为基础，通过自建开发、订单委托开发等方式，在全国数十个一、二级市场推进自建旗舰店开发。预计到 2020 年，网络规模将突破 3 000 家，销售规模突破 3 500 亿元。2013 年 2 月 21

[①] (1) 本案例由江西财经大学工商管理学院刘劲松根据公开资料改编撰写。未经允许，本案例的所有部分都不能以任何方式与手段擅自复制或传播。(2) 本案例委托江西财经大学工商管理学院案例中心授权学院全体教师使用。(3) 本案例只供课堂讨论之用，并无意暗示或说明某种管理行为是否有效。

日,张近东在苏宁总部高调宣布"去电器化",改名"苏宁云商"。苏宁的新定位是做"店商+电商+零售服务商",即苏宁全国连锁实体门店与苏宁易购相融合,为消费者、内部员工、合作商家提供完善的服务。与此相呼应,张近东总结出两点结论:第一,电子商务的主力军应该是店商,而不应该是电商,无论店商还是电商,零售盈利的精髓都取决于本地化的经营和服务;第二,电子商务的发展要由零售企业自己主导,而不是由电商服务商主宰,电子商务是实体经济不是虚拟经济,虚拟经济主导实体经济必然导致泡沫经济。"店商+电商+零售服务商"是苏宁所要倡导的中国零售的云商模式。

面对新的市场环境和技术趋势,2012年,苏宁明确了未来10年发展战略,并确立科技转型服务升级的总体方向:发力线上和线下两个渠道,渐进海内和海外两个市场,建设店面、物流两个网络,拓展有形和无形两类商品,整合内、外两类资源,共建统一开放平台,实现苏宁从传统零售业向现代服务业的转型升级。这就要求苏宁电器实现包括采购模式在内的诸多方面的转型。为此,苏宁电器从采购理念、服务模式和合作机制等方面对企业采购模式进行了创新。

2 苏宁电器采购模式的转型

2.1 创新合作新理念:要做更有价值的渠道

在苏宁电器的二次转型中,苏宁积极推进全国性连锁,广大供应商在品牌产品进驻、终端销售人员跟进、市场促销协同等方面,与苏宁共同创业、共同成长。2009年9月14日,苏宁再次与IBM合作,借IBM"智慧的地球"概念,提出打造"智慧的苏宁"。在SAP/ERP系统中,苏宁只是实现了与上游供应商的ERP系统互联,提升交易过程的效率。但如今,在和供应商的ERP系统互联中,除了共享业务信息外,苏宁还提供给供应商增值数据服务。通过双方系统的链接,供应商可以进入苏宁的信息系统里,随时察看自己产品的销售进度和库存情况,由此,供应商可以更快地清除库存,生产适销对路的产品。

在与上游供应商的沟通途径中,苏宁采用了B2B的方式。通过B2B电子商务技术,苏宁电器与供应商的供应链从流程到信息都实现了协同管理。从采购订单,到发货、入库、发票、远程认证、实物发票签收、结算清单、付款情况、对账等主干流程和环节,都在B2B平台上实现了全面的整合,双方都可以实时地在线查询和互动。

苏宁B2B系统由公共平台、B2B功能模块和增值服务三部分组成。公共平台提供了B2B平台中的基本功能,如协议转换、访问权限管理等;第二部分B2B功能包括Rosettanet所支持的业务流程管理、业务文档管理等;第三部分增值服务提供了对内和对外的服务功能。利用B2B平台的向上沟通,苏宁电器实现了与电器供应商的完全自动化订单和全面的协同。目前,苏宁已经与三星、海尔、摩托罗拉等大型企业建立了这种直联的B2B供应链合作关系,供应商可以进入苏宁的系统里,随时查看自己产品的销售进度和库存情况,减少业务沟通成本,极大地提高了供应链效率,降低了交易成本和库存水平,并缩短了供货周期,增加了企业的利润。

虽然苏宁与广大供应商的合作取得了丰硕成果,但从行业来看,大规模制造和大规模流通相匹配的先进制造和现代流通体系并没有建立起来,厂商合作中专业分工并不清晰,供应链效率还不是很高,市场营销工作还显得简单、粗放。

未来十年,苏宁连锁的规模将进一步扩大,但规模扩大的过程对供应商的价值何在及对行业的进步意义何在是近两年来苏宁内部经常探讨和反思的问题。渠道的能力在于销售的规模,渠道的价值在于销售的效率。苏宁不仅要做有能力的渠道,更要做有价值的渠道,以自身能力的壮大和效率的提升为供应商和行业创造更大的价值。新的十年,苏宁致力于打造有价值的渠道,面向社会开放企业内部资源,服务供应商培育渠道的专业能力,引领未来趋势,共建行业发展标准。

2.2 创新服务新模式:打造开放型企业资源平台

作为社会化大企业和行业龙头企业的渠道商,苏宁的价值在于服务供应商的能力,苏宁能力的大小取决于苏宁拥有行业资源的多少,取决于企业资源面向社会、面向供应商开放的程度。只有更加开放的企业资源,才能整合更多的行业资源,创造更大的社会价值。为此,苏宁从以下几个方面着手来提高其服务供应商的能力。

1. 开放高产店面资源

目前,苏宁在国内拥有近1 700家店,今后每年至少新增200家以上,3到5年后,还将拓展海外连锁。比数量更重要的是店面的质量,自有高产出店面的比例。是苏宁成为百年老店的基础,是为供应商创造价值的资源平台。苏宁坚持开放高产店面资源,使之成为供应商展示品牌形象、开展终端销售的平台。在网络购物平台,苏宁易购将开放供应商平台,建立更多的B2B和B2C品类门户及品牌窗口,着力提高服务供应商的能力。

2. 共享现代物流资源

一系列的信息化改造使苏宁的物流模式发生了变化。过去,苏宁的一个子公司对应一个仓库,每个仓库对所有商品进行备货,经常导致库存积压、占用资金;而且由于各子公司IT平台不集成,仓库间货物流通手续烦琐、耗时长。现在,苏宁用相当于原来1/3的物流人员就实现了进出货差错率几乎为零,库存周转率则提高了60%,资金占用率下降了40%以上。在供应链管理上,苏宁正在逐渐与主要供应商的IT系统对接。这简化了苏宁与供应商之间的下单、收发货、结算等流程,通过有偿向供应商提供产品库存和销量等数据,苏宁又找到了一个增收途径。流通的本质是商品物流,流通现代化的基础是物流现代化。目前,苏宁在4个地区已经建成并投入使用现代化物流基地。未来5年,苏宁将在全国60个地区实现物流作业的信息化、机械化,10个地区实现物流自动化。届时,苏宁全国大家电静态仓储能力将达到1 800万台套,年度周转量2亿台套。从而有力支撑全行业的物流现代化升级。开放仓储资源、对接配送资源,共享物流资源是流通现代化的必由之路。

3. 共用专业售后资源

苏宁的 ERP 信息平台的建设不仅针对内部，也对供应商开放。苏宁目前有 900 多家零售终端门店，供应商数量 1 万多家，供应链运作相当复杂。对下游业务，苏宁电器需要通过分布在全国的门店将商品销售给最终消费者；对上游业务，苏宁电器同时从商品、采购计划、订单、收发货、结算对账、信息交流等多方面需要和供应商进行沟通，包含物流、资金流、信息流等交叉作业。因此，供应链上的每一环节增值与否、增值的大小都会成为影响苏宁电器以及上游供应商各自的竞争能力。家电及消费电子产品必须依赖本地化的服务，服务是零售商的价值所在。长期空调经营的历史使苏宁始终把服务摆在促进销售、塑造品牌的重要位置，售后服务的网点始终多于店面数量。苏宁今后将加速网点建设，加强配件资材中心建设，扩大专家座席，扩容呼叫中心。使苏宁售后服务体系进一步提高专业能力，向技能培养型、作业指导型、资材支持型和管理控制型服务升级。

4. 提供供应融资资源

随着全国连锁和区域连锁的纵深发展，新一轮渠道扁平化发展将在三、四线市场迅速体现。大型连锁企业在传统零售主导基础上，需要创新渠道功能，满足供应商代理分销与融资需求。为此，苏宁在两方面进行营销的变革。一是加强单品采购能力，运用买断、包销、定制等手段，增加预付大单采购。二是联手上游厂商和金融机构，建立供应链融资模式，创新订单授信融资、库存担保融资等多种服务供应商的融资形式，充分发挥渠道的融资功能。

5. 启动大采购操作平台

苏宁易购于 2010 年 1 月上线。苏宁易购的开放平台于 2012 年 7 月推出，但目前仍未有独立的团队运作，苏宁易购日用百货人员兼做开放平台招商。苏宁 2013 春季部署会提出要本着"采销一体、双线融合"的指导思路，对苏宁易购进行了组织架构的调整。在将苏宁易购的采购功能剥离后，新成立了电子商务运营总部，负责苏宁易购的运营，下设 8 个事业部。今后，苏宁易购与苏宁电器的采购统一到一个大采购平台，这样有利于苏宁打造大采购平台和大商品经营平台的建设。未来，苏宁易购的自营产品全部由大采购平台操作，长尾商品则由开放平台统一招商进行。

2.3 创新厂商合作新机制：苏宁采购模式大转型

过去，苏宁的采购模式基本上是上游制造商明确供货价以及挂牌零售价，在此基础上，双方进行谈判，明确返利的点数。苏宁统一采购，其总部和制造企业之间谈判的焦点是返点多少。苏宁各大区的采购部门则与制造企业谈判促销资源，争取制造企业在广告费、促销资源、降价幅度、礼品赠品等方面给予支持。因为行业分工不明确，苏宁与制造商并没有形成真正的买卖关系。例如，当卖一台空调的时候，如果制造商与渠道商是简单明了的买卖关系，制造商给苏宁一个初始的价格，如 2 000 元，苏宁在此基础上根据广告费、服务费、促销费等投入，加价之后以 2 500 元卖出去，价差是 500 元，苏宁扣除促销费用后可以赚 400 元。

随着竞争态势的变化,后来的情况变为,厂家确定一台空调的初始价格为 2 600 元,要求苏宁以 2 500 元销售,使苏宁有了 100 元的负毛利。然后,厂家通过补差、返点、补贴广告费、提供促销礼品等方式,弥补苏宁的负毛利,冲抵营销成本。在这样的方式下,苏宁最终可能会赚 400 元。不过,整个营销过程由厂家把握,投入多少营销资源由厂家说了算。

由于分工不明确,制造商大举向下游的营销环节渗透,而连锁企业在发展的过程中,提高、强化自己对消费者的服务能力都时时刻刻受到了掣肘。另一方面,如今的苏宁的规模以及行业地位都超过了一些大型家电制造企业。苏宁希望自己继续向前发展,然而,随着苏宁连锁店越开越多,进入三、四级市场时,厂家就不再愿意投入了。苏宁开大店,厂家愿意支持,但是开社区店、乡镇店,厂家认为自己的投入与销售回报不成正比,不愿意投入。如果延续以往的做法,苏宁唯一的选择是加大向厂家索要营销资源的力度,让其分担更多的渠道建设、终端促销成本,可是,结果只会让厂家认为苏宁变得强势了,"店大欺客",显然是一个死胡同,是苏宁不愿意看到的。因为如果厂家消极抵制,或者另起炉灶,自建渠道或者培植百货公司等陈旧的业态,厂商之间的博弈又将回到多年前的循环中。仅仅是走回头路,简单循环,不可能突破传统的路径。

在很长的一段时间内,由于苏宁的采购部门关注的是如何与供应商谈判,每天想的是扣点的多少,对消费者、商品并没有静下心来细致地进行研究。现在苏宁将自己的采购中心"升级"为"采销中心",不仅关注与供应商的合作和谈判,同时将重点关注商品规划、顾客管理和商品推广。在商品采购的过程中,苏宁还加大了包销、买断的力度,实行真正的购销制。根据苏宁未来 10 年的发展战略,苏宁电器更是提出要建立新的厂商合作机制、开创厂商之间新的合作模式。这一新的合作模式的内涵主要表现在以下三个方面。

1. 以长期合作计划与年度目标任务相结合,建立厂商合作新机制

近十年来,苏宁从单一品类区域经营的企业发展成为综合家电全国连锁企业,苏宁和众多制造企业共同成长、共同扩大规模。随着各自企业规模的扩大,厂商之间的合作机制有必要进行新的突破。厂商之间不能年年谈扣点、周周搞促销、月月忙返利。厂商之间要建立战略型长期合作关系,规划三到五年时间双方合作的销售增长目标、地区发展目标和各自利润增长目标。在年度合作中,严格严肃任务导向,明细产品计划,分解地区目标。苏宁在新的总部平台预留了一个 16 000 平方米的概念店,为各位供应商搭建年度新产品的展示平台。苏宁营销体系将和供应商的业务体系对接,每年举办一次采购供应大会。促进苏宁采购模式的转型,逐渐建立新的厂商合作机制。

2. 以提高供应链效率和效益为核心,建立战略型厂商合作新模式

苏宁倡导的厂商合作新模式,并不是拘泥于一种固定的形式,其核心原则是以顾客为导向,以产品为核心;以战略合作为基础,以提高供应链的效率为目标。成本驱动的白色家电行业,技术驱动的消费电子行业,时尚设计驱动的精品电器,厂商合作模式明显不同;一二级市场、三四级市场、海外市场,厂商合作的模式也会有所差异;旗舰店、精品店、社区店、对公销售也会有不同的变化,唯一不变的是供应链的效率与效益。苏宁将持续地以提高渠道效率为方向,提高服务供应商的能力,通过为供应商创造更大的价

值,获得苏宁成长的价值。

3. 通过 B2B 信息化技术直接与供应商进行对接,以更好服务供应商

最初,苏宁与三星分别拥有各自独立的信息化系统,当时的合作模式是:三星根据苏宁的订单供货,至于销售的情况只能在月度或季度对账时才能了解。这样造成的直接结果是,热销的产品缺货时往往不能及时补货,而滞销的产品只能在库房中慢慢贬值。为了弥补上述的缺陷,苏宁通过 B2B 信息化技术直接与供应商进行对接。三星、海尔、摩托罗拉是最早与苏宁电器进行 B2B 对接的供应商,这些供应商可以随时进入苏宁的 ERP 系统(通过苏宁的一个公共平台实现双方 ERP 系统的对接)查看自己产品的销售进度和库存情况,减少业务沟通成本和劳动强度。同时,利用苏宁电器与消费者直接接触得来的市场信息,供应商可以更快地清除库存,生产适销对路的产品,供应链在这种循环当中得到完善。正因如此,LG、三星的客服在第一时间就掌握了其商品用户需求的变化。通过 B2B 信息化技术直接与供应商对接的良好举措依然是苏宁未来推进厂商合作的重要模式。

3 案例小结

苏宁电器采购模式的转型是其在网络经济环境下落实现代市场营销观念的一次主动变革。苏宁易购是苏宁电器应对电子商务对实体店面营销方式冲击的具体措施。为了更好地实施线上和线下相结合的营销模式,苏宁改变了以前对供应商的一些做法,推出了一些更具人性化的举措。如向供应商开放高产店面资源、与供应商共享现代物流资源、与供应商共用专业售后资源、为供应商提供融资资源以及启动大采购操作平台等。这些举措使苏宁电器在方便供应商的同时,也能够大大提升自身的核心竞争力。

另外,苏宁电器十分重视供应链的效率与效益。提出致力于提高企业渠道效率,提高服务供应商的能力,通过 B2B 信息化技术直接与供应商进行对接以更好地服务供应商,在为供应商创造更大价值的同时,也为苏宁电器开创了更大的成长空间。

【案例使用说明】

苏宁电器采购模式的转型

一、教学目的与用途

(1) 本案例主要适用于市场营销类课程的教学和培训,专门针对组织市场购买行为和组织购买模式选择等学习内容的辅助学习和讨论,以推行阶段学习相关理论知识,一般在课程中期或后期作为案例讨论使用。

(2) 本案例的教学目的在于通过描述苏宁电器采购行为和采购模式变化及其变化背后的理论与现实意义。揭示组织采购行为和采购模式的影响因素及其变化方向,引发读者深度思考组织采购行为和采购模式影响因素和策略选择问题,深化读者对组织

市场购买行为、组织市场购买模式等相关理论知识的认识,培养读者透过表象看本质的分析能力和从不同角度评价营销策略优劣的辩证思维。

二、启发思考题

（1）电子商务对苏宁电器的营销模式带来了哪些冲击？苏宁电器采购模式的转型有利于缓解这些冲击吗？

（2）苏宁电器对其供应商的更加人性化的服务措施体现了其购买行为在哪些方面的改变？

（3）如何评价苏宁电器"以提高供应链效率和效益为核心,建立战略型厂商合作新模式"这一做法？

三、分析思路

结合苏宁电器发展路径和发展背景,挖掘苏宁电器组织购买行为和采购模式变革的深层原因,分析并归纳在网络经济环境下（电子商务环境下）苏宁电器组织采购行为和采购模式变革的必要性和迫切性,并分析苏宁电器组织采购模式变革的方向和路径。

四、理论依据及分析

（一）组织购买行为

组织市场是指工商企业为从事生产、销售等业务活动以及政府部门和非营利组织为履行职责而购买产品和服务所构成的市场。包括生产者市场、中间商市场、非营利组织市场和政府市场。生产者购买行为的主要类型有直接重购、修正重购和新购。中间商的购买类型有新产品采购、最佳供应商选择、改善交易条件的采购和直接重购。组织购买者数量较少,购买规模较大,购买者往往集中在少数地区。组织市场需求是引申需求,组织市场需求是缺乏弹性的需求,组织市场需求是波动的需求,组织市场购买是专业购买,组织市场购买方式比较直接和灵活。组织购买决策的过程是认识需要、确定需要、说明需要、物色供应商、征求供应建议书、选择供应商、签订合约和绩效评价。

（二）客户关系管理

客户关系管理是一个不断加强与客户交流,不断了解客户需求,并不断对产品及服务进行改进和提高以满足客户需求的连续过程。企业应该利用信息技术（尤其是互联网技术）实现对客户的整合营销,为客户提供多种交流渠道,便利与客户的交流,从而实现企业的经营是以客户为中心,而不是传统的以产品或以市场为中心。

（三）网络营销

网络营销是指以国际互联网为基础,利用数字化的信息和网络媒体的交互性来辅助营销目标实现的一种新型的市场营销方式。简单地说,网络营销就是以互联网为主要手段进行的,为达到一定营销目的的营销活动。

（四）电子商务

电子商务是指在全球各地广泛的商业贸易活动中,在因特网开放的网络环境下,基于浏览器/服务器应用方式,买卖双方不谋面地进行各种商贸活动,实现消费者的网上购物、商户之间的网上交易和在线电子支付以及各种商务活动、交易活动、金融活动和相关的综合服务活动的一种新型的商业运营模式。电子商务是利用微电脑技术和网络通讯技术进行的商务活动。

(五)服务营销

服务营销是一种通过关注顾客需求并利用服务作为一种营销工具促进有形产品交换的营销手段。在服务营销观念下,企业关心的不仅是产品是否成功售出,更注重的是用户在享受企业通过有形或无形的产品所提供的服务的全过程感受。因此,企业将更积极主动地关注售后维修保养,收集用户对产品的意见和建议并及时反馈给产品设计开发部门,以便不断推出能满足甚至超出用户预期的新产品,同时在可能的情况下对已售出的产品进行改进或升级服务。

五、关键要点

(1) 在网络经济环境下,组织采购行为主要影响因素非常值得关注和讨论;

(2) 在发展过程中,企业会面临多次经营模式或商业模式的转型,这些转型的主要推动力量应该是什么,转型背后的理论基础也非常值得探讨;

(3) 苏宁等商业企业发展到现今阶段,如何处理快速的规模扩张和企业商业模式的转型升级(包括采购模式的转型升级)是本案例要讨论的关键点,同时可以讨论对其他类似企业的借鉴参考;

(4) 如何建立与大规模制造和大规模流通相匹配的先进制造和现代流通体系,如何提高厂商合作中专业分工水平,如何提高厂商合作的供应链效率等问题也值得探讨。

六、建议的教学方式

本案例可以作为专门的案例讨论课来进行。以下是按照时间进度提供的课堂计划建议,仅供参考。

整个案例课的课堂时间控制在 80—90 分钟。

课前计划:提出启发思考题,请参与者在课前完成阅读和初步思考。

课中计划:简要的课堂前言,明确主题。(2—5 分钟)

分组讨论。(30 分钟)

告知发言要求小组发言。(每组 5 分钟,控制在 30 分钟)

引导全班进一步讨论,并进行归纳总结。(15—20 分钟)

课后计划:如有必要,请参与者给出更加具体的分析报告,包括具体的优劣势分析、决策建议等,为后续章节内容的学习做好铺垫。

六、江中抢占儿童助消化用药市场[①]

【案例正文】

> **摘 要**：江中公司在2003年前处于助消化食用药市场的主导者地位。该年,由于竞争对手对儿童助消化药市场发起进攻,引起了公司的重视,委托咨询企业进行了市场调查。研究表明这一市场尚存大量空白,潜力巨大。2004年,江中公司将儿童助消化用药作为细分市场,单独成为一个品类进行重点开发,并制定了相应的市场营销策略,取得了显著的成效。
>
> **关键词**：江中药；儿童助消化药；细分市场；细分战略；定位

2003年底,江中药业股份有限公司(以下简称江中公司)在对儿童助消化药市场进行全面研究分析后,决定实施战略细分,推出儿童装江中牌健胃消食片,以对江中牌健胃消食片(日常助消化药领导品牌)的儿童用药市场进行防御；2004年年中,上市前铺货、电视广告片拍摄等市场准备工作基本完成；2004年年底,销售额过2亿元,并初步完成对儿童市场的防御。2010年,儿童装江中牌健胃消食片销量达5亿元。对于一个OTC(非处方药)新品,面市6年,就在全国范围全线飘红,完成超过5亿元的销售额。

1 危机突现

2003年4月,山东省的百年老厂宏济堂在中央电视台六套等媒体投放了神方牌小儿消食片的一条新广告片,具体情节如下：在一个电视广告拍摄现场中,男主角从产品包装瓶中,探出头来,说"孩子不吃饭,请用消食片",此时突然传来导演的"cut(停),是小儿消食片",于是,男主角再演一遍"孩子不吃饭,请用小儿消食片",接下来是画外音："神方牌小儿消食片,酸酸甜甜,科技百年,济南宏济堂制药。"需要补充说明的是,此时的江中健胃消食片,横跨成人和儿童助消化药两个市场。由于这两个市场在消费者、竞争者各方面,均存在一定的差异,对成人而言,江中健胃消食片主要解决"胃胀、腹胀"的问题,而对于儿童,则主要解决"孩子不吃饭"(儿童厌食)的问题,所以,江中公司针对成

[①] (1) 本案例由江西财经大学工商管理学院柯剑春根据公开资料改编撰写。未经允许,本案例的所有部分都不能以任何方式与手段擅自复制或传播。(2) 本案例委托江西财经大学工商管理学院案例中心授权学院全体教师使用。(3) 本案例只供课堂讨论之用,并无意暗示或说明某种管理行为是否有效。

人和儿童市场,分别进行不同的广告诉求,其中,针对儿童市场的广告是"孩子不吃饭,请用江中牌健胃消食片"。不难看出,宏济堂此次行动的用意是直接针对江中健胃消食片,细分其儿童市场。

江中公司对此极为重视,因为神方小儿消食片直接细分的儿童市场是江中健胃消食片的核心市场之一,而江中健胃消食片又是江中公司最主要的利润来源。何况,作为山东的强势地方品牌,选择央视这样一个全国性媒体,也体现了其欲进军全国的企图。不难想象,这条宣战式的广告片在江中公司上下引起怎样的轩然大波。江中非常清楚,如果静观其变,看看形势如何发生,看看对手的行动是否奏效,或者看对手广告还能维持多久这类的做法,将丧失宝贵的时机,因为一旦等到神方小儿消食片在消费者心智中建立第一印象,就如同坚固的堤防被撕开了一道口子,滔天洪水将破堤而入。到时只怕江中健胃消食片想要补救都来不及,更遑论封锁竞争了。因此,作为其战略合作伙伴,江中第一时间委托成美公司营销顾问展开专项研究,制定应对策略。

通过对江中信息部门提供的各类情报进行分析研究,成美公司很快就提交了题为《如何抵御神方小儿消食片》的研究报告,其主旨是建议处于领导地位的江中健胃消食片,运用财力法则,实施封锁竞争。江中公司依此方案进行了实施:在宏济堂的大本营山东、安徽、河南等地,加大江中健胃消食片的推广力度,其中电视广告投放量增加到3倍,并进行大规模、长时间的江中健胃消食片的"买一赠一"活动,以期通过综合打压其销量,断其现金流的方式阻止其向全国扩张。同时,成美公司提出后续方案,建议江中公司借此契机,主动细分市场,加快儿童专用助消化药品的上市,趁儿童助消化药市场的竞争尚不激烈以及尚无竞争品占据消费者的心智,全力将新品推向全国市场,使自己成为儿童助消化药这个新品类的代表品牌,从而巩固其市场主导权。未待江中全面出击,神方小儿消食片很快偃旗息鼓了,这个突发事件来得突然,走得迅速,却把江中健胃消食片要不要实施市场细分的问题,再一次提到了江中公司的议事日程上。

2 自行细分战略屡次"难产"

孙子曰:"用兵之法,无恃其不来,恃吾有以待也,无恃其不攻,恃吾有所不可攻也。"

"与其被竞争对手细分,不如自行细分"现已成为大多数企业的共识。对同时覆盖成人、儿童助消化药两个细分市场的江中健胃消食片而言,由于这两个市场的消费者、竞争者的情况不同,迫使江中公司在一个产品上,出现制定两套竞争策略、实施两套推广方案,同一个产品却拍摄两条电视广告片的尴尬局面。因此,"推出儿童助消化产品",作为顾问公司的成美公司一直有此建议,而且也获得江中公司部分人员,特别是市场部门的认同,早就不是一个新鲜话题。

但在执行上,江中内部对"自行细分"战略的必要性存在诸多疑问,致使细分屡屡"难产"。首先,从医学专业角度来看,似乎没有必要。江中健胃消食片的产品配方的主要成分(如山楂、麦芽等)都属于"药食两用"的植物,安全绿色,治疗范围同时适用于成人及儿童两个人群;其次,江中公司内部认为,儿童助消化药市场已经成熟,趋于稳定,其最大份额为江中健胃消食片所占据,推出儿童助消化专用产品,是"从左口袋到右口袋",抢夺的不过是江中健胃消食片自己的市场。在渠道、推广等系列营销成本成倍增长的同时,并不能使市场份额有大幅增长。最后,江中健胃消食片过去并没有遭遇过对手的侧翼进攻,自主选择这样一种战略,仿佛是为细分而细分,是否太教条主义了?

由于这些迟疑,同时存在竞争对手未必有如此敏捷的侥幸心理,江中公司迟迟未能推出儿童助消化药品,而长期采取一个产品覆盖两个细分片市场的战略,从而为神方小儿消食片等竞品提供了细分市场的机会。神方小儿消食片的突袭,使江中公司第一次真切地感受到,江中健胃消食片在儿童用药市场的份额随时可能失去,推出儿童助消化药新品已是势在必行。

任何一个企业,在决定进行细分战略时,必须考虑细分市场的吸引力(市场大小、成长性、盈利率、低风险等)以及细分市场是否与公司的目标、资源相匹配。对于儿童助消化药这个细分市场,江中公司一方面对儿童助消化药市场的增长空间仍心存疑虑,另一方面是江中2004年资金分配计划案未能预留给儿童新品足够的资金。因此,江中公司没有接受顾问公司提出的抢占消费者的"儿童助消化药"品类定位的建议,而采用折中的办法,将儿童新品的任务定义为对江中健胃消食片"现有"儿童市场进行防御,而不做大力度的推广,只进行铺货和基本提示性广告。2003年年底,在技术、生产等各部门的全力配合下,儿童装江中牌健胃消食片正式面市。山东神方牌小儿消食片的事件至此方告一段落。

3 重提细分儿童市场

2003年10月,江中市场部委托成美公司作为专项课题对"2004年江中健胃消食片的利润增长点"进行研究。正是这项任务,成美公司的研究人员得以全面、深入地调查,彻底厘清了江中健胃消食片在消费者心智中的位置和认知,并纠正了江中公司"儿童助消化药市场增长有限"的错误认识。历时近两个月的研究结果表明:① 家长们缺乏"儿童助消化药"可供选择,担心儿童用"成人药品"有损健康,造成不用药儿童的数量惊人,市场存在大量空白;② 地方竞品庞杂,多为"杂牌军",缺乏品牌壁垒的庇护,易于抢夺;③ 江中现有儿童用户满意度"虚高",家长存在儿童用"成人药品"的担心,造成用药量偏低,存在提升的空间。

细分一个市场有许多办法。然而,并不是所有的细分都是有效的,其中,企业最容易陷入的细分误区是开拓一个消费者心智中根本不存在的细分市场,而这些细分概念根本不符合消费者的已有认知和经验,如雷诺公司推出的"无烟"香烟品牌Premier和太阳神推出的"减肥"牙膏。以"儿童"为细分变量是否有效?研究结果显示,儿童助消化药物的主要购买者是3—12岁的孩子家长,他们认为"儿童助消化药"与"成人助消化药"是不同的,而且是否为"儿童专用"直接影响到他们的购买决策是有效细分。

市场细分还需要看时机,研究结果显示,"儿童助消化药"是一个早已形成的市场,需求客观存在,而目前"杂牌"当道,"儿童助消化"的需求被全国数百个地方产品暂时性满足,谁能一马当先地占据消费者的心智资源,就能迅速地占据并统一市场,而无须经历长时间的认知教育,细分风险小,因此,从细分的时机来看,也是进行战略细分的最佳点。

2004年初,成美公司提交了关于未来一年江中健胃消食片增长来源的研究方案,题为《2004年,江中健胃消食片的销售增长从哪里来》,方案中通过翔实的数据和论证分析,指出"儿童助消化药"是一个全新、待创建的品类市场,拥有巨大的市场前景,必须对儿童助消化药新品实施战略细分,第一个创建、开拓该品类,使之成为品类的代表。相应地,江中牌健胃消食片将重新定位在"成人助消化药物"。江中公司对方案进行了认真仔细地研究,很快认同了"儿童助消化药市场将是未来增长最快,值得占据的细分市场"这一重要研究成果,决定实施战略调整,对资金重新分配。出于2004年销售增长及时间的现实压力,结合中药的品类特性,公司决定让已基本完成铺货的儿童装江中健胃消食片承载起这个任务,并迅速在资金、人员上进行了重新的配置,将原计划用于其他产品的部分费用分配给儿童装江中健胃消食片,同时增设了新的产品经理。儿童装江中健胃消食片的命运从此峰回路转,获得了集团公司在财力、物力等多方面的支持。

4 战略细分之下的整合

江中公司确定实施"儿童助消化药"细分战略后,就开始调动一切元素来制造细分品类的差异,并让消费者充分地感受到差异,包括产品、包装、口味等,以期尽快从原市场中分化出去,成为一个独立的品类市场。简而言之,更好体现"儿童专属性",从而更好地满足该细分市场不断发展的需求是成功的基础。

在产品方面,儿童装江中健胃消食片为摆脱"成人药品"的影响,完全针对儿童进行设计。片型采用0.5 g(成人则为0.8 g),在规格和容量上也更适合儿童。药片上还压出"动物"卡通图案,口味上采用儿童最喜爱的酸甜味道,同时在包装上显眼处标有儿童漫画头像以凸显儿童药品的身份……这些改进使儿童装健胃消食片的产品从各方面都更好地满足儿童的需求,并不断提示家长这是儿童专用产品。由于儿童装江中健胃消食片是江中健胃消食片的产品线扩展,为了更好地关联江中牌健胃消食片的领导地位及让原有儿童消费者更放心地转移,成美公司提出在突出"儿童专属性"的同时,应该与江中健胃消食片紧密关联。所以,在包装设计上,沿用了江中牌健胃消食片的整体风格,而且药片的形状同样为三角形,口味则稍微加重酸甜味。

在渠道方面,由于儿童装的推出,第一步目标仍是对现有市场防御,即促使原来购买江中健胃消食片的儿童家长转为购买儿童装江中健胃消食片。因此,在面市早期,成美公司建议江中销售部门与药店经理积极协商,将儿童装江中健胃消食片尽量陈列在江中健胃消食片旁边;在条件允许的情况下,同时在儿童药品专柜进行陈列。自我细分基本达成后,才可完全只在儿童药品专柜进行陈列。

在价格方面,为了更全面地覆盖儿童助消化药市场,避免价格成为购买的障碍,从而给竞争对手创造价格细分的机会,同时考虑到有利于江中健胃消食片原有儿童消费者的转移,成美公司建议儿童装江中健胃消食片的零售价格不应比江中健胃消食片高过多,控制在 10 元左右,最终江中公司决定将零售价格定在 6 元,与江中健胃消食片基本持平。

在推广方面,江中公司已清楚地认识到,无论客观上你是或不是第一个进入新细分市场的品牌,只要成为"消费者心智中的第一个",它就被认为是原创者。当其他品牌侵犯你的领域时,它们被消费者普遍认为是仿制品。新细分市场存在于消费者心智中,谁能占据消费者心智,谁将获取市场。相应地,营销过程就是对心智认知发生作用的过程。而广告则是将定位打入消费者头脑(心智)中的重要手段。因此,江中公司为儿童装江中健胃消食片的广告传播提供了充裕的资金。

值得一提的是,很多进行市场细分战略的企业,容易忘了推广品类,而直接推广品牌,热衷于诉求自己的独特性,这是个严重的错误。定位理论早已证实,先有热门的品类(细分市场),才有热门的品牌。例如,在饮料市场,"可口可乐"只有将可乐做成饮料中最大的品类,可口可乐本身才能成为饮料市场第一品牌。因此,儿童装江中健胃消食片的广告首先要做的就是开拓这个品类,广告需反复告知消费者,"专给儿童用的,解决孩子不吃饭问题",从而吸引目标消费群不断尝试和购买,使儿童装江中健胃消食片成为消费者心智中该品类的第一。为了鲜明地让消费者将儿童型与成人型江中健胃消食片区分开,广告片的主角启用了极具亲和力的影视明星肥肥(沈殿霞),而成人型江中健胃消食片电视广告仍继续沿用小品明星郭冬临。

5 后 记

儿童装江中健胃消食片面市不久,其销量在全国范围都呈现飞速攀升的态势,面市 3 年,完成超过 3.5 亿元的销售额。这极大地增强了江中公司对儿童装的信心。因此,在随后的几年里,江中公司在资金分配上,将儿童装江中健胃消食片作为优先保障产品,拨出巨额推广费用,全力抢占"儿童助消化药"的心智资源。

【案例使用说明】

江中抢占儿童助消化用药市场

一、教学目的与用途

(1) 本案例主要适用于《市场营销》和《营销战略管理》。
(2) 本案例适用于全日制本科生的上述课程教学。
(3) 本案例的教学目标是要求学生掌握市场细分的有效依据、目标市场战略的类型及优缺点、产品的市场定位理论、企业的市场地位和竞争战略的使用。

二、启发思考题

(1) 结合案例谈谈江中公司对助消化用药市场进行市场细分的理论依据。

(2) 为什么 2003 年成为助消化用药市场的分水岭？谈谈江中公司 2003 年前后不同的营销战略。

(3) 江中公司是如何对"儿童装江中健胃消食片"进行市场定位的？

(4) 作为助消化用药的市场主导者，江中公司可采用哪些战略维护自己的优势？

三、分析思路

教师可以根据自己的教学目标(目的)来灵活使用本案例。这里提出本案例的分析思路，仅供参考。

(1) 江中公司在 2004 年对助消化用药市场进行了细分，应分析细分的必要性和有效性；

(2) 江中公司在 2003 年前采用的是无差异化市场营销战略，2004 年改变为差异化营销战略，应分析两种不同战略的适用情况和优缺点；

(3) 公司对"儿童助消化"市场进行有针对性的营销，应结合市场定位理论进行研究；

(4) 整篇案例可用市场营销 STP 战略(即目标市场营销)为主线进行分析研究；

(5) 江中公司作为助消化药市场的主导者，为保住自己的领先地位，应根据市场状况，采取适宜的战略。

四、理论依据与分析

(一) 市场细分的有效标志

市场细分的有效标志为可区分性、可测量性、可进入性和可盈利性。

可区分性是指在不同的子市场之间，在概念上可清楚地加以区分，研究结果显示，儿童助消化药物的主要购买者是 3—12 岁的孩子家长，他们认为"儿童助消化药"与"成人助消化药"是不同的，而且是否为"儿童专用"直接影响到他们的购买决策是有效细分。

可测量性是指细分后的子市场的大小及其购买力的数据资料应能够加以测量和推算，研究结果表明：家长们缺乏"儿童助消化药"可供选择，担心儿童用"成人药品"有损健康，造成不用药儿童的数量惊人，市场存在大量空白。

可进入性是指企业细分后的子市场应能够借助营销努力达到进入的目的，企业的营销组合策略等能够在该市场发挥作用，研究结果表明：地方竞争品庞杂，多为"杂牌军"，缺乏品牌壁垒的庇护，易于抢夺。

可盈利性是指细分后的子市场有足够的需求潜量，且有一定的发展潜力，其规模足以使企业有利可图，咨询公司的调查纠正了江中公司"儿童助消化药市场增长有限"的错误认识，市场存在大量空白以外，江中现有儿童用户满意度"虚高"，家长存在儿童用"成人药品"的担心，造成用药量偏低，存在提升的空间。

(二) 企业的目标市场选择战略

企业的目标市场选择战略包括无差异市场营销、差异化市场营销和集中性市场营销。

无差异市场营销是指企业在市场细分之后,不考虑各子市场的特性,而只注重子市场的共性,决定只推出单一产品,运用单一的市场营销组合,力求满足尽可能多的顾客的需求。这种战略的优点是产品的品种、规格、款式简单、统一,有利于标准化及大规模生产,有利于降低市场、存货、运输、研发、促销等成本费用。其主要缺点是单一产品要以同样的方式广泛销售并让所有购买者都满意是不可能的。在2003年前的助消化药市场中,江中公司一枝独秀,占据领导者的地位,当时竞争对手非常少,适用于采用这一战略。

差异营销战略是指企业决定同时为几个子市场服务,设计不同的产品,并在渠道、促销和定价方面加以相应的改变,以适应各个子市场的需求。企业的产品种类如果同时在几个子市场都占有优势,就会提高消费者对企业的信任感,进而提高重复购买率;而且,通过多样化的渠道和产品线进行销售,通常会使总销售额增加。2003年,由于各个地区性品牌都对儿童助消化用药市场采取了行动,并且通过市场调查,了解到这个市场具有很好的促使江中公司采用这一战略应对,既很好地满足了这个市场的需求,又给公司带来了利润增长。

(三) 市场定位

市场定位是指企业针对潜在顾客的心理进行营销设计,创立产品、品牌或企业在目标顾客心目中的某种形象或个性特征,保留深刻的印象和独特的位置,从而取得竞争优势。市场定位是市场营销战略体系中重要的组成部分,它对于树立企业及产品的鲜明特色,满足顾客需求,从而提高企业的市场竞争力具有重要的意义。

市场定位的步骤是首先确认本企业的竞争优势,然后准确地选择相对竞争优势,并明确显示自己的独特的竞争优势。可根据产品的属性、利益、价格、质量、用途、使用者、使用场合、竞争者等多种因素或其组合进行市场定位。定位的方法包括初次定位、重新定位、对峙定位和避强定位等。

江中公司确定实施"儿童助消化药"细分战略后,就开始调动一切元素来制造细分品类的差异,并让消费者充分地感受到差异,包括产品、包装、口味等,以期尽快从原市场中分化出去,成为一个独立的品类市场。简而言之,更好地体现"儿童专属性",从而更好地满足该细分市场不断发展的需求是成功的基础。为了鲜明地让消费者将儿童型与成人型江中健胃消食片区分开,广告片的主角启用了极具亲和力的影视明星肥肥(沈殿霞),广告语"专给儿童用的,解决孩子不吃饭问题",从而吸引目标消费群不断尝试和购买,使儿童装江中健胃消食片成为消费者心智中该品类的第一。

(四) 市场地位与竞争战略

市场主导者是指在相关产品的市场上占有率最高的企业。市场主导者为了维护自己的优势,保住自己的领先地位,通常可采取三种战略,即扩大市场需求总量、保持市场占有率和提高市场占有率。

在扩大市场需求总量的方法中,发现新用户是其中重要的一种。江中公司对市场进行细分,就是专门开发出儿童专用药这一新的市场。研究表明,由于家长们缺乏"儿童助消化药"可供选择,担心儿童用"成人药品"有损健康,造成不用药儿童的数量惊人,市场存在大量空白;咨询公司在2004年初提交报告《江中健胃消食片的销售增长从哪里来》,方案中通过翔实的数据和论证分析,指出"儿童助消化药"是一个全新、待创建的品类市场,拥有巨大的市场前景。

处于市场领先地位的企业,必须时刻防备竞争者的挑战,保卫自己的市场阵地。其中,侧翼防御是指市场主导者应建立某些辅助性的基地作为防御阵地,或必要时作为反攻基地。特别是注意保卫自己较弱的侧翼,防止对手乘虚而入。研究表明,地方竞品庞杂,多为"杂牌军",他们利用江中公司尚没有对"儿童助消化药市场"重视,纷纷乘虚而入,甚至有神方牌小儿消食片在中央台投放广告,对江中公司的侧翼市场发起攻击。作为领导者,要防御市场被竞品的细分,甚至被颠覆,就必须时刻保持警惕,正视不同细分市场的需求变化,并有壮士断腕的勇气,主动采用自我细分战略。自行细分虽然可能牺牲眼前利益并付出代价,却能真正维持企业的长远利益——保持市场主导地位。

七、聚美优品的竞争战略[①]

【案例正文】

> **摘　要**：本案例描述了电商聚美优品的竞争战略。聚美优品公司着眼于差异化竞争战略，开展一系列营销和广告活动，宣传自身的独特定位。公司成立仅短短几年的时间，就取得了骄人的销售业绩，奠定了自身的竞争优势。本案例对学习市场营销中的"竞争战略"方面内容具有较好的参考价值。
>
> **关键词**：聚美优品；竞争战略；差异化

0　引　言

2010年，在聚美优品成立之初，以陈欧为代表的决策层就结合市场状况和自身优势制定了公司的差异化战略，谋求网购市场中的一片蓝海。为了能在淘宝垄断性竞争的重压之下突出重围，聚美优品率先开拓化妆品网购领域，打造专业的化妆品网络销售平台。在公司发展的过程中，聚美优品不断地完善自身，从产品线打造到后台服务、从品牌发展到信誉建设、从借力娱乐营销到厂家直营方式，迅速建立品牌信任，从而形成竞争优势。

1　案例背景

长期以来，我国化妆品行业一直处于以百货商店和零售店为主体的经营格局。由于品牌繁多、同质化严重、渠道混乱等原因，化妆品销售一直竞争激烈。随着电子商务的发展，网络购物走进千家万户，我国的化妆品行业也进入了一个新的时期，网上渠道成为各公司实现竞争优势的重点。在这种大背景下，化妆品网购应运而生。在众多经营化妆品的电商企业当中，聚美优品独占鳌头，成为我国最大的化妆品垂直

[①] （1）本案例由江西财经大学工商管理学院汪华林根据公开资料改编撰写。未经允许，本案例的所有部分都不能以任何方式与手段擅自复制或传播。（2）本案例委托江西财经大学工商管理学院案例中心授权学院全体教师使用。（3）本案例只供课堂讨论之用，并无意暗示或说明某种管理行为是否有效。

B2C网站。

1.1 聚美优品概述

聚美优品诞生于团购网站井喷的2010年,三位海归学子陈欧、戴雨森和刘辉成立了中国第一家专业化妆品团购网站。他们首创了"化妆品团购"概念:每天在网站推荐几百款热门化妆品,并以远低于市场价折扣限量出售。从创立伊始,聚美优品便坚持以用户体验为最高诉求,承诺"100%正品"、"100%实拍"和"30天拆封无条件退货"政策,竭力为每个女孩带来独一无二的美丽惊喜。

2010年9月,中国互联网协会(商务部和国资委批准的评级机构)授予聚美优品所属公司北京创锐文化传媒有限公司A级信用认证。2010年12月,在由《互联网周刊》举办的中国互联网经济论坛上,聚美优品获颁"2010年度最受女性欢迎的团购网站"。国内外知名品牌雅诗兰黛、兰蔻、范思哲、美宝莲、玉兰油、佰草集等选择与聚美优品进行官方合作,共同开展团购活动。

由于化妆品团购这一概念在国内刚刚兴起,2011年,聚美优品获得了天使投资、险峰华兴创投和红杉资本的青睐。从此,聚美优品华丽转身,从团购黑马转为运营垂直类化妆品B2C电商,成功实现由团购模式向B2C模式的转变。2011年6月,聚美优品商城华丽上线。两年时间弹指而过,聚美优品已经发展为在北京、上海、广州、成都拥有自建仓储、专业客服中心、超过五百万用户、月销售额数亿中国领先的化妆品电子商务网站。2011年,聚美优品成为中国发展速度最快的电子商务公司之一。现今,已是国内最大的垂直型化妆品网上特卖商城。

聚美优品的发展历程[①]:

2010年3月聚美优品前身团美网上线,创立"化妆品团购站"模式。

2010年4月聚美优品率先推出三十天无条件退货、全程保障、100%正品的三大政策,树立行业标杆。

2010年4月在业界率先推出"买二包邮",为用户带来实惠。

2010年5月上线两个月后,已有超过10 000人在聚美优品享受超值美妆。

2010年7月聚美优品搬家到新办公室,第二次搬迁库房,运营和物流能力再次提升。

2010年8月率先推出了购物车、合并发货、推迟发货等一系列新功能。

2010年8月超过100 000人享受了聚美优品的超值购物体验。

2010年9月启用全新品牌聚美优品,与全新域名JUMEI.COM同时发布。

2010年10月聚美优品月销售额突破1 000万元。

2010年11月推出手机版聚美优品,随时随地浏览抢购,美丽不留遗憾。

2010年12月第三次搬迁库房,超过3 000平方米现代化库房,物流规模速度再上新台阶。

---

① 发展历程引自聚美优品官方网站"关于聚美优品",http://www.jumei.com。

2010年12月上线在线退货系统,退货弹指间完成,无忧购物体验更上一层楼。

2011年2月第100万位用户注册聚美优品,收货短评超过50万条。

2011年2月第三次搬新家,1 800平方米办公室孕育更多梦想。

2011年3月总销售额突破1.5亿元,此时距聚美优品成立还不到一年。

2011年4月聚美优品一周年庆,宣布签约亚洲超人气偶像韩庚,携手谱写美丽新篇章。

2011年4月推出口碑中心,当月口碑报告达到1万篇。真实用户,真实口碑,为用户购买提供详尽参考。

2011年5月月销售额突破3 000万元,每月库房发出超过20万件包裹。

2011年6月聚美优品挑战自我,率先推出化妆品业界领先售后政策"拆封30天无条件退货",打造顶级信任体验。

2011年6月聚美优品商城华丽上线,更多品类,更多选择。

2 竞争形势

目前,化妆品电子商务发展迅猛,网购化妆品市场规模持续增大,市场前景相当乐观。根据中国电子商务研究中心的数据显示,2012年,国内化妆品网购交易额占化妆品零售总额的21.9%。在这种环境下,众多公司涌入化妆品电商行业。根据不完全统计,我国团购网站已经超过2 000家。尽管聚美优品在化妆品团购中独占鳌头,但其面对的竞争形势仍然十分严峻。

2.1 来自化妆品垂直电商平台的竞争压力

在化妆品垂直电商平台中,聚美优品的主要竞争对手是乐蜂网。

乐蜂网是中国首个专家和明星入驻网站、提供"女性时尚解决方案"的大型女性购物网站。乐蜂网经营品类包括精油、营养保健品、美容护肤品、彩妆、香水、配饰、时尚产品、美容书籍等一系列满足女性需求的产品。

在营销优势上,乐蜂网基于明星达人推荐优势,集合了谢娜、李静、小P、Kevin等资深彩妆专家,利用明星效应吸引消费者。除此之外,还拥有自有品牌Jcare。达人资源和自有品牌增强了乐蜂网的品牌价值,提高了乐蜂网的用户黏性。在用户体验上,乐蜂网从品牌形象、网站设计、产品种类等多方面营造专业女性平台形象,这些设计对用户形成巨大引导。针对2013年2月聚美优品和乐蜂网的网络数据深度分析,乐蜂网人均月访问量平均为3.6次,高于聚美优品的3.1次。同时,在人均页面浏览量、人均日访问次数和货品覆盖率上,乐蜂网也处于优势地位。所以,在满足消费者多样需求的能力上,乐蜂网更具竞争力。

综上,在垂直电商平台上,聚美优品虽然暂时处于领先地位,但来自乐蜂网的竞争压力也不容忽视。

2.2　来自综合性电商平台的压力

在综合性电商平台上,聚美优品的竞争对手主要有淘宝网、当当网等。

淘宝网是中国最受欢迎的网购零售平台,拥有5亿注册用户,日常访客流量超过6 000万,日均在线产品数超过8亿。经过9年的发展,淘宝网从单一的C2C网络集市变成包括C2C、团购、分销、拍卖等多种电子商务模式在内的综合性零售商圈[①]。在化妆品行业,淘宝具有强大的竞争优势。首先,淘宝网皇冠店铺,如NALA、西溪漫步、智慧树、小也等,由于成立时间久、产品覆盖面广、价格和折扣优势明显、会员制完善,已经拥有大批忠实的粉丝。其次,为了避免自营店铺以假充真、以次充好的情况,淘宝网单独成立天猫,推广B2C形式。各化妆品品牌纷纷成立旗舰店,例如魔法世家、阿芙等,这些直营渠道更能取得消费者的信任。最后,淘宝网成为我国最大的电子商务平台,在产品种类和价格上具有明显优势。多年来,网购消费者习惯在淘宝网购买产品。正如手机版淘宝网广告词"淘不出手心"这一双关用法所表达的那样,淘宝对于消费者基本需求都可以满足,既"逃不出",也无须逃了。这种消费习惯的养成使消费者购物时产生惯性,自动排斥其他购物网站,从而产生强大的用户黏性。

2.3　来自实体渠道的压力

实体渠道是化妆品销售的主要渠道,包括直销店(雅芳)、进驻商场(兰蔻、雅诗兰黛等)、入驻超市(相宜本草)、化妆品连锁企业(丝芙兰)和零售商店铺等。尽管网购蚕食着实体店的生存空间,但实体渠道具备网络渠道不可比拟的优越性。正如消费者质疑的那样:"要去哪里试用化妆品?没有导购如何选择适合的化妆品?网购的化妆品质量靠得住么?"其他问题其实也很多,"逛街是一种生活方式,少了实体店,生活岂不是少了一种休闲方式?""如果没有实体店,城市生活不就少了乐趣?"这些质疑是网络渠道无法回答的,而这正是实体渠道的优势。

与网络购物相比,实体店更能满足人们购物的体验需求。消费者在购物时体验到的快感和愉悦是网购无法满足的。同时,由于化妆品的产品特性,消费者对真实体验产品特性的要求更高。而这些问题恰恰是网购无法克服的缺陷。

与网络购物相比,实体店更能给消费者带来安全感。由于中国人传统"眼见为实"的观念和化妆品网购负面事件的影响,有些消费者宁愿花费更多的成本购买专柜出售的正品,从而规避风险。尤其是一些高档化妆品,消费者更偏向于去专柜和专业化妆品销售公司购买。这种心理上的信任感是购物网站上的产品授权书和详细产品描述无法带来的。

最后,与网购相比,实体店渠道覆盖面广、覆盖程度深,能够直接接触消费者。对一些产品差异不大的产品,出于便捷性考虑,消费者可能更愿意到实体店购买,从而节约购物的时间成本和物流成本。

---

① 资料引自淘宝官方网站。

综上,实体店这种线下模式对线上化妆品销售还具有强大的竞争压力。

3 聚美优品的竞争战略

随着电商的发展,垂直 B2C 电商竞争愈演愈烈,大多数电商企业没能经住市场的考验,如唯棉、乐淘、玛萨玛索、优购、好乐买等。然而,在这样惨烈的竞争中,聚美优品逆行而上,创造了耀眼的营销业绩。这要归结于聚美优品的差异化战略。

成功的差异化战略离不开精准的市场定位。聚美优品自成立以来,就定位为化妆品团购网站。以"聚集美丽,成人之美"为宗旨,致力于为用户提供更专业的服务,让美丽变得更简单。在聚美的定位中,反复强调化妆品、团购和女性消费者。"爱美之心,人皆有之",对女性消费者更是如此。随着护肤、彩妆观念的普及,越来越多的女性接受并开始使用。需求的增加为聚美优品提供了广阔的市场。同时,根据化妆品价格高、利润高的特点,采用团购方式可以降低化妆品价格,让利于顾客,增强对女性消费者的吸引力。可见,"化妆品、团购和女性消费者"的定位是密不可分、相辅相成的。

根据这一定位,聚美优品采取了独特的差异化战略。主要体现在以下几个方面。

3.1 差异化的模式

聚美优品采用了垂直 B2C 模式。垂直 B2C 是 B2C 模式的一种,主要满足某一特定人群或特定需要。垂直 B2C 因商品种类单一,更易管理。而且,有信誉的商家能与大品牌合作。垂直 B2C 模式使聚美优品具有非常强的采购能力和供货渠道,对产品质量的控制程度较高。尽管采用垂直模式会弱化产品价格上的竞争力,但也有效地规避了淘宝网等 B2C 综合平台上价格混乱、产品质量参差不齐的状况。

3.2 差异化的理念

在聚美商城上线一个多月之后,聚美率先打出了"100%正品"的保证。这个保证在线上化妆品销售中仍是最高标准。正是这一承诺给聚美带来了良好的信誉。在假冒产品横行的竞争环境中,聚美的承诺赢得了消费者信赖,树立了聚美优品的良好品牌形象。除建立可信品牌外,聚美也通过品牌合作的方式,与欧美日韩等国际大品牌展开深度合作,确保"正品",维护消费者利益。

3.3 差异化的服务

聚美优品提出了"100%实物拍摄"服务。为了提供给消费者最真实的信息,聚美优品筹办摄影棚,聘请摄影师,坚持实物拍摄,努力通过镜头呈现产品细节和使用效果,消除消费者的疑虑。

在售后服务上,聚美实行"30天拆封无条件退货"标准。即消费者30天内,对购买产品不满意,即使已经拆封使用,也可以享受无条件退货和全额退款。这个标准既体现了聚美优品对产品质量的肯定,也体现了聚美优品的售后服务质量。并且,聚美优品购买的所有商品均由中华财险质量承保。若消费者对商品质量有任何疑义,可以在收货之日起90天内,拨打聚美优品客服热线,聚美优品与中华财险共同承担全额赔付。这些举措与聚美的宗旨和目标是极其一致的。

3.4 差异化的信息交流方式

聚美优品采用差异化的评价体系,即口碑中心。在口碑中心这个交流平台,消费者可以分享购买心得和产品效果。每一件产品的评论都是用户亲自书写,大大提高了评论的真实性。同时,用户口碑还能提供产品信息描述上无法体现的细节。这些都能成为消费者购物的重要参考。消费者也可将自身经验上传到口碑中心,与他人分享交流经验。至今为止,聚美优品已有超过10万的口碑为消费者提供参考。

4 聚美优品的差异化营销策略

4.1 娱乐营销

从2011年陈欧和韩庚双代言、陈欧"为自己代言"的广告、网络上盛行的"陈欧体"到"快乐女生"、"天天向上"和"非你莫属"的舞台,聚美优品向外界展现了娱乐营销的巨大影响。与擅长媒体营销的乐蜂网相比,聚美优品也打出了漂亮的一仗,成功塑造了陈欧等人新一代的创业形象,掀起了青年人讨论模仿的热潮。同时,在女性偏向的节目和电视剧中植入广告,也成功吸引了年轻女性的目光。正如陈欧在中国2012时尚专场总决赛上表示的那样:"我们从一开始分析用户在哪里,用户是女性的时尚用户,她关注的是什么节目?偶像剧、综艺节目、新奇特,所以,我们在营销上,第一天就做娱乐性的营销。"正是借助娱乐营销的影响,聚美优品在短短3年间实现了单月销售额从10万到5亿的飞跃,雄踞化妆品电商领航地位。

4.2 口碑营销

对消费者而言,聚美优品的"100%正品保证"、"30天拆封无条件退货"、"购买2个包邮"、"闪电发货"等都能成为促使消费者决策的理由,但这对于没有使用过聚美优品的消费者来说无法产生共鸣。为了加强用户口碑宣传的效果,聚美通过奖励方式鼓励用户将自己的使用心得和品牌体验以"口碑报告"的方式晒出来,与他人分享。这些口碑报告与一般B2C网站的评价不同,口碑报告更为充实、详细、真实可靠。这些口碑报告能够成为消费者购买产品之前的重要参考。一方面,与卖方单方面的宣传产品效果相比,消费者更易受到其他消费者的影响,从而产生认同感;另一方面,良好的口碑能够形成消费者信任,缔结品牌忠诚,甚至不自觉地向他人推荐聚美优品。

正是这种基于用户体验的口碑营销,才能弥补价格和产品线上的缺陷,在同质化的竞争中脱颖而出。所以,企业想要在激烈的竞争中立于不败之地,就必须牢牢抓住消费者,形成良好的口碑,发挥口碑营销的巨大优势。

4.3 专属仓储物流系统

敏捷的、柔性的供应链管理是电商企业的优势竞争力,聚美优品深知这一点的重要性,所以,从第一天开始就是自建仓储物流。这种方式虽然会给资金带来压力,但有效地保证了用户体验,避免租赁仓储设施带来的质量低下、发货混乱等问题。

现今,聚美优品已在上海、北京、成都、广州四地建立6万平方米的顶级分仓,并与韵达、申通、圆通、宅急送、顺丰等第三方物流公司合作,在全国任意地区都能实现6小时闪电发货。同时,每个仓库都采用环氧地坪,使用恒温恒湿系统,全方位保证产品质量。为了提高发货质量和水平,产品验货、入库、上架、盘点层层把关,采用全条码周转,一次配货准确率高达99%以上。

专属物流仓储系统的建立,意味着聚美优品物流方面全线提速,为用户提供更快速、更便捷的购物体验。

4.4 官方授权品牌旗舰店

网络购物给人们的生活带来了极大的便捷,但对于产品品质能否得到保障一直是消费者心存怀疑的地方。尤其是在化妆品行业里,产品渠道多,型号类型繁多,消费者正品鉴别能力有限,根本无法确保购买产品是否具有良好的品质。聚美优品的团队针对这一问题首次提出了官方授权品牌旗舰店模式。

随着欧莱雅旗舰店的首次入驻,兰蔻、倩碧等众多女性钟爱的化妆品牌都纷纷入驻聚美优品开设旗舰店。这些旗舰店几乎覆盖各品牌的所有产品,价格也具有竞争性。目前,与聚美优品合作的品牌基本涵盖了国际、国内主流化妆品品牌。

这种合作方式的创新,即为消费者提供物美价廉的产品,也消除了消费者顾虑,强化了聚美优品100%正品的口号。

5 聚美优品差异化战略升级

5.1 横向扩张——奢侈品频道

聚美优品在化妆品领域取得骄人成绩之后,又试图在围绕女性需求方面寻求新的品类突破。最终,聚美优品将目光投向奢侈品领域。中国已经成为奢侈品消费大国,年消费总量过百亿美元,超过全球总量的1/4,巨大的市场前景吸引众多电商投资。

聚美优品涉足奢侈品领域,一方面,看重了奢侈品行业的巨大商机;另一方面,也祈求利用消费者现有"100%正品"的认知,带动奢侈品销售。根据官网"奢侈品频道"显示,聚美优品为配送安全,将所有网购的奢侈品均采用与化妆品分离的包裹,并与顺丰快递合作进行专门配送。介于奢侈品高价值性,聚美优品还将推出一系列配套措施,确保奢侈品购买的安全性。

现今,多家公司也涉足奢侈品网购领域,如珍品网、尚品网、淘宝网、第五大道等,但销售情况并不乐观。造成这种情况有以下几个原因:首先,奢侈品网站的进入门槛较高。奢侈品价值不菲,销售奢侈品现货需要具有雄厚的资金能力。其次,奢侈品大都是知名高端品牌,为了保证品牌形象不允许网上出售其产品。另外,货源也随之成为奢侈品网站的一大挑战。对于当季的流行产品,很少奢侈品品牌允许官网以外的网站销售(代购仍是实体渠道的变形)。再次,消费者对奢侈品网购缺乏信任。多数消费者对产品来源渠道和质量存在怀疑。在缺少行业监管、奢侈品网站鱼龙混杂的情况下,为了获取高额利润,个别商家出售假冒产品的行为影响了行业信誉。并且,在消费者鉴别真伪的能力有限的情况下,很难分辨产品质量。一旦产品出现问题,售后服务成为难题。正规专卖店不受理无身份鉴定的产品,奢侈品网购商也无法进行售后服务。因此,现阶段,奢侈品网站还是难以达成盈利。

在这种情况下,聚美优品的横向扩张战略(即上线奢侈品销售)能否成功,还需要经历市场的考验。

5.2 研发自有品牌

为了规避同质化竞争和扩大利润空间,聚美优品推出自有品牌。此前,聚美优品出品的一款18只全套化妆刷受到用户的欢迎。在短暂的试水之后,聚美推出全新自有品牌——河马家面泥,并由聚美优品高管刘惠璞现身代言。产品"双十二"一经上线,销售额就突破百万。

对电商企业而言,研发自有品牌意义重大。通过研发自由品牌,电商企业不仅能获取更高的利润,而且对产品拥有更多的控制权。在其他电商企业进行"价格战"的时候,聚美优品已经将资源投入到研发自有品牌上,巧妙地避开了同质化竞争。

但是,研发自有品牌不可避免地会对现有合作厂商产生影响。由于化妆品同质化高,自有品牌将会伤害合作厂商,尤其是官方授权旗舰店的利益。如何在自有品牌和合作品牌之间取得平衡、共同做大蛋糕,仍是聚美优品需要考虑的问题。

6 结 尾

市场是不断变化的,只有适应变化的企业才能持续生存。竞争优势也是变化的,随着竞争对手的强大,比较竞争优势随之减弱。所以,只有适应市场的改变,不断调整自身,优化竞争战略,才能强化竞争优势,获取比较竞争优势。聚美优品深知这一道理,在取得成绩之后,开始挖掘消费者新诉求、适应新需求、做出新改变。但是,聚美优品的差异化战略升级是否成功仍需要市场提交答案。

【案例使用说明】

聚美优品的竞争战略

一、教学目的与用途

(1) 本案例主要适用于工商管理类课程的教学和培训,专门针对企业竞争战略理论的学习,一般在课程中期或后期作为案例讨论使用。

(2) 本案例的教学目的在于通过描述聚美优品的竞争环境和竞争战略,引发读者对企业竞争战略的思考,指引读者分析、理解和应用波特竞争战略理论。

二、启发思考题

(1) 您能对聚美优品进行五力模型分析吗?
(2) 您能对聚美优品进行 SWOT 分析吗?
(3) 聚美优品在进行差异化战略的过程中要注意什么问题?
(4) 您如何看待聚美优品的战略升级?

三、分析思路

根据三种竞争战略相关理论,利用 SWOT 和五力竞争模型,结合案例内容,分析并总结聚美优品实施差异化战略的原因和优势。理解企业制定竞争战略时需要考虑的因素,并选择和实施正确的竞争战略。

四、理论依据及分析

(一) 理论依据

1. 五力模型

迈克尔·波特在其经典著作《竞争战略》中,提出"五力模型"。他认为企业在拟定竞争战略时,必须深入了解决定产业吸引力的竞争法则。竞争法则可以用五种竞争力来具体分析,这五种竞争力分别是行业现有的竞争状况、供应商的议价能力、客户的议价能力、替代产品或服务的威胁和新进入者的威胁。

2. 竞争战略

迈克尔·波特教授将竞争战略分为以下三类。

(1) 总成本领先战略(overall cost leadership)。即通过最大努力降低成本来降低商品价格,维持竞争优势。要做到成本领先,就必须在管理方面对成本严格控制,尽可能将降低费用的指标落实在人头上,处于低成本地位的公司可以获得高于产业平均水

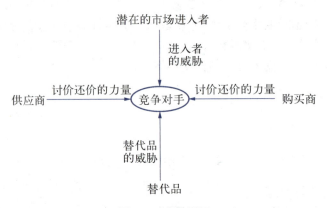

图 1　五力模型图

平的利润。也就是说,在与竞争对手进行竞争时,由于你的成本低,对手已没有利润可图时,你还可以获得利润。

(2) 差异化战略(differentiation)。即公司提供的产品或服务别具一格,或功能多,或款式新,或更加美观。如果差异化战略可以实现,它就成为在行业中赢得超常收益的可行战略。

(3) 集中化战略(focus)。即主攻某个特定的客户群、某产品系列的一个细分区段或某一个地区市场。其前提是公司能够以更高的效率、更好的效果为某一狭窄的战略对象服务,从而超过在更广阔范围内的竞争对手。

3. SWOT 分析

SWOT 分析方法是一种根据企业自身的既定内在条件进行分析,找出企业的优势、劣势及核心竞争力之所在的企业战略分析方法。其中,战略外部因素 O 代表 opportunity(机会),T 代表 threat(威胁);内部因素 S 代表 strength(优势),W 代表 weakness(弱势)。

S 是组织机构的内部因素,具体包括有利的竞争态势、充足的财政来源、良好的企业形象、技术力量、规模经济、产品质量、市场份额、成本优势和广告攻势等。

W 是指在竞争中相对弱势的方面,也是组织机构的内部因素,具体包括设备老化、管理混乱、缺少关键技术、研究开发落后、资金短缺、经营不善、产品积压和竞争力差等。

O 是组织机构的外部因素,具体包括新产品、新市场、新需求、市场壁垒解除和竞争对手失误等。

T 是组织机构的外部因素,具体包括新的竞争对手、替代产品增多、市场紧缩、行业政策变化、经济衰退、客户偏好改变和突发事件等。

(二) 案例分析

对案例内容进行简单分析,仅供参考。

1. 五力模型

表 1　五力模型分析表

五种力量	具 体 内 容
行业现有的竞争状况	1. 化妆品垂直电商竞争者：如乐蜂网、天天网、草莓网、唯品会等。乐蜂网是聚美优品的主要竞争对手。两者采用不同的营销策略，都取得了不俗的业绩 2. 综合电商平台竞争者：如淘宝、天猫、当当等；其中，淘宝网是国内最大的B2C网站，知名化妆品网店（小也、猪哼少等）繁多，竞争力强大。天猫化妆品旗舰店的开设也会分流部分消费者 3. 实体店竞争 4. 化妆品公司自建网购渠道的竞争（品牌网上商城）
供应商的议价能力	1. 聚美优品销量较大，集中采购能够提高议价能力 2. 在国际品牌面前，议价能力较弱 3. 随着团购网站的增加，供应商的选择越来越多，将会削弱聚美优品的议价能力
客户的议价能力	1. 聚美优品不可议价（除折扣、红包外） 2. 消费者选择众多，增加议价能力；对网上商城价格、质量、服务要求更为挑剔
替代产品或服务的威胁	1. 化妆品经销渠道多，B2B、B2C、C2C网购平台都有替代可能 2. 实体店能够提供体验服务 3. 化妆品公司自建网络渠道
新进入者的威胁	1. 化妆品团购用户增长快、盈利模式清晰、盈利水平高，吸引投资者进入 2. 行业进入壁垒较小 3. 部分专业化网站产品品类横向拓宽

2. SWOT 分析

表 2　SWOT 分析表

S	W
1. 特色化妆品团购 B2C 商城 2. 雄厚财力支持 3. 完善服务体系（正品保证、专业验货、100%实物拍摄、30天拆封无条件退货、口碑中心和售后系统） 4. 密切的供应商关系（与国际国内多个品牌成为官方合作伙伴） 5. 卓越的营销能力（韩庚、陈欧共同代言；何炅、戚薇联袂推荐；陈欧体广泛流传；危机公关处理等）	1. 起步晚、运营时间短、经验少 2. 与淘宝等网购平台相比，广告宣传力度弱、知名度和辐射范围小 3. 产品种类较少、产品线深度低

续　表

O	T
1. 化妆品电商市场前景广阔 2. 与同类公司相比,竞争力更强、口碑更好 3. 消费者消费习惯改变,网购走进千家万户	1. 化妆品垂直平台的竞争对手紧追不舍(乐峰等) 2. 综合电商平台分流消费者(淘宝、天猫、当当等) 3. 化妆品公司实体渠道和网络渠道的威胁 3. 国外化妆品竞争对手进入中国市场(SEPHORA等) 4. 不实虚假信息影响消费者信任

五、背景信息

(一) 行业背景

根据艾瑞咨询《2011年中国网络购物市场各商品品类市场份额》显示,中国网络购物市场总交易额为7 735.6亿元,化妆品销售约为379亿元,同比增长66.6%。预计至2015年化妆品网购交易规模将超过1 200亿元。因此,巨大的市场发展潜力促使更多的公司进入化妆品网购市场。竞争战略对企业长远发展具有重要作用,这就对各公司竞争战略的实现提出新的要求,尤其是在产品同质化严重的情况下,如何标新立异、杀出重围成为企业需要关注的重点。

(二) 聚美优品创始人简介①

陈欧,创始人、聚美CEO。16岁留学新加坡,就读南洋理工大学,大学期间成功创办全球领先的在线游戏平台Garena。26岁获得美国斯坦福大学MBA学位。

戴雨森,联合创始人、产品副总裁。清华大学工业工程系学士,曾在Google、Baidu、Oracle等企业从事用户体验设计与研究工作,专注于互联网产品设计、用户体验规划。在斯坦福大学就读管理科学与工程硕士期间认识了陈欧。2009年,从斯坦福大学毅然退学,和陈欧回国创业。

刘辉,联合创始人、研发副总裁。新加坡南洋理工大学计算机科学专业学士,陈欧在南洋理工大学时的学弟。大学期间作为核心工程师协助陈欧于2005年创建Garena,擅长大型WEB系统及数据库等的分布式架构、WEB编程语言的开发框架设计。2009年放弃价值百万美金的股票回国,与陈欧一起再度创业。

六、关键要点

(1) 在市场竞争环境中,如何确认企业的竞争战略。

(2) 确认一种战略之后,如何使用多种营销方式实现战略是管理的关键所在。

(3) 企业所处的环境是不断变换的,如何在竞争环境中,不断调整竞争战略的具体实现方式需要管理智慧。

---

① 聚美优品创始人简介内容来自聚美优品官方网站。

七、建议课堂计划

可设立案例讨论课专题讨论。以下是按照时间进度提供的课堂计划建议,可根据实际情况进行调整。

整个案例课的课程时间控制在 80—90 分钟。

课前:根据班级人数进行分组,每组 7 人左右。发放案例,请参与者课前了解案例内容。

各小组根据案例内容和问题,搜集资料,制作演讲 PPT,课堂进行展示。

课中:简要课堂前言,明确主题。小组代表依次展示讨论内容。

对各组观点进行总结。

课后:请参与者完成案例分析报告。

八、可口可乐的品牌营销策略：
网络环境下的整合营销[①]

【案例正文】

> **摘　要：** 本案例描述了可口可乐公司利用多种营销传播手段进行品牌产品的营销方法和过程。可口可乐为了提升品牌的市场影响力，选择与潜在客户群体最大的腾讯合作，建立网络营销联盟，利用腾讯的社交平台和技术，巩固可口可乐在消费者心中的形象。在新产品的推广上采用多平台整合营销的方式，利用明星、名人、红人，制造热点事件，将传统媒体与网络多元化的平台相结合进行营销活动，在一个较短的时间内扩大品牌产品的知名度。
>
> **关键词：** 品牌推广；网络平台；整合营销

0　引　言

随着互联网行业的日渐成熟，网络媒体平台也逐渐丰富，这个平台背后日益凝聚起越来越多的休闲食品和饮料的众多消费群体。如何选择与利用网络媒体平台推广自己的品牌和产品成为众多食品企业思考的焦点。

可口可乐的网络品牌营销平台 www.iCoke.cn 应运而生，自 2006 年上线以来，就已成为可口可乐品牌营销推广的重要舞台。其新颖的会员制、独特的积分奖励方式及多平台合作模式，成功建立起了与其消费者长期而深入沟通的渠道。运用各种网络工具，如通过 SNS 社交网站、微博与博客互动、网络草根红人合作等多种途径，实现与品牌受众精准沟通，开启快消品牌营销的全新模式。

[①] (1) 本案例由江西财经大学工商管理学院李良贤根据公开资料改编撰写。未经允许，本案例的所有部分都不能以任何方式与手段擅自复制或传播。(2) 本案例委托江西财经大学工商管理学院案例中心授权学院全体教师使用。(3) 本案例只供课堂讨论之用，并无意暗示或说明某种管理行为是否有效。

1 携手腾讯，构建网络营销联盟，提升品牌影响力

2006年3月份，可口可乐（中国）饮料有限公司与腾讯科技有限公司举行了主题为"要爽由自己，畅享3DQQ秀"的新闻发布会，双方宣布结成战略合作伙伴关系，联手打造全新的3D互动在线生活。可口可乐公司同时宣布，深受年轻人喜爱的可口可乐www.iCoke.cn网站将借助腾讯最新推出的3DQQ秀网络虚拟形象，全面升级为中国首个运用3D形象的在线社区。

▶ 1.1 合作的基础：庞大的客户群体

年轻人一直是可口可乐在市场定位和推广中很重要的一个部分。可口可乐会不断发现他们所喜欢的生活方式和习惯，如体育、音乐、旅游、时尚和网络生活等。从2005年起，随着与九城、天联世纪、联想等的合作，网络营销逐渐成为可口可乐整合营销的重头戏。

可口可乐在整合营销上一直寻求突破和创新，在网络营销平台上的选择上也青睐于注重创新和互动的优秀媒体。

可口可乐发现，腾讯不仅拥有目前网络媒体中最庞大的年轻用户群，其不断完善的360度服务也已经深入到年轻人生活的方方面面。无论是用户的活跃程度还是其资源平台（如QQ秀、QQ宠物、Qzone等），都是非常独特和具有创新性的。可口可乐的网络营销活动与这些受年轻人欢迎的网络内容进行嫁接，不仅仅局限在单纯的广告投放上，而是在一个轻松愉快的环境下和消费者达成沟通，在传递流行的、快乐的内容同时实现品牌推广的目的。

▶ 1.2 合作的方式：线上和线下相互配合

线上合作除了传统的硬广告投放以外，主要采取了以3D秀为核心，以QQ主题包和Qzone为辅助的创新性业务合作方式。可口可乐借助腾讯QQ先后发布了魔法表情、可乐主题包、3DQQ秀等活动内容，并受到了年轻网民的热烈追捧。其中，可乐主题包围绕一个主题（时尚元素、品牌、产品等），对QQ皮肤、对话框场景、表情等资源进行整体创意包装，嵌入可口可乐的品牌和产品形象元素，从而呈现给QQ用户新鲜的娱乐体验和视觉感受。可乐主题包以QQ客户端为载体，拥有庞大的受众基数，是网络产品与消费品牌深度结合的典范，推出短短1个月，可口可乐Skin的下载量就达到了430万次。而最引人注目的活动内容是核心合作项目——3DQQ秀。3DQQ秀是腾讯公司推出的最新产品，也是虚拟形象技术的革新创举。它一改过去网络在线沟通时的单调，升级成为独具个性的立体沟通方式。虚拟的人物形象按照消费者的需求量身打造，每个参与者都能通过"购买"使自己的网络形象在发型、服装、动作等方面独具特色，甚至

可以伸个懒腰或相互拥抱。活泼、新鲜的娱乐形式令网络生活个性十足，顿时成为时尚潮流的风向标。借助腾讯独特的技术优势，可口可乐 iCoke 网站实现了由 2D 到 3D 的全面升级，成为中国首个成功运用 QQ 娱乐平台的品牌在线社区，并依托腾讯 5.3 亿注册用户资源，为年轻消费者提供了具有革命性的沟通体验模式。

在此次合作中，腾讯为可口可乐的明星代言人（包括刘翔、S. H. E、张韶涵、潘玮柏、余文乐和李宇春等）特别制作了 3DQQ 秀酷爽造型。通过 3D 技术特制代言人形象，可口可乐为年轻消费者提供了与偶像们亲密接触的另一个舞台，巩固了可口可乐在众多年轻人心中的特殊地位。

3DQQ 秀取得了巨大的营销效果，不仅使可口可乐在产品销售层面得到良好的收益，更重要的是触发了年轻人的兴奋点，加强了可口可乐同消费者的沟通。同时，由于腾讯 3D 秀商城 iCoke 专区所有物品均可用 iCoke 积分兑换，大大增加了活动号召力和参与人数，增强了腾讯的用户活跃度与媒体影响力。

线下合作则采取了 Q 币卡、外包装、海报和户外广告等合作方式（主要为合作身份的体现）。围绕此次合作，可口可乐不惜重金在全国范围内进行推广，在产品包装、户外广告和终端卖场广告等传统营销媒介上频频体现与腾讯的合作关系，力求将双方的品牌影响和活动效果最大化。从 2006 年 3 月到 6 月间，可口可乐在"3D 秀—金盖促销"、"可口可乐主题包装活动"以及"世界杯"促销活动中，投放了近 15 亿的含有腾讯公司企业标识的包装。在约 27 个主要城市投放了含有腾讯公司企业标识的户外广告，包括车身、车站广告牌、大型户外广告牌等；在 96 个主要城市超过 550 000 家零售终端投放了含有腾讯公司企业标识的促销 POP，并在各类型零售店设置了超过 84 000 个大型堆头陈列。

可口可乐与腾讯的战略合作，完美地诠释了可口可乐一贯坚持的品牌路线，即用创新的手段加强同年轻消费者的沟通，并带给他们最热门的潮流和文化。

可口可乐通过在腾讯的广告投放以及与 QQ 特色业务（3D 秀、QQ 主题包、Qzone）的合作，覆盖并深刻影响了亿万年轻消费者。在腾讯的助力下，iCoke 网站焕然一新，在娱乐和互动方面跨上了新的台阶，并立即受到了年轻人的欢迎，同时，一系列的活动推广也巩固了可口可乐在众多年轻人心目中的品牌形象。

2 多平台整合营销，迅速扩大产品品牌的知名度

2.1 品牌个性化营销：美汁源果粒橙

2010 年 6 月 6 日，来自四川的羌族小伙小煞，在全场雷动的掌声中，从"美汁源果粒橙"橙主陈奕迅手中接过 1 000 克黄金，成为"趣喝美汁源、一笑赢千金"的总冠军。

"趣喝美汁源、一笑赢千金"将品牌特性和产品特质融入活动设计的核心环节。由美汁源与国内最早、最大的视频分享网站土豆网合作，于 2010 年 4 月 1 日正式启动，意

在向全体中国网民召集"乐子达人",分享身边无处不在的快乐。活动突破了以往网络评选局限于互联网平台的形式,分成网络赛区和北京、上海、沈阳、深圳4个地面赛区,分别通过上传视频和地面选拔的方式进行比赛。6月6日,网络赛区2强和每个地面赛区的冠军齐集上海,进行全国总决赛,在土豆网上对总决赛进行了全程互动直播,并为观看直播的网友设计了全程的实时网络互动。

在活动的群众参与上,活动以"一笑赢千金"激发网民兴趣,为参与比赛的"乐子达人"开出1 000克黄金的终极大奖。除了令人激动的巨额奖金之外,更令人称道的是这次活动还表现出了新的特点:一是简单便捷的参与方式,任何喜欢讲笑话、分享乐子的人,都可以拿起手中的摄像机、照相机甚至是手机,拍摄一段笑话的视频,上传到土豆网,也可以直接报名参加北京、上海、深圳、沈阳的地面比赛;二是互动有趣的活动形式,网友不仅是选手的最终排名的评判者,连选手参赛的选题、选手PK的组合都完全由网友手中的鼠标来决定,这种前所未有的互动体验,让网友真正有了一种"我的生活我做主"的参与感和新鲜感,零距离地融入活动进程当中。

在活动的宣传方式上,这次活动不仅在地面海选活动中吸引到当地传统媒体的采访和播报,而且在6月6日总决赛当天,还邀请了全国近百名电视、报纸记者现场报道。活动期间,相关网络BBS讨论、SNS转帖等产生超过1 800万人次的回复、转帖等互动,得到3 300个平面以及网络新闻报道,电视报道时长超过2 000分钟。

从活动取得的效果上看,"趣喝美汁源、一笑赢千金"互联网真人秀活动的宣传效果与参与程度可以与一些热门电视真人秀栏目相媲美:据第三方数据公司艾瑞的研究报告显示,活动在网民中的知名度达到31.9%,与同期的电视真人秀节目相比,仅次于通过多渠道宣传,在湖南卫视和青海卫视套播的《快乐男声》和《花儿朵朵》,领先于同期播出的其他电视真人秀节目。这次活动共吸引了超过1 300万人次参与,网络赛区的视频上传总数超过11 000件,网友评论近30万条。6月6日,网络直播的总决赛更是吸引了最高达761 802人同时在线,直播当天累计在线人达到了创纪录的653万人次。据艾瑞的报告显示,收看了该节目的观众对于"一笑赢千金"冠名品牌的正确识别率达到81.2%,领先于同期所有电视选秀栏目赞助商的正确识别率。网友留言评论中,有80%以上的留言表示对整个活动和美汁源品牌的印象是乐趣、幽默连连、有创意。

2.2 圈子文化下的新品推广:美汁源果粒奶优

随着多元生活的开端,不同的人们已经开始形成自己的圈子,在规模化的营销平台之外,必须建立圈子文化的互相认同,通过圈子中意见领袖的号召力,来达到与品牌和文化感兴趣的受众的互动,并最大化他们的认同。

可口可乐旗下品牌美汁源果粒奶优作为可口可乐中国首款含乳饮料,在2009年10月推出。全新的美汁源果粒奶优巧妙地搭配了优质奶粉及乳清蛋白、美汁源果汁和椰果粒等原料,首次上市,共推出香浓芒果味、水润蜜桃味和清香菠萝味三种风味。它的巧妙配搭,除了给消费者带来美味的口感和愉悦的饮用体验外,更倡导人们在生活中也进行充满趣味的搭配,从而创造优质与快乐的生活体验。为了突出产品的新特性和

迅速吸引消费者的关注,可口可乐公司采取了如下措施:

一是邀请天王歌星陈奕迅代言,并于首发当日首度演绎"虚拟现实秀",生动诠释了该款饮料巧妙搭配的优质元素,创造优质快乐生活的特质,还吸引了逾1 000名陈奕迅粉丝、消费者和媒体的实地参与。

二是邀请草根名人进行产品试饮,提前将新品送给知名草根博主尝鲜,博主根据对产品品尝的个人感受,发布试饮报告博文,激发粉丝好奇心;通过这个活动,在一个月内,知名博主赠饮报告吸引超过45万网民浏览、留言。

三是与网络红人"一日一囧"、绿豆蛙、张小盒等合作创作果粒奶优系列幽默短片,巧妙地将果粒奶优"趣搭我的优质生活"的产品特性植入到其作品中。使"一日一囧"、绿豆蛙、张小盒等作品的忠实粉丝自觉与不自觉地接触到了果粒奶优。

四是依托亚洲最大的个人交易网上平台淘宝网,"美汁源果粒奶优"携手其站内最受欢迎的社区游戏"快乐岛主"开展了一次别出心裁的线上派发虚拟饮料活动。活动期间,用户可在自己经营的小岛上建设"果粒奶优饮料亭",同时在每天三个特定时间段登陆好友的岛屿寻找并收集"果粒奶优"饮料,集齐一定数量可兑换虚拟或事物奖品。从8月11日起,活动持续两个月,上线首日已有26万网友参与。其中,8月11日至8月15日期间,虚拟饮料发放1 992 436瓶,饮料点击量达5 499 480次,独立活跃参加人数为314 078人,首周开放参与度达到195%,淘江湖SNS平台消息公布3 506次,覆盖30 152人。

这次活动对可口可乐而言,不仅在形式上进行了创新,首次将传统免费派样通过网络社区平台实现。更重要的是,活动与传播主题的有效结合使消费者在潜移默化中记住了产品所要强调的三个特定饮用场合等关键信息,同时,交互性机制所形成的病毒式传播也大大提高了品牌知晓度。

【案例使用说明】

可口可乐的品牌营销策略:网络环境下的整合营销

一、教学目的与用途

(1) 本案例主要适用于《市场营销》和《网络营销》。
(2) 本案例适用于本科生上述课程教学。
(3) 本案例的教学目标是要求学生掌握品牌营销策略的有效方法、网络环境下的营销平台、营销方法及各种营销方法的有效融合。

二、启发思考题

(1) 从品牌营销策略的角度,结合案例实际情况,你认为可口可乐与腾讯的合作对提高品牌的知名度是最优选择吗?
(2) 如果你选择,你会选择哪一家企业作为你的合作伙伴?为什么?
(3) 如果你是营销经理,你对新产品的推出会选择怎样的营销方案?

（4）网络营销方式与传统营销方式有何异同？

三、分析思路

教师可根据自己的教学目标来灵活使用本案例。这里提出本案例的分析思路，仅供参考。

（1）从品牌市场影响力的角度来说，选择一种市场覆盖面大的媒体或平台是一种最有效的途径，腾讯当然是受众较多（特别是网络用户较多）的一家公司。

（2）从营销的财务角度来说，企业的营销活动应该选择最经济的一种方案，网络平台是各种媒体中最经济的一种方式。

（3）事件营销是容易引起轰动效应的一种营销方式，能够在一个较短的时间内使受众很容易地熟悉品牌产品。

（4）名人效应是扩大品牌知名度比较有效的方法。

（5）广告植入是使受众能够潜移默化感受产品品牌的一种比较有效的方法。

（6）整合营销被越来越多的企业所应用和接受。

四、理论依据与分析

（一）品牌营销

品牌营销是通过市场营销使客户形成对企业品牌和产品的认知过程。市场营销既是一种组织职能，也是为了组织自身及利益相关者的利益而创造、传播、传递客户价值，管理客户关系的一系列过程。品牌营销不是独立的，品牌可以通过传统营销和网络营销一起来实现，两者相辅相成，互相促进。案例中主要涉及品牌传播方式的选择。

（二）品牌的传统营销

在市场营销中，营销组合框架已经由4P、4C发展到4R，这反映了营销理论在新的条件下不断深入整合的变革趋势。4P是营销中最关键的组合因素，要求企业如何满足客户需要；4C让企业忘掉产品，研究客户的需要和欲望；4R让企业与客户建立紧密的联系，提高客户忠诚度。品牌营销时代，消费者对品牌的满意度是企业发展的重要环节，当消费者满意时，就会对品牌保持长时间的忠诚度，这种忠诚度一旦形成，就很难接受其他品牌的产品。

品牌企业要想不断获得和保持竞争优势，必须构建高品位的营销理念。例如，整合营销传播的工具（广告、公关、促销）可以提升品牌价值；通过市场细分，可以提升品牌的营销层次。品牌的形成并非一朝一夕完成，品牌的打造只有经过日积月累，才能走向成功。

（三）品牌的网络营销

网络营销是指企业以电子技术为基础，以计算机网络为媒介和手段，进行各种营销活动的总称。网络营销的职能有网站推广、网络品牌、信息发布、在线调研、顾客关系、顾客服务、销售渠道、销售促进等。网络营销就是大量的客户通过互联网搜索，找到某网站、商铺，查看商品卖点，通过电话、邮件、QQ等方式联系到卖家或者厂家，将一个潜在客户变成有效客户的过程。网络营销也可以理解成以企业实际经营为背景，以网络营销实践应用为基础,从而达到一定营销目的的营销活动。其中,还可以利用 E-mail 营销、博客与微博营销、网络广告营销、视频营销等。总体来说,凡是以互联网为主要手段开展的营销活动,都可称为网络营销。

对传统企业来说,网络营销一般从建立网站开始,企业的品牌形象在建立网站之前就已经确立了。互联网将改变企业的经营方式,如今《财富》全球 500 强企业都建立了自己的网站主页,而且将近 90% 以上的企业采用网上招聘等方式,这说明网络已经不仅仅用于介绍公司概况、收发电子邮件,而是进入了深层次的应用,品牌营销是互联网对企业经营方式的重大变革。例如,在网上商店,既可以为企业扩展销售渠道提供便利的条件,又可以在电子商务平台上增加客户的信任度,将企业网站与网上商店相结合,塑造品牌。

(四) 整合营销

整合营销是一种对各种营销工具和手段的系统化结合,根据环境进行即时性的动态修正,以使交换双方在交互中实现价值增值的营销理念与方法。整合就是把各个独立的营销工作综合成一个整体,以产生协同效应。这些独立的营销工作包括广告、直接营销、销售促进、人员推销、包装、事件、赞助和客户服务等。

五、背景信息

可口可乐公司每年都在推出新的品牌产品,其营销的方法也在随着网络技术的不断发展而进行不断变化。总是抓住最新的热点进行营销活动。

六、关键要点

理解案例中所选用的营销方法与品牌产品特性的关联性,从而找到正确的整合营销方法。

七、建议的课堂计划

可根据需要自行设计。

九、豆瓣的移动产品策略[①]

【案例正文】

> **摘　要**：豆瓣是中国互联网界比较特殊的产品，在国内普遍使用Copy2China模式兴起的网站群落中，豆瓣显得有点异类，由于其设计、内容以及用户的特性，豆瓣被称为文艺小清新网站，其创新也广受业内关注。上线至今，豆瓣的发展势头持续不减，用户接近一亿。随着移动互联网的高速发展，豆瓣推出了多款移动应用。
>
> **关键词**：豆瓣；移动应用；产品组合

1　豆瓣的另类

　　豆瓣是一家以技术和产品为核心、以生活和文化为内容的创新网络服务公司。豆瓣以书影音起家，一直致力于帮助都市人群发现生活中有用的事物，通过桌面和移动产品服务都市日常生活的各个方面。打开豆瓣页面，网站的顶端左上角是豆瓣的logo，右上角是豆瓣的六个核心产品：读书，电影，音乐，同城，小组，豆瓣fm。豆瓣的清新logo下面，我们就可以清楚豆瓣的（截至2013年6月）情况：它在853个城市中拥有7 218万注册用户，还有接近6 000万的非注册用户，333万个兴趣小组，111 399个小站，25 040个独立音乐人，4 122个作者译者，2 717家合作电影院。就是这样规模的网站在国内综合排名为20，全球综合排名110，日均ip独立量达4 356 000，日均pv浏览量为52 576 920，如此好成绩，按理说，豆瓣应该是一家行业大佬了，盈利不菲。可豆瓣偏偏不是一家copy2china的网站，没有先例，一切都得靠摸着石头过河，盈利模式有待开发。与豆瓣用户的增长相比，豆瓣员工规模增长近乎龟速，豆瓣的诞生是阿北（杨勃）一个人编写出来的，并维持了很长一段时间，以至于到了创业7年后，豆瓣宣称团队已有300余人，期间经历200万美元至2 000万美元不等的风投。随着移动互联网的到来，豆瓣用户的规模迅速增长，豆瓣开发了豆瓣电影、豆瓣阅读、豆瓣fm等十款移动应用。豆瓣的盈利模式逐渐清新，豆瓣的商业化和移动产品也越来越受到业内

[①]　（1）本案例由江西财经大学工商管理学院谌飞龙、杨奇根据豆瓣网、雷锋网等网站公开资料改编撰写。未经允许，本案例的所有部分都不能以任何方式与手段擅自复制或传播。（2）本案例委托江西财经大学工商管理学院案例中心授权学院全体教师使用。（3）本案例只供课堂讨论之用，并无意暗示或说明某种管理行为是否有效。

的好评。

2 豆瓣的产品组合策略

2.1 不会有一个叫豆瓣的移动应用

事实上,在移动互联网席卷中国之前,豆瓣于 2010 年 1 月就已经有了简单的 WAP 手机版。它为整个社区提供了比较完整的服务界面。在手机版中,读书和电影两个板块只提供搜索功能,音乐、同城和其他功能被隐藏。这只算是在当年 2G 网络环境下为功能机用户提供的简单服务。

在移动互联网时代,豆瓣会给我们什么样的惊喜呢? 2012 年 1 月 10 日,新版豆瓣首页启用,新豆瓣才重登首页,似乎这预示着适应移动互联网的一大改动。接下来的 2012 年 1 月 19 日,豆瓣发布阅读器和免费作品,用户可以尝试阅读;2012 年 5 月 7 日,豆瓣阅读的作品商店上线,正式发布作品;10 天后,豆瓣推出豆瓣电影在线选座购票;豆瓣 fm 移动应用也接着上线;其他移动应用例如豆瓣同城、豆瓣线上活动、豆瓣音乐人,豆瓣小组,豆瓣购书单,豆瓣笔记等 10 个应用。这 10 个应用都提供各自垂直领域的独立服务,除了账户通用,不进行服务的交叉关联。这些应用服务相当的精细化,例如豆瓣同城与豆瓣线上活动,这两个应用都是针对豆瓣上的一些活动,豆瓣同城更多发布一些线下活动,豆瓣线上活动顾名思义就是注重豆瓣网友之间的活动,比如活动"上传你的星际迷航手势,PK 谢耳朵"。这些移动应用中除了豆瓣笔记只有 iPhone 版本外,其他应用都拥有 iPhone 版和 android 版本,分别服务手持不同移动智能设备的客户,豆瓣 fm 还推出了 HD 版本,服务平板电脑等客户。

豆瓣为什么不像人人网,开心网一样推出一个大而全、拥有完整服务的移动应用?

面对大家质疑豆瓣为什么不做一个完整的移动应用时,豆瓣杨勃的回答一如既往,"不会有一个叫豆瓣的移动客户端"。过分细分会导致产品功能分散,甚至混乱,每个应用在其垂直领域都会遭遇强大的竞争对手。豆瓣阅读就有 kindle、多看阅读、盛大等竞争对手;在电影在线选座购票领域,时光网、QQ 购票和淘宝购票都是强有力的竞争对手;音乐领域更是一片红海,只百度音乐、阿里巴巴虾米音乐、QQ 音乐中国互联网这三巨头就够豆瓣喝一壶了,还有巨鲸、酷狗等对手搅局;豆瓣的三大核心产品都有其对应的强大竞争对手。作为一个整体,不容忽视,但是一旦细分,各个产品势单力薄。杨勃说,移动互联网对豆瓣就是一个巨大的机会,可从目前局势来看,豆瓣为什么这么做,它有什么优势?

2.2 豆瓣的移动产品策略

豆瓣不同于其他社区,有点特殊,社区内有多项服务,而且这些服务实际上分离得很严重,但这也让豆瓣能面向更大的用户群体。豆瓣的各项服务(例如电影、音乐、图书、小组、阅读等模块)是业务分离的,每一项相当于一块子产品,而且每项业务的用户群体事实上也是区分开的。

豆瓣从一开始就体现了这样的属性,而从近年来豆瓣首页的大改版来看,豆瓣强化了这样的思路。豆瓣首页把各产品的菜单移动到网页顶端的菜单栏,这种产品区隔程度与 Google 的菜单栏类似,而 Google 首页黑粗直的菜单栏里是一个个真正的独立产品。这种更新把产品进行了更大程度的区隔,形成多个独立子产品业务线。事实上,这也相当于在一个通用账户的大社区内拥有可以满足不同需求的多个独立产品。豆瓣是一个动态 web 网站,它通过算法为每位用户整合豆瓣各项服务。

为什么采取这样的改版思路,其实挺容易理解。豆瓣的用户群相当庞大,但未必每个用户都会使用豆瓣的每个产品。事实上,豆瓣是有使用门槛的,对许多互联网用户来说,他们玩微博没问题,玩人人网更像玩一样,虽然现在几乎没什么人玩了。但玩豆瓣可能就会让许多人觉得摸不着门道,有心理压力。大多数用户只是使用豆瓣少数产品服务,例如,爱好电影的看完电影之后上豆瓣看影评,想买书的用户到豆瓣来看看书评,或者逛逛读书看看有什么好书。真正在豆瓣生成大量内容的用户还是占少数,而且必然有其擅长的领域,例如,爱好写小清新文章的可能不大爱好写影评,爱写影评的可能不太懂音乐等。

豆瓣的用户可以使用不同的服务进行区隔,把各项服务划分为独立的子产品。每个子产品有其独立的用户群,在自垂领域有足够的空间,这样的策略让豆瓣在用户群体和市场规模方面都得到充分的扩展,拥有可想象的发展空间。

豆瓣这种业务分离的模式,让豆瓣的每一次改版都变得游刃有余,可以更好地控制自己产品的开发空间,豆瓣从最初的读书、电影、音乐发展成今天集成读书、电影、音乐、同城、小组等这样日益完善的社区平台。豆瓣根据用户需求,进行新产品的开发和产品的改版,不得不让业内人士对豆瓣把握产品生命周期和新产品开发策略的赞叹,尽管豆瓣每次改版都会迎来部分用户的不适应,但就长期来说,豆瓣绝大多数改版都得到了好评,提高了用户黏性。近期,豆瓣用户发现个人主页的右上角多了一个"喜欢的东西/移动应用"标签,点击打开你便能搜索到例如豆友喜欢的水果和谷歌 chrome 的移动应用等,你能看见他们的评分,有多少人用过即评价,这被看作是豆瓣发力移动应用平台的一个预兆。除此之外,豆瓣开通"我去",豆瓣旅行内测上线。最近,网盛传豆瓣在开发一款电商导购产品,介入电子商务行业。豆瓣的发展空间因为其正确的模式给予人们无尽的想象,豆瓣下一步会做什么,也许只有神知道。

其实,从 PC 端子产品区隔策略就比较容易理解豆瓣推出功能精细的移动端应用产品,而不推出一个大而全的豆瓣应用的理由。因为移动端的特质,让豆瓣不但延续了 PC 端产品策略,还能做得继续做精做细,提供各业务用户更好的服务,产品得到更大的活力。

移动互联网的出现,让豆瓣各个产品能够独立化,每个产品有其独立应用。目前,这些应用都能延续 PC 端的功能和气质,并针对移动应用的特质作出相应的调整。独立产品能更好地区隔用户,为不同需求的用户提供更好的服务。而且 APP 应用用户不容易跳出,每项业务都能更好地实现自己的发展策略和商业模式。让不同的业务线垂直领域都能达到理想的市场地位和收入规模。

豆瓣的移动战略的布局意向已经非常明显了,推出一个大而全的完整功能豆瓣移动端不符合豆瓣整体战略定位,针对豆瓣的各个产品推出独立应用才是豆瓣选择的路线。就像杨勃说的,"豆瓣会有更多新东西。"在可以预见的未来,豆瓣必然会发布更多的相对应的移动产品,配合网站的业务线进行发展。这样做的好处是每个产品都能更好地服务用户,给豆瓣 PC 端业务忠实用户以更好的服务,当然,更好的情况是用更好的移动体验吸引新用户。事实上,豆瓣或许已经实现了这个愿望,从 2012 年至今,豆瓣注册用户增长 1 000 万之多,网页端 UV 接近 2 亿,移动客户端的用户量增长较快。独立的移动应用有更低的跳出率,有更好的活力和潜力,能灵活地探索商业模式,例如,现在豆瓣电影或者豆瓣阅读已经在进行相关的工作。

3　豆瓣移动产品策略带来的商业化机遇

在 PC 时代,豆瓣的盈利主要来自广告、互动营销、图书电商渠道。2010 年,豆瓣推出了自己的广告产品,主要包括展示类广告、品牌小站和豆瓣 FM 中的音频广告。到 2012 年 11 月,豆瓣已经与将近 200 个品牌合作,为他们提供定制化的广告方案。这些品牌横跨汽车、时尚、IT、家电、旅游、奢侈品、化妆品、快消品等多个领域。在豆瓣看来,合作的客户是否是世界 500 强并不重要,最核心的原则是品牌的定位要与豆瓣的用户高度贴合。豆瓣广告是豆瓣盈利的主要来源。豆瓣作为社交网络,有着自己独特的气质,小站、线上活动、同城活动等产品可以助力品牌商开展互动营销。再者,豆瓣第三大盈利来源于豆瓣读书。它为当当网、卓越亚马逊等电商导入一定的流量,从而带来一定的分成,豆瓣数据统计表明,每 10 次点击即可带来一次成交。这三大盈利板块构成了豆瓣的传统盈利,并维持网站的运营。

杨勃在极客公园说,移动客户端应用是对他的一个巨大的解放。豆瓣从 2012 年 1 月 19 日推出豆瓣阅读器软件开始了移动客户端的开发。而真正重大的日子是 2012 年 5 月 7 日,这一天豆瓣阅读电子书售卖:豆瓣阅读是豆瓣旗下的电子书阅读和售卖平台,豆瓣阅读付费书店于 2012 年 5 月 7 日正式上线,到 2012 年年底已经覆盖 PC 和移动端多平台。豆瓣阅读平台上的电子书包括电子版实体图书和个人作品投稿(即自出版作品)两种,这些电子书由免费电子书和售价 0.99 元至几十元的付费电子书构成。豆瓣阅读具体盈利如何,豆瓣还未给出具体的答案。不过,就豆瓣阅读官方小站公布的个人自出版作品方面的部分销售数据来看,其中一些作者的作品销售额已过万元。该应用下载量(包括 iPhone、iPad 和 Android 版的豆瓣阅读应用总下载量)已超过 300 万。

豆瓣阅读作为豆瓣旗下的电子书阅读和售卖平台,用户既可以在 PC 端购买和阅读书籍,也可以在官方移动端应用或 Kindle 中阅读。其平台上的电子书分为实体图书电子版与自出版作品两种。既有部分免费电子书,也包括售价 0.99 元至几十元不等的书籍。

此次销售数据汇报中并没有公布内容提供方为传统出版社的书籍售卖情况,而主要介绍个人投稿形式所售卖的作品。其中,丁小云是来自出版社销量最高的作者。总共出版的两部作品《论文艺女青年如何培养女王气场》和《7天治愈拖延症》的累计销售量为16 624部,累计销售额54 970.48元。

同属非虚构类作品的作者吉井忍的三部美食类作品销量为9 224篇。米周的《旅行故事》也在两个月卖出了2 626部。

虚构类作品中,豆瓣阅读汇集的一批纯文学创作者(包括庄碟庵、路内、戈舟等)都积累了一定人气。其中,庄碟庵发布的7部付费作品中,《反西游记》的销售额过万,路内的3部作品累计销售2 600多篇,销售总额也超过万元。

和其他电子书店不同,豆瓣阅读在2011年11月启动了投稿系统,个人可以向豆瓣阅读发送自己的作品。这些作品不受出版形式的限制,多为3—5万字,定价1.99元的短作品。豆瓣和作者按作品的销售额进行三七分成,豆瓣获得收入的30%。

据官方介绍,目前已认证的个人作者超过百位,投稿作品500多部。而在另一个内容渠道,即实体图书电子版方面,已经与40多家出版社合作,推出电子书800多部。

虽然豆瓣阅读希望提供一个汇聚作者创作力并提供销售渠道的平台,但从目前的成绩看,这个平台的影响力和网络小说网站相比,还远远形不成规模。即使起点中文网上的网络作家收入之间相差悬殊,但收入过千万元或百万元的也有几十位。

豆瓣阅读上备受关注的丁小云虽然是一个成功的案例,但也和这位专栏作家此前在豆瓣积聚的较高人气有关。2006年5月就注册了豆瓣的丁小云在该平台发布的有关书影音方面的评论目前有168条,粉丝数超过4万。此外,丁小云本人也充分利用个人影响力在各个渠道推广自己的书籍。

豆瓣阅读上能产生出多少个丁小云,不仅仅依赖于作者本身,也考验豆瓣阅读上的平台机制和整个产业环境的辅助。

针对产品发展中难解决的问题,官方回复称:"源于市场特点和用户消费习惯,并不是所有的读者都习惯给电子书付费或付'太多'钱;另外,豆瓣阅读从推出付费作品到现在也才只有半年多的时间,还在探索和验证更有效的电子书推广及内容运营方式。"

作为一个积累了八年的互联网公司,提及6 800多万的用户规模,豆瓣或排在第13位左右,月度UV约1.4亿。背后庞大的社区支持是豆瓣阅读的优势。因此,产品也在各方面尝试作品推广的创新,例如,每周二举行的"睡前一起读"活动,读者在同一时间共同阅读一部作品,分享阅读心得,甚至直接与作者在线交流。此活动从2012年5月开始,已举办32期,吸引了数万名读者参与。

讲完了豆瓣阅读,现在来看看豆瓣电影在线选座购票。2012年5月17日,继开通购书服务之后,豆瓣再次开始拓展新的收入来源——豆瓣电影在线选座购票服务正式上线。到2013年2月1日,豆瓣电影已覆盖全国400个城市2 500家影院,实时查询全国放映时间表,部分影院已支持直接选座购票,该功能已在iOS&Android双平台同时开放。随着豆瓣在电影的开拓,豆瓣电影通过院系合作,获得营收。

豆瓣三大核心产品豆瓣音乐的商业化是最晚的,也是最有争议的。2013年1月7

日,豆瓣发布了旗下电台产品的升级版——豆瓣 FM Pro,采用付费订阅模式,每月 10 元,半年价 50 元。豆瓣是内地第一家尝试收费的在线音乐电台,压力不小。但是,由于版权和宽带费用的原因,豆瓣不得不这么做。当然,豆瓣也有自己的底气和优势,豆瓣 fm 周围国内主流在线音乐电台,拥有超过 3 000 万的用户,付费可以抵消版权带来的资金压力,再者,豆瓣已与一些航空公司、奢侈品牌合作开通公共兆赫;此外,豆瓣 fm 合理插入一些广告以及一些静态广告。移动客户端用户增加成为可能,也为豆瓣带来更多的收入。

除了三大核心产品,豆瓣同城票务也值得期待。豆瓣同城有大量的话剧、演唱会等商业演出信息,活动页面提供票务链接,通过将用户引导至相关的票务网站实现销售收入分成,2012 年,上线同城活动官方售票。

豆瓣凭借精细化的移动产品策略,实现了用户增加和盈利创收的计划。豆瓣的各个细分移动客户端在各自垂直领域的商业机遇给了人们更大的想象空间。

【案例使用说明】

豆瓣的移动产品策略

一、教学目的与用途

(1) 本案例主要适用于《市场营销》和《品牌运作与管理》中关于产品策略部分的教学。

(2) 本案例适用于 MBA、高年级本科生和全日制研究生的上述课程教学。

(3) 本案例的教学目标是要求学生掌握企业为满足用户需求时采取什么样的产品和服务,掌握制定和改进产品策略的基本原则。

二、启发思考题

(1) 豆瓣的产品组合是否合理?

(2) 你如何看待豆瓣的移动产品策略?豆瓣为什么不做一个完整的移动客户端,而是采取精细化的多个区隔产品?

(3) 如果你是豆瓣产品经理,你会对豆瓣的产品策略提出什么样的意见?

(4) 豆瓣的产品策略对它的移动互联网未来有何影响?对其他互联网公司有何启示?

(5) 你是豆瓣用户吗?你是否适应豆瓣的产品与服务?

三、分析思路

教师可以根据自己的教学目标灵活使用本案例。这里提出本案的分析思路仅供参考。

(1) 分析互联网产品和传统产品与服务的区别与联系以及它们可以相互借鉴之处。产品与服务满足用户需求的基本目的相同,产品与服务需满足用户需求的方式与途径存在不同,互联网环境因素是互联网产品与传统产品与服务的最大区别,政府的政策因素与用户的既定思维决定了互联网产品的特点,传统产品与服务满足用户需求的可视化值得互联网借鉴,互联网产品积累用户的方式与便捷化,信息化的特点是传统产品需要学习的地方。

(2) 产品组合方面,分析豆瓣产品的组合方式,即产品的宽度、深度、长度和关联度。豆瓣依靠不同功能的精细化产品满足各种需求不同的用户,他们依靠豆瓣统一的产品气质联系在一起,构成了豆瓣完整的产品体系。

(3) 产品组合的优化,即增减产品的宽度、长度、深度或产品的关联度,从而使产品组合达到最优状态,各种产品项目之间的组合和量的比例既能适应市场需要,又能使企业盈利最大化,这需要一定的评价方法进行选择。从市场营销的角度出发,按产品盈利增长率、利润率等主要指标进行分析,常用方法有 ABC 分析法、产品获利能力评价法及临界收益评价法。

(4) 豆瓣现有的产品与服务可能会影响新产品的开发与推广,试从新产品开发战略详细说明。

(5) 产品从投入市场到最终退出市场的全过程称为产品的生命周期,该过程一般经过产品的导入期、成长期、成熟期和衰退期四个阶段。在生命周期的不同阶段,产品的市场投入率、营业额、利润额是不一样的。试从生命周期和互联网的视角分析豆瓣的盈利出路。

四、理论依据与分析

(一) 产品策略

市场营销 4P 组合的核心是价格策略、分销策略和促销策略的基础。从社会经济发展看,产品的交换是社会分工的必要前提,企业生产与社会需要的统一是通过产品来实现的,企业与市场的关系也主要是通过产品或服务来联系的,从企业内部而言,产品是企业生产活动的中心。因此,产品策略是企业市场营销活动的支柱和基石。

产品策略是指企业制定经营战略时,首先要明确企业能提供什么样的产品和服务去满足消费者的要求,也就是要解决产品策略问题。从一定意义上讲,企业成功与发展的关键在于产品满足消费者的需求的程度以及产品策略正确与否。豆瓣是个以书影音为主基于兴趣交友的网络社区,根据不同兴趣的不同需求,豆瓣的产品相对独立分离,却又气质相同,相互联系,构成了一个完整体系。

(二) 豆瓣产品组合的选择

产品组合是某销售者售与购买者的一组产品,它包括所有产品线和产品项目。产品组合具体便是企业生产经营的全部产品线及产品项目的组合方式,即产品组合的宽度、深度、长度和关联度。产品组合的宽度是企业生产经营的产品线的多少。豆瓣不同于其他社区,有点特殊,社区内有多项服务,而且这些服务实际上分离得很严重,但这也让豆瓣能面向更大的用户群体。豆瓣的各项服务(如电影、音乐、图书、小组、阅读等模块)是业务分离的,每一项相当于一块子产品,而且每项业务的用户群体事实上也是区分开的。

豆瓣从一开始就体现了这样的属性,而从近年来豆瓣首页的大改版来看,豆瓣强化了这样的思路。豆瓣首页把各产品的菜单移动到网页顶端的菜单栏,这种产品区隔程度与 Google 的菜单栏类似,Google 首页黑粗直的菜单栏里是一个个真正的独立产品。这种更新把产品进行了更大程度的区隔,形成多个独立的子产品业务线。事实上,这也相当于在一个通用账户的大社区内拥有可以满足不同需求的多个独立产品。豆瓣是一个动态 web 网站,它通过算法为每位用户整合豆瓣各项服务。

(三) 产品生命周期与豆瓣的商业化

产品从投入市场到最终退出市场的全过程称为产品的生命周期,该过程一般经历产品的导入期、成长期、成熟期和衰退期四个阶段。在产品生命周期的不同阶段,产品的市场占有率、销售额、利润额是不一样的。导入期产品销售量增长较慢,利润额多为负数。当销售量迅速增长,利润由负变正并迅速上升时,产品进入了成长期。经过快速增长的销售量逐渐趋于稳定,利润增长处于停滞,说明产品成熟期来临。在成熟期的后一阶段,产品销售量缓慢下降,利润开始下滑。当销售量加速递减,利润也较快下降时,产品便步入了衰退期。豆瓣产品无论从 PC 还是移动端来说,它都处在产品的成长期,商业化趋势初显,未来盈利有待考察。

五、背景信息

豆瓣官网(www.douban.com)以及介绍豆瓣产品产生日记的豆瓣博客 http://blog.douban.com/。另外,其他互联网资讯网站也有豆瓣相关信息与评价,如 36 氪、极客公园、知乎、新浪博客等。

六、关键要点

理解案例所涉及的产品策略以及满足用户需求的调整需要;理解所涉及产品的生命周期、品牌策略与互联网产品盈利之间的关系。

七、建议的课堂计划

本案例可以作为课堂案例讨论来进行,如下是按照时间进度提供的课堂计划建议,仅供参考。整个案例讨论的课堂时间控制在 30—35 分钟为宜。

课前计划:

提出启发思考题,请学员在课前完成阅读和初步思考(应注意了解互联网产品相关特质)。

课中计划:

(1) 简要的课堂前言,明确主题"豆瓣产品策略以及豆瓣的商业化机会"(2—5 分钟)。

(2) 分组讨论案例所附的启发思考题,告知发言要求。(15 分钟)

(3) 小组发言。(根据学员自愿分成若干组,选择观点具有代表性的三个小组进行观点阐述,控制在 15 分钟左右)

(4) 教师总结发言。

课后计划:根据课堂谈论,教师让学员们从产品策略角度去分析一些互联网产品,提高学员在移动互联网时代的市场营销能力。

八、案例的后续进展

在真实情况中,豆瓣的进一步发展与变化,产品组合不断更新优化,请读者关注豆瓣博客 http：//blog.douban.com/,所以,截至本案例完成时提及的信息外,无后续进展。

十、格兰仕微波炉的价格策略[①]

【案例正文】

> **摘　要：** 本文描述了格兰仕微波炉价格调整的过程，格兰仕原来是从事毛纺、羽绒被、羽绒服装等产品生产的劳动密集型产业，1991年，公司总经理梁庆德等人经过历时一年的市场调查研究，发现微波炉市场有诱人的发展前景。于是，经过一番艰苦而周密详细的准备，1992年9月，通过与日本东芝集团进行技术合作，并从该公司引进具有20世纪90年代先进水平的自动生产线，开始试产微波炉，为了迅速占领市场，格兰仕微波炉多次采取降价策略，使其市场占有率得到了很大的提高，赢得了市场的主动权。
>
> **关键词：** 格兰仕微波炉；价格策略；降价策略

0　引　言

格兰仕企业（集团）公司原本是个乡镇企业，它能迅速地由小到大，由弱变强，把自己的品牌打出去，大份额地占有全国市场，原因到底在哪里？这绝不是用一句话就能回答的，其中，有企业体制方面的原因、企业领导人素质方面的原因和企业经营战略决策方面的原因等。特别是价格策略运用上的独到之处，揭示了其成功的奥秘。

1　背景资料

格兰仕原来是从事毛纺、羽绒被、羽绒服装等产品生产的劳动密集型产业。1978年9月28日，广东顺德人梁庆德带领10多个乡亲打算办一个羽绒制品厂。1979年，这个名叫广东顺德桂洲羽绒厂的小厂正式成立，以手工操作洗涤鹅鸭羽毛供外贸单位出口。1991年，公司总经理梁庆德等人经过历时一年的市场调查研究，发现微波炉市

[①] （1）本案例由江西财经大学工商管理学院吴忠华根据公开资料改编撰写。未经允许，本案例的所有部分都不能以任何方式与手段擅自复制或传播。（2）本案例委托江西财经大学工商管理学院案例中心授权学院全体教师使用。（3）本案例只供课堂讨论之用，并无意暗示或说明某种管理行为是否有效。

场有诱人的发展前景。于是,经过一番艰苦而周密详细的准备,1992年9月,通过与日本东芝集团进行技术合作,并从该公司引进具有20世纪90年代先进水平的自动生产线,开始试产微波炉。微波炉的最大特点是省时、省力、节能、干净,可根据不同的烹调习惯选择蒸、煮、焖、炸、炖等多种方式,做出的饭菜能保持食品的色、香、味,营养成分也不会被破坏。此外,微波炉还具有很强的杀菌能力。而当时的市场价格,大致符合正实现小康生活标准的上班族的购买力。在"九五"计划期间,有可能在城镇中达到10%—30%的普及率,在2010年前达到在城镇中基本普及的水平。可以说,微波炉是适合人们小康生活需要的产品。并且在国际市场中大有开发余地,据有关部门统计,家用微波炉在美国与日本虽已基本普及,但在多数发达国家与地区,普及率还只有10%—60%,在发展中国家与地区的普及率就更为低下。格兰仕敏锐地意识到这一市场前景,果断决策进行产业转轨,进入微波炉行业,主要过程如下:

1991年,开始进行微波炉市场调查,决定进入微波炉行业。五进上海,聘请了全国著名的微波炉专家,立下创立中国品牌的决心;

1992年9月,与日本东芝公司进行技术合作,从东芝引进具有20世纪90年代先进水平的微波炉生产线,中外合资的"格兰仕"品牌微波炉试产成功,次年即投放市场1万台;

1995年,开始全方位引进欧美微波炉技术,与欧美的微波炉研究机构进行合作开发,同年成为微波炉市场的领导者;引进质量管理与控制、营销等专门人才,建立自己的质量控制和营销体系;

1997年,开始独立自主地开发微波炉技术,相继推出差异化、个性化、智能化的微波炉新品种。利用已经形成的规模化和集约化生产及销售优势,消化技术开发投入。

1996—2000年,三次大幅度降价,挤占和净化市场。

根据国家统计局中怡康经济咨询有限公司2012年5月对全国600家商场微波炉销售情况的调查资料,得到了如下的结果:

(1) 全国零售量冠军是格兰仕,全国总销量市场占有率最高者是格兰仕,且高达73.85%与第二名美的相比(7.18%)高出了近67个百分点(见表1)。

表1 全国600家商场微波炉各品牌销售量排名(2012年5月)

序号	品牌	销售量(台)	市场占有率(%)
1	格兰仕	7 443	73.85
2	美的	5 584	7.18
3	海尔	2 915	4.75
4	松下	2 049	2.36
5	三星	1 710	2.20
6	惠尔浦	1 361	1.75
7	晶石	1 178	1.51

续 表

序 号	品 牌	销售量(台)	市场占有率(%)
8	三菱	737	0.95
9	惠宝	687	0.88
10	安宝路	617	0.82
合 计		77 787	100.00

(2) 当月微波炉十大畅销型号中,格兰仕占了除第七名以外的所有名次(见表2)。

表2 微波炉十大畅销型号(2012年5月)

品 牌	型 号	零售量(台)	市场占有率(%)
格兰仕	WP750	12 206	16.46
格兰仕	WD800S	8 491	11.45
格兰仕	WPSOOS	7 036	9.49
格兰仕	WD800BS	5 147	6.94
格兰仕	WP700j	4 072	5.49
格兰仕	WD800ASI	3 958	5.34
格兰仕	WP700SL	2 704	3.65
LG	MS-1968TW/G	1 755	2.37
格兰仕	WP700L	1 728	2.33
格兰仕	WP800SL	1 252	1.69

在我国起步较晚的微波炉行业,这样的成绩令人瞩目。因此,格兰仕企业(集团)公司转产微波炉的决策是明智的。但是,要在竞争中获胜,还要看其努力的程度和能力,也就是说,要看决策实施的好坏。

2 格兰仕的价格策略

价格战可以说是格兰仕最为成功的营销策略之一,也是格兰仕走向成功的关键因素。

▶ 2.1 格兰仕实施价格策略的基本过程

在微波炉市场的发展过程中,格兰仕成功地运用价格因素,经历"三大战役",在市场中确立起霸主地位。

(1) 1996年8月,格兰仕首先在上海,继而在全国范围内强力推进"40%大幅度降价"的策略以抢占市场,确立市场领先者地位。

当月,格兰仕的微波炉市场占有率达到了50.2%的最高纪录。在上海市场,据74家大商场统计,格兰仕的市场占有率高达69.1%。尽管1996年8月份是销售淡季,格兰仕微波炉却经常脱销断货,当天生产的产品不用进仓库就被拉走,生产线上出现超负荷运行。格兰仕的市场地位日益提升。当年便以31.5%的市场份额坐稳了市场份额老大的地位。

(2) 格兰仕看到了市场形势的变化,趁洋品牌尚未在中国站稳脚跟,国内企业尚未形成气候之际,抓住时机,于1997年春节后发起了微波炉市场的"第二大战役"——阵地巩固战。

这次是变相的价格战。格兰仕采用买一送一的促销活动,发动新一轮的让利促销攻势,凡购买格兰仕任何一款微波炉,均赠送一个豪华高档电饭煲。1997年5月底,格兰仕进一步"火上加油",突然宣布在全国许多大中城市实施"买一赠三",甚至"买一赠四"的促销大行动。品牌消费的高度集中使格兰仕的产销规模迅速扩大,1977年,格兰仕已经成为一个年生产能力达260万台微波炉的企业,市场占有率节节攀升,1998年3月最高时达到58.69%,史无前例地创了行业新纪录。到1997年年底,市场上的价格激战无疑极大地促进了整个市场潜在消费能力的增长,市场容量快速扩大,格兰仕也因此成为全球最具规模的微波炉生产企业之一。

(3) 在取得市场的绝对优势后,格兰仕并没有因此而停滞,反而乘胜追击,加紧了市场的冲击力度,发动了微波炉市场的"第三大战役"——品牌歼灭战。

1997年,东南亚爆发了金融危机,韩国企业受到重创,政府下令要调整亏损企业,这再度给格兰仕创造了一个绝好的市场契机。1997年10月,格兰仕凭借其规模优势所创造的成本优势,再度将12个品种的微波炉降价40%,全面实施"薄利多销"的策略,以抑制进口品牌的广告促销攻势,"格兰仕"微波炉在全国的市场占有率始终保持在50%左右,最高时达到58.9%。1998年6月13日,微波炉生产规模已经成为全球最大的格兰仕企业(集团)公司,在国内微波炉市场又一次实施"组合大促销":购买微波炉可获得高档豪华电饭煲、电风扇、微波炉饭煲等赠品外,又有98世界杯世界顶级球星签名的足球赠品和千万元名牌空调大抽奖。这种以同步组合重拳打向市场,被同行业称之为毁灭性的市场营销策略,再度在全国市场引起巨大震动。

2.2 价格战实施的市场营销环境分析

格兰仕成功运用价格战,成为微波炉行业的龙头企业,其成功的因素之一是在发动价格战之前,对整个微波炉市场进行了细致的分析。

(1) 20世纪70年代以来,在发达国家,家用微波炉的品种、性能及销量迅速发展。1992年,从每百户的拥有量来看,美国达到了82台,日本为63台,英国为50台,德国为30台,法国为25台,中国则不足1台。中国微波炉市场的潜力十分巨大。中国微波炉市场的发展可划分为如下几个阶段:1990—1992年为市场导入期,1993年开始,微波炉市场进入成长初期,增长速度非常迅速。1993年的市场容量为80万台,1994年增加至100万台,1995年达到了120万台,1996年达到了180万台,年均递增率在30%以上。据上海统计局调查,从1993年开始,微波炉始终是销售增长最快的商品,每年的增长速度均达到两位数。

(2) 由于中国人的传统饮食文化,消费者对微波炉的潜在需求不敏感,微波炉所带来的厨房革命并不会很快到来。格兰仕充分意识到市场的这一特点,采用多种形式,不惜巨资地进行消费引导,不仅在很大程度上培育市场,同时也为微波炉的消费者提供了更多的产品附加值。在培育市场的同时,扩大企业的知名度,在消费者心目中形成定势,由微波炉直接联想到"格兰仕"。格兰仕在积极引导消费的同时,激发消费者的潜在需求,整个市场消费需求上升。

(3) 近年来,家电微波炉市场的销售有所上升,1995年以来,中国家电业开始出现了微波炉合资热。美国惠尔浦公司收购蚬华80%股份,成为控股公司。自1995年起使用惠尔浦商标,微波制品的生产能力为100万台;上菱电器股份有限公司与日本三菱电机于1995年合资生产微波炉,双方各占50%的股份。1994年,上菱微波炉产量为10万台,销8万台,1995年11月产10万台。国外的跨国公司纷纷将目光瞄准中国刚刚启动的微波炉市场,意欲在继空调、彩电之后,再次控制中国的微波炉市场。"格兰仕"认识到,消灭竞争对手的最好的办法是在其成熟之前将它打垮,抢占市场份额成为竞争的焦点。

(4) 从需求方面看,20世纪90年代以来,消费者处于购买力的积聚阶段。大家电日趋饱和,而购房购车又无望,消费者手中通常有一笔随时支出的消费资金。在最小的刺激下,这笔资金有可能迅速用于消费。1996年,国家两次下调存款利率,国债投资无门,股市的大起大落,催生了社会上的一笔数额庞大的游资,而这笔游资平摊到城镇家庭户数上,每户约有2 000—3 000元。这笔游资在一定刺激下,也可实现消费。自1995年以来,格兰仕不遗余力地推动有关微波炉知识的消费引导,已起了明显的作用。消费者对微波炉的兴趣、了解日趋成熟、完善。扩大总需求成为格兰仕加快自身发展和加大市场发展的主要途径。要想扩大总需求,最佳方法是减少消费者的消费壁垒,即解决产品的定价问题。

2.3　1996年市场上各主要竞争对手的基本情况

SMC:自惠尔浦控股SMC以来,整个企业处于经营机制的转轨之际,市场竞争日趋激烈,企业不能快速作出反应,从而一蹶不振,在市场上被动挨打,拿不出反击方案,日趋没落,全年市场占有率为11.28%。

松下:平稳发展,实力雄厚。松下一般不做大规模促销,除在5月份做过一次促销外,整年都少见动作。靠着质量与广告,松下稳稳地坐上第二把交椅。松下的整体实力在降价前及价格大战停止后表露无遗,全年市场占有率为14.55%。

惠宝:新进品牌,胜在产品。惠宝自1995年10月进入市场以来,由于批发业务做不开,所以,专攻零售大店。惠宝广告极少,促销力度不大,但由于店面工作做得好,且产品品种好,质量过关,所以在短兵相接中往往胜出,全年市场占有率为 8.19%。

上海松下:上海松下与松下的区别主要有两点:其一,可享受合资企业的优惠政策;其二,可利用中国的低成本劳动力,这两点的综合优势就使上海松下的成本优势与格兰仕接近,这也是上海松下四个型号畅销的最重要原因,全年市场占有率为 7.43%。

2.4 格兰仕对市场的分析

格兰仕在充分的研究分析后得出如下看法:

1. 微波炉销售增长速度快

① 1997 年比 1996 年销售增长 176.3%,是家电中仅次于 VCD 的增长速度的商品,市场操作难度不大;

② 普及率低,在我国的家庭普及率估计在 11% 左右,与欧、美、日 60% 的普及率相比,相差甚远,市场潜力十分巨大;

③ 需求旺盛,厨房家电需求持续旺盛,微波炉作为新型厨房用具已深入民心,特别是全国有近 700 万户微波炉用户,在中国人攀比消费心理的作用下,旺盛的需求将持续 3—5 年时间。

2. 市场特点

① 市场具有地域区别,受经济环境影响,东部沿海市场明显好于内陆市场,需求较集中的上海、广州、北京、南京、天津等城市都处于东部沿海地区;

② 市场具有梯级特征,受中国行政区域影响,各区域市场均以省会作为中心城市,下一级是较富裕的城市,再下一级是县级市,市场的梯级特征特别明显;

③ 市场的不均衡性,上海市场的普及率已达 60% 左右,而西宁等偏远市场的普及率仍不足 1%,市场发展不均衡。

3. 影响市场的因素

① 可实现的购买力有限。受经济大环境影响,内陆及北方地区下岗工人增多,直接影响购买力;

② 消费心理畸形,盲目攀比,追风从众使一些消费者不考虑自身的实际需要,消费带有一定的盲目性;

③ 价格、赠品也深深影响了商业零售;

④ 短期的商战对推动销售有明显的作用。

3 格兰仕降价策略

3.1 价格战实施效果分析

1997 年,整个微波炉市场的"马太效应"日益突出,格兰仕占有国内近一半的市场,

LG拥有一成,蚬华、松下紧随其后。其中,LG开拓奋进,颇有成果。1996年9月进入中国市场的LG,经过顽强拼搏,已在国内市场站稳脚跟,目前居第二位。然而,由于LG实施的高风险、高成本经营方式,一旦销售渠道出现动荡,LG便出现困难。蚬华从全国性品牌萎缩为地区性品牌,仅在其传统销售地区占有一隅,如上海、广州,蚬华在这些地区都居第二位,但由于这些地区都是一类市场,发展的潜力不大,故蚬华势必会从目前的第三位继续下滑。松下(含上海松下)置身事外,稳健推进。松下加强了在国内的基础工作,利用强大的品牌优势,拥有固定的消费群体,市场占有率居第四位,上海松下则居第三位。

LG是目前惟一一家显示出决心要与格兰仕展开全面争夺战的竞争对手,其市场占有率达10.58%,居第二位。在成都、南京、北京、济南、沈阳、西安、天津、武汉等地排名第二,在长沙排名第一。

3.2 格兰仕价格战的根本目的

常言道,战场上无常胜将军。但格兰仕在微波炉市场上却是将连续36个月的市场销量桂冠不偏不倚地戴在了自己头上,有违常规地做起"常胜将军"来,在很大程度上归功于实施"规模化经营战略"。据悉,格兰仕目前年产销规模已突破450万台,超过年销量380万台的日本夏普而成为全球第一,而国内企业的规模绝大多数都在十几万台,蚬华也未能超过100万台,规模的如此悬殊为格兰仕创造了极大的优势和有利的发展空间。

格兰仕公司走专业化道路,采取薄利多销策略来实现规模最大化和行业生产集中度最高化,从而提高市场竞争力,降低企业风险,然后再用"规模最大化"的良性效应反作"薄利多销"策略的推进,两者相互促进,相互推动所产生的1+1>2的倍增效应使企业呈现出良性循环的发展态势。

规模优势——成本优势——价格优势——市场优势——销量优势——规模优势。如此循环,格兰仕利用这种模式发展成了全球规模最大的微波炉生产企业。有了强大的规模优势,在市场竞争中,格兰仕总是不失时机地打出这张"王牌",而每次均能出奇制胜,并牢牢掌握住市场的自控权,在许多品牌的市场售价已跌进成本的情况下,格兰仕仍能维持每台20元左右的市场利润。

格兰仕的"价格战"引起了同行业的联合攻击。有人说,格兰仕低价倾销挤垮别人,属于不正当竞争行为,在微波炉行业引起了一场不小的风波。"声讨"格兰仕的许多厂家,年生产规模不如格兰仕年规模的一个零头。有的企业认为,不能以格兰仕的生产成本,而应以社会生产成本来比较。可是,若以世界成本为标准,目前在美国市场韩国货的售价仅为每台40多美元,我们该怎么办?鼓励格兰仕,则有利于提高生产集中度和行业集中度,使国家有限资源能集约合成,提高国际市场竞争力。若否定格兰仕,有利于国内中小型规模微波炉企业的发展,但小、同、散的现象会恶化,重复建设局面的加剧,最后还会是恶战。

由于地方保护主义,各地都在抢外资,国家曾三令五申要取消"超国民待遇",但事实上,从根本上并没有好转。跨国公司无论是从资金规模、企业规模还是融资成本,都处于优势。他们"先占领市场,后图利润"的倾销策略,宁可亏损几年或更长时间,可以巨额亏损,以很大代价来抢占市场。但格兰仕没有这样的条件,事实上,在未降价前,许多洋品牌同类规格产品的价格比格兰仕的要低。格兰仕并没有价格优势可言,降价后仍有许多洋品牌的价格比格兰仕低。从某种意义上说,格兰仕将面临长时期的不公平竞争环境和政策。

驰名品牌的多寡可以说是衡量一个国家经济实力强弱的重要标志之一。综观西方发达资本主义国家,无不以拥有众多的驰名品牌而俯视尘寰,称雄世界。美国的可口可乐为世人津津乐道,日本的松下电器进入千家万户,德国的奔驰汽车在世界各地……当国人盲目"崇洋"一味购买洋货之风盛行的时候,大大伤害了"以产业报国为己任"的有识之士和有志之人的民族自尊。高举"振兴民族经济,弘扬民族品牌"的旗帜,"创中国名品"的呼声日高。中国微波炉市场第一品牌格兰仕正是不断涌现的明星企业之一。

格兰仕树立民族品牌时,深知"水可载舟,亦可覆舟"。民族品牌要能为消费者接受,首先应具有"名牌价值"。格兰仕直截了当而又极富人情味地亮出了企业宗旨:"努力,让顾客感动。"格兰仕自从 1993 年开始进行结构调整以来,就以超常规的速度跨越式发展,并且真正做到了"以质量求生存,以效益求发展",全体格兰仕人努力拼搏,认真贯彻 ISO9001 国际质量认证标准,在短短几年间使"格兰仕"成为"中国微波炉市场第一品牌"。在中国微波炉市场,格兰仕把众多的世界驰名品牌远远抛在了后面,格兰仕在不断开拓国内市场的同时,还不断向海外扩张,现已出口美国、加拿大、澳大利亚等 50 多个国家。格兰仕树立"民族品牌",在企业员工中强调品牌意识,反复宣传"格兰仕是格兰仕人创下来的,是每个格兰仕人的光荣"。目前,格兰仕垄断了国内 60%、全球 35% 的市场份额,成为中国乃至全世界的"微波炉大王"。全球微波炉市场中每卖出两台微波炉就有一台是格兰仕生产的。格兰仕用 11 年的时间让自己完成了从一家乡镇羽绒制品厂到全球最大的微波炉生产商的转变。

【案例使用说明】

格兰仕微波炉的价格策略

一、教学目的与用途

(1) 本案例主要适用于《市场营销》和《企业定价》。
(2) 本案例适用于 MBA、高年级本科生和全日制研究生的上述课程教学。
(3) 本案例的教学目标是要求学生掌握企业定价的方法与企业定价的竞争策略、企业调价的策略与方法以及渗透定价的方法与应用条件。

二、启发思考题

(1) 为什么格兰仕微波炉前期价格策略会获得如此大的成功?
(2) 市场稳定之后,格兰仕为什么采取提价策略?
(3) 格兰仕在产品上市初期采取的是何种定价策略?

(4) 格兰仕的价格策略是什么？这种策略是否长久？
(5) 低价应该建立在什么基础之上？

三、分析思路

教师可以根据自己的教学目标(目的)来灵活使用本案例。这里提出本案例的分析思路，仅供参考。

(一) 为什么格兰仕微波炉前期价格策略会获得如此大的成功

当时的市场环境是绝对影响因素，微波炉高昂的价格，消费者微薄的收入，两相比较中，一个空白的市场需求显现出来；其次是格兰仕低价却不低质的产品特性也是成功关键；还有其紧锣密鼓的几次大规模促销活动，使其产品名称在消费者群体中快速传播，提高其知名度；超低价格使行业利润趋于最低点，在摧毁竞争对手信心的同时，也提高了进入门槛。

(二) 市场稳定之后，格兰仕为什么采取提价策略

首先是消费者需求的变化，对产品功能提出了更高的要求；其次是格兰仕战略部署的调整，改变品牌形象，放弃低端，主攻中高端；原材料价格上涨使成本上升也是原因之一。

(三) 格兰仕在产品上市初期采取的是何种定价策略

低价的渗透策略，大手笔的赠送促销方式，吸引消费者眼球，刺激购买欲望，从而抢占市场先机，形成规模效应。

(四) 格兰仕的价格策略是什么，这种策略是否长久

(1) 低价格策略，格兰仕将价格策略上升到战略高度，而不是简单作为一种战术手段。为什么说其价格策略是战略上思考，因为格兰仕在进行价格战的同时，对格兰仕技术研发与品牌塑造做了大量基础性工作，不仅为国内微波炉市场开辟了重要的传播平台，而且实现了市场与销售的双丰收。

(2) 以成本为基准定价，扩大生产规模，降低生产成本，以规模经济和成本领先作为竞争手段。成本领先是格兰仕的核心优势，格兰仕在家电产业中，产品成本会随着生产规模的扩大而迅速下降，产品的规模效益十分明显。在产品销售上，销售100万台以上的产品其规模效益较显著，格兰仕正是依靠微波炉生产本身所产生的规模经济效应和严格的成本控制措施，迅速成为国内市场最大的微波炉生产销售企业。

(3) 采用直接竞争手段，价格制胜(价格大战)，格兰仕的价格特点是：

A：价格优势与规模优势相互促进，格兰仕的降价是以成本的降低为前提的，规模——降价——更大规模——更低价格的良性循环。格兰仕规模每上一个台阶，就将价格下调一个档次。但并不是以牺牲自身的利润为代价的。

B：注重降价的幅度30%—40%，格兰仕每一次降价都是有备而来的。大幅度的降价使它占据了市场先机。更重要的是拉开了与它的竞争对手的价格差距。

(4) 降价策略多样化，格兰仕的每次降价策略都有所不同，有时是全面降价，有时是只调低一个规格，有时是调低一个系列。

(5) 配合其他促销攻势，注重市场培育和产品的服务。格兰仕的价格调整，力度大、变化多,同时配合强大的促销攻势、媒体炒作等,使其降价活动获得最大的效果。

这种策略是可以在相当长的时间内存在的,但也是有条件的:

(1) 在未来相当长的时间,对绝大多数消费者而言,收入还达不到其希望的生活消费水平,价格将仍然是他们购买家电产品的首要考虑因素;

(2) 在中国,家电产品已不是奢侈消费品,已不可能获得溢价,特别就空调、微波炉而言,技术含量低,能达到同样质量的厂家很多,真正竞争的是价格;

(3) 微波炉、空调最大的国际市场大都是人口众多的发展中国家。具有与我国相同的特征:国家经济高速发展,人民收入增长较快,生活节奏加快,家庭结构小型化。20 世纪 90 年代格兰仕的成功,证明低价格策略适用于具有上述现代化过程的所有市场;

(4) 格兰仕以"低价格"策略在微波炉上取得了巨大成功,该策略同样适用于现在的空调市场。原因很简单,按现在的气温,有能力购买空调的用户已经购买,他们不是格兰仕的用户。还未购买空调的用户(空调的真正市场),不是因为不想买,也并非没有合适的产品,而是空调价格问题,格兰仕采用低价格策略将赢得这些用户;

(5) 格兰仕已经具备支持低价经营战略的经营能力和成功的历史经验。公司掌握了大规模生产制造所必需的全面管理技术,有遍布全国的销售网络。历史证明,格兰仕没有因低价而低质,保证了品牌信誉;没有因低价而亏损,保证了营利;没有因现金流失控而停产,保证了市场供应。这些以质量、成本及现金流控制组成的低价格战略核心竞争力使格兰仕将竞争对手远远抛在后面;

(6) 低价格战略是减少家电市场竞争强度、提高市场占有率的最有力武器。

(7) 长时间有效需要创新和创造。格兰仕要想在世界制造价值链中占据高地,必须依靠和重视科技创新。过去,格兰仕比较单一地依靠总成本领先,今天,格兰仕更强调技术领先,无论是微波炉还是空调。格兰仕的战略目标就是选择一些对跨国公司而言属于低附加值的成熟产业,快速做大做强,成为全球同类最大规模的专业制造商。但格兰仕不甘于在产业链上的被动地位,这就要求格兰仕必须逐渐地掌握更多的核心技术。格兰仕微波炉变压器可以自己研发。有核心技术才有发言权,才有持久的竞争力。格兰仕在微波炉领域具有制造的比较优势,拥有自主创造的基础和能力。

(五)低价建立在什么基础之上

(1) 节约各种成本,降低成本。格兰仕在生产管理方面有自己优势,降低采购成本、营销成本和流通成本,加上低廉的劳动力,使格兰仕在综合成本竞争中占据很大优势。例如,资金不足,格兰仕就采取 OEM 的方式。在生产时间上采取一天三班倒。一天就有 24 小时是生产时间,提高了总生产量。

(2) 规模制造。从严格意义上讲,格兰仕是一个制造型企业,制造规模越大,平均成本就越低。格兰仕在 1996 年 8 月和 1997 年 10 月分别进行的两次降幅在 40% 左右的大规模降价活动,都是基于规模制造的结果。但是,格兰仕在 1998 年之后的降价风暴有减弱的趋势,究其原因,是制造的规模越大,成本下降的空间就越来越有限,使降价的潜在优势逐渐衰弱。

四、理论依据与分析

企业定价一般有成本导向型、需求导向型和竞争导向型等几种方式。在成本导向定价中,可按成本加成定价法、目标利润定价法进行定价;在需求导向定价中,有感受价值定价法、反向定价法、价值定价法、集团定价法;竞争导向定价则是以竞争各方之间的实力对比和竞争者的价格为主要定价依据。

企业定价面对的是复杂多变的环境。企业必须要在采用某种方法确定出基本价格的基础上,根据目标市场状况和定价环境的变化,采用适当的策略,保持价格与环境的适应性。价格竞争的内容很多,除企业使用的定价方法和价格策略外,另一个比较明显的表现就是企业进行的价格调整。企业经营面对的是不断变化的环境,在采用一定方法并确定了定价策略后,企业仍需要根据环境条件的变化,对既定价格进行调整。企业对原定价格进行调整可分为两种情形,一种是调高价格,另一种是降低价格。对价格进行调整的必要性源于企业经营内外部环境的不断变化。降低价格则往往在下述情形下采用。

(1)应付来自竞争者的价格竞争压力。在绝大多数情况下,反击直接竞争者价格竞争见效最快的手段就是"反价格战",即制定比竞争者的价格更有竞争力的价格。

(2)调低价格以扩大市场占有率。在企业营销组合的其他各个方面保持较高质量的前提下,定价比竞争者低的话,能给企业带来更大的市场份额。对于那些仍存在较大的生产经营潜力,调低价格可以刺激需求,进而扩大产销量,降低成本水平的企业,价格下调更是一种较为理想的选择。

(3)市场需求不振。在宏观经济不景气或行业性需求不旺时,价格下调是许多企业借以渡过难关的重要手段。例如,当企业的产品销售不畅而又需要筹集资金进行某项新产品开发时,可以通过对一些需求价格弹性大的产品予以大幅度降价,从而增加销售额以满足企业回笼资金的目的。

(4)根据产品寿命周期阶段的变化进行调整。这种做法也被称为阶段价格策略。在从产品进入市场到被市场所淘汰的整个寿命周期过程中的不同阶段,产品生产和销售的成本不同,消费者对产品的接受程度不同,市场竞争状况也有很大不同。阶段价格策略强调根据寿命周期阶段特征的不同及时调整价格。例如,相对于产品导入期时较高的价格,在其进入成长期后期和成熟期后,市场竞争不断加剧,生产成本也有所下降,下调价格可以吸引更多的消费者,大幅度增进销售,从而在价格和生产规模之间形成良性循环,为企业获取更多的市场份额奠定基础。

(5)生产经营成本下降。在企业全面提高了经营管理水平的情况下,产品的单位成本和费用有所下降,企业就具备了降价的条件。对某些产品而言,由于彼此生产条件和生产成本不同,最低价格也会有差异。显然,成本最低者在价格竞争中拥有优势。

格兰仕是根据调低价格以扩大市场占有率和生产经营成本下降这些理论通过降低价格来赢取市场主动性,随后把竞争对手击败。

五、背景信息

无其他案例正文中未提及的背景信息。

六、关键要点

理解案例所涉及的微波炉市场消费者市场环境的变化,从格兰仕微波炉的价格策略和目的及其实施的条件上分析,找到本案例的关键点。

七、建议的课堂计划

本案例可以作为专门的案例讨论课来进行。如下是按照时间进度提供的课堂计划建议,仅供参考。

整个案例课的课堂时间控制在 80—90 分钟。

课前计划:提出启发思考题,请学员在课前完成阅读和初步思考。

课中计划:

(1) 简要的课堂前言,明确主题"格兰仕微波炉的价格策略"。(2—5 分钟)

(2) 分组讨论案例所附启发思考题,告知发言要求。(30 分钟)

(3) 小组发言。(根据班级学员人数分成若干组,选择 3 组发言,每组 10 分钟,总体控制在 30 分钟内)

(4) 引导全班进一步讨论(讨论各组没有涉及的内容,以及存在分歧意见的内容),并进行归纳总结,梳理案例中涉及的理论知识,并结合理论知识,梳理案例逻辑。(15—20 分钟)

课后计划:下节课前,请学员以小组为单位,采用 PPT 报告形式上交更加具体的"格兰仕微波炉的价格策略分析"。

十一、娃哈哈的联销体渠道模式[①]

【案例正文】

> **摘　要**：本案例以娃哈哈公司为对象，娃哈哈面对激烈的市场竞争，在两大国际巨头可口可乐和百事可乐的夹击下，娃哈哈于2004年实施了全面创新的发展战略，在营销渠道管理模式等方面进行了全方位创新，建立联销体渠道模式，极大地提升了企业的核心竞争力。
>
> **关键词**：渠道；联销体

1　娃哈哈集团有限公司的公司背景

杭州娃哈哈集团有限公司创建于1987年，目前为中国最大的食品饮料生产企业，全球第五大饮料生产企业，仅次于可口可乐、百事可乐、吉百利、柯特4家跨国公司。

娃哈哈的前身——杭州市上城区校办企业经销部于1987年成立，娃哈哈创始人宗庆后带领两名退休老师，靠着14万元借款，从卖4分钱一支的棒冰开始了创业历程。1989年，娃哈哈营养食品厂成立，开发生产以中医医疗"药食同源"理论为指导思想的天然食品"娃哈哈儿童营养液"。娃哈哈甫一诞生，就一炮打响，"喝了娃哈哈，吃饭就是香"的广告轰动了大江南北，娃哈哈取得了巨大成功。1991年，创业只有三年的娃哈哈产值已突破亿元大关，发生在小学校园里的经济奇迹开始引起了社会和各级政府的广泛关注。

1991年，在杭州市政府的支持下，仅有100多名员工但却有着6 000多万元银行存款的娃哈哈营养食品厂，毅然以8 000万元的代价有偿兼并了有6万多平方米厂房、2 000多名员工，并已资不抵债的全国罐头生产骨干企业之一的杭州罐头食品厂，组建成立了杭州娃哈哈集团公司。从此，娃哈哈逐步开始步入规模经营之路。

在同洋品牌的短兵相接中，娃哈哈的企业管理水平、经营水平进一步得到提升。非常系列也以其优良的品质、颇具竞争力的价格和富有亲和力的品牌形象，取得了年产销

[①] （1）本案例由江西财经大学工商管理学院韩晓明根据公开资料改编撰写。未经允许，本案例的所有部分都不能以任何方式与手段擅自复制或传播。（2）本案例委托江西财经大学工商管理学院案例中心授权学院全体教师使用。（3）本案例只供课堂讨论之用，并无意暗示或说明某种管理行为是否有效。

量40万吨的好成绩,为娃哈哈新世纪的发展奠定了坚实的基础。公司非常系列碳酸饮料的成功问世,不但改写了国产可乐被可口可乐与百事可乐乐水淹七军的历史,而且激发了民族饮料工业奋发图强挑战外国品牌的勇气和信心。

主导产品娃哈哈果奶、AD钙奶、纯净水、营养八宝稳居全国销量第一,其中,乳酸奶饮料、瓶装饮用水的产销量已跻身世界大厂行列。在公司骄人业绩的背后,更是浓缩了公司多年经营与奋斗所形成的综合实力与竞争优势以及多年经营所形成的良好环境。

2 娃哈哈渠道模式简介及分析

娃哈哈现在的分销渠道模式为联销体模式,联销体指的是制造商与销售商通过协议规范自身行为,双方实现风险共担、利益共享的经济联合体。娃哈哈集团在联销体这一分销渠道模式的建设上主要包括以下内容:

首先,继续实施保证金及保证金贴息奖励的营销政策。一个企业要获得长远的利益,就必须以诚信来赢得合作伙伴及消费者的长期信任。娃哈哈集团在营销网络中实施保证金制度,通过与经销商的合作实现利益共享,从而在成长过程中与经销商形成了信用上的默契。为确保企业与经销商资金链的安全运转,1994年初,娃哈哈集团总经理在经销商大会上宣布实行保证金制度,就是经销商先付货款,企业后交货。在渠道不断优化的过程中,首先剔除那些资金不够雄厚的经销商,选择实力强大的经销商合作,要求所有经销商必须按年度交纳一定保证金,在经营过程中进货一次结算一次,娃哈哈集团承诺给予更多的优惠政策,并按高于同期银行利率对经销商支付利息。娃哈哈的品牌美誉度相当高、产品销量节节攀升,许多经销商都全力拥护娃哈哈集团的保证金制度,自此,娃哈哈集团基本掌握了分销渠道的主动权。在诚信和利益的合力拉动下,保证金制度实施得非常成功,实现了生产商与经销商的双赢。一方面,娃哈哈集团规避销售额拖欠风险,充分利用收付款的时间差,尽量不动用自有资金实现企业的顺利运转和生产,实现资金的良性循环,而销售人员将全部精力用于产品促销,销售业绩自然快速上升。同时,娃哈哈集团将这笔现金用于企业采购原、辅材料,减轻银行信贷的利息偿付,给企业经营成本减负。另一方面,经销商也乐见保证金制度的实施,由于娃哈哈集团信誉良好,有时娃哈哈集团同意经销商货到付款,且月清月结,经销商不必担心付钱拿不到货。另外,经销商将保证金交给娃哈哈集团,就如同去存款,只要按时交款、顺利完成销售任务,经销商年底就将获得一笔远高于银行存款利息的保证金利息。此外,保证金制度也令一些缺乏资金实力、市场开拓能力差的经销商难以进入娃哈哈集团的联销体,保证了娃哈哈集团的经销渠道能够最大限度地促进其产品销售。

其次,着手实施区域销售责任制。公司根据经销商的能力和他们当地的客户关系,对所有经销商进行区域合理布局,严格划分责任销售区域,努力消灭销售盲区,以杜绝窜货现象。同时避免了因经销商销售区域交叉导致的内耗式竞争。

第三,理顺销售渠道的价差体系。即通过合理的一批商、二批商和零售终端价差体系设计,明晰销售渠道不同层次经销商的合理的利润空间,同时实施利益的有序分配。

第四,建立专业的市场督导队伍和督导制度。为此,娃哈哈集团制定了一套销售业务员工作规范,并建立了一支专业的市场督导巡检队伍和督导巡检制度,确保公司各项营销政策、策略及指令的执行。

2.1 娃哈哈联销体渠道模式的发展概况

第一阶段:主要通过国营糖酒系统分销。

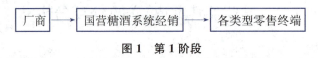

图1　第1阶段

第二阶段:利用新兴批发市场个体户分销。

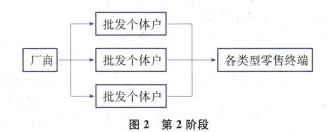

图2　第2阶段

第三阶段:建立联销体,使之成为其核心竞争力。

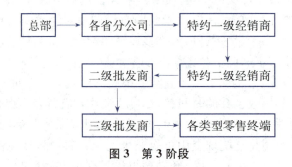

图3　第3阶段

与集团直接发展业务关系的为一级经销商,目前有1 000多个。

做娃哈哈的一级批发商,必须先给娃哈哈打进年销售额10%的预付款,业务发生后,每月须分两次补足,娃哈哈支付银行利息。同时,规定销货指标,年终返利,完不成任务者动态淘汰。

这一做法在业内独此一家,有的经销商感觉这一做法多少有点强势品牌的霸气,但这一做法降低了娃哈哈的经营风险,销货人员无须在讨债上费心费力。

缺乏资金实力、市场开拓能力差的经销商难以进入娃哈哈联销体,娃哈哈得以与优秀的经销商打交道并将其"套牢"。这样可促使经销商快速分销,回笼资金,此外,还可将经销商做其他品牌的资金无形中调配到娃哈哈品牌上来,同时,其他企业又无法模仿这一做法。这是联销体的威力所在。

2.2 娃哈哈如何建立联销体模式

首先,建立厂商双赢的联销体。通过双赢的联销体战略,娃哈哈将经销商绑在同一条战船上,解决了厂商关系问题:1996年始,娃哈哈第一次进行销售网络改造时,即从国营批发渠道转到独具娃哈哈特色的联合销售体系上来。娃哈哈在全国31个省市选择了1 000多家具有先进理念、较强经济实力、有较高忠诚度、能控制一方的经销商,组成了能够覆盖几乎中国的每一个乡镇的厂商联合销售网络。制定保证金制度;每年经销商根据各自经销额的大小先打一笔预付款给公司,然后每次提货前,结清上一次的货款。年终付给其高于银行存款利率的利息,并根据公司的效益给经销商一定比例的奖励,实现了厂商双方利益的高度统一,使经销商全心全意地销售娃哈哈产品。

其次,构建稳定有序的共享网络。建立特约二批商渠道网络,将娃哈哈的销售触角延伸到每一个角落。经销商——特约二级批发商——二级批发商——三级批发商——零售终端,逐步编织了以封闭式蜘蛛网态的营销体系,加强了公司产品的快速渗透力,也提高了经销商对市场的控制力。从而一下使理念成为现实:布局合理、深度分销、加强送货能力、提高服务意识、顺价销售、控制审货。实行严格的价格体系和有序的网络秩序。娃哈哈的忠诚客户已遍布全国31个省、市、自治区,以他们为主体搭建的销售网络更是渗透到城乡的每一个角落,现在娃哈哈的营销网络可以保证新产品在出厂后一周内迅速铺进全国各地60万家零售店,同时与大江南北、沿海内陆广大消费者见面。

再次,动态地进行撒网、收网、修网、再撒网,来保持渠道网络的健康、有序,永葆青春。撒网就是建立销售网络。对原销售薄弱的地区,要迅速寻找新的联销体,要选择好经销商,要选择有信誉、有通路、有资金实力的经销商,特别是竞争对手的销售大户要尽量争取成为我们的大户(包括各类产品、各类竞争对手)。销售网络的延伸是没有止境的,一边巩固,一边开发处女地。收网是指收取保证金、提高销量、扩大市场份额,是结出这两种果实的土壤。收网时要懂得跨越困难,大踏步地寻找关键。再撒网就是实施蜘蛛战役,把网编细、编密,进一步深化二批网络建设,是娃哈哈迈向"完美"采取的关键行动。通过"蜘蛛战役"即是指娃哈哈的营销网络建设工程,在三年内构筑起一个全封闭式的全国营销网络。通过选择和培养具有现代营销理念、有实力、信誉高的经销商,通过利益分配和专业分工,建立起强势的二批网络,从而达到掌控渠道的目标;通过提高终端的铺货率,让消费者在卖场、售点能够看到公司的产品、了解公司的产品、买得到公司的产品,达到掌控终端的目标。

最后,与经销商共创品牌。娃哈哈在联销体和特约二级网络的基础上实行了销售区域责任制。本着与经销商精诚合作、互惠互利的原则,娃哈哈对原有经销商队伍进行考核、筛选,引进部分经营理念的新客户,并对所有经销商合理布局、划分责任销售区域,消灭了销售盲区。娃哈哈保证经销商在所划分区域内独家销售娃哈哈产品的权利,避免因经销商销售区域交叉导致无谓的内耗式竞争。明确了经销商的权利和义务。因此,经销商变被动为主动,积极配合企业共同做品牌的长远战略规划,大大提高了对公司的忠诚度和对产品的认同感,而且自觉地加强了责任感,提高了经营管理能力和市场开拓能力。

2.3 娃哈哈联销体模式对渠道问题的处理

窜货又称为倒货、冲货,是指产品越区销售,也是对分销区域任务和权利的模糊和混乱而导致的渠道冲突。按窜货的不同动机、目的和窜货对市场的不同影响,可将窜货分为恶性窜货、自然窜货、良性窜货。根据窜货的区域,窜货可分为同一市场内的窜货、不同市场之间的窜货、交叉市场之间的窜货等三类。一般来说,良性窜货和自然性窜货暂时不会危及厂商的渠道,但必须明确的是这几种窜货是可以互相转化的,必须对恶性窜货的危害有清醒的认识。

娃哈哈集团为解决窜货问题而采取的对策主要体现在以下几个方面:

(1) 在合同中明示奖惩原则,制定严明的奖罚制度。面对窜货行为有严明的奖罚制度,并将相关条款写入合同。另外,在企业内部业务员之间也签订不窜货协议。同时制定严格明确的处罚条款,起到警诫作用。

(2) 建立明确的价格级差体系。娃哈哈分销网络构成是公司——特约一级经销商——特约二级经销商——二级经销商——三级经销商——零售终端。

(3) 产品包装区域差别化。在产品跨区域分销时,为防止窜货产生,在不同区域间分销的不同产品采用不同的包装标志。

(4) 采取全面的激励措施,为诚信关系的维持提供持久动力。

(5) 建立规则的执行机构。娃哈哈集团专门成立一个机构,巡回全国,严厉查处经销商的窜货和市场价格,严格保护各地经销商的利益。要把制止窜货行为作为日常工作常抓不懈,这是该制度产生实效的关键。

3 现有渠道问题分析

娃哈哈的联销体渠道虽然获得了巨大成功,但毕竟渠道只是企业经营的一个环节,品牌、产品、价格、促销方式等每个环节都会影响企业经营效率与渠道优势。从目前情况来看,娃哈哈的联销体渠道还存在一些问题。

(1) 过于依赖领导人的力量。从目前的状况来看,联销体制度已基本趋于完善,然而其运作效率还依赖着领导人的亲力亲为。成功地解决领导人换届所出现的问题也许不仅仅关系着娃哈哈的整个销售网络,更是其能否继续走下去的关键。

(2) 网络扩大带来的臃肿。娃哈哈的联销体根本目标还是建立起一个包括县级销售商在内的封闭式销售网络,这时,娃哈哈面对的将不仅仅是一级经销商和特约二级经销商,还将有三级、四级经销商。如何解决体系的扩大带来的成本增加、效率降低、信息渠道阻塞等一系列问题,关系着整个娃哈哈的战略性发展。

(3) 终端控制能力薄弱制约着娃哈哈城市战略的顺利实施。在渠道的精细化上,娃哈哈集团更强调对中间商的控制力,缺乏对零售市场的直接控制力。但不断追求利润最大化的本性决定了批发客户永远不会踏踏实实地替某个企业(或产品)做市场,因此,强化对零售市场的控制力,降低企业对批发客户的依赖度,是真正保持企业长期利益的有效手段。

(4) 物流平台的缺乏造成的成本黑洞。在娃哈哈的联销体分销体系中,所有经销商的货款都直接打到娃哈哈集团财务部,而所有的订单则由娃哈哈总部销售公司统一分配给各分厂生产,并由分厂负责运输到经销商指定仓库。娃哈哈并没有一个统一的物流平台,其总部的运输公司只负责杭州生产的各种产品的运输,而各地的分厂则大多与当地的第三方物流公司合作,由此而产生的诸如拼车、调运问题给整个渠道网络的良性发展蒙上了一层阴影。

(5) 同类产品的渠道开拓逼近,品牌差距拉大。随着可口可乐、百事可乐等国外巨头在国内市场的开拓,其已经逐步进入到第三、第四级销售网络之中,统一等企业也加紧了在大中城市以外地方的扩展。面对着同类竞争产品渠道上的步步逼近,相对于可口可乐、百事可乐等国际品牌有着明显品牌劣势的娃哈哈必须保卫自己的领地,为迎接来自财力雄厚、品牌过硬的企业的挑战准备一套完整的计划。

4 渠道问题的改进建议

将销售体系制度化、规范化,使其逐渐摆脱人治的阴影,走向制度化的轨道,最大限度地规避由于领导人的更换给销售网络带来的冲击。

促进渠道的扁平化发展。随着渠道中心不断下移,更多的品牌商会渗透到县级、乡镇市场,因此,要深化对终端网点的开发、管理和维护,为渠道的运转提速。

进一步完善产品配送体系。可以考虑由总公司与全国性的第三方物流企业进行合作,避免各级经销商各自为政导致的成本差异和效率差异,同时,也可将各级经销商的物流利润回收。如果需要的话,可以考虑自行建立物流系统,缩减生产成本。

加强品牌建设。这是娃哈哈在今时今日必须要面对的问题。没有永远无法赶超的销售网络,没有永远无法抵达的销售区域,要维持着自己得来的利益,娃哈哈必须要强化自己的品牌形象。

【案例使用说明】

娃哈哈的联销体渠道模式

一、教学目的与用途

(1) 本案例主要适用于《市场营销》和《分销渠道管理》。

(2) 本案例适用于MBA、高年级本科生和全日制研究生的上述课程教学。

(3) 本案例的教学目标是要求学生掌握营销渠道的结构构建、渠道销售政策的制定和渠道权利与渠道冲突的解决。

二、启发思考题

（1）娃哈哈公司联销体模式的核心是什么？公司建立联销体的原因是什么？

（2）娃哈哈公司联销体模式的缺点是什么？娃哈哈公司为什么在城市斗不赢"两乐"、统一和康师傅？

（3）娃哈哈公司联销体模式会不会由于对纵向渠道的管理而引发垄断的嫌疑？如果会，公司应该采取哪些相应的对策？

（4）如果你是娃哈哈的总经理，你会如何进一步改进联销体模式？

三、分析思路

教师可以根据自己的教学目标（目的）来灵活使用本案例。这里提出本案例的分析思路，仅供参考。

娃哈哈公司联销体模式的核心在于降低娃哈哈的经营风险，锁定经销商。娃哈哈更好地整合了社会资源，降低企业成本，可以转化为价格优势，另外，市场推广速度快，较易实施"农村路线"，形成局部优势。通过广告强力拉动，强力冲开市场，造成销售预期，再通过网络强力推动，完成市场推进。

销货人员无须在讨债上费心费力。缺乏资金实力、市场开拓能力差的经销商难以进入娃哈哈联销体，娃哈哈得以与优秀的经销商打交道并将其"套牢"。这样可促使经销商快速分销，回笼资金，此外，还可将经销商做其他品牌的资金无形中调配到娃哈哈品牌上来，同时，其他企业又无法模仿这一做法。这是联销体的威力所在。

渠道结构过长可能造成经销商的利益受损，最后可能导致利益链的断裂。由于渠道过长，公司和经销商都无法有足够的资金攻击主流市场。所以，在城市，娃哈哈无法与"两乐"、统一和康师傅竞争，只能不断推出新品，走差异化之路，一旦对手跟进，就立即转版，再做新品。

如果娃哈哈公司不对经销商限定批发价和零售价，就不会；反之，就触犯反垄断办法。

多种方法都可以探讨。

四、理论依据与分析

从渠道结构理论、渠道纵向垄断理论、渠道政策、渠道激励、渠道权利、渠道冲突来分析。

五、关键要点

联销体的实质、联销体的优缺点以及联销体的改进。

六、建议的课堂计划

本案例可以作为专门的案例讨论课来进行。如下是按照时间进度提供的课堂计划建议，仅供参考。

整个案例课的课堂时间控制在120分钟内。

课前计划：提出启发思考题，请学员在课前完成阅读和初步思考。

课中计划：

（1）简要的课堂前言，明确主题"娃哈哈的联销体渠道模式"。（2—5分钟）

（2）分组讨论案例所附启发思考题，告知发言要求。（30分钟）

（3）小组发言。（根据班级学员人数分成若干组，选择3组发言，每组10分钟，总体控制在40分钟内）

（4）引导全班进一步讨论（讨论各组没有涉及的内容以及存在分歧意见的内容），并进行归纳总结，梳理案例中涉及的理论知识，并结合理论知识梳理案例逻辑。（30—40分钟）

课后计划：两周后上课前，请学员以小组为单位，采用WORD报告形式上交更加具体的"娃哈哈渠道政策评价调整计划"。抽取1/5的作业点评。（30—40分钟）

十二、汇源集团在电视剧中植入式传播策略分析

——以电视剧《乡村爱情交响曲》为例[①]

【案例正文】

> **摘 要**：随着日益激烈的市场竞争、新传媒技术的高速发展、广告主传播成本的日益增长和营销渠道的多元化、受众注意力的稀缺和阅读能力的提高,传统电视营销自身的缺陷凸显,传统的电视广告传播已没有当年的光芒,其传播效果日渐式微。电视广告传播的下一个出口成为业界集体的思考。新形势下,电视植入式传播给了业界一个光明的希望。植入式传播以其更高的信息到达率、更优的传播效果、较低的广告成本得到人们的广泛关注。但其过浓的商业味道使媒介的文化艺术价值丧失;受故事情节的限制,植入式传播无法充分、正确地表达商品的功能或品牌的内涵等缺点也日益凸显。本文将以汇源集团在《乡村爱情交响曲》中的植入式传播为例,全面、立体地分析植入式传播在现实当中的应用。
>
> **关键词**：汇源集团;植入式传播;分析

0 引 言

随着时代的发展和社会的进步,吸引受众的注意力已经成为一项越来越艰巨的任务,传统广告想要达到预期的效果变得越来越难。如何用更少的成本吸引更多的眼球,成了摆在每个营销者、广告人和媒体人面前的重要问题。现实已经证明,传统的硬广告越来越难以被人们所接受,于是,一种新的广告形式——植入式传播便应运而生。近年来,植入式传播可谓是如火如荼,国人对此异常关注。随着《乡村爱情交响曲》在 CCTV 的火爆收视之后,《乡村爱情交响曲》又在东三省卫视、天津卫视等各大卫星频道轮番斩获佳绩。《乡村爱情交响曲》中大量的植入广告一度受到人们的热议,然而,究其背后的

---

① (1) 本案例由江西财经大学工商管理学院邱文华根据公开资料改编撰写。未经允许,本案例的所有部分都不能以任何方式与手段擅自复制或传播。(2) 本案例委托江西财经大学工商管理学院案例中心授权学院全体教师使用。(3) 本案例只供课堂讨论之用,并无意暗示或说明某种管理行为是否有效。

植入式传播策划不得不值得我们去思考。

1 植入式传播策略概况

植入式传播是一种付费的信息，以有计划和不介入的方式，把有品牌的产品放入电影或电视节目中，意图影响受众。由于植入式传播的信息隐藏在电影或电视节目里，而这些媒介通常被受众认为与广告媒介有所区别。正因为不知道其商业意图，有可能反而比一般被受众洞悉其商业意图的广告媒介更具影响力。植入式广告通常在电视剧、电影或者电视节目中使用，但植入式传播的平台还可以是舞台剧、体育赛事、音乐 MT、电子地图、网络视频、博客、印刷出版物、印刷品图片、桌面壁纸等，只要是消费者能够接触到的具有娱乐或新闻价值的内容平台，都有可能被用作品牌传播的载体，传达给消费者全新的品牌体验。

植入式传播的最早运用是在电影里。有据可查的最早的植入式传播是 1951 年由凯瑟琳·赫本和亨莱福·鲍嘉主演的《非洲皇后号》，影片当中明显地出现了戈登杜松子酒的商标，在这一时期的植入式传播还处于早期的雏形阶段。1982 年，在斯皮尔伯格拍摄的电影《外星人》中，主人公用一种叫里斯的巧克力豆把外星人吸引到屋子里面的画面已成为植入式的一座里程碑。此前表现并不理想的里斯销量蹿升 65% 并一跃成为美国最受欢迎的巧克力。在此之后，植入式传播在影视剧中迅速蔓延开来。在我国的电视媒体中，1992 年红遍大街小巷的情景喜剧《编辑部的故事》最早采用了类似植入式传播的表现形式，在剧中播出了百龙矿泉壶的随片广告，并安排将其以道具的形式在剧中呈现，随着电视剧的热播，百龙矿泉壶的销售量也直线上升。

近几年，电视植入式传播发展迅速，2006 年，蒙牛酸酸乳在湖南卫视《超级女声》整合植入式传播成为中国电视植入式传播的标志案例。2009 年，植入式传播在电视剧里出现了井喷，虽然引发众多争议，但可以从另一个角度看到电视植入式传播得到广告客户和电视媒体的广泛关注。以营销的观点来看，植入式传播代表一种另类的整合传播策略，它是一种自然的、非侵略的、非强力说服的品牌营销方式。这样的方式不太会引起消费者的反对，并容易对消费者形成一种内在的遥控，从而使营销手法的功效更强大，硬性广告传播已经成为一种消费者很熟悉的东西，因而降低了传播的效果，植入式传播把商业信息放在电视、电影及其他传播媒体的内容情节中，通过将产品或提供的服务带到已经处于真实或戏剧化的情境中的观众眼前，当观众处于抵抗较低的情境中时，有助于培养他们对品牌的熟悉度，从而达到期望中的广告效果。从整个媒体环境来看，媒介的娱乐化趋势和新媒体技术的迅速发展反映了人们对媒体和内容的消费方式在发生着变化，人们的注意力就像持续小口地吃东西一样短暂而集中。

植入广告传播又称隐形广告传播、渗透式的传播，是以一种非强迫性的方式推广品牌与产品。把广告信息自然、贴切地融入电视剧的情节、场景、对话等元素中，让观众在不知不觉中欣然接受，不露痕迹又不被忽视，使广告做得不像广告。这种隐蔽性和渗透性可以大大降低人们对传统硬性广告的抵触和反感。特别是主体植入和情节植入这种形式的运用,为品牌与消费者的沟通带来契合点,品牌和产品不仅仅是剧中的场景或道具,而是成为电视剧主题思想的外在表现形式。同时,品牌内涵也进一步得到了诠释,达到"随风潜入夜,润物细无声"的效果。

2 汇源集团的概况

北京汇源饮料食品集团有限公司成立于1992年,是主营果、蔬汁及果、蔬汁饮料的大型现代化企业集团。自成立以来,汇源果汁集团在全国各地创建了30多家现代化工厂,连接了400多万亩名特优水果、无公害水果、A级绿色水果生产基地和标准化示范果园;建立了遍布全国的营销服务网络,构建了一个庞大的水果产业化经营体系。

目前,汇源已成为中国果汁行业第一品牌。汇源商标被评为"中国驰名商标",汇源产品被授予"中国名牌产品"称号和"产品质量国家免检资格",汇源果汁集团被国家质检总局树为中国食品安全标杆企业。据权威调查机构AC尼尔森最新公布的数据,汇源100%果汁占据了纯果汁46%的市场份额,中高浓度果汁占据39.8%的市场份额。同时,浓缩汁、水果原浆和果汁产品远销美国、日本、澳大利亚等30多个国家和地区。汇源果汁集团一贯奉行"营养大众、惠及三农"的企业使命,集团自成立以来,带动了整个中国果汁行业的发展,引领了果汁健康消费的新时尚,促进了水果种植业、加工业及其他相关产业的现代化发展,帮助百万农民奔小康。

汇源是一个非常注重电视广告营销的品牌。在央视2003年黄金段位广告招标会上,饮料企业表现活跃,汇源果汁、娃哈哈、健力宝都有不俗的表现。其中,北京汇源果汁广告投标总价达1.29亿元,几乎囊括了天气预报、新闻联播黄金标版、A特段的5个单位黄金段位的广告,相当引人注目。

2004年,汇源以标新立异的按男女性别划分的"她他营养素水"入市。一柔一刚的产品包装、功能上的细分加上央视的强势宣传,汇源"她他"众里寻他千百度获选2004年度中国十大营销事件之一。

进入2005年之后,汇源除了加强对"真系列"的投入外,在央视频繁播放汇源纯果汁广告,打出健康牌。同年年底,汇源再次牵手央视,斥资一亿中标中央电视台黄金广告时段。

自2007年开始,汇源就全方位地捆绑春晚,并以5 000万元拍得《我最喜爱的春节晚会节目评选活动》独家冠名权。作为该环节的独家冠名赞助商,汇源集团成为全球瞩目的央视春晚、元宵晚会上的明星企业。

2010年春晚,刘谦的魔术依然吸引了大家的眼球,其中一句"这是果汁,汇源的"更是做足了广告。据北京汇源果汁集团副总裁何传利介绍,10年来,汇源累计销售收入60多亿元,广告投放达8.54亿元。今后3年内,汇源将努力实现销售收入50亿元的目标。作为发展最快和竞争最激烈的饮料行业,现在汇源果汁的产销量、市场占有率都在一路攀升,加大广告传播投入势在必行。

3 汇源集团电视剧中植入式传播策略概述

在二、三线市场,常用的有效传播手段无非包括以下几种:墙体/户外广告、终端广告(如小卖部门头、遮阳伞、冰柜、灯箱、海报等)以及电视广告。在《乡村爱情交响曲》中,汇源借助场景及镜头语言的表达,将各种形式进行整合,有意识地真实再现这些生活中的细节,在受众的思维中形成体验式传播。

3.1 道具、场景植入分析

道具、场景植入是将品牌 logo、品牌形象视觉符号信息等设置在电视剧中的道具和背景中。在谢大脚的超市中,从小卖部的遮阳伞、X展架、冰箱、货架陈列、冰柜等,几乎所有给到超市的镜头中,都会有汇源品牌形象展现。大脚超市是剧中的关键场景之一,不仅为汇源带来高频次的曝光,更为核心的意义是,它真实地还原了汇源在现实生活中小卖部的场景,带给观众一种似曾相识的熟悉感觉,联想起"仿佛我也在这里买过汇源果汁"的感性逻辑,唤醒受众购买记忆。根据艾宾浩斯记忆曲线的表述,这种唤醒的记忆,遗忘速度非常之慢,有时甚至可以让人终身难忘。同时,还借助人物的动作或语言,将其巧妙地融入剧情,使品牌展现变得更加有血有肉,更加真实。例如,在剧中,谢大脚边与刘能对话,边往货架上放汇源果汁,就从侧面展现了谢大脚手脚麻利、性格泼辣的特征。观众在观看的同时,很容易对号入座,直达内心深处。

3.2 电视对白植入分析

台词植入充分利用了影视的有声语言表达产品内容,从而给观众留下更深刻印象。在《乡村爱情交响曲》的人物对话内容中植入汇源品牌,其中,特别的情节安排是男主角谢永强与汇源集团的渊源。男主角与汇源经理关于分厂建设讨论以及借剧中其他人物角色来对汇源做出较高的评价。最具代表性的就是赵本山在剧中对男主角谢永强的鼓励:"汇源是家大企业"。达到了名人代言名企与广告软性着陆的双向效果。

3.3 电视角色植入分析

情节植入是将品牌主张、产品特性功能直接融入剧中。《乡村爱情交响曲》中将一场景设在汇源老总办公室里,汇源公司采购经理黄亚萍递交上谢永强在象牙山村建汇源分厂的报告,坐在她对面的领导建议在象牙山一带建立水果加工分厂要注意三方面细节,并指示需要经过调查后把报告写详细些,而这个领导正是汇源集团的董事长朱新礼。如果饮料也算个角色的话,汇源果汁在《乡村爱情交响曲》中的出镜率绝对不比女二号来得低。汇源果汁直接贯穿在剧情中,成为男主角谢永强事业发展的契机。从剧情角度来说,这个广告植入还算比较合理,因为男主角谢永强就是从事果园种植的,象牙山开设果汁加工厂也算合情合理。此外,汇源集团老总真身出演自己也颇有意思。

3.4 电视活动植入分析

活动植入是配合电视剧的情节安排在公关促销活动中进行的特意设置。谢永强加盟汇源是推动《乡村爱情交响曲》情节进展的另一重要场景,也是为品牌量身订制的一个重要场景。在这一段情节中,不但借助开业典礼全面展现汇源的品牌,还借助赵本山对汇源的赞赏以及谢永强展现自己抱负时的豪言壮语,将汇源的"营养大众、惠及三农"企业使命旗帜鲜明地树立起来。更从侧面展现汇源品牌的雄厚实力,无形中树立了汇源行业标杆的形象。尽管这一段情节的商业色彩非常浓郁,但整体植入依然非常协调,借由刘一水和小梅夫妻之间的轻松对白以及剧情人物内心抱负的真实外露,使品牌所需要传达的信息得到了软化,可以说是为汇源定制了一幕软广告中的"硬广"。

综合以上各种形式可以发现,在《乡村爱情交响曲》中,汇源的展现是真实的,符合二、三线市场受众的实际生活状况,情节上也贯彻了品牌内容营销(植入广告)向来秉持的"融"字诀,将商业元素与电视脚本完美融合;从内容上来看,基本达到了广告植入的成功标准。

3.5 电视主题植入分析

主题植入只要是将品牌内涵与电视剧的主题相结合,借电视剧的主题来进一步深化品牌形象。《乡村爱情交响曲》是反映农村青年爱情婚姻、事业生活的轻喜剧,是一部不可多得的当代农村青春片。全剧以大学生谢永强与农村女青年王小蒙的爱情生活为主线,塑造了一群鲜活的富有新时代气息的农村青年形象,通过几对年轻人的爱情生活、创业故事,多角度地展现了一幅当代农村青年的爱情生活画卷,轻松中带着喜庆与幽默,曲折中满含希望和力量。而汇源集团作为一家惠及三农的大企业,始终以"营养大众、惠及三农"为企业使命,一直坚持经营果汁和果汁饮料的发展方向,一直实行产业化经营,汇源集团连接了400多万亩的水果基地,构建了一个庞大的水果产业化经营体系,促进了农业发展、农民增收和新农村建设。所以,汇源与《乡村爱情交响曲》有天然的相同基因。并且汇源品牌也构成了整个故事的发展线索,成为故事情节发展的一部分。

3.6 汇源集团植入式传播的成果

首先,从收视人群来看。在各地收视排名中,陕西、吉林、辽宁、黑龙江等地排名第一,天津、北京等地排名第二,其中,陕西、东三省等农村市场占据主导地位,从而对二、三线市场特别是农村市场(如东三省)形成强有力的覆盖式渗透,这种传播力度是常规广告传播不可能达到的。《乡村爱情交响曲》收视的完胜,为汇源的品牌传播带来了庞大的受众群,创造了广阔的战略纵深空间。

然后,从社会反响来看。《乡村爱情交响曲》搜狐官方视频一上线,单日点击量就飙升至988.7万,总播放次数呈现出以千万数量级增长的态势,截至3月4日,总播放次数已8 687万次,成为毫无疑问的2011"网络视频第一剧"。由《乡村爱情交响曲》所引发的植入广告话题不断延续,长时间占据各大主流媒体版面,汇源作为其中重要的植入品牌之一,所获得的关注率和免费广告效应以几何级数递增。

最后,从目标受众来看。《乡村爱情交响曲》讲述的是新农村题材,不论是从剧目本身,还是植入内容,都精准地锁定二、三线市场受众,完美实现营销下沉的传播配合,为汇源的下级市场开拓塑造天时、地利、人和。借助以上种种,汇源不但完美地完成了一次成功的品牌内容营销,同时也延续了其勇于创新、乐于创新的营销风格,继续创造着不拘一格的营销传奇。

【案例使用说明】

汇源集团在电视剧中植入式传播策略分析
——以电视剧《乡村爱情交响曲》为例

一、教学目的与用途
(1) 本案例主要适用于《市场营销》和《广告促销学》。
(2) 本案例适合于MBA、高年级本科生的上述课程教学。
(3) 本案例的教学目的是要求学生掌握广告媒体选择策略的要素及植入式传播策略的优缺点。

二、启发与思考
(1) 简述植入式传播策略的优缺点及适用条件。
(2) 分析汇源集团在《乡村爱情交响曲》中传播策略及传播效果。
(3) 提升汇源集团植入式传播的具体策略有哪些?

三、分析思路及理论依据
(1) 根据广告传播策略分析企业选择媒体及策略对传播效果的影响。
(2) 对传播成果的分析要针对电视剧的收视率及目标受众与产品的目标客户吻合度进行。
(3) 对提升汇源集团植入式传播的具体策略可以从塑造品牌的正面形象、植入式情节合情合理、选择影视作品及独家性策略分析理论、依据广告传播的相关理论。

四、背景信息
无其他案例正文中未提及的背景信息。

五、关键要点

理解案例中涉及的植入式传播的优缺点及植入式传播策略运用的要素,合理运用植入式传播模式为企业的促销服务。

六、建议的课堂计划

本案例可以作为专门的案例讨论课来进行,以下是根据时间进度提供的课堂计划建议,仅供参考。

整个案例课的课堂时间控制在40—50分钟。

课前计划:提出启发思考题,请学员在课前完成阅读及对电视剧的了解与简单观赏。

课中计划:

(1) 简要的课堂前言,明确主题"汇源集团在电视剧中的植入式传播策略分析"。(2—3分钟)

(2) 分组讨论案例思考题,告知发言要求。(15分钟)

(3) 小组发言。(根据班级情况分为若干小组,时间控制在20分钟)

(4) 引导全班进一步讨论,并归纳总结,梳理案例中涉及的理论知识,梳理案例逻辑。

课后计划:下节课前,请学员以小组为单位,采用PPT报告形式,上交更加具体的"汇源集团在《乡村爱情交响曲》中传播策略及成果"以及"提升汇源集团植入式传播的具体策略"。

七、案例的后续进展

关注汇源集团后续的植入式传播的新案例。

十三、上海海阳老年事业发展服务中心开创居家养老新模式[①]

【案例正文】

> **摘 要**：自1999年我国步入老龄化社会以来，人口老龄化加速发展，老年人基数大、增长快，并日益呈现高龄化、空巢化趋势，需要照料的失能、半失能老人数量剧增。本案例讲述的正是在这一大背景下，上海海阳老年事业发展服务中心结合自身特有的专业基础，进入养老产业并选择居家养老这一细分市场，以养老服务和终端产品为主要内容，通过合理定位、规范管理、不断创新，赢得经济效益和社会效益双丰收的故事。
>
> **关键词**：养老服务；服务市场定位；服务智能化

自1999年我国步入老龄化社会以来，人口老龄化加速发展，老年人基数大、增长快，并日益呈现高龄化、空巢化趋势，需要照料的失能、半失能老人数量剧增。第六次全国人口普查显示，我国60岁以上老年人口已达1.78亿，约占总人口的13.26%，且正在以每年3%以上的速度快速增长，是同期人口增速的五倍多。预计到2015年，老年人口将达到2.21亿，约占总人口的16%；2020年达到2.43亿，约占总人口的18%。而上海则是全国老龄化最早、最严重的地区，比全国提前十年进入老龄化社会。

随着人口老龄化、高龄化的加剧，失能、半失能老年人的数量还将持续增长，照料和护理问题日益突出，人民群众的养老服务需求日益增长，加快社会养老服务体系建设已刻不容缓。

上海海阳老年事业发展服务中心是第一家由民政局重点扶持的全市居家养老服务机构。中心坐落于上海市老年人口较多的杨浦区，拥有一大批后勤服务人员，为老人提供上门助洁、助乐、助学、助餐、助行、助急、助聊、助医、助安、助浴共十助服务。其服务宗旨是：利用物联网技术，打造智能化、数字化、虚拟化社区，为社区居民提供全天候、全方位、一站式服务。中心自2010年开始运作以来，取得了巨大成功，得到了市、区政

[①] (1) 本案例由江西财经大学工商管理学院万卫红转引自上海人民出版社《上海现代服务业"五新"100例（第1辑）》2012年10月第1版和http://www.96890.org。未经允许，本案例的所有部分都不能以任何方式或手段擅自复制或传播。(2) 本案例委托江西财经大学工商管理学院案例中心授权学院全体教师使用。(3) 本案例只供课堂讨论之用，并无意暗示或说明某种管理行为是否有效。

府及市、区民政部门的高度肯定。2012年5月,在首届"中国国际养老服务业博览会暨第七届中国国际康复护理展览会"上,海阳代表上海市参展,向国内外领导及专业人士展示了上海养老产业的形象,受到了中央电视台的专访。2012年7月,由于海阳的出色表现,海阳董事长徐超获得了国务院颁发的"全国就业创业先进个人"的殊荣。

海阳是如何一步步发展壮大并成为现在养老服务产业的领军者呢?

1 做最好的后勤服务外包商

海阳成立于1993年8月,是一家立足上海、面向全国,对医院、学校、商务购物中心提供经营管理、工程建设并常年承接物业管理的综合性国有企业。

海阳的改变离不开董事长兼总经理徐超。他原本有机会安安稳稳地进入政府机关任职,但他却不迷恋机关生活,因为他心里早就酝酿着一个更为宏大的志向——下海创业,成为市场经济的弄潮儿。于是,他加入了刚刚起步的国有企业海阳公司,从办公室的普通员工到项目主管再到领导层,徐超朝着自己的理想一步一个脚印地踏实前进。

1998年,海阳公司实行改制,年仅24岁的徐超当仁不让地接下领导企业的重担。开始了第一次大刀阔斧的创业:将海阳集团打造成最好的后勤服务外包商。

在当时,后勤服务社会化管理对众人来说依然是个陌生的字眼,家人不理解,朋友好言相劝,却始终没有动摇过徐超的决心。他很欣赏一句话:一个人一辈子不光只做政治家、企业家,更应该服务社会。这句话更坚定了徐超的决心,誓在全新的领域创出一番天地。

徐超走马上任后,打出专业后勤服务外包的招牌,让海阳跳出杨浦,走向全市,把海阳的事业放到一个更为广阔的舞台上。于是,上海博物馆、复旦医学院、同济大学、杨浦中心医院等近百家单位相继进入海阳企业的客户名单。在徐超的精心规划和团队的努力奋斗下,海阳带着自身的品牌走出了上海,把后勤服务的工作带到了江、浙、沪等长三角地区,将海洋管理团队的工作经验和专业人才输向外省市,进一步扩大了海阳的影响。

随着经济的发展,国外知名的后勤服务公司也相继到国内市场跑马圈地。虽然得益于"走出上海"的战略成功,海阳集团的舞台大了,人员多了,经营范围广了,企业规模因此也大了,但徐超还是清楚地看到,仅凭海阳的实力,远远无法和他们抗衡。于是,徐超一方面苦练内功,着力提高团队素质和水平:自1999年开始,他先后多次派员工到香港、韩国、日本、新加坡等地参加培训,并结合公司的特点制定了一套适合的管理模式;另一方面,借助外力,与香港清洁商会、上海物业管理协会合作,举办了全市的清洁行业研讨会,几经波折,从香港请来专家授课,并编发了两套相关教材。这一举动被同行称为是"前无古人"之举,获得了极为显著的成效。通过对外拓展业务和对内提升内涵,海阳集团的服务能力和人员素质都得到了极大的提升。

自从进军后勤服务领域开始,海阳一直专注于这一领域,因为徐超始终坚信:随着社会生产力的提高,社会分工将会越来越细,而后勤社会化将是个不可估量的大市场。

因此,海阳在不断扩大市场份额的同时,也在不断深化自己的专业服务能力,做精做专,建立自己的独特竞争优势。海阳的理念是,只有自身强大了,占领了行业的制高点,才能立于不败之地。经过十五年的积累,到 2007 年,公司已经在医院后勤、保安服务、物业管理、人事外包、安保系统和幼教系统方面发展了稳定的业务关系,积累了丰富的服务经验、客户资源和人力资源,海阳的客户已经遍布上海及长三角周边等地。

为什么海阳能够做成后勤服务外包领域的领军企业?其一是看准趋势,定位准确。1999 年,国家第一次提出"后勤社会化"的改革思路,国有企业、政府机构、事业单位的后勤服务大都要进行外包,海阳作为一个后勤外包服务商获得了发展的历史机遇。其二是专注。作为一家小企业,在发展的早期,资源有限,海阳能够"咬定青山不放松",集中资源专注于后勤外包服务这一领域,没有因为其他的诱惑而偏离轨道。其三,积极地向先进的竞争对手学习,快速提高自己的服务质量和水平,在扩大市场份额的同时提高质量,建立了良好的口碑。其四,形成自己的竞争优势。后勤服务业门槛低、竞争激烈,而海阳则通过结合中国的实际情况,提供系统服务,从而建立了自己的竞争优势。例如,他们在国内医院后勤化改革中独树一帜,成为为医院提供包括综治、安全生产、普法、信访、维稳、计划生育、信息在内"七位一体"后勤服务"托拉斯"的第一人。通过海阳的努力,他们硬是把看上去没有什么门槛的后勤服务变成了标准化、高质量、深度化的行业,建立了自己的竞争优势。

2 做最好的养老服务专业机构

2007 年,海阳集团员工已有上千人,收入近亿元,发展态势已相当稳定,但是总经理徐超居安思危,他在考虑,海阳的未来在哪里?仅仅从事目前的这些业务,海阳在未来的十五年还会像过去那样快速增长吗?

在多次出国交流学习的过程中,徐超发现欧美等发达国家都有专门的养老后勤服务,并且是一个不小的产业。那么在中国,是不是也有同样的机会?海阳的未来发展是否可以立足于养老服务?2007 年下半年,海阳启动了对中国养老服务市场(尤其是上海养老服务市场)的调研。

根据中国第五次人口普查数据,2000 年全国 60 岁以上人口近 1.3 亿,其中,70 岁以上的有 5 300 万余人。据全国老龄委提供的数据显示,2008 年,为老年人提供的产品和服务总价值不足 1 000 亿元,缺口为 9 000 亿元。

目前,中国的养老服务主要是通过政府提供的具有福利性质的养老机构和设施来实现,但这些服务机构和设施存在两个问题。其一是供给严重不足,根据中华人民共和国民政部公布的数据,2008 年底全国有养老床位共 266 万张,其中,农村敬老院床位数 193.1 万张,城镇老年福利机构和社会福利院床位共 62.9 万张。按照民政部"十一五"规划目标,2010 农村敬老院床位应达 309 万张,城镇达到 138 万张,缺口高达 68%。如果按照中等收入国家的养老水平(百名老人应有 4—6 张床位)来计算,2010 年,缺口高达近 400 万张;其二是管理跟不上,根据民政部 2009 年的数据,全国 266 万张床位中只收养了大约210万人。也就是说,还有20%的空置率。主要原因是出得起钱的人不满意低服务水平,愿意使用的人出不起钱,或者福利性质的养老设施只针对特定人群。

因为传统观念、收入水平不高以及福利保障缺乏等各方面的限制,中国现阶段90%以上的老年人依然选择"居家养老"。但这种"居家养老"其实仅仅是从工作状态向不工作状态转变而已,离有质量的"居家养老"——颐养天年的概念差得很远。特别是中国目前失能老人有数百万,而居家养老的护理、康复,包括日常生活的打理等服务供给都严重短缺,能提供上门服务和护理的人员基本没有。

上海是全国老龄化最早、最严重的地区,先于全国十年进入老龄化。根据上海市统计局的统计数据,截至2008年年底,上海60岁以上老年人口达300.57万,占总人口的21.6%,较2007年又提高了0.8个百分点,老龄化水平居全国之最。以杨浦区为例,根据副区长马杰富的介绍,"截至2009年年底,杨浦区60岁以上的老人超过24万,占总人口的22.33%;目前共有1万多名独居老人,有4万多个纯老家庭,养老任务非常艰巨。"传统的养老模式因其自身的局限性,已经无法满足不断增长的多样化的养老需求。

通过对市场的研究,徐超认为,横向对比欧洲社会的老龄化,中国社会必将经历一个少子化、无子化的老龄化社会。养老必定是一个大问题,而在中国现阶段,通过养老机构来解决中国人的养老问题第一不现实,第二不符合中国文化的传统。所以,"居家养老"就成为能够解决养老问题的唯一办法,而传统养老服务模式由于缺乏现代意识,已经逐渐不能适应老龄化社会的发展。近年来,民政部门在养老服务工作上积极引入社区、社会组织、社工"三社互动"的运作理念,探索为养老服务的智能化、信息化运作模式,从而进一步提升养老服务质量。如果海阳能够提供专业的"居家养老"服务,未来一定大有可为。

在这一背景下,徐超率领海阳整合资源,顺势而为,打造了全国首个"居家养老服务平台"——"96890"。"96890"基于云计算服务平台,建立了全方位、立体化的社区服务网络,打造一站式居家养老模式,为居家养老的老人提供各种生活服务。

在结构上,"96890"平台采用"总部+分点"的形式,总部就是"信息中心",负责接听和分配养老服务信息,而分点利用海阳集团数量庞大的后勤服务人员队伍,负责根据总部的调度进行现场服务。

在产品上,主要分为两类。其一是养老服务,根据居家养老需求的重要程度,服务平台提供主动关爱、电子信息健康档案、健康干预吃药提醒、24小时人工接听、老人紧急援助、居家养老服务、机构管理和社区服务等八大特色服务。为老人提供上门助洁(居室清洁、衣服洗涤、上门理发)、助乐(公益电影、老年文体)、助学(老年兴趣班、老年大学)、助餐(上门做饭、上门喂饭、送餐上门)、助行(陪同购物、陪同散步、陪领工资)、助聊(上门陪聊、读书读报)、助急(换液化气、开锁修锁、管道疏通)、助医(家庭病床、康复按摩、医院陪诊)、助安(煤气检测、水电安检)、助浴(助浴搓背、上门助浴、足部护理)等"十助"项目服务,以满足各类老人多形式、多样化的服务需求。其二是终端产品,海阳和中国科学院上海分院、上海交通大学等科研机构研发了针对居家养老的终端科技产品,如GPRS定位手机、防跌倒装置、实时量血压仪、(煤气)生命探测仪报警等高科技设备。就拿实时量血压仪来说,这个仪器连接了老人、信息中心以及老人的监护人。信息中心或者老人的监护人可以定时提醒老人进行血压测量,而测试结果会通过仪器实时传送到信息中心和老人监护人的便携设备上。信息中心根据血压的数值分析老人的身体状况,并将分析结果发送至老人监护人,而老人的监护人可以提醒老人定时吃药或者按时休息,这样的终端设备可以实现老人健康状况的实时监控及反馈。这些产品一经推出,就受到老人和家属的一致好评。

在客户上,"96890"养老服务平台服务的是老人,但瞄准的购买方有两个来源。其一是政府采购类项目,如"关爱"项目、"夕阳红"项目等,这些是由政府购买特定人群的服务,海阳提供居家养老服务,如助餐、助浴、助医等;另一个来源则是由于海阳的口碑和服务,不少老人或者老人的子女自愿付费让海阳提供养老服务,可购买的服务比较多样化,基本可以满足老人的日常生活各项所需。

在管理上,"96890"服务平台继承了海阳集团规范化、程序化、标准化和系统化的"四化"管理方式,实现了"可复制,可信赖"模式。

清晰的定位、合理的结构、完善的产品、明确的客户和规范的管理,"96890"居家养老服务平台于2009年6月试运行。8月正式启动以来,现在已达到300个呼叫中心座席24小时不间断服务,覆盖杨浦、静安、虹口、浦东四个区,有超过20万的用户享受到居家养老的便捷服务。

而通过"96890"平台,海阳的盈利模式发生了转变,从原来的服务外包收费转变为企业服务外包、标准化产品终端和个性化服务收费三大部分。"96890"服务平台实现了"政府+老人+海阳"的三赢、经济效益和社会效益双丰收的局面。

3 基于社区做最好的电子商务平台

当海阳有了20万老人用户的时候,徐超选择了矩阵式增长模式。一方面,复制现有的"96890"平台模式,从目前覆盖4个区做到6个区、8个区,从20万用户到40万或者80万用户,甚至更多;另一方面,徐超也在考虑,是否可以对已经在网的用户群进行深入挖掘?

现在的生活节奏越来越快,大部分年轻人忙于工作,实际上柴米油盐这些日常用品大部分是由家里的老人采购的。而海阳目前有20万的在网老人,海阳是否可以从这里入手,提供基于家庭日常需求的电子商务平台。想法虽然不错,但是做电子商务的人太多了,海阳应该怎么做?徐超的回答是"先搭平台,再做市场"。

"先搭平台"就是先将电子商务系统后台搭建完备。"96890"电子商务网站要实现社区居民健康档案、"96890"服务平台延伸、购买放心服务和放心产品的所在。而要实现这三大价值,必须搭建线上和线下两个服务平台。"后做市场"则是在电子商务综合平台提供的服务令人满意之后再进行市场推广工作。这样做,一方面可以形成非常高的进入门槛,从而减少了残酷的市场竞争;另一方面,市场对成熟的平台的接受度也会大大提高,市场工作的开展将会事半功倍。

在这一策略下,海阳低调前行,经过两年的投入,2012年年初,后台搭建已经小有成绩。搭建的线上电子商务平台包括：居家养老信息，如新闻动向、中心公益消息、服务内容、服务商信息、老年生活信息、居家养老场所等信息；社区生活服务信息，如社区事务中心信息、生活小常识；个性化服务案例信息和在线购物等信息齐全完备。并且与其他电子商务平台不同，从自己瞄准的客户群体的习惯出发，海阳的线上电子商务平台除了电脑访问或者智能手机客户端访问，还包括普通电话访问这种线上模式。而海阳搭建的线下服务平台则包括原有的居家养老服务团队、电子商务配送中心，他们在杨浦区已经设置了12个社区配送中心、电子商务平台支持实体店和门面。并且已经在开发自己的线上和线下支付平台和网络。

曾经，电话关爱是"96890"社区服务中心最大的亮点之一；如今，受美国311的启发，服务中心对老人的关爱技术又升级了——有了独立的接警中心（注：美国的报警电话分为"紧急"和"不紧急"两种。911报警中心如同中国的110报警中心，他们处理市民遇到的紧急事件，如抢劫、枪杀等。而311是911的后备军，他们处理非紧急事件，大到食品安全，小到周末在街道停车如何收费等。）目前，这样的接警中心在96890所覆盖的区域内设有4个。以贫困、独居老人为主的2万多位老人家中已经装上了"智能居家宝"——一种形似于电话的电子终端，配合智能居家宝，他们在老人家里安装了红外线，老人家里10个小时没有活动的迹象，系统就会自动报警，危急时刻能及时出现，对求助老人的定位可精确到具体"哪间房"。

【案例使用说明】

上海海阳老年事业发展服务中心开创居家养老新模式

一、教学目的与用途

（1）本案例主要适用于《市场营销学》和《服务营销学》课程。

（2）本案例的教学目的主要在于：帮助学员充分了解人口老龄化和技术变革给服务业带来的机遇和挑战；强化对"以顾客为中心"的服务理念的理解；了解养老服务的特殊性和复杂性；初步掌握服务营销原理和现代信息技术在养老服务中的具体运用。

二、启发思考题

（1）养老服务行业的特点是什么？与有形产品相比，养老服务有何特殊性和复杂性？

（2）洞悉信息技术带动服务业发展的大趋势，结合案例说明其在养老服务中应作怎样的改良以真正体现"以顾客为中心"的服务理念？

（3）全面提升我国居家养老服务质量的难点何在？应如何有效解决？

三、分析思路

教师可以根据自己的教学目标来灵活使用本案例。以下所列分析思路仅供参考。

（1）从服务的共性和基于顾客生命周期的服务分类入手，分析养老服务的特殊性和复杂性。

（2）结合老年人的生理和消费心理特征，思考如何有效地发挥信息技术在养老服务中的作用。

（3）以服务质量的相关原理为指导，结合我国养老服务的现状，分析难点何在并求解。

四、理论依据及分析

（一）服务产品的特征

大多数服务产品具有以下共同特征：① 不可感知性或无形性；② 不可分离性；③ 差异性或不一致性；④ 不可储存性。这些特征在居家养老服务中的体现更为突出和复杂，对服务营销带来的挑战更艰巨。以服务的不可分离性为例：

有形的工业品或消费品在从生产、流通到最终消费的过程中，往往要经过一系列的中间环节，生产与消费的过程具有一定的时空间隔。而服务则与之不同，它具有不可分离性的特征，即服务的生产过程与消费过程同时进行。服务的这一特性表明，顾客只有而且必须加入到服务的生产过程中才能最终消费到服务，服务员工与顾客的互动行为将严重影响着服务的质量甚至安全。一个最简单的例子是，病人必须向医生讲明病情，医生才能作出诊断、对症下药。

顾客对生产过程的直接参与及其在这一过程中同服务人员的沟通和互动行为对服务提供商和顾客双方都提出了挑战：一方面，顾客参与生产过程的事实要求顾客具备相应的认知和表达能力，以配合服务生产过程的顺利进行；另一方面，服务提供商更要善于有效地引导顾客正确扮演他们的角色，鼓励和支持他们参与生产过程，最大限度地使他们获得足够的服务知识以推动生产和消费过程的和谐进行。

联合国卫生组织根据现代人生理结构上的变化将老年人的年龄界限进一步细划为：60—74岁为年轻老人，75—89岁为老老年人，90岁以上为长寿老人。对居家养老服务来说，最严峻的挑战是：在我国真正切实需要甚至离不开居家养老服务的老人正是那些年龄偏大或身患疾病（比如阿尔茨海默症，又叫老年性痴呆）、贫困、独居的老人。客观上，这个群体拥有的认知能力、表达能力和行动能力或整体的心智水平"今非昔比"且"每况愈下"，这无疑大大降低了他（她）们参与服务互动的水平，进而成为严重影响养老服务质量的不可控因素之一，同时，不可避免地大大提高了养老服务工作者的劳动强度和复杂程度。

（二）信息化带动工业化

信息技术不仅大大带动了生产性服务业，进而带动制造业取得了突飞猛进的发展，也令生活性服务业的水平迈上了新的台阶。中国的养老服务产业从起步阶段便受益于现代信息技术。本案例中，海阳和中国科学院上海分院、上海交通大学等科研机构研发了针对居家养老的一系列终端科技产品，如 GPRS 定位手机、防跌倒装置、实时量血压仪、（煤气）生命探测仪报警等高科技设备。就拿实时量血压仪来说，这个仪器连接了老人、信息中心以及老人的监护人。信息中心或者老人的监护人可以定时提醒老人进行血压测量，而测试结果会通过仪器实时传送到信息中心和老人监护人的便携设备上。

信息中心根据血压的数值分析老人的身体状况,并将分析结果发送至老人监护人,而老人的监护人可以提醒老人定时吃药或者按时休息,这样的终端设备可以实现老人健康状况的实时监控及反馈。正因为这些产品能够将现代信息技术与老年人固有的生理和心理特征有机地结合在一起,故一经推出,就受到老人和家属的一致好评。老年人的生理和消费心理特征可简述如下:

从生理上讲,老年人在身体形态和机能方面均发生了一系列变化,主要表现在:① 机体组成成分中代谢不活跃的部分比重增加;而细胞内的水分却随年龄增长呈减少趋势,造成细胞内液量减少,并导致细胞数量减少,出现脏器萎缩。② 器官机能减退,尤其是消化吸收、代谢功能、排泄功能及循环功能减退,听力、视力严重下降。

从心理上讲,老年人的消费心理是指老年消费者在购买和消费商品时所具有的心理状态。传统理论认为,老年人习惯性消费既是几十年生活惯性的继续,又是对新生活方式较少了解和难以接受的反映。人到老年以后,其行为表现往往是:怀旧和沿袭旧俗的心态大于对新事物的学习和接受。进入 20 世纪 90 年代后的中国,人民生活水平日益提高,人们的生活方式和消费习惯也悄然发生着改变。作为其中一个重要组成部分的老年人,其思想观念、行为方式也不可避免地受到冲击。老年消费者对新生事物的接受度、消费观念等方面表现出不同于以往的一些特征。如消费观念年轻化,消费心理成熟化,家庭角色弱化,补偿心理强化,"隔代"消费比重大等。

(三) 服务质量的五个维度

按照 SERVQUAL 量表的论述,顾客感知的服务质量被分解成五个维度,分别是可靠性、响应性、安全性、移情性和有形性。

(1) 可靠性是指可靠地、准确地履行服务承诺的能力。可靠的服务行动是顾客所希望的,它意味着服务以相同的方式、无差错地准时完成。

(2) 响应性是指帮助顾客并迅速提供服务,减少顾客等待时间,出现服务失败时,迅速解决问题。

(3) 安全性是指员工表达出自信和可信的知识、礼节的能力。包括完成服务的能力、对顾客的礼貌和尊敬、与顾客的有效沟通并将顾客最关心的事放在心上。

(4) 移情性是指设身处地为顾客着想和对顾客给予特别地关注。包括接近顾客的能力、敏感性、理解顾客新的需求等。

(5) 有形性指有形的设施、设备、人员和宣传资料等。如地毯、办公桌、灯光和服务人员的服装和仪表等。众所周知,过程性是服务最为核心和基本的特征,顾客感知服务质量的五个维度不仅包含了技术质量(结果要素),更包含了功能质量(过程要素)。

顾客感知的服务质量与顾客期望的服务质量之间难免存在差距,在养老服务领域表现更甚。因为,客观地讲,身处生命周期衰退期的养老服务消费者与正值生命周期鼎盛期的养老服务提供者在生理、心理上存在巨大落差是不争的事实,后者常常很难想象前者"失能"时的窘态和心境。这对从事老年消费者产品的生产商和服务提供商无疑都是一大挑战,也是全面提升我国居家养老服务质量的难点所在。

服务质量差距模型的中心思想就是弥合顾客感知的服务质量与顾客期望的服务质量间的差距,让顾客满意并与顾客建立长期关系。

服务质量差距的首要差距便是顾客对服务的期望与公司管理层对顾客期望的认知之间的差距。不充分的市场调查、缺少顺畅的内部沟通机制、缺乏维系并加强顾客关系的战略、缺乏有效的服务补救等都可能导致服务管理者不能充分了解顾客的期望。

然而,当管理人员已经充分了解并根据顾客期望制定了适当的服务质量规范而员工却不能或不愿意传递相应的服务时,就出现了第三类差距。即服务质量规范与服务传递之间的差距。员工个人素养方面严重缺乏"移情性",加之管理层不适当的人力资源政策均会拉大这类差距。所以,多渠道积极培养全体员工的"移情性"(指设身处地为顾客着想和对顾客给予特别关注的能力)是全面提升我国养老服务质量的有效途径之一。

五、背景信息

上海海阳老年事业发展服务中心成立于1993年8月,曾经是一家立足上海、面向全国,对医院、学校、商务购物中心提供经营管理、工程建设并常年承接物业管理的综合性国有企业(1998年实行改制)。1997年,顺应后勤社会化的潮流,海阳公司正式进入后勤服务外包领域。2007年,海阳集团员工已有上千人,收入近亿元,发展态势已相当稳定,但是总经理徐超居安思危,他在考虑海阳的未来在哪里?仅仅从事目前的这些业务,海阳在未来的十五年还会像过去那样快速发展吗?在多次出国交流学习的过程中,徐超发现欧美等发达国家都有专门的养老后勤服务,并且是一个不小的产业。在中国是不是也有同样的机会?海阳的未来发展是否可以立足于养老服务?2007年下半年,海阳启动了对中国养老服务市场(尤其是上海养老服务市场)的调研。

根据中国第五次人口普查数据,2000年,全国60岁以上人口近1.3亿,其中,70岁以上的有5 300万余人。据全国老龄委提供的数据显示,2008年,为老年人提供的产品和服务总价值却不足1 000亿元,缺口高达9 000亿。上海更是全国老龄化最早、最严重的地区,先于全国十年进入老龄化。

通过对市场的研究,徐超认为,横向对比欧洲社会的老龄化,中国社会必将经历一个少子化、无子化的老龄化社会。养老必定是一个大问题,而在中国现阶段,通过养老机构来解决中国人的养老问题第一不现实,第二不符合中国文化的传统。所以,"居家养老"就成为能够解决养老问题的唯一办法,而传统养老服务模式由于缺乏现代意识,已经逐渐不能适应老龄化社会的发展。近年来,民政部门在养老服务工作上积极引入社区、社会组织、社工"三社互动"的运作理念,探索为养老服务的智能化、信息化运作模式,从而进一步提升养老服务质量。如果海阳能够提供专业的"居家养老服务",未来一定大有可为……

从此,上海海阳老年事业发展服务中心专注于打造一体化的养老解决方案,始终走在行业的前列。

中心具备一支经过专业化培训的高素质年轻化服务团队,引用先进的管理模式,打破陈旧一对一、人盯人的传统模式,通过一个呼叫中心平台、一个网络在线平台以及智能化的GPS定位手机等先进用户终端,开启全新的居家养老服务格局。中心拥有一大批后勤服务人员,为老人提供上门助洁、助乐、助学、助餐、助行、助急、助聊、助医、助安、助浴共十助服务。

2013年6月19日民政部发布的《2012年社会服务发展统计公报》显示,2012年,我国60岁及以上老年人口19 390万人,占总人口的14.3%,其中,65岁及以上人口12 714万人,占总人口的9.4%。

六、关键要点

(1) 对老龄化这一全球性问题有充分的了解、对老年消费者的生理和心理特征有基本的常识是进行本案例分析的基础。据世界卫生组织的定义,当一个国家或地区60岁以上老年人口占人口总数的10%,或65岁以上老年人口占人口总数的7%,即意味着这个国家或地区的人口处于老龄化社会。人口老龄化将对经济产生持久性影响;身处生命周期衰退期的老年消费者与正值生命周期鼎盛期的劳动力人口在生理、心理上的巨大反差对从事老年消费者产品的生产商和服务提供商既是机遇更是挑战。

(2) 顺应老龄化浪潮,深入展开基于顾客生命周期的市场细分是制定差异化服务营销战略和策略的关键。人口老龄化是市场细分标准之一人口变量的重要信号。如果说中国的独生子女政策催生了业界对母婴及儿童市场的研发、产销热潮,人口老龄化则为研发人员和企业家开辟了另一片广阔的市场空间。鉴于老年人口将成为社会最庞大的消费人群,基于人口变量的市场细分原理将再次展现出神奇的功效。

(3) 服务质量的五维度理论能有效引导我们找到提升居家养老服务质量的密钥。过程性是服务最为核心和基本的特征,顾客感知服务质量的五个维度不仅包含了技术质量(结果要素),更包含了功能质量(过程要素)。这在养老服务等接触度极高的服务业表现得更加突出,也为经营者顺藤摸瓜、有效地进行自我完善和服务创新提供了线索。

七、建议课堂计划

本案例可以作为专门的案例讨论课来进行,可以涉及多个知识点,如服务市场细分、服务定位、服务的智能化、数字化、虚拟化等。时间可以安排的稍长些,也可以提前发放,让学生阅读和思考。

整个案例课的课堂时间控制在90分钟以内。

课前计划:提出启发思考题,请同学们在课前完成阅读和初步思考,写出个人或小组的分析报告(视班级人数而定)。

课中计划:每个主题约20分钟,老师可以将发言要点在白板上列出,启发和引导深入讨论,将后发言者的新颖观点相继列出;鼓励反对意见,发现不足,寻求更优、更多的观点或解决方案。在此,老师的角色功能是有效激发学员的讨论热情和把握研讨质量。

课后计划:请同学们根据课堂讨论的情况,完善自己先前的分析报告。

十四、黄太吉的煎饼果子店如何做到年入500万？[①]

【案例正文】

> **摘　要**：本案例描述了传统餐饮"黄太吉"煎饼果子店不同的营销之路，时尚、有格调，再通过微博、大众点评、微信、陌陌等社会化媒体平台的营销，开店10个月，这家煎饼果子店就实现了一年500万元的流水。
>
> **关键词**：传统；时尚；社会化媒体；互联网营销

0　引　言

10多平方米的煎饼店，13个座位，煎饼果子能从早卖到晚，猪蹄需提前预约，限量发售，开店10个月，按当前的收益推算，"黄太吉"一年能实现500万元的流水，被风投估价4 000万元人民币。"黄太吉"是如何做到的？

1　时尚人士遇上煎饼果子

"黄太吉"的老板叫赫畅，卖煎饼是他的第三次创业。赫畅先后在百度、谷歌、去哪儿网等公司任职。在开"黄太吉"传统美食店卖煎饼之前，他从未从事过任何与餐饮相关的行业。

在互联网行业工作过的赫畅，穿着时髦，开着跑车，一般人不会想到，他对煎饼果子情有独钟。赫畅说这源于他从小就爱吃，自己做饭也不错，吃自己做的东西是一件挺幸福的事，所以，一直梦想着拥有一家餐馆，能够呼朋唤友，结识很多人。因为忙，这个梦想一直被搁置着。

[①] （1）本案例由江西财经大学工商管理学院钟岭根据《经济观察报》资料改编撰写。未经允许，本案例的所有部分都不能以任何方式与手段擅自复制或传播。（2）本案例委托江西财经大学工商管理学院案例中心授权学院全体教师使用。（3）本案例只供课堂讨论之用，并无意暗示或说明某种管理行为是否有效。

职场上经历了两家互联网公司之后,他慢慢觉得,民以食为天,其实大众消费或者餐饮业还有很多机会。于是,赫畅思索为什么肯德基、麦当劳这样的洋快餐能在中国这么多年发展得那么好,这可能得益于他们简单的食品形态。比如汉堡,两片面包,中间夹什么都可以,千变万化,但非常容易标准化。比萨一张面饼,上面撒什么就是什么,也是千变万化又能标准化的食品。但是,中餐的流水线作业就很难,炒菜的火候、口味很难掌握到每份都相同。能否在中餐中找到类似汉堡和比萨那样既能不断拓展口味、又能做到规范化和标准化生产的食品形态呢?按照这个思路,赫畅很快想到了"中国式汉堡"——煎饼果子。

找到了合适的产品,接下来就是定位,赫畅将目光锁定在 CBD 的白领身上。当过白领的赫畅深有体会,天天为每顿饭吃什么头疼的上班族,对食品的要求主要在于是否物美价廉、卫生放心,同时还要对这种食品有熟悉感,不能稀奇古怪而是要接地气。此外,还要有些附加值,这就要求就餐环境舒适,品牌有格调。

而选择煎饼果子为主打产品面临着三项挑战。第一,豆浆油条、煎饼果子常规来讲是早餐,怎么能从早卖到晚?大家会不会频繁光顾?第二,做高品味的煎饼果子成本投入比摊位高,所以,单价就会比一般的高,消费者会不会接受?第三,如何让百姓化、平民化,甚至可以说有点"土"的煎饼果子登上大雅之堂?讲究情调的白领会不会接受?

为了应对各种问题,赫畅一一出招。

首先,黄太吉将营业时间定为早上 7 点到夜里 2 点半,推出夜间同步外卖活动,并打出海报"夜的黑,我们懂"。

品质上,坚持用无明矾现炸油条做馅,而不是很多摊位上的薄脆。赫畅认为,正宗的煎饼果子是夹油条的。有油条,配以现磨豆浆,剩下的部分豆浆点一下做成豆腐脑。这样就有了煎饼果子系列产品——黄太吉的"老四样"。之后,为了丰富口味,加入了东北卷饼,大家喜欢吃四川风味,于是又推出了"麻辣个烫"和四川凉面。针对爱吃肉食的吃客,店里还有限量定时供应的秘制猪蹄。CBD 的女孩子很多,黄太吉就又开发了两款甜品南瓜羹和紫薯芋头泥,这就是整个产品系列。有主食、饮料、甜品,产品成了系列化,也标准化了。白领们一边上网,一边品甜食,格调一下变得优雅起来。白领们在舒适的用餐环境中吃着放心的食品,对产品的价格并不敏感,很少有人关注到食品价格到底是多几块还是少几块钱。

然而,最难的是,如何做到让写字楼里的白领觉得,在黄太吉吃煎饼果子和在星巴克喝咖啡是一样的,赫畅为此费尽了脑筋:在店面装潢上,略带港式茶餐厅的格调;背景音乐包含了流行、爵士、蓝调等;在店面陈设中,除了盆景,还有来自世界各地的新奇玩意儿,如来自华盛顿国家天文博物馆的阿波罗登月杯、来自巴黎的斑牛雕塑、来自日本的招财猫、来自纽约的爱因斯坦玩偶等。此外,还有各种文案接地气的宣传招贴,免费 WIFI,会提醒顾客怎么行车,店内还有停车攻略,教你怎样短停躲避贴条,如果不幸被罚,老板会送上南瓜羹安慰。

2 煎饼果子里吃出的情调

"所有汉堡、比萨都是纸老虎!""在这里,吃煎饼,喝豆腐脑,思考人生。"小店的广告语趣味性强,新潮时尚贴近年轻人生活。逢节日的各种推广使之与消费者互动频繁:儿童节店员cosplay,"端午节不啃不快乐"的猪蹄广告,"爸气十足""父亲节带老爸来送煎饼",这些都成为微博玩家分享新奇的"素材",让吃煎饼果子、喝豆腐脑、啃猪蹄成了一种时尚。

"开奔驰送煎饼外卖"一度是微博上被炒热的话题,"黄太吉"的知名度也被打响。"如果了解我们,就知道这不是噱头,做噱头可以租车,那台车就是我家自用的,坦白说最大的原因是想省钱,直接拿过来就用了。"不过这倒是成了黄太吉的卖点,够起订金额,老板开豪车送餐,北京国贸周边是120元,远点是200元,三里屯附近是260—300元。"很多人看见我们很开心,好像我们不是送餐员,是明星,看见我们就拍照,看到老板娘开奔驰送餐,觉得是件很酷的事情,很好玩。"

"80后"们都有一颗未泯的童心,儿童节那天,黄太吉又一次展现了他的酷,成人戴红领巾入店用餐赠煎饼果子,而店员们有扮蜘蛛侠的,有扮超人送餐的,赫畅则戴了个星球大战的大头盔。将煎饼果子卖出这么多花样,赫畅认为给别人带来快乐才能提升品牌价值。

小煎饼店到了赫畅手中俨然走的是国际范儿,有了主打产品和精准定位,要想扩大影响力和提高客户认可度,就要有品牌与众不同的性格。他将黄太吉的性格定义为"文艺酷":"我理解的文艺是很细腻的情感,慢一点的节奏,轻柔的感觉,能把小事做到极致,润物细无声,这就是文艺。"

"所谓的酷,就是我们能把一件看起来很无聊的事情,做得很有意思,比如说我们现在买了两台摩托做送餐车用,我们还有两辆跑车送餐,我们把送餐箱子用各式各样的贴纸,贴得很好玩,那天有人在网络上评价说,'能把事情变酷,是一种能力,黄太吉具备这种能力。'"

因为特色,赫畅的煎饼果子做成了一个品牌,把吃煎饼果子做成了一种时尚,让用户体验到这是一种很酷、很潮的事,让食客觉得在黄太吉吃煎饼和在星巴克喝咖啡感觉是一样的。

3　互联网思维带来营销优势

黄太吉的店面不在国贸CBD最醒目的位置,这个不起眼的小店大多数客人都是慕名而来,这一切都源于黄太吉传统美食的微博,其粉丝数量已将近25 000人。关注微博——饭前互动——垂涎三尺——跃跃欲试是很多人来到这里的过程。赫畅认为,互联网的主要特点是创造需求而不是迎合需求,是做别人不敢想的事情。这一做法打破了餐饮业的选址困境,不仅节约了成本,还提高了品牌的真诚度和黏性。

赫畅谈到,黄太吉之所以成功,在于互联网式思维,而这主要得益于他的经历。2004年,他回国的第一份工作是在百度做设计,然后在去哪儿网做用户总监,后来跑到谷歌,做品牌和用户管理。2009年开始创业,做起了自己的第一家广告公司,先是和英国的老牌广告公司M&CSAATCHI合作,之后英国公司在中国成立了一个数字营销分公司，赫畅成为唯一合伙人人选。据介绍，他可能是全世界最年轻的 4A 级广告公司的创办合伙人，当时只有 27 岁。之后，他独立出来，成立了自己的公司，但天性不安分的他，依然在 2012 年的时候选择了餐饮业，从并不起眼儿的煎饼果子入手，做起了"黄太吉"。

"这个行业正在做的人不具备你这种能力，当你跳进去时，你就是这个领域最强的。"赫畅说，找到自己的相对竞争优势，于是，互联网式思维被融入黄太吉，"我不能说是最懂互联网、广告、营销的人，但当我降落到煎饼果子这个行业里，我可能就是最懂的人。"

互联网与其他媒介相比最显著的优势在于用户体验，赫畅也借鉴这一思路，除了好玩和具有话题性，和消费者之间是否存在积极紧密的互动也是成败的关键。食客在饭前、饭后与老板微博互动，第一时间将意见和感受反馈给商家，这是难能可贵的。同时，食客利用互联网分享照片美图，等于免费为黄太吉做了宣传。值得一提的还有跨平台式交流，老板十分了解年轻人的生活方式，几乎利用了所有社会化媒体平台营销，不止微博、大众点评，还有即时通讯工具，如微信、陌陌，通过这些途径来订餐和推送促销信息。

"我觉得互联网的主要特点是创造需求，而不是迎合需求。"赫畅举例说，"比如说没有搜索的时候，大家没想到原来还有搜索这件事情，但是当你做了搜索，发现原来这种需求是可以被满足的，所以互联网的特点是创造出需求。"他认为，过去大家吃小吃，卫生等多方需求没有得到满足，比如吃完煎饼果子，还想吃其他东西。所以，赫畅没有像其他人一样，把煎饼果子店做成档口而是做成店面，同时，黄太吉里的系列美食创造出食客新的需求，而在此之前，人们没想过煎饼店的餐饮系列是可以这样组合的。

赫畅还借用了很多其他互联网方法进行营销，例如，互联网产品有测试版本，注重用户反馈。黄太吉几乎每一款新菜都会有试吃，最近推出的"金榜蹄名"，坚持做试吃 3—5 天，根据食客反馈来调整口味，再正式推出。而推出时结合类似网络赢家的手段，限量限时、提前预订，这是很知名的"饥饿营销"方式，但很少有人会在快餐店上使用饥饿营销，这是典型的互联网营销模式。

4 黏性的用户体验是特色模式

赫畅认为，通过互联网的营销方法，能把在地理位置上的短板补上来，而且可以节省很大成本，因为有了这种口口相传的概念，反而会让生意做得更好。

"我们在开店之初，就不会去选择成本投入很大的黄金地段，而是通过网络推广的方法，弥补位置所带来的不足。如果推广成功，消费者慕名而来，这种真诚度和黏性就更高了，就会带来更多客人，这就是黄太吉每天生意的一个最核心的考量。其次，我们非常关注用户的体验，我们在乎你没来之前，想到黄太吉的时候，你可能就要问黄太吉在哪里呢？黄太吉有什么好吃的？我们就利用互联网的手段告诉你，比如说你微博加我的粉丝，我可以告诉你说，黄太吉驾车的地点是什么样子，你应该在哪里停车。"

黄太吉在店面设计上也"别有用心",各种好玩的细节设计,让很多人到店之后喜欢上了这里的用餐环境,于是,拍了很多好玩的照片发到微博里分享给大家。

执著于细节的用户体验是黄太吉的一大优势,如此粉丝众多的微博主页全靠赫畅一个人打理,一条条的回复都出自他的笔下,时不时还发长篇微博,1 500页的PPT,6个小时的免费UFO讲座,如此这般"不务正业"却将消费者和商家的黏性大大提高了。

赫畅的想法是,黄太吉这个品牌是有个性的,而这种个性来自管理者自身的爱好,黄太吉的微博不只是说产品,时不时赫畅会为大家上几堂"世界的背面"、神秘文化等课程,一些有趣的话题立刻勾起了众人的好奇心。"大家会觉得原来还可以聊点别的,会好奇什么人把黄太吉做成这样子,同时我们也在输出企业的一些理念。"把小事做酷,久而久之,提起"黄太吉"这三个字,大家会想到一种年轻向上的生活方式,感受到一种润物无声的文艺情怀,体会出一种接地气的小资情调。

"我不认为你吃完煎饼果子,我对你的服务就结束了。客户没来之前,我们就在沟通,来了店里,我们面对面沟通,走后,我们还在微博上继续沟通,消费者走后跟更多朋友分享体验,这个过程我们叫作后续服务。我们希望彼此能够持续保持这种沟通。"

5 小生意,大志向

对于未来的发展,赫畅的想法是,将来再开店也依旧走小店路线,每家店整体不会超过两百平方米,设20个左右的座位,所有的产品都可以直接外带,然后不断把本地化的产品做好,保留60%的经典菜品,40%要本地化,迎合当地人口味。

谈及煎饼店面的竞争性,赫畅说:"虽说今天的黄太吉很小,但不要忘了,我们做的是一个很小的品类。这个品类不像火锅,需要很好的底料,这个品类也不是咖啡,需要很好的咖啡豆。今天跟我竞争的是煎饼果子,其他竞争对手能不能把煎饼果子做得像黄太吉有那么多的附加值,这是不一定的。如果说创业者选择煎饼同我们竞争的话,会面临这样的考验。"

在煎饼果子的世界里,你想不出其他品牌,这就是黄太吉的优势。"我们要不断地把附加值累计上去,如果说传统饮食快餐这个行业能够慢慢壮大的话,我觉得我们挣到钱,应该是完全没有问题的。"

"获得用户对品牌的持续关注,才是最核心的价值。所以,品牌层面应该延续互联网的营销手段和沟通方法,把用户体验作为第一位。我们认为,未来无论发展到什么样子,'黄太吉'这三个字才应该变成最值钱的资产。"赫畅说到。如此注重品牌价值,被问到是否有一天会走出国门时,赫畅毫不犹豫地回答:"那是一定的"。

做互联网的人,有一个很强的"基因",就是持续的学习和不断完善自己的能力。"20年前的马云不见得管理得了现在的阿里巴巴,但今天的马云绝对胜任,因为20年间他从没放弃过学习。我们想做的也是这样的事情,虽然不知道未来在哪儿,但我们要保证今天的学习是有效的,自己才是自己最好的老师。"

【案例使用说明】

黄太吉的煎饼果子店如何做到年入 500 万？

一、教学目的与用途

（1）本案例适用于《市场营销学》和《服务营销学》课程。

（2）本案例适用于 MBA、高年级本科生和全日制研究生的上述课程教学。

二、启发思考题

（1）煎饼果子如此传统、普通的食品，"黄太吉"是如此做到年收入 500 万的？

（2）"黄太吉"是如何进行市场定位的？

（3）在互联网环境下，社会化媒体如何发挥营销作用？

三、分析思路

教师可以根据自己的教学目标（目的）来灵活使用本案例。

四、理论依据与分析

（一）市场定位及市场细分

市场定位是 20 世纪 70 年代由美国营销学家艾·里斯和杰克特劳特提出的，其含义是指企业根据竞争者现有产品在市场上所处的位置，针对顾客对该类产品某些特征或属性的重视程度，为本企业产品塑造与众不同的、给人印象鲜明的形象，并将这种形象生动地传递给顾客，从而为该产品在市场上确定适当的位置。

企业市场定位的全过程可以通过以下三大步骤来完成：

（1）分析目标市场的现状，确认潜在的竞争优势。这一步骤的中心任务是要回答以下三个问题：一是竞争对手的产品定位如何？二是目标市场上顾客欲望满足程度如何以及确实还需要什么？三是针对竞争者的市场定位和潜在顾客的真正需要的利益要求企业应该及能够做什么？

要回答这三个问题，企业市场营销人员必须通过一切调研手段，系统地设计、搜索、分析并报告有关上述问题的资料和研究结果。

（2）准确选择竞争优势，对目标市场初步定位。竞争优势表明企业能够胜过竞争对手的能力。这种能力既可以是现有的，也可以是潜在的。选择竞争优势实际上就是一个企业与竞争者各方面实力相比较的过程。通常的方法是分析、比较企业与竞争者在经营管理、技术开发、采购、生产、市场营销、财务和产品等七个方面究竟哪些是强项，哪些是弱项。借此选出最适合本企业的优势项目，以初步确定企业在目标市场上所处的位置。

（3）显示独特的竞争优势和重新定位。这一步骤的主要任务是企业要通过一系列的宣传促销活动，将其独特的竞争优势准确地传播给潜在顾客，并在顾客心目中留下深刻印象。为此,企业首先应使目标顾客了解、知道、熟悉、认同、喜欢和偏爱本企业的市场定位,在顾客心目中建立与该定位相一致的形象。其次,企业通过各种努力强化目标顾客形象,保持对目标顾客的了解,稳定目标顾客的态度和加深目标顾客的感情来巩固与市场相一致的形象。最后,企业应注意目标顾客对其市场定位理解出现的偏差或由于企业市场定位宣传上的失误而造成的目标顾客模糊、混乱和误会,及时纠正与市场定位不一致的形象。

市场细分的概念是美国市场学家温德尔·史密斯(Wendell R. Smith)于1956年提出来的,是指企业根据消费者需求的不同,把整个市场划分成不同的消费群的过程。市场细分的目标是为了聚合,即在需求不同的市场中把需求相同的消费者聚合到一起。市场细分包括以下步骤:

(1) 选定产品市场范围。企业应明确自己在某行业中的产品市场范围,并以此作为制定市场开拓战略的依据。

(2) 列举潜在顾客的需求。可从地理、人口、心理等方面列出影响产品市场需求和顾客购买行为的各项变数。

(3) 分析潜在顾客的不同需求。企业应对不同的潜在顾客进行抽样调查,并对所列出的需求变数进行评价,了解顾客的共同需求。

(4) 制定相应的营销策略。调查、分析、评估各细分市场,最终确定可进入的细分市场,并制定相应的营销策略。

(二) AISAS模型理论

AISAS模型是日本电通公司针对互联网与无线应用时代消费者生活形态的变化,将传统的AIDMA模型(AIDMA模型源自Lewis在1989年提出、由Hall在19世纪20年代系统整理成熟的传统营销理论。AIDMA模型表明,在传统的营销模式中,消费者从接触商品或服务的信息到最后达成购买将经历5个阶段,即引起注意、激发兴趣、产生欲望、留下记忆、产生行动)进行重构,进而提出的基于网络时代市场特征的一种全新消费者行为分析模型。AISAS理论表明,在互联网时代的Web2.0营销模式中,消费者在接触到商品或服务的信息,达成购买行为后,还会主动进行分享,从而影响其他消费者,这个过程概括为以下5个阶段:引起注意(Attention)、激发兴趣(Interest)、信息搜索(Search)、产生行动(Action)、信息分享(Share)。该理论指出了互联网时代下信息搜索和产生购买行为之后的信息分享的重要性,这两个阶段是消费者自发的主动行为,已非传统营销手段所能控制,充分体现了互联网对人们生活方式和消费行为的影响与改变。基于AISAS模型理论,互联网时代下购买行为后的信息分享是一种普遍性的行为,企业必须重视顾客的每一次消费体验。

(三) 社交网络营销特点分析

与搜索引擎、电子邮件等其他网络营销相比,社交媒体以信任为基础的传播机制以及用户很高的主动参与度,更能影响网民的消费决策,并且能够为品牌提供大量被传播和被放大的机会。此外,社交媒体的用户黏性和稳定性都很高,定位明确,可以为品牌提供更细分的目标群体。社交网络营销将互动营销、病毒式营销、口碑营销和精准营销进行了较好的结合。

目前，社交媒体的市场仍在不断扩大，它不再是朋友间共享的场所，而成为一种全新的商业竞争模式。在企业促销活动中，社交媒体通常会起到积极而显著的作用，所付出的时间和努力会得到很好的回报。

(1) 社交网络营销的优势。社交媒体营销的出现，改变了传统信息传播、销售方式以及宣传推广滞后性、盲目性、松散性的特征，现代的社交网络营销方式呈现出及时性、有目的性、集中群体性等特性，同时，社交网络营销的出现为企业的渠道运营、广告投资、品牌概念传播以及企业文化交流提供了更便捷公开的方式。此外，社交网络营销的出现还将使电子邮件有望实现全面复兴，而广告和话题产生的转化率也将大大提高。

(2) 社交网络营销的劣势。社交媒体营销由于受众面广，网民在接触时可能产生的极端情绪极不容易控制。奈兹利警告说："中国网民很容易就能在网络上形成一种激动情绪。坏消息会在短时间内迅速传开，而如果其中混入了民族主义情绪，则影响可能会非常负面。"此外，越来越多的公司把社交网络当作吸引客户的新机会，而社交网络营销容易通过模仿达到目的，这将导致原本正确的商业方式被扭曲。社交网络营销同其他任何营销方式一样，有利也有弊。

五、背景信息

广告营销是指企业通过广告对产品展开宣传推广，促成消费者的直接购买，扩大产品的销售，提高企业的知名度、美誉度和影响力的活动。随着经济全球化和市场经济的迅速发展，在企业营销战略中，广告营销活动发挥着越来越重要的作用，是企业营销组合中的一个重要组成部分。从全国来看（如图1所示），消费者目前在电视上花费的时间占比是50%、互联网21%、广播20%、报纸6%、杂志3%。但广告主在各个媒介平台投放的比例依次为电视(68%)、杂志(14%)、报纸(7%)、互联网(6%)、广播(3%)。由此可见，网络广告的影响层面虽然广，但并没有得到企业的充分利用。

从图1可以看出，中国网络广告的市场规模逐年递增，说明企业越来越重视网络广告营销。

作为网络广告投放的重要平台，社交网络因其独特的商业魅力——聚集人气、拥有互动体验和丰富组件等特点，迅速得到用户的认可和广告主的青睐，已经成为品牌或产品信息传播过程中不能忽视的广告营销传播平台。了解社交网络广告的分类，有助于企业有效地利用社交网络广告对产品进行营销，帮助其充分把握消费者较大比例的关注时间。根据消费者接受程度的不同，从一般接受到主动传播，可以将社交网络上出现的广告分为直观展示型广告、参与互动型广告和主动传播型广告。

(1) 直观展示型广告。即社交网络上出现的常规页面广告与动态技术的一般展示广告，它是互联网上最为常态的一种广告类型，运作相对简单。

(2) 参与互动型广告。即通过游戏或相关活动等内容吸引消费者点击链接、登录网页，直接参与其相关广告活动，使广告主能够与消费者进行直接的沟通与接触。参与互动型广告可以直接根据真实消费者个体或者群体的特征进行接触点管理，并可以直接追踪消费者的反应，较为精准地测定广告的传播效果。

(3) 主动传播型广告。即充分利用社交网络的优势，让消费者知晓并参与广告互

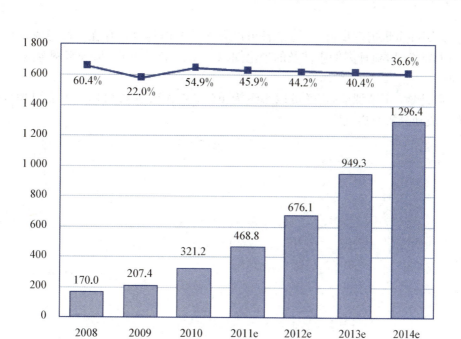

注：网络广告市场规模包括品牌网络广告、搜索引擎广告、固定文字链广告、分类广告、视频及富媒体广告和其他形式网络广告，不包括渠道代理商收入。

Source：根据企业公开财报、行业访谈及艾瑞统计预测模型估算，仅供参考。具体数据将在《2010—2011年中国网络广告行业发展报告》中做最终校对和调整。

©2011.1 iResearch Inc.　　　　　　　　　　　www.iresearch.com.cn

图1　2008—2014年中国网络广告市场规模及预测

动，使其主动将广告的相关内容传播给其他人群，较好地实现社交网络广告传播的另一特性——主动性。主动传播型广告需要对广告信息和传播渠道进行创新，对广告效果进行跟踪管理设计，将广告信息与广告目的结合起来。

六、建议的课堂计划

本案例可以作为专门的案例讨论课来进行。如下是按照时间进度提供的课堂计划建议，仅供参考。

整个案例课的课堂时间控制在80—90分钟。

课前计划：提出启发思考题，请同学们在课前完成阅读和初步思考。

课中计划：

(1) 简要的课堂前言，请一位同学简单复述该案例。(2—5分钟)

(2) 分组讨论案例所附启发思考题，告知发言要求。(30分钟)

(3) 小组发言。(根据班级学员人数分成若干组，选择3组发言，每组10分钟，总体控制在30分钟内)

(4) 引导全班进一步讨论(讨论各组没有涉及的内容以及存在分歧意见的内容),并进行归纳总结,梳理案例中涉及的理论知识,并结合理论知识,梳理案例逻辑。(15—20分钟)

课后计划:下节课前,请学员以小组为单位,采用PPT报告形式上交更加具体的"黄太吉成功分析及启发"。

十五、雅芳产品有限公司进入中国市场

【案例正文】

> **摘 要**：美国雅芳产品有限公司是进入中国的第一家直销企业。它曾经在中国直销业界取得了辉煌的业绩，并于中国加入WTO后，获得了中国第一张直销牌照。但近10年来，雅芳公司在中国的发展可谓一波三折。是什么造成这家具有百年以上历史的公司于2012年做出在中国市场上摒弃其传统的直销方式并主攻零售业的决定？本案例希望通过分析雅芳公司自20世纪90年代进入中国市场以来在营销模式上所做出的种种改变，使读者了解一个跨国企业在国际市场营销中所面临的种种挑战，引发对国际市场营销影响因素及战略选择的思考。
>
> **关键词**：雅芳；直销；营销战略；营销环境

0 引 言

作为世界著名的美容化妆品及相关产品的直销公司，雅芳产品有限公司（AVON Products, Inc.）的产品主要包括种类繁多的化妆品并逐渐扩展到流行珠宝饰品以及家居品领域。2012年，雅芳公司全球营收107亿美元，在美国500强排行榜中排名第234位。

1886年，"雅芳之父"大卫·麦可尼（David McConnell）从一瓶随书附送的香笺中受到启发，创造了第一支小圆点香水以及同系列四款香水，加州香芬公司（the California Perfume Company）由此诞生。1914年，雅芳第一家国际分公司在加拿大蒙特利尔市开张。出于对伟大诗人莎士比亚的仰慕，1939年，麦可尼先生以莎翁故乡一条名为"AVON"的河流重新为公司命名。如今，在全球107个国家和地区都可以看见雅芳产品的身影。

但是，国际化给雅芳公司带来的不仅仅是机遇，还极具挑战。2010—2012年，部分市场给雅芳公司带来的总收益在逐年缓慢下降。为了扭亏为盈，雅芳甚至计划退出韩

---

① (1) 本案例由江西财经大学工商管理学院赵星根据公开资料改编撰写。未经允许，本案例的所有部分都不能以任何方式与手段擅自复制或传播。(2) 本案例委托江西财经大学工商管理学院案例中心授权学院全体教师使用。(3) 本案例只供课堂讨论之用，并无意暗示或说明某种管理行为是否有效。

国及越南市场。

营收下降的情况在雅芳中国公司也正在上演。资料显示,雅芳公司于1990年初进入中国。其时,雅芳投资2 795万美元与广州化妆品厂(1996年12月31日中方股东由美晨股份有限公司吸收合并)合资成立中美合资·广州雅芳有限公司。1990年11月14日,雅芳在中国正式投产。同年底,雅芳在中国的第一家分公司——广州陵园西分公司开展了雅芳在中国的首次业务。1991年,雅芳中国区的销售额约为400万美元。1992年则达到800万美元,其后逐年上升至2003年的约24亿人民币①。至2003年,雅芳在全中国已开设74家分公司,销售网点达到约7 000个,雇员规模(不包括直销人员)则达到2 000人左右。2004年,雅芳CEO钟彬娴(Andrea Jung)说,"我们可以预测美国和拉美国家的市场,但是中国的市场潜力不可估量"。

然而,从2004年开始,雅芳在中国的营运尽显颓势。2009年,雅芳在中国市场总收入为3.534亿美元。2010年,这一数值则跌至2.29亿美元,亏损1 080万美元。2011年,雅芳中国业绩仅为12亿元人民币,跌出中国直销行业前十。2012年,雅芳中国业绩更是跌破10亿元大关②。这意味着,现今中国地区的销量仅为雅芳全球销售额的1%左右。在2012雅芳年度报告中,公司甚至提到要降低中国区的长期发展期望。是什么阻碍了雅芳在中国的发展之路?这一切还要从雅芳的营销模式开始说起。

1　直销? 传销?

雅芳自称为上门直销方式的创始者。1940年,受创始人大卫·麦可尼雇佣的一位家庭妇女——艾碧太太,通过乘搭火车或者马车挨家挨户地销售香水的形式,开展了最初的直销业务。在第二次世界大战期间(20世纪40年代),随着越来越多的家庭妇女走出家门,众多的"艾碧小姐"开始涌现出来。由于直销小姐上门推销的方式对客人有着更热诚的说服力(与店面销售相比),基于雅芳公司产品的可靠性,高度忠诚的客户使雅芳公司的销售业绩得以迅速提高。到1966年,其全球营业额已高达4.08亿美元。当然,众多的直销小姐也得到了产品售价20%—40%的收入。

1990年,身为全球最大直销企业的雅芳进入中国广州市场。它在全球的营销法宝——招聘女性直销人员推销产品也在中国市场开始推广。20世纪90年代初,在大部分中国女性对化妆品所知有限、护肤品也仅限于雅霜和蛤蜊油的时候,装扮入时、口齿伶俐的雅芳小姐吸引了大批的客户。在最初几年,几乎每年雅芳中国都要开数家分公司。而其招聘的直销人员也一度达到数十万。1997年,雅芳在中国的营业收入已有约6亿人民币。

但好日子并不长久。面对雅芳直销方法的成功,不但国外的直销企业(如安利、玫琳凯等)积极进入,一些国内企业也纷纷效仿。随着直销的广泛应用,这种营销方式还

---

① 对比当年雅芳公布的全球销售额68亿美元,中国区约占其全球销售额的4%—5%。
② 2011与2012年为中国直销网估计数据,因雅芳公司未披露官方数据。

开始被一些不法分子利用。他们打着直销的旗号从事非法传销和"金字塔诈骗"活动。据有关部门统计,到1995年底,全国从事传销的企业绝大部分属非法经营。这些企业既不注册,也没有规范的营销手段,多数是通过层层"拉人头",或者以离谱的高价强行销售产品,严重损害了消费者利益,扰乱了市场秩序,影响了社会安定。对此,中国政府在1997年颁布了《传销管理办法》来对直销(传销)市场进行管理。由于当时的监管手段并不完善,一些非法传销企业还在继续开展非法传销活动。于是,中国政府果断地采取了严厉的禁止措施,并于1998年发布了《国务院关于禁止传销经营活动的通知》。通知规定,任何企业不得以任何形式从事传销或变相传销活动。同时,发布了《关于外商投资传销企业转变销售方式有关问题的通知》,批准美国的安利、雅芳、玫琳凯等10家外资直销公司转型为店铺经营加雇佣推销员的方式经营。自此,雅芳公司在全球取得巨大成功的营销模式被迫整改。

虽然雅芳全球并无做上门直销之外的经验,但在政府的压力下,雅芳被迫转向零售的方式来售卖产品。当时的雅芳规定,无论是杂货店、超市还是复印店,只要能卖东西就可以卖雅芳产品。因此,到了1998年底,雅芳公司有了上千个零售网点。1999年,雅芳还在广州开出了第一家专卖店。遍地开花的零售网点给雅芳带来了较高的营收。但同时,鉴于经验的缺乏,店铺经营加雇佣推销员的方式也带来了一系列的问题。比如:

(1) 遍布中国大街小巷的零售网点的诞生,虽然在最初有利于雅芳的渠道渗透,但在一定程度上也降低了雅芳作为国际品牌的神秘性;

(2) 由于雅芳公司按照销量给零售网点不同的进货价格(这意味着销量大的零售网点能够拿到较低的进货价格),并且对其产品实际市场售价并不加以限制。消费者在面对市场上明显的同一产品不同价格的情况下,对雅芳产品的信任度大大降低;

(3) 虽然零售已成为雅芳公司的选择,数量众多的零售网点在一定程度上也还存在无序竞争的问题,不利于市场的开拓。

所以,在2005年9月,中国国务院颁布了《直销管理条例》(国务院令第443号)和《禁止传销条例》(国务院令第444号)(分别于2005年11月1日和12月1日起正式实施)后,雅芳积极申请,并于2006年2月22日获得了中国第一张直销牌照。2007年,雅芳正式宣布回归直销。

2 零售→零售+直销

但回归直销的过程并不顺利。早在2005年4月雅芳筹备在中国地区回归直销的时候,近50家经销商聚集于位于广州的雅芳中国总部,抗议回归直销。雅芳美国高管甚至为此事专程来到中国,对零售与直销的营销模式进行深入研讨。最终,鉴于靠扩充店面来获得增长的方式已显疲态(2004年和2005年雅芳中国的销量比2003年略有下降),雅芳总部决定回归雅芳的传统营销模式——直销。

此刻的回归就像大多数零售、专柜、专卖店主所担心的那样,他们面对的是相对"艰难"的处境。首先,回归直销意味着雅芳在中国的约7 000家零售网点由主要销售渠道变成了次要。虽然雅芳提供店面经销商和直销人员几乎一致的毛利空间①。但由于直销人员没有房租等成本,他们可以以更低的价格将产品卖给顾客,从而事实上形成了直销对零售市场的挤占。其次,为了发展直销业务,雅芳希望让零售门店来招募直销人员,然后通过提取直销管理费的方式逐步把零售网点变为直销人员的提货点和服务网点。可是,面对高企的房租(中国房地产价格在这一期间不断上涨),低廉的直销管理费越来越难以支撑零售网点的日常费用。即使后来雅芳公司鼓励零售网点在店内给顾客开展美容业务,以吸引客流量并提高经销商的营收。并不专业的美容院线却并未给经销商带来足够的利润。许多零售网点由此被迫转型。再次,由于雅芳的折扣体系,由零售网点转变而成的直销服务网点很难在直销业务方面提供相应服务。例如,因为雅芳规定进货额越高,产品进价越便宜,一些经销商便借机囤货和窜货。这使雅芳无法辨明经销商手里的是真的卖不出去的产品还是故意囤的货。由此,作为服务网点的经销商很难得到公司在退货和赔偿等方面的服务支持。

其实,直销人员这期间的业务也并不如意。面对入世以后竞争越来越激烈的化妆品市场,雅芳采取的是频繁降价(或折让)的方法来吸引顾客。但是,频繁打折却会最终影响到直销人员的信誉。顾客总是有理由怀疑直销人员给他的不是最低的折扣。这种情况下,直销的业务越来越难以开拓。并且,相对其他直销商,雅芳给直销人员的销售提成并不高。面对提成更高的安利②等企业,越来越多的有能力的直销人员开始转入其他直销企业,以获取更高的收入。

自2006年开始的"零售+直销"混合模式使雅芳在2008年拥有近7 000家零售网点和60余万直销人员。但这两条销售模式所带来的渠道冲突、价格冲突和客户冲突使雅芳的销售业绩逐年下滑(其销售额从2007年的2.81亿美元下跌至2010年的2.29亿美元)。鉴于同期中国直销市场的迅猛增长(安利公司的销售业绩在2010年已达32亿美元),雅芳的市场份额从2007年的6.5%逐年下降到2010年的2.9%。

3 贿 赂 门

由于雅芳是一家美国上市公司,它在中国市场上的运营也受到美国法律、法规的影响和约束。

对美资企业而言,在海外经营,关于《Foreign Corrupt Practices Act》(《反海外贿赂

---

① 零售网点从雅芳的拿货价通常为7折,直销员则为7.5折。
② 在中国市场上,直销一般有单层直销和多层直销两种形式。单层直销有20%的直销公司使用,如雅芳。多层直销则有80%的直销公司在使用,如安利。单层次直销即介绍提成模式,例如,雅芳直销人员都是没有工资的,靠自己人际关系销售产品并获得提成,但开发的顾客没有成为销售人员,没形成层级结构。多层直销是根据公司的奖励制度,直销商除了将公司的产品或服务销售给消费者之外,还可以吸收、辅导、培训消费者成为他的下级直销商,他则成为上级直销商,上级直销商可以根据下级直销商的人数、代数、业绩晋升阶级,并获得不同比例的奖金。一般来说,多层直销体系中的直销人员有可能拿到比单层直销体系更高比例的销售提成。

法》,简称 FCPA)的培训以及相关业务流程的制定必不可少。然而,从 1990 年雅芳中国公司成立以来,雅芳总部司法部和财务部在对中国区非常敏感的业务进行制定时,对 FCPA 相关的政策、流程和培训却少有作为。

2005 年 4 月,总部通过总部审计组的审计发现中国区费用支出存在违反 FCPA 的风险。之后,总部审计组在 2005 年 8 月来中国审计费用报销问题。当审计组的成员在审计进展会议里第一次向中国区的财务人员提起 FCPA 问题时,中国区首席财务官马思立向审计组提出,牵涉到法规的问题还需要公司司法部的参与来做出正确的法规判断。在 2005 年第四季度,伊恩·罗塞特(时任亚太财务副总裁)来到广州,召开一次有关 FCPA 问题的会议。会上,伊恩谈到,他将与孙长青(时任雅芳中国区公司事务负责人)、高寿康(时任中国区总裁)联合美国总部一起处理中国区费用报销的问题。但此后,总部再也没有向中国区财务团队提出过关于中国区费用存在违反 FCPA 法规的质疑。在 2006 年至 2007 年间,公司推行 Travel & Living Policy Revision(有关旅游生活的政策修订,与后来爆出的雅芳邀请政府官员旅游事宜有着密切关系)时,所有参与的财务部员工仍然未收到任何关于 FCPA 法规的相关提醒。

然而,在 2008 年,由于内部员工举报雅芳中国境内的经营机构有可能存在着与经营相关的"不适当"的差旅费、招待费和其他费用,违反 FCPA 的做法再也掩盖不住了。当年 6 月,雅芳开始配合美国证券交易委员及美国司法部正式启动内部调查。2011 年 5 月 5 日,根据雅芳公司公布的一份备案文件显示,该公司 4 名高管因被指控在中国行贿被革职。被辞退的高管包括中国区总裁高寿康、首席财务长 Jimmy Beh、中国区公司事务负责人孙长青以及全球内审和安全部门主管伊恩·罗塞特。此外,该公司的内部调查也已发现更多潜在的不法行为。例如,向巴西、墨西哥、阿根廷、印度和日本的官员支付的数百万美元的问题款项等。由于这份报告的影响,当日其股价应声下跌 1.91%,收于每股 30.32 美元①。

由于"贿赂门"的影响,雅芳在中国的公共关系也跌入冰点。被称为中国直销行业"好孩子"②的雅芳,在河南省工商局 2011 年度的通报中,因为"违规操作"被查处,成为唯一一家被通报的拿牌直销企业。据称,2012 年 1 月,雅芳副董事长 Charles Cramb 的解雇,12 月,雅芳董事局主席钟彬娴的离职也与"贿赂门"不无关系。

4 零售+直销→直销

"贿赂门"带来的高层变动,对整个中国区的营销影响是巨大的。

2010 年 4 月,雅芳前南拉丁美洲地区总经理奥多内兹空降中国,替换"贿赂门"主角中国区总裁高寿康。由于在 2009 年,雅芳在中国市场总收入仅为 3.534 亿美元(约为 23 亿人民币,而当年安利中国市场销量是 200 亿人民币),面对经销商和直销人员的

---

① 截至 2012 年底,雅芳为"贿赂门"事件已经支付了高达 2.8 亿美元的罚金。
② 指的是雅芳公司在中国一向遵从政府指令。

紧张关系,急于提升业绩却对中国市场不甚了解的外籍总裁主导了雅芳中国的第三次转型——全面转向直销。奥多内兹的想法很简单,既然经销商和直销人员不能并存,就选择做雅芳最擅长的事情。这一计划得到了雅芳全球CEO钟彬娴的支持。钟彬娴称,对"贿赂门"的调查虽然还无结论,但对中国区的业务模式进行调整已经势在必行。调整的核心是在未来18个月回到全直销模式,舍弃掉零售店铺。

但直销留给奥多内兹的任务是烫手山芋。根据雅芳公司向经销商发布的《关于中国雅芳直销发展的声明》,原来的6 000家门店要么关张或是变成纯服务网点,要么转移成为直销商。而雅芳在进入中国的20年间,已经在这些零售网店上投入了10余年的时间以及数以亿计的投资。如何在消化这些门店同时,将成本压力降到最小,同时处理好善后问题,是奥多内兹首要的难题。而更为麻烦的是,此时的中国市场与20世纪90年代初期相比,已经有很大改变。从公司内部来说,早年培养的直销人员多数都已另投东家(基于提成的高低和雅芳多次转型的原因),再行招聘有潜力的直销人员并不是一件容易的事情。其次,面对频繁促销和遍地开花的零售网点,在消费者心目中,雅芳产品已经脱去国外高档产品的面纱,成为大众平价化妆品的一员。面对现在中国国内的强势平价化妆品,如小护士,大宝等,其品牌效用已然式微。再次,虽然雅芳的销售经验曾经是全球直销方式的成功典范。然而,随着新经济时代的来临,雅芳试图渗透到中国家庭的数十万直销代表,面对的是更多时间消耗在办公室里的新女性阶层。"铁将军把门"的尴尬以及在中国日渐规范的新兴小区的管理,严重影响了雅芳直销方式的发展。最后,如果只是单纯地做直销,在现今中国市场也并无相似的成功案例。以直销企业中销售额较大的安利公司为例,尽管其主要业务模式是直销,但它在全国依然有149家零售门店。而和雅芳不同的是,安利这些门店,除了销售,还发挥了很多区域协同的职能。例如,一些门店在日常的销售外,还扮演协调其他直销商和当地工商局、税务局沟通的角色。如果遇到一些质检或者和法规相关的程序,这些门店往往会主动和主管部门联系,在事情出现之前解决问题。而这反过来也帮助一些直销商能往三、四级城市进行更深入的渗透,扩大销售额。

在这些潜在问题未得到通盘考虑的情况下,粗暴的大幅减少零售网点给雅芳带来的是业绩的急速衰退。2010年,雅芳公司在华亏损1 080万美元,成为雅芳全球唯一出现亏损的区域。2011年第一季度,雅芳中国营业收入降幅达32%,二季度的营收继续下挫,同比下降28%。全年最终业绩只有12亿人民币左右。垂涎于2011年安利在中国区的267亿元人民币的销售额,雅芳总部于2012年再次走马换将。这次,总部考虑到非华裔人士可能对中国市场不熟悉,推出的新任中国区总裁林展宏(John Lin)和前任高寿康一样,来自台湾。

5 直销→零售

一些调查表明,2010—2012年的雅芳业绩下滑主要源于零售商的削减。在"零售+直销"时期,由于雅芳公司硬性要求零售网点发展一定数额的直销员。故而,为了完成任务,很多网点的直销人员都是"挂名"。换句话说,很多直销员都是名义上的,没有经过培训,完全不具备专业能力,只是一个账号。大部分都是网店经销人员的朋友及亲戚。经销商坦言,这么做只是为了方便获得7%的返点而已(挂靠在专卖店旗下的直销员需向经销商缴纳销售额的7%作为返点,经销商通过控制直销员账号订货,可以获取更多的利润)。故而,裁撤零售网点给雅芳带来的是迅速的业绩的下滑[①]。

  鉴于这一点,林展宏于2012年7月份召开了5场经销商大会,要求所有经销商在直销和零售之间作出选择,最终只有二三十家经销商选择了直销。在此情况下,雅芳中国总部表态,要彻底适应本土化生存,将来要专注做零售。其公关人员更是明确表态:"经过反复观察后,公司方面发现,雅芳中国经销商更擅长做零售业务,能够通过零售的方式提升业绩。可以说,公司大部分业务贡献的来源都是来自零售网点的业务。也正因如此,我们才选择从这个角度去支持他们,帮助其做大生意。"

  首先,虽然雅芳坚称不会放弃直销模式,并已成立直属总经理的团队分管直销业务,专门负责直销的策略规划,但在实际操作中,雅芳对直销和零售两条渠道的产品线重新进行了区分。其中,毛利和销售量高的护肤品这一块专门划给了零售商,而相对薄弱的保健食品这块则给了直销人员。虽然名义上分割生产线是为了避免争夺用户资源的内耗,但这种划分使公司产品资源明显偏向零售模式。其次,虽然直销业务需要有很多的机构为分散在各地的直销人员服务,但零售业务需要的服务相对较少。故而,2013年初,雅芳开始裁并各省区分公司。例如,广东省内有好几家分公司,关闭后仅剩余广州市的一家雅芳分公司,再比如,河南省内雅芳有洛阳和郑州两家分公司,关闭后仅保留郑州分公司。2013年,雅芳估计将在中国区关闭约10余家分公司(2012年,雅芳在中国的分公司数量约为44家),涉及的裁员数量100—200人。再次,为了更好地发展零售业务,雅芳中国公司还增设了全新的零售渠道营销组和业务拓展组(前者参与制定加强零售的策略,后者则负责加快专卖店的地域扩张),并声称将加大对专卖店渠道的投入(比如在服务的专业性方面对专业零售人才进行投入)。

  但对于此次雅芳"新政"的效果如何,不同的专业或研究人员发表了不同的看法。有人说:"这样的决定不明智,可以说背弃了直销的本源,直销行业本身就应以直销人员作为公司最基础和核心的资源。直销的本质是以人脉为基础的口碑效应宣传,不是以店铺作为主要特征的。像雅芳希望转变为店铺为主导的模式已不算是直销了"。也有人说:"雅芳要彻底转变成零售模式,将面临极大的困难。除了专卖店的经营成本很高之外,中国化妆品市场竞争之激烈也不容小觑"。还有人说:"虽然从产品线上将两个渠道的产品进行分割,可以看作一种好的尝试,但能有多大的效果则还需要时间来检验"。更有业内专家表示"如果回归零售,虽然有经销商(零售网点)的基础,但如何重塑雅芳在一、二线城市中的品牌形象也是一个不容忽视的问题。实际上,雅芳专卖店在21世纪最初10年的泛滥,已经直接导致了雅芳自身品牌的低端化"。雅芳转型零售并不被

  [①] 很多研究人员认为,在对直销人员管理这一点上,安利做得十分有效。通过强调集体作用的种种方法,如集中培训、讲座等。安利各个层级的直销员之间确定了较为紧密的联系。而安利公司本身又能为直销员提供各方面的支持,包括资金上的支持。

业内人士所看好。

6 总　　结

作为一家国际直销企业,雅芳在中国的遭遇可谓一波三折。其所面对的种种市场境遇是其他外资日化巨头都没有体验过的。而雅芳在这些境遇中,自行摸索营销经验也并不成功。

由于专注于销售额,雅芳公司已经为营销模式的反复转换付出昂贵的代价。在市场份额方面,中国直销业 2011 年销售额达到 1 400 亿元,安利、完美、无限极分别以 267 亿元、120 亿元和 81 亿元的营收位列前三名,而最早在中国拿到直销牌照的雅芳却仅有 12 亿元营收,排名第十五位。

今天,拥有百年历史的雅芳公司在具有中国特色的环境下,还在继续为提升业绩而做出改变。这种在营销模式上与雅芳传统国际营销经验相违背的改变能否使雅芳重续在中国市场上曾有的辉煌还依旧未知。

【案例使用说明】

雅芳产品有限公司进入中国市场

一、教学目的与用途

本案例主要适用于《国际市场营销学》课程的教学和培训。要求学生能够综合利用现有资料分析国际市场营销内外部环境对营销战略的选择的影响。使学生对国际市场营销的复杂性(相较于单纯的内销型市场)有所认识,进而领会国际市场营销中母国与其他国子市场之间营销方式的差异性与联系性。此案例难度中等,适合大学二、三年级《国际市场营销学》课程使用,作为综合性案例分析讨论。

具体教学目的:
(1) 准确领会市场营销中内外部环境对营销策略选择的影响;
(2) 理解国际市场中母国与其所开拓的子市场之间的联系;
(3) 认识不同营销模式(直销与零售)的优点和缺陷。

二、启发思考题

(1) 国际市场营销环境分析包括哪些内容?描述雅芳产品有限公司在中国市场上面临的营销环境。

(2) 分析雅芳中国区营销模式改变过程中每一步的合理性和存在的问题。

(3) 对中国直销模式的优缺点予以评述。

(4) 你认为雅芳在现今的中国市场中主要采取零售模式能够取得成功吗?为什么?你对雅芳公司提高业绩有何建议?

三、分析思路

（1）本案例是供本科生使用的教学案例，可以让学生从母国市场环境、子市场环境、宏观市场环境及微观市场环境等4个方面对营销的影响进行分析。

（2）利用案例中提供的资料信息，在对营销环境进行分析的基础上，从营销战略和策略等角度对雅芳公司中国区的营销模式改变过程逐一进行剖析，指出其合理性及存在问题。从营销经验、消费者偏好、市场竞争、成本、风险、长远发展等多角度启发学生大胆提出有理有据的见解。

（3）雅芳公司有几十年的国际市场直销经验，并于20世纪90年代作为第一家国际直销企业进入中国。可是，近5年来，安利的销售业绩却几十倍于雅芳。造成这种结果的原因在哪里？对雅芳和安利在直销过程中采取的具体做法进行比较分析，指出其优缺点。

（4）消费者对化妆品的成分、功效等了解有限。建立品牌形象并找准目标消费群体是化妆品的售卖关键。鉴于雅芳公司在中国拥有数千家零售网点，如何利用好这些资源为企业创造竞争优势？如何吸引目标消费者？引导学生从消费者偏好的角度思考如何售卖不同档次的化妆品，并对雅芳公司现状提出具体建议。

四、背景信息

（一）直销

按世界直销协会的定义，直销是指在固定零售店铺以外的地方（如个人住所、工作地点或者其他场所），由独立的营销人员以面对面的方式，通过讲解和示范方式将产品和服务直接介绍给消费者，进行消费品的营销。这种营销方式实际上将产品的部分利润从代理商、分销商、广告商处转移给直销员。由于其能有效地实现缩短通路、贴近顾客、将产品快速送到顾客手中、加快资本运作，同时更好地将顾客的意见、需求迅速反馈回企业，有助于企业战略的调整和战术的转换，这种营销方式自20世纪90年代进入中国以来，在中国发展迅速。

2012年，中国直销市场规模已达到1 696.8亿元人民币，比2011年的1 400亿元增长了296.8亿元，增长速度为21.2%。其中，销售额最高的是安利，达到了271亿元。得益于安利中国的高速发展，安利全球销售额也首次超过了雅芳，成为全球销售额最大的直销公司。

（二）中国化妆品产业

中国化妆品产业从20世纪80年代开始迅猛发展，现今成为全世界最大的新兴市场之一。在短短的30多年里，中国化妆品产业从小到大，由弱到强，已形成了一个初具规模、极富生机活力、竞争激烈的产业集群。并涌现出一批以美加净、六神、大宝、郁美净、舒蕾、欧珀莱、隆力奇等为代表的优秀民族化妆品品牌。

但也应该注意到，由于中国已经放开对进口化妆品的限制，国际化妆品巨头正在加速拓展中国市场，本土品牌正经受着来自外部的巨大冲击。在中国化妆品市场中，外资或合资企业所占的市场份额已接近80%，并牢牢占据着中高端市场（如雅思兰黛、兰蔻、欧莱雅、玉兰油等）。而国内化妆品生产厂家一般着眼于中低档市场来迎合中国消费者的需求。

（三）国际市场营销环境

国际市场营销环境的分析比单个国家的营销环境分析更为复杂。因为除了母国的宏观和微观营销环境分析，还应包括子市场的宏观和微观营销环境分析。甚至国际法律和法规也在国际市场营销中有很重要的影响。

对一个企业来说，国际市场的开拓行为不仅给企业带来利润，由于所处营销环境的复杂性，其所面临的风险也与机遇并存。如何在全面评估营销环境的前提下做出正确的营销决策是国际市场营销的难点及关键点。

五、理论依据与关键要点

(1) 国际市场营销战略及策略的制定受到母国与子市场双重环境的制约；
(2) 中国市场不同于美国市场的特殊性必须在确定营销模式时加以考虑；
(3) 进行细致的市场分析以扬长避短是做出正确市场营销决策的前提；
(4) 零售网点与直销人员都是企业的重要资源，如何避免母子公司之间在营销观念上的矛盾以发展适应子市场特殊营销环境的营销模式，要在明确企业目标、充分考虑目标市场的特点和竞争态势的条件下做出。

六、建议的课堂计划

本案例建议在讲述国际市场营销环境后，组织学生采用课堂或课后作业的形式结合思考题进行小组分析讨论。时间安排 2 小时为宜。

七、后续进展

作为一家国际性的化妆品企业，面对瞬息万变的中外市场形势，雅芳公司近年正在进行激烈的营销战略调整以提高其公司收益。鉴于最新的公司变革起始于 2013 年，建议在有条件的情况下，学生/读者能够收集更多的最新信息，以更好地分析国际市场营销内外部环境对营销战略选择的影响。

第三部分
《人力资源管理》
课程案例精选

- 人力资源管理系

一、百瑞转型之惑[①]

【案例正文】

> **摘　要：** 本案例以近年国家宏观调控导致工程机械行业销售萎靡为背景，通过故事性方式描述了工程机械经销商南昌百瑞公司的业务转型全过程，包括转型最初的设想、公司各部门对转型的分歧与矛盾以及由转型凸显出的内部管理弊端。本案例希望通过对南昌百瑞转型困惑的分析与讨论，促进读者了解我国工程机械经销商业务转型的现状、趋势与利弊，引发对企业战略转型的策略选择的思考。
> **关键词：** 南昌百瑞；工程机械经销商；业务转型；管理困境

0 引　言

邓秋实睁开蒙眬的睡眼，拉开窗帘往外看，禁不住感叹了一句："唉，怎么早晨就开始下雨了，最近的天气还真是坏！"随着行业环境的恶化，南昌百瑞实业有限公司（以下简称南昌百瑞）董事长邓秋实最近面临不少问题。下午，就要出发去北京参加山东临工的全国经销商大会了，尽管得知南昌百瑞今年再次获得山东临工"全国服务50强"称号，但是，邓秋实并没有过多的喜悦，他更多地期待通过会议了解行业最新动态，寻求公司下一步发展的创意与思路。

1 公司背景

南昌百瑞是一家专业从事大型工程机械经销的品牌服务企业。2000年11月，当市场经济的大潮暴露出国有企业越来越多的弊端之时，邓秋实勇敢地带领以前公司里

[①] (1) 本案例由江西财经大学工商管理学院刘爱军撰写，孔玉祥、陈浦健、陈戈参与了前期企业访谈、资料整理、写作构思等工作。作者拥有著作权中的署名权、修改权、改编权。未经允许，本案例的所有部分都不能以任何方式与手段擅自复制或传播。(2) 本案例委托江西财经大学工商管理学院案例中心授权学院全体教师使用。(3) 本案例已收录中国管理案例共享中心，并经该中心同意委托江西财经大学工商管理学院案例中心授权学院全体教师使用。(4) 本案例只供课堂讨论之用，并无意暗示或说明某种管理行为是否有效。

几个年轻的科级干部跨出国企大门,创立了南昌百瑞。11年的快速发展,公司已在江西省及一些周边省份设立了近百家县级以上的二级经销商,并成立了一所工程机械培训学校,在职员工300余人,公司业务从最初只提供整机和配件销售扩展到销售、维修、租赁、咨询和培训等一体化的全方位服务,代理经销五、六个国内一线品牌,2011年销售额达10亿元。

南昌百瑞在江西工程机械代理商中的领先优势一直比较稳固,但是,近年来也明显感到来自市场和经营的压力正逐年增大。首先,凭借前几年行业火热的销售态势,南昌百瑞凭借优惠的价格和更高的分销效率快速开拓市场,但也因此导致了企业成本上升过快和利润下降的局面。更让人不安的是,2010年以来,国家宏观政策一直以保持稳定和控制风险为主基调,一段时间内基础建设和社会投资一起下降,直接导致去年以来整个工程机械行业表现惨淡,2012年一季度更是跑输大盘1.18%。与此同时,随着用户对售后服务要求的加强和社会维修能力的提高,"后市场"服务逐渐成为一种趋势,经销商在服务上既面临挑战,也面临机遇。正是在这样的背景下,南昌百瑞开始考虑调整业务重心。

2 北京会议有感

经过两个多小时的飞行,飞机终于缓缓降落在北京首都机场。下飞机后,邓秋实直接前往举办活动的酒店。

到了会场后,邓秋实看到了一些老朋友。"老邓!"坐在前排的老朋友老张(山东临工江苏省经销商)看到刚进来的他,率先向他打招呼,示意身旁有空位可以坐。邓秋实笑了笑,走过去和他握了握手,然后在他身旁坐下。

还没来得及跟老张闲聊,大会就正式开始了。这次大会是厂家山东临工每年都会主办的全国经销商大会,议题主要包括全国服务50强颁奖和行业最新动态分享。本届大会最大的亮点是邀请到了美国工程协会会长艾弗森先生发表主题演讲。

大会首先进行的是颁奖活动。看着一起上台领奖的经销商们,邓秋实发现大部分都是老面孔,但也有不少不认识的新面孔,令他最感意外的是连年得奖的江苏老张今年竟然没有被评上50强。领完奖后,邓秋实回到座位,心里充满了疑惑,但是考虑到活动还在继续,不便多问,心想等到餐桌上再好好问问老张。

"女士们,先生们,下面让我们以最热烈的掌声欢迎美国工程协会会长艾弗森发表演讲!"艾弗森会长走上讲台,开始持续了一个小时的演讲,他分析了目前工程机械行业的宏观环境,提出了一些突破目前困境的建议,并指出了未来工程机械行业发展的一些新趋势,如环保工程机械将热销、要注重"后市场"服务等。让邓秋实吃惊的是,从艾弗森的演讲得知,像卡特彼勒这样世界一流的工程机械企业,核心竞争力是技术,也十分看重"后市场"的发展并已经做得相当好,拥有完全复原一台工程机械的能力。这让他疑惑了:"后市场"?

活动结束后,大家一起聚餐,邓秋实坐在老张旁边,开口问道:"老张,怎么回事?今年销量不好？"

老张微笑着回答道："不是，今年我调整了公司业务战略，重点往'后市场'这块发展了。"

"'后市场'？效果怎么样？"

"前期我在招聘技术人才、建维修厂方面投入不少资金。目前来看效果还不错，今年光维修一项就给我带来不少利润，我很看好它的前景。哎！单纯靠销售主机，实在太难了。而现在又宏观调控，行业不景气……"

邓秋实一边听着老张的叙说，一边点点头，心想艾弗森会长演讲中也提到"后市场"的发展，看来回去得好好讨论下。

3 湖边夜话

吃完饭后，邓秋实和经销商好友们一起交流了销售中的困惑与机遇，"后市场"业务引发了不少讨论，让他的思绪一直纠结于"后市场"。第二天一早，他便坐飞机飞回南昌了。当晚，他找到了市场部经理彭飞，想听听这个一直在销售一线的伙伴的看法。

沿着小区的湖边，邓秋实和彭飞边散步边聊着公司一年来的销售业绩情况。从彭飞那里，邓秋实了解到一年来公司的销售业绩由于受宏观调控政策的影响，出现了大幅下滑。彭飞最后说："邓总，大致的情况就是这样了。如果行业还是这样不景气的话，公司可能要考虑将重点放到降低人工成本和提高债权回款了。"

邓秋实听完后，问道："那你觉得像二手机销售、配件销售、维修服务这些'后市场'业务的市场空间大不大？"

彭飞沉吟片刻答道："从我们的二手机和配件销售情况来看，还是有较大市场的。至于维修服务，关键是要掌握核心技术，才能实现较大盈利。一般的维修服务，利润太低。而且我们起步晚，相比竞争对手，没什么优势。"

他拍了拍彭飞的肩膀，说："你说得有道理，这次北京之行我一直思考的就是关于'后市场'业务发展的问题，过几天召集管理层开个会，大家好好讨论一下。"彭飞点点头。

4 管理层会议上的争论

会前，由于所有中高层经理都收到通知，知道上午的会议主题是讨论公司本年度业绩大幅下滑和业务转型问题。因此，邓秋实简单介绍情况后，便提出想听听大家的看法。

邓秋实的话音一落，大家的脸色似乎都变得不再轻松。过了片刻，服务部蒋经理率先打破僵局发言："我赞同向'后市场'业务转型，随着主机产能过剩与银根紧缩，销售主机十分困难，整体销售的业务下降。但像售后保外维修这样的业务就不一样了，我们的服务人员天天跟客户打交道,知道市场需求很大。况且,一台工程机械产品从投入经营到报废时,它的经营额实际超过这台设备产品价格的10倍以上。除此之外,我们还可以重点发展日常维修保养、机器租赁、机器保险、二手机销售、配件销售、机器快修改装、机器销售的金融服务、信息咨询、机手培训等,这说明'后市场'的发展空间相当地大啊!"

市场部经理彭飞点头接着答道:"蒋经理说得不错。大家之前可能也看了公司近两年的销售数据。相信大家可以看出,这两年,我们的主机销售盈利状况是非常糟糕的,已经严重影响公司的整体盈利。自从国家开始宏观调控,行业出现不景气,公司就开始陆续将所有分公司和其他外地工作的员工调回南昌总部进行集中培训和集中办公。同时,公司各部门全力支持债权部,着力提高债权回款。这一系列措施使公司内部员工人心惶惶,我甚至听到说我们公司马上要倒闭的传言,说明公司的经营已经到十分艰难的地步。穷则思变,我们已经到了必须考虑通过转型来突破困境,使公司持续经营下去的时候了。"

"老蒋刚才也说了很多'后市场'业务,那'后市场'的利润空间到底有多大?例如,在国外成熟的工程机车市场中,从销售额来看,零部件销售占39%,制造商销售占21%,零售占7%,售后服务占33%;从销售利润看,整车的销售利润约占整个行业利润的20%,零部件供应的利润约占20%,而50%—60%的利润是在服务领域中产生的。而现在国内工程机车市场销售额中配件占37%,制造商占43%,零售占8%,服务占12%;因此,我国的工程机车产业在服务方面还有很大的市场上升空间,尤其是前几年我国工程机械产业的强势增长,为'后市场'带来了巨大的发展潜力。有人测算过,一台设备从生到死至少需要花3倍的采购价钱,扣除油耗和必要的税费,剩下的就是包括零配件的服务费了。在市场竞争激烈的今天,开拓'后市场'甚至比占领传统市场更重要。我觉得我们应该借助这次行业不景气的契机,利用我们销售网点覆盖广的优势来重点开拓这些业务。"

"我也同意公司将核心业务向'后市场'转型,"技术部程经理开始发言,"如今,工程机械行业竞争白热化,一线企业产品层面优势不再,服务的重要性逐渐突显,行业内大多数企业已意识到,现在市场制胜的关键已经从产品制胜开始转向服务制胜。从技术的角度来看,服务制胜的前提是掌握核心技术,比如一线品牌美国卡特彼勒就拥有机器从生到死的所有的服务技术和完全翻新的技术,在'后市场'业务市场比重不断增加的今天,无疑会使卡特彼勒处于市场领先地位。因此,代理二线品牌的我们,不但要尽快向'后市场'业务转型,而且还要迅速掌握核心服务技术,为公司赢得竞争优势。"

"刚才,蒋经理、彭经理和程经理都认为'后市场'盈利空间大,这点我也同意,但我有个疑问",财务部熊经理开始发言,"尽管现在转型是个很好的契机,但公司现在正处于经营艰难阶段,流动资金相当紧张,开拓'后市场'业务的资金从哪里来?"

听完熊经理的话,彭飞接话说道:"是这样的,向'后市场'业务转型对公司而言是一项重大的战略决策。我们不能追求一步到位,而要对新的业务项目进行充分调研,做可行性研究,进而对现有业务重组,量力而行,逐步推进。所以,资金的投入可以是逐步的,而且每次不会太大。"说到这,彭飞叹了叹气,"尽管这样,我们还是属于逆市发展,就公司现有资源而言是个不小的考验。但如果现在不全力转型,等过了这段不景气期再转型,机会成本就会大很多了。"

会场上顿时一片寂静,人力资源部周经理看了看左右说:"我觉得彭经理说得对。我们必须平衡好短期利益和长期利益,不能因为短期利益而损害长期利益。为了公司的长远发展,一定要顶住压力,果断向'后市场'业务转型。"

"另外,我还想从人力资源的角度谈谈对这次业务转型的看法",周经理继续说道:"程经理也说了,'后市场'业务发展的关键在于掌握服务技术。然而,观察我们的维修保养和维修服务的效率可以发现,目前,我们公司这方面的专业技术人才很缺乏。要解决这个问题有两个办法,即对外招聘和内部培养,但对外招聘一则今年以来公司的人员流失率比较高,导致外界对公司有些不好的评价,对人才的吸引力有所降低;二则外聘专业人才成本很高,因为整个行业这方面的人才都缺乏;而内部培养需要较长的时间周期,人员保留率现在也是个问题。"

听到人才培养的问题,公司培训学校熊校长说道:"员工培训完后的留人问题的确值得关注。我们好不容易对新员工培训了几个月,然后让他们上岗。相对于投入的培训成本而言,在他们工作的一年之内本来就是亏本的。现在又碰上行业不景气,公司实施一些措施,结果很多刚刚掌握了技术的人离职,最终流入竞争对手的公司。这样看来,前期的培训都白搭了,我们的员工流失是相当的严重啊!现在要发展'后市场'业务,到哪儿去找技术人才?"

就这样,大家你一言我一语地争论着,不知不觉就到了午餐时间。邓秋实看了看手表,想了想说:"公司核心业务转向'后市场'的问题事关重大,不能仓促做出决定。大家回去再好好想想,我们后天再开个会,把这个事情定下来。"

5　餐桌上的聊天

吃完午饭,邓秋实回到办公室开始忙手头上一些比较急的工作。时间过得很快,又到了下午下班的时间。邓秋实起身准备去食堂吃晚饭,没想到刚出办公室,就看到孟雪、吴昕、马平从大会议室出来,也走向食堂。他们分别是市场部、人力资源部和二手机销售的主管,今天共同参与负责公司一个客户呼叫服务的项目,目的是提高公司客户服务的效率和水平。想到最近一大堆的问题,邓秋实想听听这些基层干部是怎么样想的。于是,就叫上他们三人一起聚餐。

餐桌上,纠结了好几天的邓秋实,简单询问了一下客户呼叫服务项目的进展情况,得知还可以后,便也不拐弯抹角了,直奔主题,开口问道:"相信你们的经理已经或多或少地和你们提到过'后市场'业务转型这个问题,你们觉得咱们公司要不要将业务重点移到'后市场'这块来?"

短暂的沉默后,马平开口说道:"邓总啊,和您讲实话,我觉得公司做'后市场'不好。就以我负责的二手机销售业务为例,虽然看起来有些盈利,那是因为在南昌市场做这个的同行不多。可换到其他地区,就难了。我们起步晚,这个水太深啊!"邓秋实听完他的话,为之一惊,心想,不对啊,前两天彭飞不是说二手机销售市场广阔吗?这是马平的能力问题,还是彭飞的想法太理想?

孟雪看着邓秋实变化的表情,轻声地说:"邓总,我倒认为二手机销售市场虽然风险不小,但我们公司代理销售的网点覆盖很广,还是有些机会的。只是工程机械行业的'后市场'业务在国内尚属于起步阶段,而现在又处于行业的困难时期,我认为现在不是公司涉足的最佳时间,咱们可以缓一缓再看。"

邓秋实听罢,喝了口汤,想了想,转而问人力资源部的吴昕:"吴昕,你怎么看?"吴昕思索了一会,满脸疑惑地说道:"邓总,如果要向'后市场'业务转型,那我有一个问题,比如目前销售人员的收入问题如何解决?本来行业不景气,销售人员的收入就不高。如果转向二手机、维修、设备租赁这些'后市场'业务,而销售人员对技术懂得不多,在这些方面更不熟悉,他们的收入将更低,也就更难留住。"

听到吴昕提出问题,马平也提出了自己的问题:"还有,如果想加强维修服务,公司就必须建自己的维修厂,可是技术人才从哪里来?现在同行们都是紧缩银根,努力回收债款,建维修厂的资金又从哪里来?"

6 尾　声

晚餐就这样在大家不断的提问和担心中进行。听完孟雪、吴昕、马平三人的话,邓秋实又回想起前几天会议上大家的争论,感觉任何一方都有很充分的理由。既要考虑公司主营业务的盈利前景,又要考虑公司的各种资源充裕程度,而市场机遇转瞬即逝,到底该如何抉择?选择战略如履薄冰,不敢有一丝一毫的懈怠。未来的路该怎样走,后天的会议又该做出什么决定?邓秋实一筹莫展。

【案例使用说明】

百瑞转型之惑

一、教学目的与用途

(1) 本案例主要适用于工商管理类课程的教学和培训,专门针对企业战略的识别和选择阶段学习相关理论知识,一般在课程中期或后期作为案例讨论使用。

(2) 本案例的教学目的在于通过描述工程机械经销商南昌百瑞的发展困境,揭示其业务转型的分歧与矛盾,引发读者对企业战略转型的策略选择的思考,深化读者对竞争环境分析、战略机会识别、战略选择策略等相关理论的认识,培养读者透过表象看本质的分析能力和从不同角度分析战略优劣的辩证思维,提高解决具体管理问题的能力。

二、启发思考题

(1) 通过阅读本案例,分析并归纳影响南昌百瑞业务转型的主要因素有哪些?

(2) 如果你是董事长,面对南昌百瑞当前局面,你将如何决策?
(3) 公司业务转型过程中可能会存在哪些问题?如何规避?

三、分析思路

教师可以根据自己的教学目的来灵活使用本案例。这里提出的本案例分析思路仅供参考。

(1) 运用"五力模型"从行业环境的角度来分析,在本案例中要重点把握供应商、终端用户、竞争对手、政府对公司业务转型的重要影响。

(2) 从战略选择类型的角度来分析。在百瑞成长初期阶段,公司主要是通过规模扩张,抢占市场,实施的是低成本战略;经历过金融危机后,南昌百瑞希望通过精细化管理和提升技术和服务能力实现差异化战略,形成在"后市场"中的核心竞争力,抢占有利市场地位。

(3) 运用SWOT方法分析,要提取案例的信息归纳百瑞战略转型的优势、劣势、机遇与挑战,分析百瑞战略转型的最佳时机和策略。

(4) 实施战略转型时,公司应该如何处理内部管理矛盾,凝聚共识,形成合力,加快发展。

四、理论依据及分析

(一) 三个最普遍的竞争战略

(1) 低成本战略。通过全面低成本、提供产品和服务来吸引大范围的顾客;
(2) 差异化战略。采用与竞争对手不同的产品和服务来吸引大范围的顾客;
(3) 集中差异化战略。关注于一个小的细分市场,以更适合这部分购买者的偏好和需求的产品来战胜竞争对手。

(二) 五力模型

五力模型将大量不同的因素汇集在一个简便的模型中,以此分析一个行业的基本竞争态势。五力模型确定了竞争的五种主要来源,即供应商的讨价还价能力、购买者的讨价还价能力、潜在进入者的威胁、替代品的威胁以及来自目前在同一行业的公司间的竞争。一个可行的战略应考虑不同力量的特性和重要性。

(三) SWOT分析方法

是一种对企业的外部环境和内部资源进行分析的战略分析方法,其目的是要找出企业自身的优势、劣势及外部的机遇与挑战。其中,S代表strength(优势),W代表weakness(弱势),O代表opportunity(机会),T代表threat(威胁),其中,S、W是内部因素,O、T是外部因素。按照企业竞争战略的完整概念,战略应是一个企业"能够做的"(即组织的强项和弱项)和"可能做的"(即环境的机会和威胁)之间的有机组合。

(四) 企业生命周期理论

生命周期分析是一种非常有用的工具,标准的生命周期分析认为,市场会经历发展、成长、成熟、衰退几个阶段。然而,真实的情况要微妙得多,给那些真正理解这一过程的企业提供了更多的机会,同时也更好地对未来可能发生的危机进行规避。因此,企业在成长过程中会经历具有不同特点和危机的若干发展阶段,这要求企业要在各个方面实施不断地变革与之相适应。

五、背景信息

中国已经成为全球最大的工程机械市场,2010年,中国工程机械市场的总产值已经超过4 000亿元,而根据工程机械工业协会预计,"十二五"期间,中国工程机械市场总产值将接近9 000亿元。因此,巨大的市场发展潜力也促使国内外企业纷纷加大对这一市场的投入力度,而市场渠道建设无疑是各工程机械企业重点抢夺的资源,经销商队伍的强大将直接对企业长远发展产生影响,因此,竞争日益激烈的中国市场也对经销商队伍提出了新的要求。尤其是在产品同质化严重的情况下,'后市场'业务竞争逐渐成为各企业竞争的焦点。

六、关键要点

(1) 企业在发展过程中,如何明确自身优势,明辨所处环境特点,协调好各种各样的驱动力和抑制力,以选择合适的竞争战略是关键点。

(2) 工程机械经销商发展到现今阶段,如何处理快速的规模扩张和企业内部管理水平的缺陷是本案例研讨的关键点,其他企业在成长阶段的矛盾也可纳入参考借鉴。

七、建议课堂计划

本案例可以作为专门的案例讨论课来进行。以下是按照时间进度提供的课堂计划建议,仅供参考。

整个案例课的课堂时间控制在80—90分钟。

课前计划:提出启发思考题,请参与者在课前完成阅读和初步思考。

课中计划:简要的课堂前言,明确主题。(2—5分钟)

分组讨论。(30分钟)

告知发言要求小组发言。(每组5分钟,控制在30分钟)

引导全班进一步讨论,并进行归纳总结。(15—20分钟)

课后计划:如有必要,请参与者给出更加具体的分析报告,包括具体的优劣势分析、决策建议等,为后续章节内容做好铺垫。

二、社交网络能给智联招聘带来生机吗①

【案例正文】

> **摘　要**：随着社交网络的蓬勃发展,社交网络招聘逐渐兴起。作为国内三大招聘网站巨头之一的智联招聘也面临着传统网络招聘模式难以突破同质性和客户流失的困境,开始尝试社交招聘模式,已经与千橡互动集团联合推出中国第一个智讯商务社交网络。
>
> **关键词**：社交网络招聘；商务社交网络；智联招聘

0 引　言

目前,全球人才最聚集的地方是一个叫 LinkedIn 的商务社交网络,创立于 2002 年年底,定位于人与人之间的商业关系网,2011 年成功上市。目前,LinkedIn 拥有 1.87 亿注册用户,月独立访问量高达 1.09 亿。在 LinkedIn 上市后,效仿其模式的国内职业社交网站如雨后春笋般地出现。

来自 KellyServices 的《全球雇员指数调研》显示,目前,80% 的中国工作者每天都在使用社交网络。全球首席劳动力解决方案专家 Kelly Services 与智联招聘联合发布的最新调研结果显示,社交媒体作为一种给予用户极大参与空间的新型在线媒体(如博客、维基、播客、论坛、社交网络、内容社区),目前正深深扎根于中国雇员的工作生活中,超过 75% 的中国员工在工作时使用社交媒体,其中,有 21% 的人是通过社交网络找工作。《华尔街日报》在 2012 年 6 月中旬的一篇报道中指出,LinkedIn 在中国的用户数已经突破 100 万。

2011 年 3 月 22 日,智联招聘与千橡互动集团联合推出的中国第一个智讯商务社交网络——经纬网正式上线,这是否标志着国内网络招聘公司开始向社交网络招聘模式转型呢?

---

①　(1)本案例由江西财经大学工商管理学院黄彬云、陈敦阳、曾阿斐和苏许峰根据公开信息资料编写而成。未经允许,本案例的所有部分都不能以任何方式与手段擅自复制或传播。(2)本案例委托江西财经大学工商管理学院案例中心授权学院全体教师使用。(3)本案例只供课堂讨论之用,并无意暗示或说明某种管理行为是否有效。

1 社交网络招聘时代来临

社交招聘通常是 BSNS(Business Social Networking Service)商务社交网的附属功能。社交网络招聘既包括在微博、人人等网站上传播招聘信息、进行雇主与求职者的互动，还包括以记录人际圈、人脉网络为主要功能的社交网站。以 LinkedIn 为例，它为人们记录商业交往中认识并信任的联系人，每个人的主页都是一张名片，工作机构、职位、同事关系随时更新。

"速度更快、目标更准、成本更低"地招聘到合适的人选，是所有企业选择招聘渠道时的决策基础。网络招聘的传统优势在于帮助招聘企业与求职者进行信息的精准匹配。但随着社交网络的普及，传统招聘网站的"匹配"功能正面临严峻的考验。传统网络招聘遵循单向沟通模式，据最新调查数据显示，目前求职者中 33% 的简历存在水分，45% 的求职者工作经历不真实。这给企业招聘带来的最直接影响便是简历筛选、面试甄别等成本的提高，不少招聘专员忙得焦头烂额。

相比传统网络招聘，职业社交平台提供的招聘解决方案的一大特点是招聘者与求职者的"良性互动"。社交网络的"互动"优势和基于关系网的深度数据挖掘能力，不仅让这种信息的匹配更为"精准"，而且候选人简历造假的动机不复存在。此外，良性互动更易于企业找到被动的求职者——那些适合企业的需求但并不急于找新工作的候选人。举例来说，一个被动的候选人可能会由于朋友的推荐，发现一个更适合自己特长发挥的企业与职位，从而离开原来的工作单位，但这类人才几乎不会登录传统人才网站更新简历。因此，通过社交网络就会接触到这些被动候选人，招聘专员不但可以解决招聘效果不佳等问题，更可借此提升公司员工的整体质量。

事实上，传统人才招聘网站也试图在招聘双方的互动上寻找突破口。然而，由于传统招聘网站始终无法解决盈利模式单一、同质化严重等问题，因而逐渐陷入一场"烧钱赚流量"的恶性循环。社交网络的出现，是对企业内部招聘的一个全新"升级"：社交网络是将线下的社会信息(人际关系等)逐步移至线上，专业网络使人们能够很容易地维持这些现有关系并建立新的关系。当企业在社交网络上发布招聘职位后，会在专属圈组快速、广泛地精准传播，注册会员可以将自己身边熟悉、了解的朋友推荐应聘。这种方式范围更广、传递更精准、传播速度更快。社交网络发挥了人脉的力量。当人们的人脉关系迁移到网络上时，这些人脉资源便成为企业招聘管理人员最急需的候选人资源。社交网络上聚合在一起的人，要么具有相同的专业或行业背景，要么具有相同的爱好或特长，一条招聘信息在某个圈组内发布后，点状式发散，很快就会被一批目标人群获取，精准性显著提高。

美国的 Jobvite 公司是一家主要通过社交网络招聘人才并帮助企业完善内部推荐制度的企业。该公司的第三次年度社交网络调查报告显示：在 600 名接受调查的 HR 中，有 70% 已经开始利用社交网络进行招聘活动。将近 60% 的受调查者表示他们已经有了通过社交网络的成功招聘经验，成功率较高的最受欢迎的社区有 LinkedIn(89%)、

Facebook(近28%)和Twitter(14%)。而针对企业的调查结果显示,2012年92%的企业使用社交网站进行人才招聘,49%的企业认为使用社交网络招聘渠道后提升了招聘效率,55%的企业将增加社交招聘预算。

有资料显示,全球职业社交巨头 LinKedIn2012 年第二季度营收比上年同期的1.21亿美元增长89%,达到2.282亿美元,超过分析师预期的2.165亿美元。而传统网络招聘巨头 Monster 第二季度的营收为2.37亿美元,较上年同期下滑12.2%,净利润为500万美元,较上年同期下滑54.5%。新旧两大招聘巨头一上一下的财务数据,再次印证了社交网络招聘正以全新的模式扫荡网络招聘市场的态势。

艾瑞数据显示,2012年上半年,国内三大招聘网站前程无忧、智联招聘、中华英才网均呈现逐月下滑趋势,其覆盖人数的流失,预示着求职者对网络招聘的看淡。自2011年起,招聘网站用户访问次数首次出现下降趋势,而导致其对求职者吸引力下降的原因是网络招聘市场同质化现象较为严重和缺乏创新。那么,三大招聘网站流失的用户去了哪里呢?

2011年5月发布的《中国社交招聘2012调研报告》显示,177家受调查的国内企业中,2011年有56.6%的企业拥有公司名义的社交网络账号,而这一比例在2012年则上升到了82.1%。调查还显示,目前已有62.2%的企业使用公司社交网络账号进行人才招聘,其中,71.7%的公司曾成功通过社交网络招到所需人才,微博是企业做社交招聘的最常用媒介。传统招聘网站的注册用户不到1亿,而中国社交网络已经很成熟,活跃用户达到3亿以上。其中,优士网的定位是"邀请制的私密商务社交平台",只有得到100个CEO级别创始会员或者与他们有关系的人的邀请才能加入,借此与大众化社区分隔开。若邻网走大众化BSNS的路线。人人网积极抢占年轻人市场。

职场社交网站的理论基础是其背后爆发式增长的用户群。据不完全统计,截至2012年11月底,国内职业社交网站用户规模已突破7 000万,且这一数据还在继续增加,估计在未来的3个月内,该数字将达到1个亿。天际网、大街网、若邻网等进入较早的企业,用户规模已经突破1 000万,而后起的优士网、宾至网、人和网等也突破了100万。国内社交招聘网站优士网CEO卢汉森说:"90%的CEO表示,在中国中高端人才的招聘存在一定难度,社交网站招聘服务从一定意义上解决了这个难点。"

2　智联进军社交网络招聘

智联招聘是国内最早、最专业的人力资源服务商之一,成立于1997年,前身是1994年创建的猎头公司智联(Alliance)公司。智联招聘总部位于北京,在全国共有18家分公司,业务遍及全国50多个城市,拥有由1 100余名高素质、专业化的人才组成的人力资源服务团队。从创建以来,已经为超过190万家客户提供了专业人力资源服务。智联招聘面向大型公司和快速发展的中小企业,主要产品与服务有网络招聘、报纸招聘、猎头服务、校园招聘、企业培训、人才测评、智联社区、VIP招聘等,其中,提供一站式的人力资源解决方案是最核心的产品与服务。总部和各分公司共同运营智联招聘网开展人才中介服务。智联招聘在中国首创了人力资源高端杂志《首席人才官》,使用由政府颁发的人才服务许可证和劳务派遣许可证的专业服务机构。

智联招聘的愿景是成为中国最专业的人力资源服务机构,旨在通过创新不断满足客户需求并保持公司持续发展及收益增长、通过团结协作,超越樊篱,取得客户、企业和员工的共同成功,成为卓越的公司,要求员工敬业乐业,认为敬业才会有事业,乐业才有会快乐的生活。智联招聘的战略目标是:"集多种媒体战略优势,提供专业的人力资源服务",所推崇的文化看重诚实正直、积极进取、追求卓越、尊重个人、客户至上和利润分享。

智联招聘采取的是主流招聘网站的盈利模式,对企业单向收费。从中国网络招聘市场份额来看,智联招聘仍位居第二,占24.7%,前程无忧和中华英才网分别占27.7%和15.6%。在国内招聘网站三巨头里,只有前程无忧维持盈利状态。智联招聘与中华英才网都长期处于亏损。虽然智联招聘在网络招聘方面做得风生水起,但是截止到2009年,智联招聘已连续亏损3年。2010年2月,智联招聘的最大股东澳大利亚SEEK公司发布财报,其中,智联招聘2009年下半年的营业收入是1.79亿元,尚不及前程无忧的一半。直到2010年,智联招聘业绩整体收入成长近80%,首次实现盈亏平衡。截至2011年1月,智联招聘网平均日浏览量6 800万,日均在线职位数255万以上,简历库拥有近3 800余万份简历,每日增长超过30 000封新简历。个人用户可以随时登录增加、修改、删除、休眠其个人简历,以保证简历库的时效性。

2011年3月22日,智联招聘与千橡互动集团联合推出的中国第一个智讯商务社交网络经纬网正式上线。与传统商务社交网站不同的是,经纬网将商务社交网络与高质量的、基于社会化搜索引擎的问答模式相融合,创造高效率、高隐私和高质量资讯内容的社交网络,最终实现信任和智讯分享。

作为一个实名制商务社交网站,经纬网的目标用户群体是年龄在25岁至45岁的职业人士、白领、资深业界精英。通过实现四个层面的价值,使每一个职业人的沟通联系变得更富成效。用户可以建立个人资料档案,不仅展现自己的卓越,更重要的是,可以邀请同事或商业伙伴对你的经历给予评判,并通过在经纬网上建立的商务关系来传递信任。在经纬网,用户可以邀请自己的商务关系人加入,获得个人的在线动态联络中心——所有重要关系的变化,包括他们的职业变化和通联方式都能在第一时间掌握。经纬将为用户维护终生有效的通讯簿。与此同时,可以寻找相关行业、特定公司、对应职别的联系人,迅速放大你的人脉网络。在每一条资讯分享和每一项档案信息之上,经纬网都为用户提供详尽的隐私管理选项,确保只有适当信任度的关系人可以看到适当的信息。中国人的关系之道是以"智"会友。在经纬网的关系网络之内,从即时的资讯分享到志趣相投的群组讨论,再到社会化的知识问答,用户可以找到自己信任的专业人士所提供的智慧分享。

3 思 考

目前,互联网进入社交网络时代,企业的人才招聘也面临许多新变化,包括雇主竞争多元化、招聘渠道碎片化等,给招聘经理们带来了巨大的挑战。如何高效地整合招聘渠道,从而提高人才获取的效率以及招聘效率,是 HR 在社交网络时代必须学会的本领。把社交网络导入到企业的招聘战略中,除了能够让 HR 更好地与应聘者沟通,找到合适的候选人以外,还意味着 HR 可以将公司的信息以最佳的方式传达给候选者。社交网络招聘最吸引人的地方是候选人的质量有保证,而且还节省招聘成本。有报告显示,人力资源市场中 80% 以上的人群为被动求职者,他们是企业们的挖掘对象。在有人予以肯定的同时也有人表示,主动求职者一般首先会选择主流的网络招聘网站,社交网络用户更多的是潜在求职者,社交网站更多的是关注用户彼此之间的关系网,而不是提供职位信息,同时,社交网络的隐私保护也会降低用户求职行为的效率。

【案例使用说明】

社交网络能给智联招聘带来生机吗?

一、教学目的与用途

适用于学习《人力资源管理》课程的学生,要求掌握网络招聘(尤其是社交网络招聘)的特点。

二、启发思考题

(1) 社交网络招聘真的能给智联招聘带来新的商机吗?
(2) 面对社交网络招聘这种全新的招聘渠道与方式,企业应当怎样加以利用以便提高招聘效率?

三、分析思路

社交网络招聘的生存基础——智联招聘的发展方向与困境——社交网络招聘能否成为智联招聘新的增长点——社交网络招聘体系探索(如何克服社交网络招聘的缺点)。

四、理论依据与分析

招聘渠道是招聘的先决资源。选择招聘渠道应该考虑目的性、经济性、可行性和时效性。对国内招聘网站而言,只有塑造自身的竞争优势才能获得长久的发展。好的招聘渠道能提高招聘网站的服务质量,促进求职人员和用人单位的匹配。

三、欧莱雅的校园招聘[①]

【案例正文】

> **摘　要**：为适应公司的组织文化和可持续发展目标，欧莱雅集团提出了"提前开发人力资源"的人才建设战略，校园招聘是其中关键的组成部分。欧莱雅最具代表性的校园招聘策略有校园市场策划大赛、欧莱雅工业大赛、全球在线商业策略竞赛和创新实验室。通过这些比赛吸引全球各类年轻人才，欧莱雅既招募到优秀的人才，又建立了丰富的人才资源库。
>
> **关键词**：校园招聘；创新；企业家；欧莱雅

"我希望毕业之后能够成为欧莱雅舰队中的一名船长。"上海交通大学的报告厅里，一名女生自信地站起来，用流利的英语说道。

这是 2004 年秋天发生的一幕，欧莱雅集团一年一度的校园招聘交流正在进行。室内，能容纳几百人的报告厅座无虚席，过道、入口两边，甚至窗台上都站满了慕"全球第一大化妆品公司"之名而来的年轻学子。为了找出优秀的人才，欧莱雅从 2000 年开始，把集团策划设计的招聘工具——校园企划大赛和全球在线商业策略竞赛先后引入中国，包括全球副总裁、全球战略招聘总监、中国区总裁、中国区人力总监等高层在内的诸多重量级人物都亲自参与校园交流活动，足以显示欧莱雅对大学校园这一"人才苗圃"的重视程度。

欧莱雅中国总裁盖保罗把校园招聘看作欧莱雅人才库的基石，他说："从战略角度来看，作为一家有潜力并有雄心在中国市场长期发展的跨国公司，拥有一批同样有潜力并有雄心的年轻人非常重要。"

1　公司发展及现状

欧莱雅是知名度最高、历史最为悠久的大众化妆品品牌之一，主要生产染发、护发、彩妆及护肤产品，它的出众品质一直倍受全球爱美女性的青睐。欧莱雅成立于 1907

[①]　(1) 本案例由江西财经大学工商管理学院黄彬云、刘智博、汤雨昕和曾越君根据公开信息资料编写而成。未经允许，本案例的所有部分都不能以任何方式与手段擅自复制或传播。(2) 本案例委托江西财经大学工商管理学院案例中心授权学院全体教师使用。(3) 本案例只供课堂讨论之用，并无意暗示或说明某种管理行为是否有效。

年,是财富500强之一,是世界第一大化妆品公司,在全球共有42家工厂及100多个代理商,旗下拥有美宝莲、卡尼尔、兰蔻、赫莲娜、碧欧泉、薇姿和理肤泉等27个国际品牌,产品包括护肤防晒、护发染发、彩妆、香水、卫浴、药房专销化妆品和皮肤科疾病辅疗护肤品等,全球员工约6.9万名,营销网络遍布130个国家和地区。

2012年,欧莱雅集团全球销售额达224.63亿欧元(约合301亿美元),比前一年增长10.4%;净利润为28.7亿欧元(约合38.5亿美元),比前一年增长17.6%;利润率增长0.3个百分点至16.5%;净现金流增长26.4%,达25.8亿欧元,实现利润与现金流的强劲双增长。2012年,欧莱雅在西欧市场销售额增长2.1%,在北美市场增长18.3%,在新兴市场(包括亚太、拉美、东欧、中东和非洲市场)增长13.6%,其中,亚太市场销售增幅达18.4%。高端产品销售额同比增长16%,专业产品销售额增长6.7%,大众品牌产品销售增长8.9%。欧莱雅集团全球首席执行官让·保罗·安巩说,2012年标志着集团国际化战略进入一个重要历史阶段,新兴市场已超越西欧和北美市场,成为集团全球最大市场。

如今,已经过了百岁华诞的欧莱雅集团尽管并不是全球最赚钱或者是最大规模的公司,但是,在过去一个世纪以来,凭借强有力的科研实力,产品不断创新,对质量精益求精,欧莱雅令人吃惊地在行业中创纪录地长期占据领导地位。虽然年景有好有坏,但欧莱雅稳定的表现一直是其他公司理想的目标,其管理理念和做法一直是其他公司效仿的对象。

从创始至今的一个世纪,欧莱雅集团只有过五位首席执行官。对一个大型的国际化公司来说,正是这种稳定的领导力让集团保持目标和信心,在变化莫测的市场中拥有了竞争的利器。

在创始人欧仁·舒莱乐掌管公司的时代(1909—1957年),欧莱雅建立了化妆品产业,并且为这家公司建立了管理人才的核心思想,即是说服而并不是下命令。20世纪50年代,欧莱雅强调创新,CEO佛朗索瓦·达勒(1957—1984年)鼓励所有人才在各个层面之间合作和对话。在查尔斯·兹维亚克执掌欧莱雅期间(1984—1988年),确立了研究实验室的组织设计原则,以质量和产品的效果评估研发人才成为重要的评估手段。在此后将近20年的时间里,欧文中爵士(1988—2006年)采纳了诸多理念,如国际化、校园招聘、领导力培养、人才多样性,并进而使它们成了全球管理文化的一部分。自2006年就任欧莱雅全球CEO至今,让·保罗·安巩就不遗余力地推动以强大的人力资源和可持续性的成功商业模式作为基础的管理策略,建立知识型领导层。事实上,能够在100年里维护这一传统,本身就是非凡之举。

在欧莱雅,公司有更迫切的理由重视培养领导力:年轻的员工偏爱使自己不断进步的工作。"多样性和灵活性,并且针对每位员工设计的职业发展模式,是欧莱雅领导力培养的重要模式。"欧莱雅中国人力资源副总裁乐雅说。

几十年来,欧莱雅的"管理培训生计划"闻名于全球商界,公司还让极富潜力的员工尽早在重要岗位上经受锻炼,并被派到公司各地的领导人培养中心。通过源源不断地吸引最优秀的毕业生并精心培养,欧莱雅的业绩不断攀升。反过来,持续增长的公司又吸引更多的最优人才。凭借这一良性的、自我强化的循环过程,公司年复一年地逐渐强大。

2　公司的人才建设战略

作为与时尚息息相关的化妆品公司，创新文化融入了其中的每一个环节。欧莱雅"注重创造性和专业精神"的人才理念可谓由来已久。不管是产品研发还是市场销售，丰富的想象力和创造力都是必备的素质。而在竞争激烈的业内，针对市场的反应快慢常常是成败的关键。因此，员工不但需要适应快速变化的灵活性，还要具备付诸行动的勤奋和责任心。

欧莱雅中国人力资源总裁戴青认为，缺乏"创新"和"执行"的人在欧莱雅是无法生存的："比如，我曾经面试过一位应聘总监级职位的经理人，他在这个行业里已经很多年，在原先那家公司也已经做到很高的位置。但我和他交流后的感觉是，他的很多描述都是过往经验的重复，并没有属于自己的想法和创造力；而且长期处在领导的地位，使他对很多执行细节都很淡漠，也缺乏兴趣去了解。"

欧莱雅的员工还需要一种独立的"企业家"精神，能够以对待自己生意的态度去投入工作。因为，与同行业中一些组织严格的公司不同，欧莱雅的管理机制很有弹性，并不约束员工按部就班地完成任务，而是在组织中给他们留有充分的空间，每个人都有发挥的余地。有些时候，个人的力量甚至比组织更加重要，这需要员工具备很强的方向感，不仅能独立决策，并且可以自我驱动。"未来企业家"是欧莱雅自创始以来恒定的员工培养目标。欧莱雅集团总裁欧文中先生曾经说过，欧莱雅衡量人才的标准是：他们不仅要有大胆的创新精神与想象力，还要具备将梦想付诸实践的脚踏实地的创业精神，也就是"诗人与农民"的完美结合。欧莱雅能够从一个小型家庭企业跃居世界化妆品行业的领头羊，这种独特的用人理念居功非浅。

"在欧莱雅，每一个员工都应该成为各自岗位上的企业家。"在盖保罗的心目中，不仅仅是销售部和市场部，即使是通常被认为是支持部门的人力资源部或财务部的员工也应如此。例如，一位财务人员除了要做好账目的统计，还要主动去了解来龙去脉，想想如何开源节流；生产线上的员工也不只是坐在那里生产产品，而要思考为什么要生产这些，之后会销往哪里，在市场上的销量会怎样等。"企业家精神意味着以更为负责的方式去工作，并且自我激励为将来的发展做准备。对工作主动、好奇、充满热情，才是欧莱雅喜欢的人。"

欧莱雅提出了"提前进行人力资源开发"的思路。集团深知各类优秀人才是企业发展与壮大的原动力，创造与人才接触的机会才是人力资源发展的第一步。欧莱雅对人才的尊重不仅体现在重视从招募到职业培训的各个环节，力求将公司文化与员工的个性特长结合起来，为员工提供国际化的职业发展空间，还表现为目光长远的人才储备政策。欧莱雅首先想到的是大学，因为大学是欧莱雅未来人才的基地。"提前进行人力资源开发"的第一步就是，要让大学生们在大二、大三的时候就开始了解欧莱雅，了解欧莱雅的企业文化、价值观、市场策略，了解欧莱雅的产品和管理。欧莱雅希望这些大学生在将来入职的那一刻就能起飞。加快他们迈向成功的步伐，也可减少企业后期培训的投入。欧莱雅认为,这样的人力资源开发是相对稳定的。欧莱雅一贯坚持与名校合作,如在复旦大学、上海交通大学、中山大学、北京大学等地举办校园企划大赛和欧莱雅全球在线商业策略游戏,赞助中欧工商管理学院,为来自中欧工商管理学院、复旦大学、上海外国语大学等许多高校的学生提供到公司实习的机会。

3 公司的校园招聘

校园招聘是欧莱雅人才建设战略的关键组成部分。欧莱雅的招聘团队每年都要走访几百所大学校园。欧莱雅创新了自己的校园招聘计划,把纯粹单向的招聘变为大学生与企业双向互动的校园大赛,让大学生不论结果成败,皆能在参与中提升自己。欧莱雅认为,有认同感的员工加入才会是长久的合作。欧莱雅的许多高层经理人在面试中都非常坚持这一点,也在不断完善评估技巧。在创造性招聘方式的运用上,强调不限专业、不设笔试、面试中不涉及行业专业知识,而更关注求职者的个性特点。从其招聘方式中,我们不难发现欧莱雅具有针对性的招聘渠道,并且打破了传统,力求多方面考察应聘者。因此,公司从选人初始就奠定了之后的成功,也正是由于员工的优秀,才使欧莱雅在复杂的经济环境下依旧傲视群雄。

这种具有针对性、创造性的招聘模式启示我们,企业的招聘管理工作要注重积极开辟吸引人才的渠道,开发选拔人才的方法,逐渐树立雇主品牌。只有这样,才可能针对不同候选人权变地设计招聘策略,有针对性地评定企业所需的素质,为未来的员工团队建设奠定人才基础。

为吸引世界各地的优秀学生,欧莱雅专门设计了多项极富创造性的招聘策略,其中,主要有针对不同类别人才的比赛如校园市场策划大赛、欧莱雅工业大赛、全球在线商业策略竞赛和创新实验室。

3.1 校园市场策划大赛

欧莱雅开始将校园竞赛作为战略招聘的一种方式始于1993年创办的欧莱雅校园企划大赛。1997年,它已经发展成为一项全球性的赛事。目前,这项赛事已经吸引全球270所大学的31 000多名学生参加。这项比赛的主要参赛对象是经济和商业类的高年级本科生。比赛规则要求由三个学生组成一个团队,在一位营销学教授的指导下,通过与传播或设计公司合作,为某一品牌的未来发展设计营销策略。他们可以像品牌经理一样,体验从营销策略、产品组合到包装和传播策略的全过程。

在比赛过程中,选手们有很多机会与欧莱雅公司的招聘经理和品牌经理接触。在选手们体会真实的品牌管理和营销管理经历的同时,招聘经理和品牌经理也能发现和招募具有创造力的品牌经理人选。这种比赛受到了许多学生的欢迎,对他们来说,这不仅是一次很好的学习和演练机会,而且对将来的职业生涯也颇有帮助。

事实上,校园市场策划大赛已成为校园精英进入欧莱雅集团的重要途径之一。实践证明，这种形式的人才选拔卓有成效。自 2000 年以来，欧莱雅全球 22% 的管理培训生来自校园市场策划大赛的参赛者，这个比例在中国更是达到了近 30%。2010 年全新推出的欧莱雅在线职业之旅更突破了校园赛事的传统模式，为学生提供了一个在线的交互式平台，为他们提供三维评估以及个人情况洞察。这一系列赛事为学生提供了逼真而宝贵的商业经历和实践机会，为其就业和今后的职业发展做了很好的铺垫。在招聘人才之前，通过创新型赛事发现人才、培养人才，用人先育人，欧莱雅在人才管理上强调可持续发展。

3.2 工业大赛

欧莱雅校园市场策划大赛这种招聘方式在高校中取得了非常好的影响，同时，欧莱雅需要更有针对性地招募工业英才，于是，欧莱雅从 2001 年开始在中国的几所高校推出了欧莱雅工业大赛，比赛对象则面向对工业充满激情的理工科高年级本科生。2005 年，欧莱雅工业大赛进一步升级，推广到中国和法国两个国家最好的理工科大学，中国区的 8 支参赛队伍来自清华大学和浙江大学。2006 年起，这项比赛已经推广到 18 个国家，成为一项工程与科学领域的全球性赛事。

欧莱雅工业大赛为参赛学生提供了一个将所学的理论知识付诸实践的宝贵机会，并使他们在此过程中展现自己的创造力和想象力，获得国际工业工程水平的实际体验，选手们犹如欧莱雅集团的 2 500 名工程师一样，要面对和战胜工作中遇到的各种问题和挑战。比赛规则也是要求由三位学生组成一个团队，欧莱雅的一名专业经理将担任"教练"，围绕设计主题进行取材、论证、规划、预算直到形成完整的实施方案。初赛决出的 11 支队伍（代表了 11 个不同的国家和地区）利用三天时间实地参观和了解各自国家和地区的欧莱雅工厂，探索工厂的运营方式，并拟定一份能源效率诊断报告。经过这一段时间的深入了解之后，一名欧莱雅运营经理将帮助学生实践其想法，为最终的全球总决赛做好准备。这项比赛不仅要求参赛者有扎实过硬的专业知识，还要有对化妆品行业美的特殊灵感，不可缺少的团队沟通协作精神以及长远的对整个社会的可持续发展的深刻理解。

除了自身具备的教育价值外，欧莱雅工业大赛还是一个极富创新意义的招聘平台，可推动欧莱雅与全球最知名的大学和工科学校结成重要的合作伙伴关系。自 2005 年以来，已有 60 多名参加过欧莱雅工业大赛的学生最终加盟欧莱雅。

欧莱雅人力资源部执行副总裁司天利指出："欧莱雅工业大赛可以让才华横溢的年轻人更深入地了解到公司可以提供的专业工程发展机会。对他们而言，这也是一个难得的机会，可以通过在欧莱雅工厂为期三天的实地体验，对行业现状有一个更充分的了解。此外，这个大赛也让我们结识了众多具备强大发展潜力的工科学生。"

欧莱雅的工业总监刘云鹊表示，这个大赛的宗旨是"用最富创意的方法寻求最优秀的年轻工业人才"，打破长期以来工业过于枯燥的传统观念，让学习工业的年轻大学生将所学的工业理论知识运用到实际的现实中，并充分发挥他们的企业家精神、想象力及创造力，让工业有趣起来。

在 2007 年的中国区比赛中,8 支参赛队伍要求设计一个年产能为上亿件的化妆品工厂。结果这 8 支队伍在考虑布局、流程及安全、卫生和环保等要素方面不分伯仲,获胜的小组更胜一筹的地方更多地在于对美的敏感,他们认为传统的那种四四方方的厂房也能具备种种功能,但一个现代化的工厂不仅仅是功能性的,它在形状上也应该具有美感,像一个艺术品,那会激发工作人员更多的创意,带给他们温暖和自豪的感觉。

3.3 全球在线商业策略竞赛

欧莱雅全球在线商业策略竞赛始于 2001 年,曾经荣获"欧洲最佳商业游戏奖",是世界上唯一面向全球大学生的商业策略竞赛,也是全球规模最大的在线商业策略竞赛。整个比赛由一个精心设计的软件来模拟新经济环境下国际化妆品市场的现状,结合商业竞争的各种要素让每个参赛团队在网上运行一个虚拟的化妆品公司,他们的竞争对手是由电脑经营的另外四家虚拟的化妆品公司,经营的业绩用股票价格指数来衡量,最后以公司股票价格的高低来排定名次。

整个比赛共分为三个阶段。在第一阶段的五轮网络比赛中,每一轮相当于半个财年。比赛伊始,参赛者将拿到关于公司和市场情况的一系列数据,包括市场份额、财政状况、产品配方和竞争对手的有关数据等。参赛者将根据这些数据来制定本公司的研发、生产、市场和销售等商业策略;第一季度结束后,股票价格最高的 300 支队伍将进入第二个阶段的半决赛,这些队伍将递交一份完整的商业计划书并参加第六轮的网上比赛,两项成绩合计产生各区的 MBA 组和本科组的冠军队伍;在第三阶段的全球总决赛中,这些冠军队伍将聚首巴黎,向由欧莱雅公司高层领导和管理专家组成的评审团推销自己的虚拟公司,以此角逐全球总冠军。

根据欧莱雅中国人力资源总监戴青的观点,这三个阶段分别检测参赛者三个不同方面的能力。第一阶段的在线比赛部分主要考察参赛者的团队精神及时间管理、数字推理和解决具体问题的能力;第二阶段的商业计划书则主要检验选手们系统性的战略思考能力、书面沟通能力及简洁有效的论证能力;而最后的总决赛则是对参赛者口头表达力、全面把握一个行业的能力及说服力的考验。

这项比赛极具创造性和实战性,也为世界各地的学生搭建了互相交流和比较的良好平台,吸引了包括哈佛、沃顿、西北大学和法国 INSEAD 学院等世界顶尖商学院学生的积极参与,至今在全球范围内已经有 128 个国家和地区的 2 200 多个学校的 20 多万名学生参加了这项比赛。目前,该竞赛活动已荣获由欧洲管理发展基金会授予的"以技术促学习"的资质认证,被认为是一项高质量的管理教学工具。世界各地很多商学院直接把这项比赛用于课堂教学,作为商业和管理教学的一部分。同时,这项比赛已经成为国际公认的最有创意的招聘工具,为跨国公司的招聘模式率先示范。

3.4 欧莱雅创新实验室

欧莱雅创新实验室是一项实验性的研发创新类比赛,于 2008 年创始于法国,2009

年将比赛范围扩大至中国和美国。这项创新类竞赛有助于那些有兴趣从事研发工作的学生获得与全球化妆品行业研发人员共事的宝贵经验。例如,2009年大赛的主题关注男性护肤领域。在欧莱雅的实验室,参赛学生将体验研发人员的角色,探索未来男性护肤的趋势。对参赛学生来说,这是一个与欧莱雅研发人员交换创意的宝贵机会;对欧莱雅而言,也是一个招募贤才的重要手段。

欧莱雅认为,在比赛中取得好成绩的人在面试的时候会有一定的优势,但并不意味着他们就一定适合这份工作,毕竟,比赛和实际工作有一定的差距。当然,欧莱雅通过比赛招募的人也不局限于在当年竞赛中表现出色的学生。欧莱雅人力资源部保留了所有曾经参加竞赛学生的资料,一旦有人来欧莱雅应聘,公司发现他曾经在往年的比赛中有出色表现,这对公司与人才的沟通来说显然是一个好的开始。

通过以上几种形式的比赛,欧莱雅建立了一个丰富的人才资源库,以保证欧莱雅能持续地招募到全球的优秀人才。

4 尾 声

校园招聘的应届毕业生进入欧莱雅之后,多数以管理培训生的身份出现在各个部门最基础的岗位上,经过六个月到一年的轮岗培训后,再重新分配工作。其实,这只不过是欧莱雅招聘策略的一个缩影,员工年轻化在欧莱雅已经是一种越来越鲜明的趋势。据说,现在很大比例的新入职员工都是工作经验在两年以下的新人。例如,中国上海地区的近600名员工当中,平均年龄只有三十岁左右,而在全公司中,50%的品牌总经理不满40岁,近一半甚至是不满35岁的后起之秀。盖保罗所看重的年轻,很大程度上意味着潜能。他认为,"在选拔时,不仅关注是否胜任目前的工作,还要考察是否有发展潜力担当更重的责任,因此,对专业背景比较淡化,而更看重基本素质,如善于分析、思考、创新、沟通,有前瞻性等。同时,年轻人对事业的激情,对时尚的敏感,都是我们关注的部分。"

出于对长远发展战略的配合,每年欧莱雅在确定招聘规模时,除了一些与其他消费品公司差不多的流程,如年末每个事业部根据第二年的业务预算和人员需求,做出初步的人数计划汇总之外,人力资源部还要根据每个品牌做调查,统计人员结构,并以分析报表的形式向相关负责人提出各种人才储备的建议。欧莱雅的要求是,所有重要品牌的重要岗位上必须有管理培训生,而且每年都要有。

【案例使用说明】

欧莱雅的校园招聘

一、教学目的与用途

适用于学习《人力资源管理》课程的学生,要求掌握企业招聘活动如何有利于企业获取适应发展战略的员工。

二、启发思考题

（1）什么是校园招聘？为什么欧莱雅公司如此青睐校园招聘？欧莱雅的校园招聘有何优缺点？

（2）你是否支持欧莱雅将校园招聘作为人才建设战略的关键组成部分？请说明理由。

（3）欧莱雅投入大量精力进行校园招聘，有什么潜在的问题需要注意？这种方法对不同行业、不同规模的公司是否都适用？请说明你的理由。

（4）试结合人力资源管理中招聘与甄选的相关知识，参考欧莱雅校园招聘案例，为你所感兴趣的一家公司，具体针对1—2个职位设计一套招聘方案，并说明设计的理由及应注意的问题。

三、分析思路

欧莱雅需要什么样的人才——校园招聘这种外部招聘方式是否能吸引到这样的人才——校园招聘的各项活动怎样帮助欧莱雅筛选人才。

四、理论依据与分析

招聘计划的五个目标是实现成本效率、吸引高素质人才、有助于员工保留、有助于企业遵守非歧视法律、有助于企业建设文化多样的员工队伍。

校园招聘适用于专门领域的岗位，但成本较高且耗时。

欧莱雅是推崇创新的企业，有效的招聘有助于招到高素质的人才，提高员工生产率，降低培训成本。

四、大连埃博公司对销售人员的激励有效吗?[1]

【案例正文】

> **摘 要**：作为企业销售活动的主体,销售人员的行为直接关系到企业在竞争中的成败。对一个销售人员占公司总人数89%以上、近于全员销售的公司来说,销售人员的激励问题更为重要。为此,企业必须最大限度地激励销售人员,充分发挥其积极性,挖掘其内在潜力,以提高公司收益。
>
> 大连埃博控制系统有限公司是一家以销售人员为主的公司,销售人员的行为直接关系到企业在竞争中的成败,因此,对销售人员的激励就尤为重要。大连埃博控制系统有限公司现行的对销售人员的激励机制完全采用的是薪酬激励,销售人员的薪酬采用的是底薪+佣金的制度,虽然每个销售人员的年度销售任务都能按时完成,但销售人员的工作积极性并不很高。
>
> 因此,为了使销售人员对工作的主动性、积极性和创造性得到最大限度地发挥,公司总经理张帆提出重新设计适合本公司销售人员的激励方案。
>
> **关键词**：大连埃博控制系统有限公司;销售人员;激励方案

2010年5月的一天,在大连埃博控制系统有限公司总经理张帆的办公室内,总经理张帆和销售经理李达明面前放着第一季度的销售报表,从表中可以看出,业务员基本都能完成任务,如岳明、黄力和王向在第一季度签订的合同分别为42万、22万和37万元,但却不令人满意。面对这种情况,张帆和李达明正在讨论问题出在哪里。

1 大连埃博控制系统有限公司

大连埃博控制系统有限公司成立于2003年,坐落在风景优美的大连市沙河口区,公司秉承"致力于应用新技术创造新价值"的使命,紧密追踪和学习掌握世界先进信息

---

[1] (1)本案例由江西财经大学工商管理学院陈小锋根据公开资料改编撰写而成。未经允许,本案例的所有部分都不能以任何方式与手段擅自复制或传播。(2)本案例委托江西财经大学工商管理学院案例中心授权学院全体教师使用。(3)本案例只供课堂讨论之用,并无意暗示或说明某种管理行为是否有效。

技术的发展动向和最新技术成果,主要经营行业内知名品牌的仪器与仪表,是从事自动化控制系统、控制阀及其成套设备的专业性公司,该公司是国际优秀产品如德国力士乐、美国 MICRO MOTION 等品牌的中国东北区商务事业处,同时也是国内众多知名品牌的东北区代理商,主要商品有从美国、德国原装进口的测量仪表、控制仪表、传感器、自动化模块、测试仪器和分析仪器等,产品广泛地应用于石油、化工机械、电力、冶金、建材、环保、气象、军工等行业。埃博凭借电气自动化领域的专业经验给蓬勃发展的工业企业自动化提供咨询、设计、生产、安装、调试等全方位的技术支持,并提供卓有成效的用户培训,以帮助企业改进产品质量,提高生产效率,保障安全生产。到目前为止,公司在东北区已经建立了通畅便捷的客户沟通渠道和现代电子商务运营模式,不论在售前、售中还是售后上都为广大客户提供迅速、经济、周到的服务。

1.1 大连埃博控制系统有限公司的组织结构

目前,公司现有员工共 8 人,其中总经理一名,销售助理工程师一名,会计出纳一名,销售经理及部属共 5 名。因为公司人员比较少,为了能增强管理效率,大连埃博控制系统有限公司采用直线式领导,即公司不设立任何职能部门,全公司其他 7 名员工都直接对总经理负责,其组织结构如图 1 所示。

图 1　大连埃博控制系统有限公司组织结构

从目前来看,公司虽然只设立了 5 名专职销售经理,但是,在大连埃博控制系统有限公司,除了会计出纳不参与销售活动外,总经理和销售助理都是参与销售的,因此,在某种意义上来说,该公司的销售人员人数为 7 人,占到公司员工总人数的 89%,基本属于一个全员销售型公司。

1.2 大连埃博控制系统有限公司销售人员的工作特点

(1) 独立工作,灵活性高。对于大连埃博控制系统有限公司的销售人员来说,他们会经常单枪匹马地在自己负责的区域内奔波,拜访一个又一个客户及潜在客户,工作时间与其他工作性质的人员相比具有很强的不确定性。

(2) 较高的挑战性和不确定性。因为市场的竞争是激烈的,是残酷的,每一个销售人员在要面对咄咄逼人的竞争对手的同时,更要建立、维护、提升和顾客的关系。

(3) 较大的工作压力。不论从何角度来说,销售人员的工作最终都是要和销售目标联系到一起的,销售人员的工作结果通常用销售数量、销售额、市场占有率、回款率、客户保留率、销售利润率、销售费用及售后服务等方面的指标进行衡量。从事销售,就必然要面对和承受一系列的目标绩效的压力。并且,当面对客户时,销售人员常常处于低人一等的地位,因此,所承受的心理压力也比较大。

1.3 大连埃博控制系统有限公司现行激励机制

公司现行的对销售人员的激励机制完全采用的是薪酬激励,销售人员的薪酬采用的是底薪+佣金的制度,每个销售人员的工资由基本工资、佣金、福利、奖金及其他四项构成。

(1) 基本工资。销售人员的基本工资为每月2 600元人民币,跟当地同行业的其他企业相比,大连埃博控制系统有限公司销售人员的底薪几乎为同行业内其他公司销售员底薪的两倍,虽然在一定程度上增加了企业的管理成本,但正是由于公司支付给销售人员的这较高的底薪,才吸引和稳定了优秀的销售人员,降低了员工的流动率。

(2) 佣金。高底薪提高了员工的稳定性,但高底薪所带来的另外一个危险就是可能会降低员工开拓市场的热情,因此,大连埃博用支付佣金的方式来激发销售人员的工作热情。大连埃博控制系统有限公司销售人员的月佣金按月销售额的1%提取,如果销售人员签到100万元的合同订单,销售人员则提取其中的1%(即1万元)作为自己的佣金。

(3) 福利。在福利项目上,大连埃博控制系统有限公司提供给正式员工的福利均为经济性福利项目。其中包括社会保险(四险)、住房补贴、交通补贴、伙食补贴、有薪节假日及文化旅游性福利。

(4) 奖金及其他。每年年底,公司发给每位销售人员一定的年终奖励,年终奖励主要是按多劳多得的分配原则进行发放,同时综合考察员工一年的表现。

这种完全的薪酬性激励方式在公司成立初期取得了良好的效果,由于公司代理的品牌知名,而且公司的代理级别比较高,公司提供的薪资水平与同行业的其他公司相比具有很大的竞争力,因此,吸引了一批批优秀的销售人员加盟,总体来看,公司这几年的发展还是比较迅速的。公司为了保证员工的薪资总体水平处于行业前列,给每个人按各自的情况分配的任务都不是很高,而销售人员似乎满足于按时完成任务就行。张帆和李达明决定让销售助理韩红对销售人员进行调查,查明问题。

2 大连埃博控制系统有限公司员工激励状况

为了找出现行激励机制所存在的问题,韩红采用非正式的访谈法及问卷法对销售人员现前的工作现状及对公司的满意度进行调查,并将其总结如下:

2.1 员工的工作积极性不高

通过观察及公司的考评记录情况可以看出,大连埃博控制系统有限公司销售人员的在工作业绩方面,虽然每个销售人员的年度销售任务都能按时完成,但其中约有一半人是因为不能完成销售任务年底会扣工资的原因,由此可以很明显地看出销售人员的工作积极性并不高。

▶ 2.2 接受培训的机会较少

销售人员普遍认为公司提供的培训机会很少,而且基本都为产品知识类培训,销售人员普遍反映公司并不重视业务知识的培训和兴趣的培养。

▶ 2.3 缺乏成就感

通过非正式的访谈调查出,大连埃博控制系统有限公司的销售人员虽然每季度的业绩还是较为理想,但由于缺少及时奖励而造成销售人员缺乏成就感,影响销售人员的工作热情。

▶ 2.4 协作意识较低

虽然销售人员7人同属大连埃博控制系统有限公司,但由于市场竞争压力较大,每位销售人员都只顾维持和巩固自己区域内的市场,很少或者根本就不帮助其他同事开拓市场。

▶ 2.5 员工满意度

通过员工满意度调查问卷及简单的统计分析得出,岳明、黄力、王向的满意度分值分别是3.6、3.1、3.2分,可以推论出,目前销售人员对公司的状况只是勉强达到满意而已。

3 激励方案的设计

调查的结果是出来了,但怎样调动销售人员的主动性、积极性和创造性又是一个新的难题,总经理张帆提出必须重新设计适合本公司销售人员的激励方案,并组成方案小组,由销售经理李达明挂帅,销售助理韩红和一名销售人员赵昌龙共同组成。为了实现公司效益和销售人员利益的最大化,经理李达明提出,激励方案的设计必须遵循以下的设计原则:

▶ 3.1 公平性原则

任何不公平的行为都会引起销售人员的工作效率和工作情绪的改变,进而影响激励效果。因此,必须要在企业内部营造一个公平竞争的环境,让每一个销售人员都意识到，部分销售人员的较高薪酬是由于他们努力工作而取得的。

3.2 竞争性原则

如果公司制定的薪酬过低，就不可能留住现有的优秀销售人员，更不可能吸引到优秀的销售人员加盟公司，因此，公司必须提供给销售人员更具有竞争力的报酬。

3.3 经济性原则

提高销售人员的薪酬水平固然可以提高对销售人员的激励性，但同时也增加了企业的管理成本，因此，一定要保证为了激励所付出的代价必须低于其多带来的收益。

4 结 语

美国哈佛大学教授威廉·詹姆士经研究发现，在缺乏科学、有效激励情况下，人的潜能只能发挥出 20%—30%，但是，通过科学有效的激励机制可以让员工把另外的 70%—80% 也发挥出来。因此，企业能否建立起完善的激励机制，将直接影响到其生存与发展。

每一个企业都对自己的销售人员寄予良多，对占到公司人数 89% 而几乎近于全员销售的大连埃博控制系统有限公司来说也是如此，如何对销售人员进行有效的管理和激励呢？方案小组该如何设计出新的激励方案呢？

【案例使用说明】

大连埃博公司对销售人员的激励有效吗？

一、教学目的与用途

企业的目标都是通过组织中的员工来实现的。因此，员工激励是人力资源管理中最重要的一个组成部分，激励方式是否运用得当将大大影响员工的工作热情，从而对实现组织目标起关键作用。本案例需要同学们在学习相关激励理论的基础上进行充分讨论，更好地、全面地理解激励对企业的意义。

本案例适用于《人力资源管理》中的《员工激励》章节。

二、启发思考题

大连埃博控制系统有限公司的特点是什么？现有的激励存在什么问题？如何更有效地激励员工？

三、分析要点

大连埃博控制系统有限公司是中小型的民营企业,从企业的特点和工作特点等方面进行分析,从而有针对性地设计激励方案。

四、理论依据与分析

理论依据包括马斯洛的需要层次理论、赫茨伯格的双因素理论和麦克利兰的成就需要理论、弗洛姆的期望理论、洛克和休斯的目标设置理论、波特和劳勒的综合激励模式、亚当斯的公平理论、斯金纳的强化理论等。

激励方案的设计必须遵循以下的指导思想:

(1) 充分贯彻多劳多得、少劳少得的按劳分配原则;

(2) 激活销售人员的积极性,合理拉开收入差距;

(3) 对销售人员提供适当的培训,提高其工作和生活技能,关注销售人员的长期发展;

(4) 重视激励的可持续性,权衡激励的成本和收益;

(5) 实现全面激励,重视对员工的精神激励。

五、联想集团杨元庆自掏腰包奖励基层员工合理吗?[1]

【案例正文】

> **摘　要**：老板自掏腰包给员工"派红包"并不少见，中国不少地区的企业都有在新年后开工第一天由公司高层向员工"派利是"的传统，但像联想集团董事局主席兼CEO杨元庆这样大手笔拿出自己的奖金在非新年时段向员工发"红包"并不常见，获得一片赞扬声的同时也引来了大量的质疑声，到底这一行为是否值得鼓励与提倡？值得深思。
>
> **关键词**：奖金；派红包；薪酬制度

1　公司背景

联想集团有限公司成立于1984年，由中国科学院计算技术研究所投资20万元人民币、11名科技人员创办，当时称为中国科学院计算所新技术发展公司。1989年，成立北京联想计算机集团公司。

联想公司主要生产笔记本电脑、一体机、台式电脑、服务器、手机、平板电脑、打印机、投影机以及其他移动互联、数码、电脑周边等类商品。自1996年开始，联想电脑销量位居中国国内市场首位。2005年，联想收购了IBM的个人电脑业务，2011年起成为全球第二大个人电脑生产商。根据2012年第四季度的统计，联想是世界第八大手机生产商和第五大智能手机生产商。

如果说有20年企业家之称的柳传志使联想从无到有，联想集团在许多方面都深深地打上了柳的烙印，而杨元庆则是联想历史上开创新阶段的转折性人物，其难度丝毫不比柳传志把联想从20万人民币做到如今的百亿元规模逊色，甚至在越来越多挑剔的目

---

[1]　(1) 本案例由江西财经大学工商管理学院蔡文著、章素芬根据刘琼，"自掏腰包奖员工是'中国好老板'还是薪酬制度短视？"，《第一财经日报》，2013年9月6日，等相关公开资料改编撰写而成。未经允许，本案例的所有部分都不能以任何方式与手段擅自复制或传播。(2) 本案例委托江西财经大学工商管理学院案例中心授权学院全体教师使用。(3) 本案例只供课堂讨论之用，并无意暗示或说明某种管理行为是否有效。

光关注下，杨元庆要做的不仅仅是比创业更难的守业，更是带领联想完成升级蜕变的任务。

近年来，联想集团销售收入等经营指标持续攀升，如2008—2009财年，销售收入149亿美元；2009—2010财年，销售收入166亿美元；2010—2011财年，销售收入216亿美元；2011—2012财年，销售收入295.7亿美元，纯利润更是增加了73.1%，达到4.7亿美元。由此，根据联想集团2011—2012财年的财报显示，杨元庆的基本薪金为107万美元，表现奖金为517万美元，长期激励为775万美元，退休福利为11万美元，其他福利为12万美元，总计达到1 422万美元，较上一财年1 189万美元的薪酬上涨近20%。杨元庆认为，联想骄人的业绩是全体员工共同努力的结果，因此，决定将部分奖金以特别奖的形式分享给基层员工。

2 自掏腰包为基层员工发放奖金

"给杨元庆颁个'中国好老板'奖吧。"联想集团董事局主席兼CEO杨元庆日前在公司内部宣布自掏腰包，用自己的个人奖金325万美金（约合2 000万元人民币）犒赏近万名一线员工，微博上传出不少打趣和艳羡的评论。

这已是杨元庆连续第二年自掏腰包为基层员工发放奖金。在去年6月份的董事会会议上，因2011年联想集团创出较好业绩，杨元庆获得了比上一年度高出300万美元的年度奖金，他将其拿出悉数发放给了基层员工。

据悉，联想目前在全球范围内拥有4.6万名员工，这次获益的近万名员工仍是联想全球在生产一线从事基础运营工作的基础员工。中国区员工人均可分到2 000元人民币，海外员工人均可以拿到325美元，受奖励的范围遍布联想在20个国家和地区的员工。杨元庆的这一举止伴随着不一样的声音。

3 认同的声音

像杨元庆这样大手笔拿出自己的奖金在非新年时段向员工发"红包"并不常见，而杨元庆能够做出此举，与联想业绩强劲、个人获得高额奖金有直接关系。2008年，联想集团曾出现巨亏，杨元庆"临危"出任CEO后，联想集团扭亏为盈，业绩逐渐转好，董事会对杨元庆及管理团队的表现给予了高度评价，并按照四年计划的约定兑现了奖金。

"从公司的角度来讲，杨元庆此举是想体现联想分享文化、领导的关怀文化以及重视一线基层员工。"任仕达（Randstand）中国区董事总经理王桂生对《第一财经日报》记者分析，"同时，这样的信息传播出去后也有利于联想雇主品牌的推广以及CEO个人内部权威的树立。"

联想集团负责人力资源的高级副总裁乔建在备忘录中提到派红包的原因也表示："作为企业所有者，作为领导，杨元庆认为自己有责任确保所有员工理解到他们建设联想所带来的影响。"

4 质疑的声音

中智德惠企业管理咨询有限公司副总经理胡彭令并不推崇这样的激励方式,在他看来,企业高管采取这样的措施,本身就是承认公司现有的激励机制可能存在问题,派红包的做法治标不治本。再者,"工作是大家做的",拿到奖励的员工通常也是非常高兴的,从某种意义上来说好像也能鼓舞士气。但存在的问题是,奖励员工的标准是什么?没有拿到的员工是否会有想法?让员工形成期待后是否能每年都这么做?

虽然高管自掏腰包来奖励员工的做法可能出于真心和善举,但在上海启明软件股份有限公司人力资源总监、华东理工大学商学院兼职教授潘丽达看来,难免也有点作秀的嫌疑,"如果企业经营得好,且文化制度、激励机制都合适,根本不用职业经理人个人拿出自己的薪酬来奖励一线员工。"

王桂生认为从激励效果而言,由于是大面积的奖金方式,对联想员工的归属感和关怀感都只是短期效果,"想要建立一线基层员工的长效激励效果,还是需要从内部的相关分配机制着手。"

5 引发的思考:派"红包"还是薪酬改革?

自掏腰包奖励最基层的员工,显然是 CEO 意识到企业内部高管与普通员工存在收入差距。

此前,乔建曾向媒体透露,联想集团实行以绩效为导向的薪资体系,无论是公司中高层,还是基层员工,薪酬主要由两个部分组成,即基本工资和绩效奖金,越是高层,绩效奖金占收入的比例越大。此外,包括企业年金在内的社会福利、员工期权等则主要按在公司工作的年限、为公司做出的贡献、在公司所担任的职务分配。

联想集团公布的 2011/2012 财年年报披露,杨元庆在该财年的薪金达到 1 421.8 万美元,较前一年 1 188.7 万美元的薪酬上涨了 19.86%。

其他联想员工薪酬按照公司政策是严格保密的,但记者在某招聘网站上看到的数据或可推测部分最基层员工的薪酬状况,该招聘广告是联想电子科技有限公司在北京大学招聘普工,标出的转正工资为 3 000—5 000 元,绩效奖金为月度绩效,最高为岗位月工资的 10%。

高层与基层员工的收入差距大不只是联想的现象。北京师范大学经济与工商管理学院公司治理与企业发展研究中心 2011 年的一份研究显示,中国不同行业高管与员工间薪酬相对差距明显,相对差距最大的三个行业分别是其他制造业、建筑业和纺织服装业,均超过 20 倍。

管理咨询公司合益集团(Hay Group)的一份报告显示,在亚洲,即便是部门经理等中层管理人员的薪酬,也达到办公室文员等操作类员工薪酬的14倍以上,居全球之冠。这一薪酬差距远远大于北美(3.5倍)和欧洲(2.9倍),也大于中东(11.9倍)和中南美(10.2倍)。

对此,在胡彭令看来,如果企业CEO意识到基层员工收入相对较低、公司高管与基层的收入差距较大需要改变,无论是出于吸引和保留员工,还是出于激励员工的目的,更好、更长效的方式是对企业薪酬体制和管理机制进行改革,而不是拿出自己的钱分给员工。

问题一:对于杨元庆这一举止,你怎么看?

问题二:你认为企业高管与员工之间的收入差距大合理吗?请用你所熟悉的一个或多个薪酬管理制度或原则进行分析,并讨论两者之间收入差距大将导致的后果。

【案例使用说明】

联想集团杨元庆自掏腰包奖励基层员工合理吗?

一、教学目的与用途

适用于学习《人力资源管理》课程的学生,要求掌握薪酬管理的相关知识。

二、启发思考题

(1)企业高管派红包的做法真的能起到长效激励员工的作用吗?

(2)导致企业高管与普通员工之间收入差距大的原因是什么?

三、分析要点

教师可根据教学目标(目的)灵活使用本案例。这里提出本案例分析的思路仅供参考。

(1)从什么是奖金以及奖金发放的原则、发放的范围、分配的标准与依据等来分析案例;

(2)从薪酬管理原则来分析自掏腰包给基层员工发放奖金带来的正面影响与负面影响;

(3)从联想公司现有的薪酬体制和管理制度的优势与短板进行分析;

(4)如何完善现有做法?有没有更好的办法?

四、理论依据与分析

公司高管与基层的收入差距较大的原因:一是优秀的高层次人才供需失衡从而导致高管薪酬水涨船高;二是薪酬制度本身的缺陷(薪酬构成不合理、分配不公等),这种现象会导致员工的许多负面态度或行为,无论是出于吸引和保留员工,还是出于激励员工的目的,更好、更长效的方式是对企业薪酬体制和管理机制进行改革,而不是拿出自己的钱分给员工。

六、华为如何保障员工的安全与健康[①]

【案例正文】

> **摘 要**：员工工作压力大,过度劳累是当今很多公司的真实写照。华为公司认识到员工的身心和谐健康是公司最核心的竞争力,制定了可持续发展战略,出台了一系列举措来保障员工的安全与健康,关爱员工。这些举措包括:设立首席健康官,全面负责员工的保障与健康;施行职业安全健康管理体系,保障员工安全;关注员工健康,增强员工幸福感。
>
> **关键词**:员工安全与健康;可持续发展;华为公司

0 引 言

进入 21 世纪的中国,随着企业竞争的日益剧烈,员工健康问题往往被企业忽视,有关员工安全与健康的问题时有发生,富士康、华为、苹果工厂等大型企业都出现此类悲剧。工作压力大、过度劳累以及不顾及员工的安全与健康是酿成这些悲剧的主要原因。员工的安全与健康渐渐开始引起企业的重视,华为公司就是这样一家企业。关于华为员工的工作状态问题,一度引起社会上的极大关注。2006 年,华为员工胡新宇的猝死让华为的"狼文化"备受质疑,之后每当有华为员工发生交通事故以及各种意外,都会引起社会对华为员工的工作环境和工作压力的关注和拷问。"华为成长的道路上一直面临以小搏大、虎口夺食的压力,到今天都是如此。一路上都在充当鲨鱼堆里的'鲇鱼'角色,公司压力以及员工压力可想而知。"一位华为员工评价说。如今,华为率先设立首席健康官,积极改进员工的工作环境,帮助员工减压,增强员工的幸福感,正在经历从"狼文化"向"温情文化"的嬗变。

[①] (1) 本案例由江西财经大学工商管理学院黄彬云、李易川、彭美金、颜叶青和韩志鸿根据公开信息资料编写而成。未经允许,本案例的所有部分都不能以任何方式与手段擅自复制或传播。(2) 本案例委托江西财经大学工商管理学院案例中心授权学院全体教师使用。(3) 本案例只供课堂讨论之用,并无意暗示或说明某种管理行为是否有效。

1 公司的发展现状

华为技术有限公司成立于1987年,是一家生产销售通信设备的民营通信科技公司,总部位于中国广东省深圳市龙岗区坂田华为基地。华为的产品主要涉及通信网络中的交换网络、传输网络、无线及有线固定接入网络和数据通信网络及无线终端产品,为世界各地通信运营商及专业网络拥有者提供硬件设备、软件、服务和解决方案,是全球领先的信息与通信解决方案供应商。

表1 华为公司财务数据①

人民币百万元	2012 (USD Million)*	2012	2011	2010	2009	2008
销售收入	35 353	220 198	203 929	182 548	146 607	123 080
营业利润	3 204	19 957	18 582	30 676	22 241	17 076
营业利润率	9.1%	9.1%	9.1%	16.8%	15.2%	13.9%
净利润	2 469	15 380	11 647	24 716	19 001	7 891
经营活动现金流	4 009	24 969	17 826	31 555	24 188	4 561
现金与短期投资	11 503	71 649	62 342	55 458	38 214	24 133
运营资本	10 155	63 251	56 728	60 899	43 286	25 921
总资产	33 717	210 006	193 849	178 984	148 968	119 286
总借款	3 332	20 754	20 327	12 959	16 115	17 148
所有者权益	12 045	75 024	66 228	69 400	52 741	37 886
资产负债率	64.3%	64.3%	65.8%	61.2%	64.6%	68.2%

注:*美元金额折算采用2012年12月31日汇率,即1美元兑6.228 5元人民币。

目前,华为的产品和解决方案已经应用于140多个国家,服务全球1/3的人口,具体包括十个方面:无线接入、固定接入、核心网、传送网、数据通信、能源与基础设施、业务与软件、OSS、安全存储和华为终端。截至2012年年底,华为在全球部署超过500个无线网络,服务超过20亿终端用户;持续领跑全球LTE商用部署,在3GPP LTE核心标准中贡献了全球通信提案总数的20%。发布业界首个400 G DWDM光传送系统,在IP领域发布业界容量最大的480 G线路板;在UMTS和HSPA+市场上持续领先和全球33个国家的客户开展云计算合作,并建设了7万人规模的全球最大的桌面云。

---

① 资料来源:华为公司官网。

到2012年年底,华为公司的销售收入和净利润分别达到2 201.98亿元和153.8亿元,同比增长率分别为8%和32.1%(2008年以来各项财务指标详见表1)。华为员工总数为14万人,女性员工占20%,30岁以下占51%,30—50岁占48%。从各细分领域员工人数的占比来看,研发占45.36%,交付与服务占22.81%,销售占10.51%。制造与供应链占7.76%,战略营销占0.16%,其他占13.4%。与此同时,华为的员工群体日益全球化,遍布五大洲。面临这种多样化及全球化的员工群体,华为确保员工得到最好地对待与关爱,从而确保为公司以及员工带来最大利益。

2 公司的价值主张和发展战略

为适应信息行业正在发生的革命性变化,华为围绕客户需求和技术领先持续创新,与业界伙伴开放合作,聚焦构筑面向未来的"智能的信息管道",持续提升客户体验,为客户和全社会创造价值。基于这些价值主张,华为致力于丰富人们的沟通和生活,提升工作效率,消除数字鸿沟,让人人享有宽带,并把创新的科技带给世界各地的人们,促进人们自由地沟通分享与情感交流,感受技术进步的喜悦,畅享极致体验。同时,不断提高组织协同,更快更好地将新产品、新业务推向市场,力争成为电信运营商和企业客户的第一选择和最佳合作伙伴,成为深受消费者喜爱的品牌。

基于这些价值主张,华为确立了可持续发展战略,并取得了显著成效。2012年,华为根据公司的运营实际和利益相关方需求,可持续发展战略由原来的八大战略升级为四大战略,具体如下:

(1) 消除数字鸿沟。人人享有通信,人人享有宽带,提供客户化的ICT应用解决方案,采用建立培训中心和联合教学等方式,培育当地专业人才,增强当地人们接入数字化社会的能力。

(2) 为网络稳定安全运行提供保障支持。把保障网络稳定安全运行的责任置于公司的商业利益之上,通过持续创新提升产品的健壮性和防护能力,支持对产品的独立测试、验证和认证,让客户得到国际认可的安全保障,积极与利益相关方沟通和合作,遵从适用的安全标准和法规。

(3) 推进绿色环保。在产品服务和业务活动中,充分考虑环境保护的要求,通过创新性解决方案,不断降低负面环境影响;与产业链合作伙伴合作,一起推动绿色环保,提升产业链的影响力;通过社会公益活动,推动产业链的绿色技术创新活动。

(4) 实现共同发展。为员工提供不同发展通道;为运营所在国家和社区做出积极的社会贡献;严格遵守商业道德标准;关注自身经营活动和服务过程中的可持续发展风险管理,逐步成为行业以及全球可持续发展的领先者;与供应商紧密合作,将风险管理转变为效率管理,引领产业链可持续发展。为了推进华为的可持续发展工作,使可持续发展战略在公司全球范围内从上至下获得执行,华为各职能部门的20余名高层主管组成了企业可持续发展(CSD)委员会。

3 公司的员工安全与健康

华为倡导"高效工作、快乐生活",关注员工的工作业绩,也重视员工的幸福感,促进员工工作与生活的平衡。重视员工的道德教育和遵从以及健康福利保障,为员工提供健康的工作环境和氛围,使奋斗者得到及时、合理的回报,在企业持续成长的同时,实现员工的个人价值。

华为建立了完善的员工保障体系,除当地法律规定的各类保险外,还为全球员工构筑起包括社会保险、商业保险的双重保险保障体系,并设置了特殊情况下的公司医疗救助计划。仅2012年,公司为全球员工保障投入58.1亿元。

3.1 设立首席健康官

职场中的员工往往被要求不断地提高工作能力、技术水平,却很少被要求有自我管理健康的能力。企业在经营有形资产、创造业务财富的同时,容易忽视员工健康,尤其在目前市场竞争压力普遍加大的环境下,员工健康状况正在呈下降趋势。实际上,员工创造的价值远远高于有形资产,员工健康是企业资产,是经营财富,不是经营成本。世界卫生组织对精英企业的研究表明,企业有形资产的贡献率已经从20年前的70%降到了15%,取而代之的是无形资产的贡献率。而无形资产的核心就是人,是企业员工。美国健康与生产力研究院院长肖恩·苏利文博士称,人力资本的健康与企业绩效息息相关,员工不健康或亚健康为企业带来巨大的医疗保险费用,还会带来请假、"出工不出力"等现象,影响劳动效率。研究表明,人力资本不健康带来生产力降低而产生的损失通常比传统医疗费用还要高出2—3倍。有了这样的权衡,全球科技巨头思科、微软、苹果、谷歌、甲骨文、IBM、英特尔、惠普、高通、戴尔等公司已经或正着手在企业中建立首席健康官,从机制、流程、体系上保证员工健康受到保护,让员工获得应有的健康福利,以最终节省企业成本,为企业创造更多价值。

华为公司认识到员工的身心和谐健康是公司最核心的竞争力,将员工健康与安全放在首位,成立员工健康与安全保障委员会,由公司主要负责人担任首席健康官,目的是进一步完善员工保障与职业健康计划。2008年首次设立首席员工健康与安全官,负责管理员工健康福利,在公司运营中渗透员工健康元素。在华为看来,员工健康是资产,经营好资产就是创造财富。从2008年下半年开始,华为员工发现,邮箱里会不时收到副总裁纪平的邮件,她在邮件里提醒大家注意安全(哪怕是交通安全),要注意劳逸结合,注意身体健康。纪平之前是华为的CFO,她现在新增头衔是首席员工健康与安全官。在首席员工健康与安全官之下,华为还专门成立了健康指导中心,规范员工餐饮、饮水、办公等健康标准和疾病预防工作,提供健康与心理咨询。这项举措得到了大多数员工的拥护,他们认为这不仅代表公司对员工地位的重新认识,更能让自己合理处理工作和健康之间的关系:"以前工作太投入,忽视了健康,现在能够通过公司的机制,强制让自己有保护健康的意识和行为。"

3.2 施行职业安全健康管理体系,保障员工安全

华为遵循"安全第一,预防为主"的原则,系统地识别危险源、评估风险并实施控制措施,以确保企业与社会的可持续发展。通过实施职业健康安全管理体系,建立各项管理流程和工作指导书,对生产安全、工程交付安全、基础设施安全、消防安全、车辆安全、食品安全等进行全方面安全管理,预防事故发生。

2012年,华为制造部门继续深入推广"我要安全"的主动管理理念,建立多地多层次的安全生产业务监管模式,落实各项规章制度及专项管理。全年轻微工伤事故发生4起,无严重及以上事故发生,百万工时伤害率为0.15,在过去3年中事故发生率有了较大降低(见表2)。

表2 2010—2012年安全运营指标

项目/年度	2010年	2011年	2012年
千人工伤率	0.415	0.282	0.353
因公死亡人数	1	0	1

注:目前只包括在中国区招聘员工发生的因公死亡事故,2012年因上班途中交通事故死亡1人。

与此同时,华为一直努力为员工提供健康安全和人性化的办公环境。2012年,华为内部重点推行物业资产管理系统(EAM)、员工办公场所环境标准和落实电气系统停电检修。

华为还很重视消防安全管理,2012年,国内消防责任体系总人数达787人,全年发生6起火患,损失3250元,火患次数和损失达到3年来最低。2012年,全年共开展演习54次,共疏散员工77231人次,员工疏散比例达85.8%。2012年,华为重点推广和试点全球机构(含国内及海外各代表处)消防责任体系,在国内27个代表处和海外72个机构成功落地了消防责任体系,并发布《驻外机构安全消防责任体系管理规定》,编制并上线《部门消防安全管理员实务培训》和《驻外机构安全消防体系培训材料》。

在员工服务(后勤)安全方面,华为国内各基地通过社会化的经营运作模式,来满足公司员工的膳食和车辆服务需求,公司在提供优质高效的员工服务的同时,始终将安全保障放在首位。2012年,华为自有食堂在落实食品安全管理体系(HACCP)的基础上,重点开展了膳食多元化、食材集采、加工过程视频在线监控、食品安全检测等改进项目。华为组织员工签订自驾责任承诺书,对自驾员工进行车辆安全理论和技能考试,通过在全球建立和推行车辆管理EADMIN系统等IT工具,对全球车辆基础数据、司机数据、事故事件、保险及调度情况进行管控。中国区1000多台员工班车全部实行GPS管理,实时监控班车运行,海外公务车也不断推行GPS管理,通过对海外艰苦、气候环境恶劣及社会治安差的地区特点的分析,有针对性地提供安全驾驶注意事项,有效规避了安全驾驶的风险,大大提高了车辆运行安全。

对于特殊员工,华为建立了特殊员工管理流程,用于指导公司具有某些生理缺陷或残疾员工等特殊员工的劳动用工管理。公司为残障员工修建了专门过道及洗手间;对于工伤的员工,除了当地社会保险提供的工伤待遇之外,还为员工购买了商业人身意外伤害险,提供非因工意外伤害情况下两倍的赔付待遇。

3.3 关注员工健康,增强员工幸福感

基于员工是企业最宝贵的资产的理念,华为关注员工生活与工作的平衡,要求各级主管及人力资源部门关注员工的身心健康。

此外,华为还为员工免费提供体检,包括新员工入职体检、员工年度体检、职业健康体检以及海外员工体检等,并提供专业通道为员工解读体检报告,对体检中发现的健康问题进行跟踪和指导。华为还系统地识别接触职业病危害因素的岗位,根据法规要求对这些岗位进行标准化管理,安排员工参加职业健康体检,全年没有职业病发生。2012年,华为安排新员工入职体检24 000人,海外员工专门体检3 400人,年度体检58 000人,职业健康体检3 400人。

华为也很重视在疾病高发地区的传染性疾病防治,并推动全球差旅卫生保健系统实施。2011年,在疾病高发区工作的员工,风险防范意识以及疾病预防知识已经分别提高到80%与85%,疾病传染率减少了10.2%。针对在刚果霍乱疫情区域、中东登革热疫情区域以及泰国洪灾中工作的员工,华为提供全面的医疗支持与指导。华为为海外员工在办公室以及公司车辆提供紧急医疗救助包,共计在107个国家提供了2 000多个紧急医疗救助包。2012年12月4日晚,华为公司安哥拉代表处的28岁员工王琮感觉身体不适,代表处立即将其送往当地治疗疟疾最好的专科医院接受治疗。被确诊为"脑疟"的王琮肝肾同时衰竭,医院下达了病危通知书。此时,华为公司员工保障应急小组联系当地多家医院后发现,安哥拉的医疗条件相对落后,而能够满足治疗的医院远在南非的约翰内斯堡。当地距离约翰内斯堡2 500多公里,飞行航程3小时,救援专机一次费用就高达15万元。"不惜一切代价,员工的生命第一!"员工保障应急小组果断决定。7日凌晨,救援专机护送王琮抵达约翰内斯堡的医院,公司员工轮流看护,医生采取最佳方案给予治疗。王琮的家属表示,正是华为强大的爱心阵容形成巨大合力,使徘徊在死亡线上的王琮转危为安。

为减轻员工的工作压力,华为制定了规范的加班管理政策,要求员工加班遵循自愿原则,并需经申报和审批,一般每天加班不超过2小时、特殊情形延时加班不超过3小时,每周至少安排休息一天。此外,还积极寻求多种方式帮助员工减压。2011年,华为制造部门组织生产一线员工参加"快乐健康地工作与生活"讲座,倡导员工关爱身心健康,传递积极向上的生活工作理念,讲座覆盖1 200多人。截至2012年12月底,华为已组织压力自检活动多场,有近7万人参加。通过现场团队活动的研讨与分享,了解和掌握一些减压的方法;通过主管与员工敞开心扉地深入交流,营造开放积极的团队氛围,加深相互了解和信任,增强团队凝聚力。

华为开展员工协助计划(EAP),要求各级管理者本着预防为先的原则,关注员工的

状态和心理健康,及时发现员工异常。华为与某知名企业管理顾问合作,在2011年3月到2012年3月期间开展一系列EAP培训项目,包括4项培训:心理危机信号的识别与帮助;快乐工作,提升心理资本;精力管理——高效投入工作生活;"80、90后"员工管理。

4 延伸与思考

华为是一个相当有影响力的企业,同时也是一个备受争议的企业。就在几乎所有人都将"狼性"作为华为企业文化的第一大关键词时,华为也逐渐在企业文化中加入更多"温情"。首席员工健康与安全官的出现的确是企业的一丝亮点。但这并不意味着华为会就此丢掉自己视为圭臬的"床垫文化",而那些华为的员工们也不会轻易放弃加班。很显然,如果"加班文化"、"狼性文化"依旧,员工的精神压力还会存在,首席员工健康与安全官充其量也就是一个救火队员的角色。对一个好的企业来讲,拥有一套完整而严格的企业管理制度是必要的,但必须是建立在尊重员工劳动权益符合《劳动法》的前提之上。从另一个角度讲,如果首席CEO要求员工加班再加班,首席员工健康与安全官有权利让员工休息吗?

【案例使用说明】

华为如何保障员工的安全与健康

一、教学目的与用途

适用于学习《人力资源管理》课程的学生,要求掌握员工的安全与健康是企业可持续发展的源泉。

二、启发思考题

(1) 为什么员工的安全与健康对企业很重要?华为是怎样保障员工的安全与健康的?

(2) 华为设立首席健康官就能解决好员工的安全与健康问题吗?对我国企业的发展有什么借鉴意义?

三、分析思路

华为是技术型企业——员工的效率和创造力很重要——员工安全健康在其中所起的作用。

四、理论依据与分析

员工的安全与健康是企业的生产力,当员工承受压力并且健康出现问题时,他们就无法很好地发挥潜能,无法真正地创造企业所要求的、具有竞争优势的经济效益。对华为这类技术企业而言,必须不断在生产力、效率、质量、客户服务、创新等方面实现改进,为此,华为要求员工投入、专注、创新,才能在竞争中立于不败之地,实现可持续发展。

七、科泰华公司如何处理与老板有某种特殊关系的违纪员工[①]

【案例正文】

> **摘　要：** 本案例以江西科泰华软件有限公司为背景，描述了一件由老板亲自引入公司的员工造成的工作失误事件。该员工先是在公司的工作中屡屡造成工作失误，最后甚至影响到公司的一次投标活动。案例以公司行政部经理和公司高级顾问的谈话为基础，反映出许多由高层领导空降而来的员工在工作时常常出现的问题。
>
> **关键词：** 空降；工作失误；管理方式

0　引　言

看得出陶经理是很介意这件事情的，虽然最后的流标表面上似乎弥补了一些公司的损失，但投标过程中出现的问题对公司来说可以说是一件大事。从公司行政部陶经理刚刚对公司高级顾问李博士说的话来看，不光是他本人，公司大多数员工对这件事也多有诧异感和不满。这种让人惊异的状况是如何发生的呢？大家的质疑绝不是空穴来风，这位空降人员到底在公司以怎样的姿态工作呢？

1　公司背景

江西科泰华软件有限公司是致力于用互联网改造传统产业、提供增值服务的高新技术企业。公司成立于 2002 年，地处南昌市红谷滩新区绿茵路 500 号，注册资金 1 018 万元，是经江西省科技厅认证的高新技术企业和江西省信息产业厅认证的软件企业。

---

① （1）本案例由江西财经大学工商管理学院李敏、李章森、兰静泽根据公开资料改编撰写而成。未经允许，本案例的所有部分都不能以任何方式与手段擅自复制或传播。（2）本案例已收录清华大学中国工商管理案例中心，并经该中心同意委托江西财经大学工商管理学院案例中心授权学院全体教师使用。（3）本案例只供课堂讨论之用，并无意暗示或说明某种管理行为是否有效。

公司所从事的软件领域主要分布于电子政务、电子商务、公安信息化建设等领域。同时,公司在北京、贵州、福建、内蒙古等地拥有多家分公司。科泰华现有员工 76 人,其中,88％具备本科及以上学历,企业具有系统集成三级资质、安防工程一级资质、电信增值 SP 等资质,通过了 ISO9001：2000 质量管理体系认证,获得优秀高新技术企业、国家级火炬计划项目等荣誉。公司由技术引导市场,通过公司自主研发的产品,利用互联网平台,为传统产业提供增值服务,在为用户提供服务的同时,公司的价值也得到提升。因为在技术方面的大力投入和不断创新,公司产品得到政府的肯定。

2　朱总调来空降兵

4 月 1 日的下午,空中漫漫飘着细雨。江西科泰华软件有限公司的高级顾问李博士来到公司,向行政部陶经理询问公司最近人力资源流失的状况。在半个多小时后,陶经理差不多把公司各部门的基本情况都向李博士做了详细的描述。此时,谈话也即将进入尾声。

突然,陶经理却话锋一转,对李博士说起公司的"空降兵"事件。

朱总是公司的一把手,向来说一不二。前段时间朱总带了个熟人来公司,是个年轻的小伙子。于是,公司就突然出现了这么个"空降兵"。

小伙子姓 A,大家都叫他小 A。小 A 以前在别的地方工作过,虽然年轻,但不是完全没有工作经验,倒也不能说是什么都不会,于是,小 A 就在公司中先做着一些普通的事情。可不知是什么原因,这位小 A 在工作中总是纰漏不断,出些小差小错。可人家毕竟是朱总亲自空降来公司的,大家也就只能睁一只眼闭一只眼,当作什么都没有发生就过去了。

可是事情没有那么简单,最近小 A 捅出了个大娄子。说到这,陶经理开始严肃起来,李博士也将身体微微前倾,看看到底小 A 的工作出了什么失误,能让陶经理称为大娄子。

3　空降兵捅大娄子

陶经理告诉李博士,这个小 A 可不是省油的灯。公司前段时间参加了一个投标活动,主管是罗经理,他是小 A 的领导。

这次投标活动期间罗经理因公去了云南出差,投标的事就交予小 A 全权负责。投标的前一日,罗经理打了个电话给小 A,查看投标的准备活动进展如何。小 A 信心满满地告诉罗经理,说已经完全准备好了。

第二天的投标活动将在上午 9：30 举行。罗经理身在云南,但仍然记挂这件事情,在 9：00 的时候再次给小 A 打电话,确认投标活动的准备工作有没有出差错。可这次小 A 的回答却让他大跌眼镜。这时的小 A 还在复印店中复印投标文件,而且投标文件还没有盖章,更不要说封标了。罗经理顿时如雷轰顶。

半个小时远远不够小 A 做好这些准备。最后,公司因为投标文件未准备好以及小 A 没有按时到场而失去了投标资格。这对公司来说确实是件大事,但幸好这次投标活动因为其他几个公司联合围标导致流标,不然,公司的损失可就太大了,小 A 要承担的后果也可想而知。

4　朱总的奇怪态度

出了这么件大事,公司上上下下立马炸开了锅。大家都议论纷纷,准备看一场好戏,看看朱总要怎么处置这个空降兵。平时的小差小错大家总是忍忍就算了,这次出了这么大的问题,大家都想好好看着事情要怎么发展。

如果说小 A 的举动让人大跌眼镜,朱总的态度就更让人无话可说了。投标活动结束后,公司召开会议,会上,朱总特别批评了罗经理,认为是罗经理没有处理好这件事,才会造成这样的后果,作为投标活动的负责经理,就应该做好每一处重要的细节。可陶经理对李博士说道,罗经理当时人在云南,要怎么样才算完全负责呢?再说当时这件事是小 A 负责的,罗经理也打了电话确认过,小 A 当时说已经准备好,还能怎么样做才算负责了呢?陶经理说出这些话,表示对罗经理这种有苦说不出的情况是深深的理解和同情。

朱总在会上并没有批评小 A,至于私下有没有对小 A 进行教育,大家却是不得而知。但朱总这样的态度让全体员工都感到奇怪,毕竟,小 A 的工作出现了这么大的失误。即使是空降兵,作为公司一员的小 A 也应该得到应有的处罚。对这件事,陶经理也是无话可说。

5　尾　声

外面雨越下越大,陶经理已经离开了办公室,但李博士仍然隔着玻璃看着窗外。公司里大家的情绪也和窗外的乌云一样越积越浓,如果不及时地和朱总沟通,将会出现怎样难以预料的后果?这公司的窗子能否阻止雨水淋到屋内?李博士正在思考着,到底该怎样做才能让这空降兵事件得以解决呢……

【案例使用说明】

科泰华公司如何处理造成工作失误的员工

一、教学目的与用途

(1) 本案例主要适用于 MBA、研究生和本科生的《组织行为学》和《人力资源管理》

课程,也适用于在学习《领导科学与艺术》课程后作案例讨论。

(2) 本案例的教学目的在于提高学生分析问题并做出最合理决策的能力。同时,培养从多个视角出发来思考和分析企业空降的前因后果。

二、启发思考题

(1) 试分析科泰华投标事件发生的原因、经验与教训。

(2) 你如何看待朱总的做法？朱总的做法会对公司产生什么影响？

(3) 你怎样看待企业中的空降问题？谈谈你对企业中存在的泛家族关系的看法。

(4) 如果你是李博士,面临这个局面你将如何决策？

三、分析思路

教师可以根据自己的教学目标(目的)来灵活使用本案例。这里提出的本案例分析思路仅供参考。

(1) 从人力资源管理角度思考朱总引入小A的合理性及对小A的培养问题;

(2) 从领导特质理论、领导者激励理论来分析朱总的领导艺术;

(3) 从关系治理角度解读中国中小企业(结合科泰华公司)治理结构设置存在的问题;

(4) 科泰华公司的组织文化也是影响公司健康成长的重要原因。

四、理论依据及分析

(一) 关系治理

在企业之间及企业内部的关系契约有助于避免正式契约的一些困难。企业中老板与下属之间存在关系契约,因为决策权是不可缔约的:正式的权威是属于最高层的,老板总是有权推翻下属的决定(Aghion 和 Tirole,1997),上司与下属之间通过非正式的关系契约来分享权威。小A就分享了朱总的权威,从而公司其他员工要对他区别对待,就会出现管理问题。

(二) 组织文化

组织文化是指处于一定经济社会和文化背景下的组织,在其发展过程中逐步形成发展起来的共有的、日趋稳定的、独特的价值观,以及以共同价值观为核心而形成的群体意识、行为方式、道德准则、风俗习惯、企业形象等集合体。中国社会的文化是一种"强关系,弱组织"的关系导向型文化,认为中国社会历史对华人的影响主要表现在家长式作风、个人至上主义和不安全感三个方面。朱总应该就是个独断专行的人,企业权力集中度很高。员工对朱总敬畏,但不信服,组织不够团结。

(三) 权力的使用

权力指的是A对B的行为产生影响从而使B按照A的意志行事的能力;领导是影响一个群体实现愿景或目标的能力。权力不要求目标的兼容性,只需要依赖性;领导要求领导者和被领导者双方的目标存在某种程度的一致性。朱总的做法更多的是显示出职位权威(权力),而对下属的领导仅仅使用权力手段有缺陷。

五、背景信息

江西科泰华软件有限公司是致力于用互联网改造传统产业、提供增值服务的高新技术企业。公司成立于2002年,地处南昌市红谷滩新区绿茵路500号,注册资金1 018万,是经江西省科技厅认证的高新技术企业和江西省信息产业厅认证的软件企业。同时,在北京、贵州、福建、内蒙古等地拥有多家分公司。科泰华现有员工67人,其中,80%具备本科以上学历,企业具有系统集成三级资质、ISO9001质量认证、国家级火炬计划项目以及安防工程一级资质、电信增值SP等资质。本公司由技术引导市场,通过公司自主研发的产品,利用互联网平台,为传统产业提供增值服务,在为用户提供服务的同时,公司的价值也得到提升。因为在技术方面的大力投入和不断创新,产品得到政府的肯定。

六、关键要点

(1) 既然是"关系户",那就涉及关系治理,关系治理的最大难点就是很难标准化,它不像制度那样可以白纸黑字地写清楚,弹性非常大。

(2) 朱总对小A事件的态度会影响到公司员工对领导者不信任,难以形成强凝聚力的企业文化,而企业文化会影响企业的运作效率及企业的发展。

(3) 管理的灵活性和领导者的危机处理能力是企业维持平稳发展的基础。后续李博士对朱总关于小A事件的建议要能够消除前期决策的不利影响。

七、建议课堂计划

本案例可以作为专门的案例讨论课来进行。如下是按照时间进度提供的课堂计划建议,仅供参考。

整个案例课的课堂时间控制在80—90分钟。

课前计划:提出启发思考题,请学员在课前完成阅读和初步思考。

课中计划:简要的课堂前言,明确主题。(10分钟)

  分组讨论(20分钟),告知发言要求。

  小组发言。(控制在30分钟)

  引导全班进一步讨论,并进行归纳总结。(20分钟)

第四部分
《物流学导论》
课程案例精选

- 物流管理系

一、A 手推车厂组装车间物流系统设计[①]

【案例正文】

> **摘　要**：本案例描述了 A 手推车厂组装车间流水线的设计过程。在分析组装车间物料流动需求的基础上，根据不同的设计原则提出了 3 种设计方案，并进行方案间的比较评价，从而选择出最优方案。通过该案例的学习，巩固物流系统的概念，加强对物流系统分析设计过程的认识。
>
> **关键词**：组装车间；流水线；平衡设计

0　引　言

A 手推车厂准备新建一个组装车间。该组装车间拟采用流水线形式布置，即使用传送带输送手推车组装所需零件，沿传送带布置工作站完成各组装工序。为减少非生产性的空闲时间，提高生产效率，从而节省生产成本，提高经济效益，需要对该组装车间的流水线进行平衡设计。

1　相关背景介绍

组装车间每天需完成 500 辆手推车的组装任务，每天的生产时间 420 分钟，手推车组装工序的顺序和各工序所需时间如图 1 所示。

---

① （1）本案例由江西财经大学工商管理学院仲昇根据《物流工程》（尹俊敏，电子工业出版社，2009 年）内相关资料编写而成。未经允许，本案例的所有部分都不能以任何方式与手段擅自复制或传播。（2）本案例委托江西财经大学工商管理学院案例中心授权学院全体教师使用。（3）本案例只供课堂讨论之用，并无意暗示或说明某种管理行为是否有效。

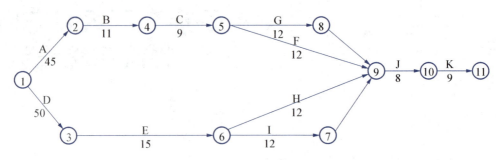

图 1　手推车组装工序顺序及所需时间

2　组装车间物流系统特性

组装车间采用流水线形式完成手推车的组装过程,构成了一个小型的物流系统。

2.1　组装车间物流系统的要素

一个物流系统由四类要素组成,包括功能要素、流动要素、物质要素和支撑要素。功能要素是指物流系统所具备的基本能力,如运输、储存保管、包装、流通加工等。流动要素由流体、载体、流向等组成。物质要素由物流基础设施、物流系统设备、组织及管理三部分组成。支撑要素包括制度、政策、法律规章、行政手段、标准化系统等。

组装车间作为一个小型的物流系统,同样具有这三类要素。

(1) 功能要素。组装车间的生产职能是完成手推车的组装。因此,组织车间物流系统的功能主要是完成组装过程所需各类零部件的搬运。

(2) 流动要素。组织车间物流系统的流体是各类零部件;载体是流水线上的传送带;流向是根据组装的生产顺序从流水线的一端流至另一端;流水线由若干个工作站组成,因此,零部件的流程是由一个工作站流出后进入相邻的下一个工作站,直至完成全部组装工作;流速和流量取决于生产进度需求对流水线节拍(流水线完成一件产品组装所需时间)的影响,每天的工作量大,则流水线节拍需要加快,则流速、流量相应较大。

(3) 物质要素。主要是组成流水线的传送带及其他工位结构与器具。

(4) 支撑要素。组装车间属于生产部门,因此,支撑要素主要是相关的生产现场管理制度、质量标准等。

2.2　组装车间物流系统目标

通过对流水线进行平衡设计,确定一个合适的流水线节拍,根据节拍在流水线上设置一定数量的工作站,并为每一工作站分配合适的工作任务,从而减少整条流水线上非生产性的空闲时间,提高生产效率,节省生产成本,提高经济效益。

2.3 组装车间物流系统模式

根据物流系统的一般模式,给出组装车间物流系统的模式,如图2所示。

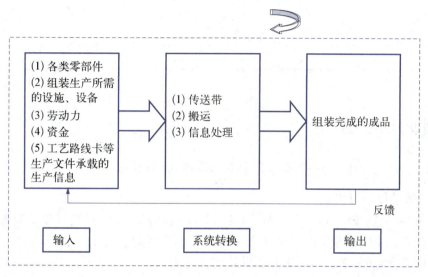

图 2　组装车间物流系统模式

3　组装车间物流系统设计结果

根据上述要求,按照优先分配后续作业较多的工序的规则(后续作业量相同情况下优先分配操作时间较长的作业),A手推车厂组装车间的流水线最终设计结果如下:
(1) 采用直线式布置。
(2) 流水线节拍为50.4秒,设置5个工作站。
(3) 各工作站所分配组装工序任务情况如表1所示。

表 1　各工作站所分配组装工序任务情况

	作业	作业时间（秒）	剩余未分配时间（秒）	可行的遗留作业	最多的后续作业	操作时间最长的作业
站1	A	45	5.4			
站2	D	50	0.4			
站3	B E C F	11 15 9 12	39.4 24.4 15.4 3.4	C,E C,H,I F,G,H,I	C,E C F,G,H,I	E E F,G,H,I

续 表

作业	作业时间（秒）	剩余未分配时间（秒）	可行的遗留作业	最多的后续作业	操作时间最长的作业
站4 G H I J	12 12 12 8	38.4 26.4 14.4 6.4	H,I I J	H,I J	H,I
站5 K	9	41.4			

【案例使用说明】

A 手推车厂组装车间物流系统设计

一、教学目的与用途

本案例供《物流学导论》第二章《物流系统分析》教学使用，适用对象为物流管理专业大一学生。本案例教学的目的不在于深入掌握流水线设计的知识①，而在于巩固物流系统的概念，加强对物流系统分析设计过程的认识。

二、启发思考题

（1）A 手推车厂组装车间的流水线设计是否达到了组装车间物流系统的目标？
（2）组装车间物流系统分析还需要考虑哪些约束条件？

三、分析思路

本案例的分析过程参照物流系统分析的一般步骤展开，具体步骤如图 3 所示。

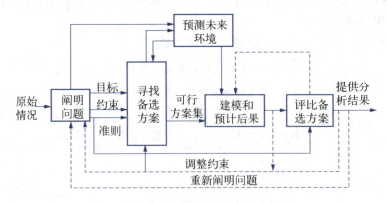

图 3　物流系统分析的步骤

---

① 流水线设计的专业知识安排在三年级《物流工程》课程里讲授。

四、理论依据与分析

依据流水线平衡设计理论,按照上述步骤对案例分析如下。

(一) 流水线设计是否达到组装车间物流系统的目标分析

问题:设计组装车间物流系统,即完成组装车间流水线的设计。

目标:减少非生产性的空闲时间,提高生产效率,从而节省生产成本,提高经济效益。

约束:主要包括组装车间工作量、每天工作时长、组装过程中各工序的顺序以及各工序的耗时。

准则:为保证各工作站能按同样的节奏工作,保证流水线的统一协调运作,各工作站所分配的工作时间均为一个节拍。

备选方案:

(1) 方案1:以案例中实际设计结果为方案1。

(2) 方案2:按照优先分配操作时间较长的工序的规则(操作时间相同情况下优先分配后续作业较多的工序),设计结果如下:

① 采用直线式布置。
② 流水线节拍为50.4秒,设置4个工作站。
③ 各工作站所分配组装工序任务情况如表2所示。

表2 各工作站所分配组装工序任务情况

	作业	作业时间(秒)	剩余未分配时间(秒)	可行的遗留作业	最多的后续作业	操作时间最长的作业
站1	D	50	0.4			
站2	A	45	5.4			
站3	E	15	35.4	B,H,I	B	H,I
	H	12	23.4	B,I	B	
	I	12	11.4	B		
	B	11	0.4			
站4	C	9	41.4	F,G	F,G	F,G
	F	12	29.4	G	G	
	G	12	17.4	J	K	
	J	8	9.4	K	K	
	K	9	41.4			

(3) 方案3:按照韩格逊和伯尼(Helgeson-Birnie)1971年提出的权值法,设计结果如下:

① 采用直线式布置。
② 流水线节拍为50.4秒,设置5个工作站。
③ 各工作站所分配组装工序任务情况如表3所示。

表 3　各工作站所分配组装工序任务情况

	作业	权值	作业时间（秒）	剩余未分配时间（秒）
站 1	D	106	50	5.4
站 2	A	106	45	0.4
站 3	B E C F	61 56 50 29	11 15 9 12	39.4 24.4 15.4 3.4
站 4	G H I J	29 29 29 17	12 12 12 8	38.4 26.4 14.4 6.4
站 5	K	9	9	41.4

评比备选方案：根据提高生产效率的目标，以流水线效率作为评价各备选方案的指标。

（1）方案 1：流水线效率＝195/(5×50.4)＝77％

（2）方案 2：流水线效率＝195/(4×50.4)＝97％

（3）方案 3：流水线效率＝195/(5×50.4)＝77％

因此，方案 2 为三个备选方案中的最优方案。

（二）组装车间物流系统分析所需考虑的其他约束条件分析

如前文所述，案例中主要考虑的约束条件是组装车间工作量、每天工作时长、组装过程中各工序的顺序以及各工序的耗时等。在实际的流水线设计过程中，需要考虑的其他约束还包括：

（1）组装车间的内部空间大小→流水线的形状和工作站的位置排列。

（2）工人技能水平→流水线节拍、工作站的数量、工作站工序分配情况。

（3）组装所需零部件补给流水线的能力和手推车成品搬离流水线的速度→流水线节拍。

二、蒙牛公司乳品运输合理化[①]

【案例正文】

> **摘　要**：铁路运输是一种重要的现代陆地运输方式。它是使用机动车牵引车辆，用以载运旅客和货物，从而实现人和物的位移的一种运输方式。铁路运输主要承担长距离、大宗货物的运输，在我国的综合运输体系中发挥骨干和主导作用。公路运输是现代运输的主要方式之一。公路运输由公路和汽车两部分组成，主要使用汽车，也使用其他车辆（如人力车、畜力车）在公路上进行客货运输。公路运输主要承担近距离、小批量的货运和水运、铁路运输难以到达地区的长途、大批量货运以及铁路、水运优势难以发挥的短途运输。乳品运输对物流运输时间和成本都有较高要求，必须合理选择运输方式。
>
> **关键词**：公路运输；铁路运输；运输合理化

0　引　言

　　内蒙古蒙牛乳业（集团）股份有限公司始建于1999年8月，总部设在内蒙古和林格尔县盛乐经济园区。作为国家农业产业化重点龙头企业，肩负着"百年蒙牛、强乳兴农"的使命，借西部大开发的春风取得了长足发展。截至2011年年底，蒙牛集团在全国20多个省、市、自治区建立生产基地30多个，总资产超200亿元，年产能超700万吨，累计创造产值1 834亿元，向国家上缴税金90.9亿元，累计收购鲜奶2 462万吨，为农牧民发放奶款683亿元，被社会形象地誉为西部大开发以来"最大的造饭碗企业"。2012年9月21日起，蒙牛实行大规模换装，在全国商家新包装产品。2013年6月，收购雅士利。

　　产品运输是乳品企业重大挑战之一。蒙牛目前的触角已经伸向全国各个角落，其产品远销到香港、澳门，甚至还出口东南亚。为了能在最短的时间内和在有效的存储条

[①] （1）本案例由江西财经大学工商管理学院杨文俊根据刘莉、徐玲玲主编的《物流运输与组织管理》并加以改编而成。未经允许，本案例的所有部分都不能以任何方式与手段擅自复制或传播。（2）本案例委托江西财经大学工商管理学院案例中心授权学院全体教师使用。（3）本案例只供课堂讨论之用，并无意暗示或说明某种管理行为是否有效。

件下,以最低的成本将牛奶送到商场和超市的货架上,蒙牛采取了以下措施。

1　缩短运输半径

对于酸奶这样的低温产品,由于其保质日期较短,蒙牛要保证在2—3天内送到销售终端。为了保证产品及时送达,蒙牛尽量缩短运输半径。当蒙牛的产品线扩张到酸奶后,蒙牛的生产布局也逐渐向黄河沿线以及长江沿线伸展,使牛奶产地尽量接近市场,以保证低温产品快速送至卖场和超市的要求。

2　合理选择运输方式

目前,蒙牛的产品运输方式主要有汽车和火车集装箱两种。蒙牛在保证产品质量的原则下,尽量选择费用较低的运输方式。

对于路途较远的低温产品运输,为了保证产品能够快速地到达消费者手中,保证产品的质量,蒙牛往往采用成本较为高昂的汽车运输。

为了更好地了解汽车运行的状况,蒙牛还在一些运输车上装上了GPS系统,给物流以及相关人员(包括客户)带来了方便,避免了有些司机在途中长时间停车而影响货物未及时送达或者产品途中变质等情况的发生。

而像利乐包、利乐砖这样保质期比较长的产品,则尽量依靠内蒙古的工厂供应,因为这里有最好的奶源。产品远离市场的长途运输问题就依靠火车集装箱来解决。与公路运输相比,这样更能节省费用。

在火车集装箱运输方面,蒙牛与中铁集装箱运输公司开创了牛奶集装箱"五定"班列这一铁路运输的新模式。"五定"即"定点、定线、定时间、定价格、定编组","五定"班列定时、定点,一站直达,有效地保证了牛奶运输的及时、准确和安全。

2003年7月20日,首列由呼和浩特至广州的牛奶集装箱"五定"班列开出,将来自内蒙古的优质牛奶运送到了祖国大江南北,打通了蒙牛的运输"瓶颈"。目前,蒙牛销往华东、华南的牛奶80%依靠铁路运到上海、广州,然后再向其他周边城市分拨。现在,通过"五定"列车,上海消费者在70个小时内就能喝上草原鲜奶。

3　全程冷链保障

低温奶产品必须全过程都保持2—6摄氏度,这样才能保证产品的质量。蒙牛牛奶在"奶牛—奶站—奶罐车—工厂"这一运行序列中,采用低温、封闭式的运输。"蒙牛"的冷藏运输系统都能保证将刚挤下来的原奶在6小时内送到生产车间,确保牛奶新鲜的口味和丰富的营养。出厂后,在运输过程中,则采用冷藏车保障低温运输。在零售终端,蒙牛在其每个小店、零售店、批发店等零售终端投放冰柜,以保证其低温产品的质量。

4 使每一笔单子做大

物流成本控制是乳品企业成本控制中一个非常重要的环节。蒙牛减少物流费用的方法是尽量使每一笔单子变大,形成规模后,在运输的各个环节上就都能得到优惠。此外,蒙牛的每次运输活动都经过了严密的计划和安排,运输车辆每次往返都会将运进来的外包装箱、利乐包装等原材料和运出去的产成品做一个基本结合,使车辆的使用率提高了很多。

运输合理化是指选择运距短、运力省、速度快、运费低的产品运输方式。蒙牛公司在实现运输合理化的过程中,充分考虑了运输距离、载运量、产品特征等因素,选择合理的运输方式、运输路线和运输工具,并开创了牛奶集装箱"五定"班列这一铁路运输的新模式,是运输合理化的成功典范。

【案例使用说明】

蒙牛公司乳品运输合理化

一、教学目的与用途
(1) 本案例主要适用于《物流学导论》课程第四章《物流运输管理》。
(2) 本案例可用于本、专科物流管理专业。
(3) 本案例的教学目的包括:
① 物流运输合理化的概念;
② 物流运输合理化考虑的因素;
③ 物流运输方式的优缺点。

二、启发思考题
(1) 乳制品对运输方式有何特殊要求?
(2) 蒙牛为何要使用铁路运输方式?
(3) 蒙牛还采取了哪些手段确保产品质量?
(4) 案例中的经验还可以扩展到哪些产品运输中?

三、分析思路
按上节的启发思考题顺序逐步深入,从现象逐渐深入至相关理论与知识点,从运输合理化的重要性入手,引出案例问题,引导学生思考如何合理选择运输方式解决问题。

四、理论依据及分析

（一）铁路运输

1. 铁路运输的优点

（1）适应性强；

（2）运输能力大；

（3）安全程度高；

（4）运送速度较快；

（5）运输能耗小；

（6）环境污染程度小；

（7）运输成本较低。

2. 铁路运输的缺点

（1）初期基本建设投资高，建设周期长；

（2）灵活性差。

综合考虑以上因素：铁路适于大宗低值货物的中、长距离运输，也较适合运输散装货物（如煤炭、金属、矿石、谷物等）、罐装货物（如化工产品、石油产品等）以及集装箱运输。本案例中蒙牛就使用了铁路运输利乐包、利乐砖这样保质期比较长的产品到上海、广州等远端城市。

（二）公路运输

1. 公路运输的优点

（1）机动、灵活；

（2）货损货差小；

（3）原始投资少，资金周转快，回收期短。

2. 公路运输的缺点

（1）运载量小，安全性差；

（2）单位运输成本高，对环境污染大。

综上所述，公路运输适用于担负中短途运输及特定条件下的长途运输，衔接其他运输方式。本案例中蒙牛对酸奶产品就使用了公路运输的方式。

五、关键要点

（1）本案例的核心在于凸显物流运输方式对企业的产品质量和成本的重要影响。

（2）关键知识点：铁路运输；公路运输；运输合理化。

六、建议课堂计划

时间安排：根据教学需要，案例讨论时间可以安排 45—90 分钟，并要求学生进行发散思维，再进行课件的解说，以便涵盖各主要知识点。

课前计划：提出启发思考题，要求学生在课前完成阅读和初步思考。建议的启发思考题可以包括：

（1）物流与运输的区别。

(2) 运输在物流活动中的重要地位。
(3) 有哪些常见的运输方式。
课中计划：进行分组讨论。讨论内容包括：
(1) 本案例中，物流运输方式的选择理由是什么？
(2) 本案例中，蒙牛还采用了哪些配套设备？
(3) 本案例中，水路运输和航空运输是否能加以利用，为什么？
(4) 本案例的经验可以适用于其他哪些产品的运输？
(5) 商品汽车的运输应该考虑哪些因素，选择怎样的运输方式？

三、M 公司的仓库管理[①]

【案例正文】

> **摘 要**：西部 M 公司刚刚起步，其物流管理模式比较落后。在原材料仓库管理方面，物料堆放混乱，缺乏规划，有些材料经常出现库存过高的情况，占用了企业大量资金，并挤占了仓储空间。本案例剖析公司的仓库管理现状，重新拟定原材料的空间要求，规划仓库布局；以 EVA 为例，优化库存订货策略，改善供应商的交货期要求，从而有效地改善 M 公司的仓库管理。
>
> **关键词**：安全库存；布局规划；交货期

1 公司背景

西部 M 公司是我国国家电力改革后组建的国有五大发电集团公司之一的三级全资子公司，公司注册资本金 4.2 亿元人民币，经营范围包括太阳能光伏电池、组件及配套产品的研发、生产、销售；太阳能光伏电站工程的设计、运营管理、技术咨询和技术服务。2011 年正式开始生产，年产 200 MW 晶体硅太阳能电池片和 50 MW 组件的产能。由于公司刚刚起步，其落后的物流管理模式导致的问题也全面地显现出来。在原料采购方面，订货量与订货批次的不合理导致原料入库混乱，影响了正常的生产活动。在仓储方面，物料存放区域划分不合理，部分原料随意堆放，不仅极大地浪费了仓储空间，而且使物料盘点非常困难。库存成本过高、严重的仓储空间浪费等这些问题严重制约了 M 公司的发展。

---

① (1) 本案例由江西财经大学工商管理学院程永生根据学生物流 09 级王胜斌的实习和毕业论文整理编写而成。未经允许，本案例的所有部分都不能以任何方式与手段擅自复制或传播。(2) 本案例委托江西财经大学工商管理学院案例中心授权学院全体教师使用。(3) 本案例只供课堂讨论之用，并无意暗示或说明某种管理行为是否有效。

2 主要问题

2.1 安全库存值设置过高

由于担心原材料缺货导致停产,采购人员凭感觉设置安全库存,许多物料的安全库存都规定为 10 天,严重浪费了企业的资金与仓储空间,导致储存空间的压力大,经常出现储存空间不够。

2.2 采购周期与到货周期不稳定

采购部根据生产部制定的物料算月计划,向原材料供应商下月订单。供应商每隔几天向公司按批次发货,由于没有约定,发货频率和批量不确定,到货时间也不稳定。

2.3 仓库区域分区不明确,物料统计困难

因为到货的批次与数量不能确定,导致仓库内出现乱堆乱放的现象,仓库内区域不明确,货物乱堆以至于物料统计困难,库内整体效果不整齐。

2.4 物料存放环境要求高

光伏产品原材料对存放条件要求较高,例如,钢化玻璃的最大层高为 4 层,且忌多次搬运;铝边框需要存放在干燥通风场所等,所以,随意堆放不仅会浪费空间,还会增加货损,降低物料的使用寿命。

3 仓储规划与库存优化

公司原材料仓库分 3 层,东西长 64 米,南北宽 21 米,一层可用层高为 3.8 米,主要存放的物资有钢化玻璃、EVA、铝框架、组件背板、包材等。储存形式为平面堆放,搬运方式为两台电动叉车和一台柴油叉车。

3.1 仓储规划

在综合考虑企业现状、存储物资的种类和数量、公司未来发展等因素的基础上,

依据经济批量订货模型的结果、公司物流内部建设及相关设计准则,以充分利用仓库空间、提高出入库效率、实现物资科学化管理为目标,对 M 公司原材料仓库重新规划。

表 1　仓储区域汇总表

功 能 区 域	面积(平方米)	最大储存数量
钢化玻璃存放区	112	196 托盘 * 110 片
铝边框存放区	84	48 托盘 * 45 箱
EVA 存放区	90	36 托 * 16 箱
背板存放区	90	30 托盘 * 16 箱
组件包材存放区	112	32 托盘 * 80 套
托盘存放区	56	
不合格品存放区	33	
废品回收区	56	
临时调度区	92	
入库检测区	47	

1. 一层规划

由于该层的层高 3.8 米主要存放物料体积与质量较大,所以,普遍采用的是平面堆放方式。仓库一层从右到左依次为钢化玻璃存放区、铝边框存放区、EVA 存放区、背板存放区、箱材存放区以及托盘存放区。主要干道及每个区域间隔 3.5 米,保证 2.5 吨叉车能自由行使及转向;功能区配有临时调度区、出入料登记区、叉车充电区、废品存放区、检测区以及不合格品存放区等。

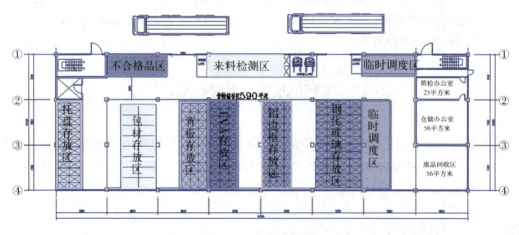

图 1　一层平面规划图

以钢化玻璃存放区为例,该区长 14 米,宽 8 米,可存放 1.7 米×1.1 米玻璃 192 托

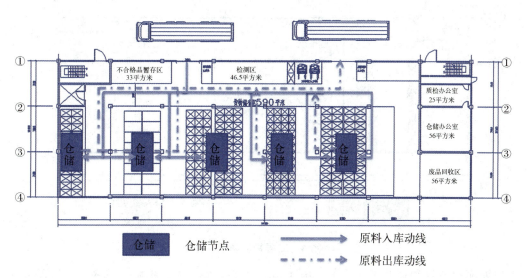

图 2　一层物流动线图

盘,按照正常每天 2 800 片使用量,存满时能达到 7.5 天的存量。按照安全库存量的分析,最佳仓储量为 101 托,即 4 天库存量,所以,该区域的规划不论在满仓还是普通时都能满足生产需要。

2. 二层规划

二层可存储面积约为 1 000 平方米,每平方米核定载重为 3 吨,配有 1.5 吨升降货梯完成出入库工作,主要存放较小、较轻、搬运方便以及用量小的物料。从右到左依次为平面堆放区、隔板式货架区、组合式货架区、临时调度区以及不合格品存放区,组合式货架区和隔板式货架区共有 620 个托盘位和 120 个料箱位。

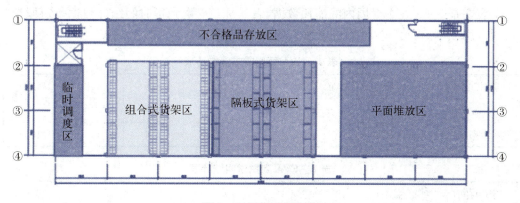

图 3　二层平面规划图

3.2　库存优化

公司的库存管理和计划主要是由相关工作者凭感觉和经验来进行管理,缺乏一套系统的科学的分析管理方法。目前,M 公司库存管理的核心问题是在确保生产的前提

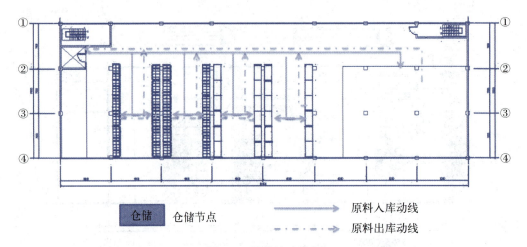

图 4　二层物流动线图

下压缩库存数量和降低库存成本。由于过于担心影响生产,采购部凭感觉设置的安全库存过高,缺乏数据核算的依据。

以下以公司主要的原材料 EVA 为例,优化库存设计。

1. 原始数据采集

EVA 由位于秦皇岛的福斯特玻璃制造厂提供,运输时间一般为两天,采购的 EVA 规格为 995 mm×150 m×0.5 mm,每卷重 40 千克,16 卷为一托盘,采用的运输方式为陆运,每车固定 18 托,即每车限装 288 卷。因为公司每天的产量固定,相对应的玻璃的使用量比较稳定,目前,每天 EVA 使用量为 60 卷,订货方式为每月签订合同一次,供应商会结合自己的情况和 M 企业库存量发货,有时一天会到三、四车,有时三、四天不到一车。

表 2 是 EVA 在 100 周内的消耗数据,表 3 是 100 次到货时间统计数据,该种材料每周占用成本 10 元/卷,订货费用为 250 元,缺货损失费为 100 元/卷。

表 2　EVA 每周需求量统计表

需求量(卷)	400	412	415	420	425	428	430
次数	2	8	22	34	18	9	7
累计频率(%)	2	10	32	66	84	93	100

表 3　EVA 到货时间统计表

到货时间(天)	1	2	3	4	5
次数	23	45	17	9	6
累计频率(%)	23	68	85	94	100

2. 数据分析

根据以上信息,可以计算得到需求和提前期的概率分布参数,由此可得对应于不同服务水平的安全库存和订货点及库存水平,如表 4 所示。

表 4 订货点、安全库存与平均库存对照表

服务水平	68%	85%	94%	99%	99.90%	99.99%
安全库存	−13	47	109	167	168	170
订货点	125	185	247	305	306	308
平均库存水平	131	191	253	311	312	314

从表 4 可以看出,随着要求保障生产的服务水平从 68% 依次增加到 85%、94%、99%,相应的安全库存呈阶跃式增加,这主要缘于到货时间的不确定所导致。如果选取订货点为 308,表示每当仓库存量下降到 308 卷时,则向供应商发出催货单。每次发货数量固定为一车,即 288 卷。服务水平高达 99.99% 以上,意味着每 133 年才可能会发生一次缺货,缺货数量仅 1—2 卷,对生产的影响忽略不计,但平均库存高达 314 卷。但如果能够将到货时间稳定在 2—3 天内,则 99.99% 的服务水平也仅仅需要维持平均约 190 卷的库存水平,对应的订货点约为 186 卷,库存成本再降为原来的 60%。

3. 供应交货期改进

从数据分析中可以看出,供应商的交货期管理是降低库存成本的重中之重。

由于公司 EVA 的需求每天很稳定地维持在 60 卷,而每车固定载重为 288 卷,则在每月签订一次月采购总订单后,要求供应商每 4 天发一车,当累积富余量达到 60 卷时,再通知推迟一天发货。签订月采购协议时给出指定的送达时间要求。

为防止运输路途事故导致延期,可储备两天的安全库存,储备量为 125 卷。一旦路途发生意外(如交通事故),则要求供应商紧急送货,可在两天内送达。以后再根据供应商交货期执行情况,将安全库存继续压缩到 1 天的储备量,储备量为 63 卷。

4 结束语

由于 M 公司刚刚起步,物流仓储还处于起步阶段,为了保证生产,一味地提高安全库存是不科学的,如果不及时改善现有的物流状态,在未来的生产活动中势必会对生产带来一定的阻碍作用。本案例通过对组件原材料库的主要原材料重新拟定所需空间,规划仓库布局,优化库存订货策略,改善供应商的交货期要求,以有效地改善 M 公司的仓库管理。

【案例使用说明】

M 公司的仓库管理

一、教学目的与用途

(1) 本案例主要适用于《物流学导论》课程,也适用于《物流与供应链管理》《仓储管

理和库存管理》等课程

(2) 本案例可用于本科物流管理、物流工程专业,也可作为工商管理相关专业的拓展阅读。

(3) 本案例的教学目的包括:

① 理解仓储规划;

② 熟悉库存优化技术;

③ 了解系统决策思路。

二、启发思考题

(1) 如何理解仓储管理和库存管理的关系?

(2) 案例中提前期内的需求分布是怎样的?

(3) 表 4 中的结果是如何计算得出的?能否用正态分布加以近似?

(4) 如何实施压缩供应商交货期?

(5) 案例中,能否实行 VMI 管理策略?障碍在哪里?如何实施?

(6) 案例中,能否实行 JIT 管理策略?障碍在哪里?如何实施?

三、分析思路

按上节的启发思考题顺序,逐步深入,从现象逐渐深入至相关理论、技术方法与知识点,引导学生运用系统思维解剖现象,应用规划技术和库存模型解决实际问题。

四、理论依据及分析

相关基础知识:规划知识与技术方法、库存控制策略与优化方法。

五、建议课堂计划

根据教学需要,课前安排学生预习案例内容,讨论时间可以安排 20 分钟到 30 分钟。

四、华联生鲜商品的物流配送[①]

【案例正文】

> **摘　要**：华联超市股份有限公司是中国国内第一家上市的连锁超市公司，本案例将以华联超市生鲜商品的物流配送为研究对象，就其背景、目前配送系统的运营状况、存在的问题进行描述，提出解决对策，以期达到配送系统优化、减少配送费用与提升物流服务并行的目的，为供应链的管理及企业通过减少物流成本增加效益提供参考。
>
> **关键词**：配送中心；扫描法；系统优化；冷链

0　引　言

物流配送是指按照客户的要求，经过分货、拣选等货物配备工作，把最终产品从生产线的末端送到消费者手中的移动和存储过程，配送作为物流活动的重要组成，越来越受到企业的关注，而减少配送环节的费用成为许多企业解决的难题，尤其是作为连锁零售企业在对生鲜产品等有特殊要求商品的配送中更需要对其进行优化配置，减少配送费用，同时又能满足顾客的需求。

1　公司背景

华联超市股份有限公司是中国国内第一家上市的连锁超市公司，其前身为成立于1993年1月的上海华联超市公司。公司以"挑战极限，追求卓越"为企业精神，以"低成本、低投入、高效益、高产出"为经营原则，以特许加盟为经营特色，形成了以标准超市、大卖场、便利店为主营业态，以现代化物流和信息化管理为核心技术，以开拓全国市场、参与全球竞争为目标的经营格局。该公司主营业务为连锁超市，经营范围为服装鞋帽、

[①] （1）本案例由江西财经大学工商管理学院潘淑清根据机械工业出版社由汝宜红、宋伯慧主编的《配送管理》及百度文库（http://wenku.baidu.com/view/4f87b9dbad51f01dc281f1e1.html）有关华联生鲜商品的物流配送案例编写而成。未经允许，本案例的所有部分都不能以任何方式与手段擅自复制或传播。（2）本案例委托江西财经大学工商管理学院案例中心授权学院全体教师使用。（3）本案例只供课堂讨论之用，并无意暗示或说明某种管理行为是否有效。

服饰系列配套商品、日用百货、工艺美术品、五金交电、文教用品、中西餐饮、仓储运输、经营进出口业务、建材、装潢材料、超市管理、食品、常用药品、粮食及其制品、连锁加盟、副食品、收购水产品、蔬菜、水果、烟、酒、代客服务（除专项规定外）、计划生育药具和附设分支，该公司长期致力于国内外零售市场的开拓。在学习借鉴国内外连锁业先进经验的基础上，积极推进体制和机制创新，以"华联无假货，件件都放心"为自律标准。

2　华联生鲜配送业务背景

对于规模化生鲜经营的大型连锁超市集团来说，生鲜加工配送中心的建立和良性运作十分重要，它将为整合和优化生鲜供应链各方面资源，为连锁超市生鲜区的标准化管理奠定良好的基础，为超市生鲜经营积蓄充足的后续发展能力和竞争优势。

生鲜商品的物流配送备受关注的原因也是多方面的。一方面，随着零售市场竞争加剧，居民生活水平提高，人们对快速食品、生鲜半成品和冷冻食品的需求增加，要求大型零售企业设立食品加工中心和配送中心；另一方面，由于生鲜加工配送不同于常温干货配送，要求有相应保鲜条件并有不菲的投入，配送半径有限，相对经营风险较大，使多数连锁超市一时没有贸然介入。

3　主要问题

3.1　配送能力、配送服务质量和品控标准等有限

由于配送能力、配送服务质量、品控标准等有限，特别是对华联超市的大型连锁超市体系，非正规的配送产生了不合理的配送成本，表面上配送成本推向了供应商，实质上高出的配送成本部分还会被计入商品价格，又在结算时返回到连锁超市，最终摆在消费者面前的仍将是居高不下的售价。

3.2　配送服务体系尚未成熟

技术含量较高的"一条龙"的产业经营链条及配送服务体系尚未成熟，对处于下游的连锁超市生鲜经营来说，其上游始终是处于运作不顺畅、不稳定的状态，甚至成为断档，这是继我国农产品"小生产与大市场"产销。

3.3　配送技术设备不完善

由于我国的物流配送相关技术，特别是对于生鲜这类易腐易烂产品的冷链及相关

设备相对于国外差距较大,与客户的需求还相差甚远,配送环节保鲜水平不高,所以,在生鲜的配送环节中产生的损耗而引起的费用比例越来越大。

3.4 单店生鲜经营形式,采购不合理

就目前超市生鲜品的采购渠道分布状况看,超市生鲜品的采购来源主要有本地采购和产地采购。本地采购的产品包括叶菜类(蔬菜基地)、鲜肉类(肉联厂)、鲜活水产(淡水养殖基地)、部分副食品(豆腐、豆浆、豆制品)、半成品凉菜、切配菜等;产地采购的产品包括大宗干菜、部分水果、冰冻水产、干鲜制品、加工制品。目前是以单店生鲜经营形式为主,得不到生鲜配送服务体系支持,超市生鲜品采购集合的数量不大,使超市生鲜区依赖于本地采购的生鲜品数量和品种比例相对较大,经营弊端一览无余。同一城市连锁超市的生鲜商品结构中,同样存在严重的同构化现象,商品淘汰更新率较低,差异化经营和特色经营未能得到充分发挥,市场竞争力较弱。

3.5 生鲜货品进货、储存、加工、容器管理问题

华联生鲜货品进货时,产品的包装与否不统一,致使称重不准确,原先进货的操作是以出为进,弊端是管理层无法对采购人员的采购质量进行考核,因为看到的数据、到门店的货品数量都是合格的,采购质量是100%合格的。生鲜货品在储存时会发生水分蒸发、变质等自然损耗。由于原先的操作是以出为进,因此,这些损耗数据都无从查找;生鲜产品进入配送中心后,需要进行简单分箱加工就可配给门店,而且涉及成本的转移,在加工过程中损耗了多少是无法计算的;华联生鲜货品中的冷链货品、蔬菜、鸡蛋等都是放在周转箱中进行装载和运输的。实际操作中都是业务人员每天把数据记录在相应的纸面表格中,对容器的管理及产品计入有时存在人工失误。

4 解决方案简介

4.1 整合配送中心内部流程,优化配送系统

对储存生鲜产品的配送中心的内在流程进行优化整合,即协调进货、储存、订单处理与补货、配送与送货、配送加工等环节,使生鲜产品的配送系统整体达到最优,减少系统的物流成本。

4.2 制定合理配送计划

在得到连锁门店的订单并汇总后后,物流计划部门根据第二天的收货、配送和生产

任务制定配送计划,主要分为线路计划、批次计划、生产计划(华联是零售连锁企业,生产几乎不存在)、配货计划,即根据门店的订货数量和品种规划线路,保证运输效率;根据总量和车辆人员情况设定价格和配送的批次,实现循环使用资源,提高效率;结合场地及物流设备情况,做配货安排。

4.3　建立配送信息系统,提高配送中的技术水平

生鲜产品配送的高效率服务体现在其对需求的快速反应,就需要良好的信息系统对供需及补货、订单数据进行收集和整合,数据交换系统(EDI)或电子订货系统(EOS)等良好的信息技术的应用能够提高客户的满意度,提高企业竞争力;另外,冷链技术的应用和不断提升能够减少生鲜产品的损耗,降低运输成本。

4.4　实行多元配送模式

根据华联超市生鲜产品的配送特点及企业实力,采用自营模式与中介型配送模式相结合,实现配送费用与物流服务的双重效益。

4.5　配送线路的优化

利用扫描法对生鲜产品配送线路进行优化,还可以采用表上作业法、图上作业法进行优化。

4.6　其他策略

在采购渠道优化方面,如果建立起生鲜加工配送服务体系,华联连锁超市可以在几个方面显现更强的市场运作优势,一是可以有效整合本地连锁店生鲜销售的规模能力,以相当采购批量从农产品生产基地直接进货,减少中间环节;二是可以将部分生鲜产品从本地采购转为跨地区向产地采购,进而面向全国招标采购,扩大超市生鲜品的采购视野,为差异化经营和特色经营创造条件;三是结合采购渠道逐步向产地市场采购转移,可以淘汰一些实力弱、运作不规范的中小加工生产厂商和供应商,有效地重构和优化生鲜采购渠道。

5　结束语

配送是指在经济合理区域范围内,根据客户要求,对物品进行拣选、包装、分割、组培等作业,并暗示送达指定地点的物流活动,在物流管理中意义重大,其目的是减少成本,提高企业竞争力,同时提高服务水平,整合优化配送系统,利用 EDI 等技术提高配

送基础设施和信息建设的水平,采用多元配送模式,制定配送计划,实现经济效益与社会效益的双丰收。

【案例使用说明】

华联生鲜商品的物流配送

一、教学目的与用途

(1) 本案例主要适用于《物流学导论》课程,也适用于《供应链管理》和《配送管理》等课程。

(2) 本案例可用于本科物流管理专业。

(3) 本案例的教学目的包括:

① 了解配送管理的重要性;

② 理解生鲜产品的配送流程;

③ 分析配送管理中出现的问题,并提出解决对策。

二、启发思考题

(1) 如何理解华联的发展对配送管理的影响?

(2) 华联超市在生鲜产品的配送中还存在哪些问题?

(3) 还有哪些对策可以解决华联在生鲜配送中遇到的"瓶颈"?

(4) 在华联生鲜配送出现的问题中,哪些是由客观原因造成的?哪些是主观原因引起的?又该怎么避免主观上造成的人为原因?

(5) 管理层应如何评定企业的配送管理的效率以及对整个物流供应链的影响?

(6) 与华联类似的零售连锁企业相比,生产制造企业的配送管理中又存在哪些问题?怎么解决?有何异同点?

三、分析思路

按上节的启发思考题顺序,逐步深入,从现象逐渐深入至相关理论与知识点,从零售连锁企业的配送管理的重要性入手,引导学生剖析不同性质的商品在配送管理上的不同,分析华联生鲜产品配送存在的问题以及相关解决对策。

四、理论依据及分析

(1) 配送

这是指在经济合理区域范围内,根据客户要求,对物品进行拣选、包装、分割、组培等作业,并暗示送达指定地点的物流活动。本案例中,企业根据不同性质的商品,选择合理的配送方法,但由于各部分相互独立,无法实现配送系统的整体最优化。

(2) 生鲜产品

这是指与居民生活息息相关的新鲜蔬菜、水果、水产品、禽畜及其肉类产品。在案例中,零售连锁企业在采购生鲜产品时没有对这些易腐易烂的生鲜产品采取更为妥当的措施。

(3) 冷链

这是指易腐食品从产地收购或捕捞之后,在产品加工、贮藏、运输、分销和零售直到消费者手中,其各个环节始终处于产品所必需的低温环境下,以保证食品质量安全,减少损耗,防止污染的特殊供应链系统。适用于初级农产品、速冻食品和特殊类药品。在解决生鲜易腐烂时采用冷链,大大提高了产品的新鲜度。

五、关键要点

(1) 本案例以华联公司为例,剖析生鲜产品的配送管理中存在的问题,并提出相应的解决方案。

(2) 关键知识点:配送管理;冷链;扫描法;EDI。

六、建议课堂计划

时间安排:根据教学需要,案例讨论时间可以安排 40—60 分钟,以便涵盖各主要知识点。

课前计划:提出启发思考题,要求学生在课前完成阅读和初步思考。

课中计划:进行分组讨论。讨论内容包括:

(1) 华联公司作为国内著名的零售连锁超市,为什么还要实行配送管理? 尤其是生鲜产品的配送管理呢?

(2) 采用 EDI、EOS 信息技术为华联公司带来了哪些优势?

(3) 华联公司的生鲜产品配送管理的主要目标是什么?

讨论要求如下:

(1) 分组讨论时间在 15 分钟左右,告知发言要求。

(2) 小组发言。(每组 5 分钟,控制在 30 分钟)

(3) 引导全班进一步讨论,并进行归纳总结。(15—20 分钟)

课后计划:如有必要,请学生采用报告形式提交成果。

五、武汉东本储运有限公司协同化整车物流信息平台

【案例正文】

> **摘　要**：整车运输是汽车制造企业主要的物流方式，武汉东本储运有限公司通过建立协同化整车物流信息平台，解决汽车制造企业物流过程中的诸多问题，借助 GPS、RFID、无线通信技术等先进物流技术的应用，实现物流运输全过程的透明可视化，提高物流运输效率，提高商品车运输质量，解决社会闲散运力车辆无法接入企业内部平台进行实时在途跟踪问题，建立与承运商之间的信息沟通渠道，整合多家不同承运商的 GPS 资源等，最终提高客户满意度。
>
> **关键词**：整车运输；协同化物流信息平台；物流技术

0　引　言

武汉东本储运有限公司是由中国东风汽车工业进出口有限公司、日本株式会社本田运输有限公司、本田技研(中国)投资有限公司及上海神越实业有限公司共同组建的一家专业第三方汽车物流公司，主要为东风本田汽车有限公司提供全程物流服务，业务范围涵盖汽车制造整个供应链。面对快速发展的国内汽车制造前景和消费市场，公司该如何更好、更快地为客户服务，提高汽车物流服务质量，取得更大的发展呢？

1　公司背景

2012 年，公司实现销售额超过 8 亿元，管理各类运输车辆 3 500 辆，各类仓储总面

---

① (1) 本案例由江西财经大学工商管理学院刘志华根据公开信息资料编写而成。未经允许，本案例的所有部分都不能以任何方式与手段擅自复制或传播。(2) 本案例委托江西财经大学工商管理学院案例中心授权学院全体教师使用。(3) 本案例只供课堂讨论之用，并无意暗示或说明某种管理行为是否有效。

积超过 25 万平方米，并拥有华中地区最大的汽车零部件仓库。

公司近年来的主要业务包括采购物流、生产物流、销售物流和售后物流，范围涉及制造企业的零部件供应商、企业内部生产流程、整车销售环节和售后服务的备件分拨环节。其中，销售物流（即整车物流）业务的主要任务要求：每天对超过 1 000 辆的商品车进行下线接收、储存及发运，对发出的每一辆商品车都要通过系统录入车架号，经由多个系统的协同化运作，对装运及在途状况进行实时监控管理。

2 主要问题

汽车的整车物流涉及的内容很广泛，包括商品车的收发、储运、调度、结算等多个作业环节，在实施信息化管理之前，公司在物流业务上存在的主要问题包括：

（1）人工操作繁杂。面对每天大量的商品车的下线接收与储存发运，来自全国各地销售店的不同车型不同数量的需求，采用人工操作时需要每天都对大量数据进行繁杂的统计工作，工人劳动强度大，容易出现人为错误。

（2）企业管理数度低。商品车整车不同于日化产品等小型商品，在仓储业务环节中不可能将多辆同型号车堆码存放，必须分开放置，整车仓储面积大，管理非常困难，仓储管理人员在传统清点工作时的行走距离很长，为了清点车辆，有时需要在仓储区域行走往返数百米或几千米。

（3）与生产商之间缺乏数据接口。未实施信息化时，公司与商品车生产厂商之间只能通过纸质单据、电话、邮件等进行数据交换，然后自行制定发车计划和交车信息，效率比较低下。

（4）承运商管理复杂。公司除拥有自己的车队以外，还与其他承运商有着密切的合作关系，对这些承运商的车辆管理存在较大的不足，如外部车辆的出入场管理、准运管理和在途跟踪等。

基于以上情况，公司决定实施信息化管理。

很快，在公司实施信息化管理过程中遇到了新的困难。

（1）信息化平台设计初期用户需求不明确。信息化管理的实施离不开企业一线业务部门，在进行初期调查时发现，业务部门不能详细反映业务流程存在的问题，希望系统开发公司帮助业务部门进行业务流程梳理，设计优化业务流程，但系统开发公司却不熟悉整车物流业务流程，缺乏相关经验，在前期调研中双方不能完全明确需求。同时，业务部门由于业务量较大，业务骨干忙于应付庞大业务，无法全力配合系统的设计及实施。

（2）公司信息化平台需要提供接口与公司的上下游系统进行数据交换。公司与商品车生产商、承运商之间需要进行大量的信息传递，存在大量的实时信息，如发车信息、运力资源信息、车辆调度信息、商品车在途信息、商品车交车信息等，这些信息是否能及时传递到所需要的部门，对公司的效率有很大的影响。

(3) 先进物流技术的应用缺乏经验。平台建设中需要应用多种先进物流技术，如RFID、PDA、GPS等，这些技术的应用在目前还属于初级阶段，并没有丰富的经验提供参考借鉴。

3 信息化平台功能

协同化整车物流信息平台主要功能如下：

(1) 通过 GPS 技术、RFID、无线手持终端等先进物流设备及技术，实现整车物流所有作业环节的信息化管理。

(2) 通过基于全 B/S 架构的信息系统，为生产商、特约店提供基于 Internet 的查询服务，客户只需登录指定网站，就可以根据发运商品车的运单号或者车身编号查询到诸如装车、在途、甚至装载位置等信息。

(3) 为承运商提供基于 Internet 的报板服务，只需登录指定网站，就可以完成实时报板、下载对账报表，为公司的调度派板、发运工作提供第一手信息。

(4) 整合多家不同承运商的 GPS 平台至统一的东本储运 GPS 平台之下，客户无须登录不同的 GPS 监控平台，只需登录公司统一的监控平台即可查询到分属数十家不同承运商的在途运输信息。

平台经过多年整合升级，系统总体架构如图 1 所示。

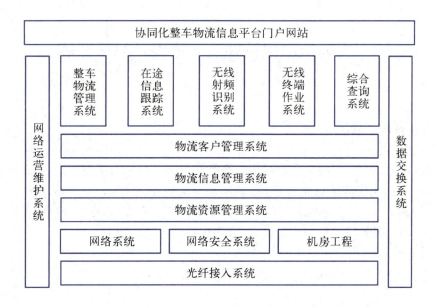

图 1 信息平台总体架构

系统业务流程图如图 2 所示。

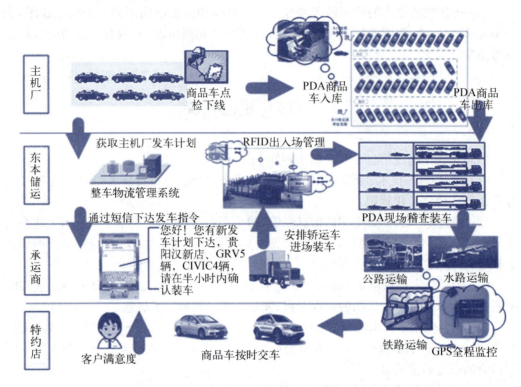

图 2　信息平台总体业务流程

4　实施信息化管理后的主要效益与评估

4.1　客户满意度提高

实施信息化管理后,商品车准时交付率和客户满意度均有明显上升。如图 3 所示。2006 年,公司尚未实施信息化管理,商品车准时交付率为 95.7％,2007 年以后采用信息化管理,随着对信息化管理的不断深入,到 2011 年商品车准时交付率上升到 98.54％。物流服务质量得到明显提高,客户满意度也随之提升。

4.2　优化了作业模式,相关作业效率提高明显

通过建立协同化整车物流信息平台,整合上下游供应链上的不同资源,实现了公司与承运商、生产商资源的优化配置,提高了整车物流的资源利用率,并细分整车物流流程,使整车物流的每一环都紧紧相扣,导入先进的物流技术手段,精细化管理整车物流业务。2007—2011 年,公司承担的商品车年发运量由 12 万辆上升至超过 24 万辆,但

五、武汉东本储运有限公司协同化整车物流信息平台

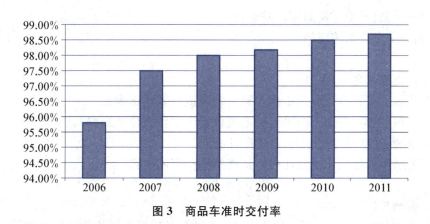

图 3　商品车准时交付率

没有增加工作人员数量,通过实施整车物流信息化建设,实现了作业人员、调度人员工作效率的大幅上升。

▶ 4.3 塑造企业形象,提高了企业的核心竞争力

公司通过整车物流信息化建设,为生产商、特约销售店提供个性化服务,塑造了企业形象,提升了公司品牌效益。同时也赢得了生产商及特约店的一致好评,也使公司获得了竞争力。

5 结束语

通过协同化整车物流信息平台的建设和实施,企业成功实现了作业单据的100%电子化管理,以及对在途、在库货物90%以上的实时跟踪和可视化管理。同时,公司在2011年被工业和信息化部认定为"物流信息化动态监测定点联系企业",2012年被湖北省发展改革委、湖北省现代物流联席会议办公室评定为第一批"湖北省重点物流企业"。

【案例使用说明】

武汉东本储运有限公司协同化整车物流信息平台

一、教学目的与用途

(1) 本案例主要适用于《物流学导论》课程,也适用于《物流信息管理》和《物流信息技术与应用》课程。

(2) 本案例可用于本科物流管理专业。

(3) 本案例的教学目的包括:

① 物流信息系统的重要性;

② 物流信息系统开发的用户需求管理；
③ 物流信息技术的应用。

二、启发思考题

(1) 传统手工管理过程会给企业整车物流造成哪些影响？
(2) 案例中用户需求不明确会对系统设计产生什么样的影响？
(3) 案例中设计信息化平台有哪些体会？
(4) 案例中的信息化平台还可以扩展到哪些应用中？

三、分析思路

按上节的启发思考题顺序，逐步深入，从现象逐渐深入至相关理论与知识点，从物流信息系统的重要性入手，引出案例问题，引导学生思考如何应用信息化平台和物流信息技术解决困难。

四、理论依据及分析

（一）物流信息管理

物流信息管理是指运用计划、组织、指挥、协调、控制等基本职能对物流信息搜集、检索、研究、报道、交流和提供服务的过程，并有效地运用人力、物力和财力等基本要素以期达到物流管理的总体目标的活动。本案例中，企业在未实施信息化管理前，采用手工操作模式进行管理，管理效率低下，物流效率不高，客户满意度较低，通过信息化平台建设提升了物流效率和管理效率，最终影响到企业的客户满意度和企业竞争力。

（二）物流信息技术

案例中涉及了多项物流信息技术，如通过 RFID、GPS 和无线手持终端（PDA）实现整车物流中的在途监控，应用 RFID 技术进行车辆的出入场管理等。

五、关键要点

(1) 本案例的核心在于凸显物流信息管理对企业资源的整合功能，通过物流信息平台将企业的上下游资源信息整合在一起，使企业的物流效率得到明显提高。
(2) 关键知识点：物流信息管理；物流信息系统设计；物流信息技术；RFID；GPS；协同化整车物流信息平台。

六、建议课堂计划

时间安排：根据教学需要，案例讨论时间可以安排 20—90 分钟，在《物流信息管理》和《物流信息技术与应用》课程教学中，应不少于 60 分钟，以便涵盖各主要知识点。

课前计划：提出启发思考题，要求学生在课前完成阅读和初步思考。建议的启发思考题可以包括：
(1) 供应链上下游间的物流信息如何整合在一起？
(2) 物流运输过程中越来越多地对物流全程进行实时监控，有什么作用？

五、武汉东市储运有限公司协同化整车物流信息平台

课中计划：进行分组讨论。讨论内容包括：
（1）本案例中,物流信息平台解决手工管理中的哪些问题？
（2）本案例中,物流信息平台的优点有哪些？
（3）本案例中,物流信息平台的应用环节有哪些？
（4）本案例中,有关物流信息技术的应用是如何产生作用的？
（5）本案例中,信息化平台是否还有可以改进的余地？

六、江铃供应商的评价与选择[①]

【案例正文】

> **摘　要**：供应商评价与选择是企业供应商管理的一个重要方面，不同的企业往往有不同的标准和评价。江铃建立了以质量、交付和商务/技术三方面指标构成的评价指标，按4∶3∶3的权重进行综合评价，并考虑质量一票否决因素，为有效选择、保留、整改和淘汰供应商提供了可靠依据。江铃对某一供应商2012年的表现所作的综合评价与分级、排序，详细说明了这一做法。
>
> **关键词**：供应商评价；供应商选择；江铃

多年来，供应商选择一直是个热门话题。在美国，"什么是一个好的供应商"几乎成了某些大公司面试采购人员的标准问题。一般来说，企业多数重视质量、价格、交货、服务（"Q.C.D.S"）等"显性"因素，对其进行综合评价后再作出选择。

江铃在供应商的评价与选择方面，是由跨职能团队主导的。该团队成员来自采购中心的 Buyer、STA 和技术部三个职能部门，根据供应商现行供应和产品状况，由 Buyer 评价供应商的商务方面，STA 评价其质量体系、生产过程、软硬件水平，技术部评价其开发设计能力。如果供应商被该团队评价为满意的，它将作为潜在供应商，具有参与报价和竞标资格，而最终供应商的选择是由公司的管理委员会决定的。供应商与江铃签订供货合同后，即进入了江铃的供货体系，江铃在新车型或新产品开发过程中，将优先考虑该供应商作为潜在供应商。

1　公司简介

江铃于20世纪80年代中期在中国率先引进国际先进技术制造轻型卡车，成为中国主要的轻型卡车制造商。1993年11月，公司成功在深圳证券交易所上市，并于1995年引入外资战略合作伙伴——美国福特汽车公司，福特公司现持有江铃公司30%的股份。

江铃凭借福特的支持，迅速发展壮大。1997年，江铃/福特成功推出中国第一辆真

[①] （1）本案例由江西财经大学工商管理学院刘浩华根据南昌大学送审的 MBA 盲评学位论文编写而成。未经允许，本案例的所有部分都不能以任何方式与手段擅自复制或传播。（2）本案例委托江西财经大学工商管理学院案例中心授权学院全体教师使用。（3）本案例只供课堂讨论之用，并无意暗示或说明某种管理行为是否有效。

正意义上中外联合开发的汽车——全顺轻客。

公司产品包括：全顺汽车、凯运轻卡、宝典皮卡、驭胜SUV、宝威多功能越野车等。近两年来投入巨资致力新产品开发，充实原有的产品线，2009年，江铃宽卡凯威上市；2010年岁末，悬挂江铃全新标志的自主品牌中高端SUV驭胜上市。

福特全顺汽车在中高端商务车、城市物流客货两用车等市场一直稳步增长，成为中国高档轻客市场的主力军。公司自主品牌的江铃JMC宝典皮卡、凯运及JMC轻卡系列的销量连续占据中高端市场的主导地位。福特新世代全顺多方面的卓越表现，使江铃在中国高档轻客领域处于领先地位。

目前，公司建立了研发、物流、销售服务和金融支持等符合国际规范的体制和运行机制。在中国汽车市场率先建立现代营销体系，构建了遍布全国的强大营销网络。按照销售、配件、服务、信息"四位一体"的专营模式，公司拥有上百家一级经销商，经销商总数超过600家。公司海外分销服务网络快速拓展，海外销量快速成长。公司以顾客为焦点，采用福特在全球实施的服务2000标准模式，贯彻JMC Cares江铃服务关怀体系，全力追求服务过程品质，顾客服务满意度评价在福特全球企业中居于前列。

公司建立了ERP信息化支持系统，高效的物流体系实现了拉动式均衡生产；建立了JPS江铃精益生产系统，整体水平不断提升；建立了质量管理信息网络系统，推广NOVA-C、FCPA评审，运用6sigma工具不断提升产品质量、节约成本，荣获中国质量协会颁发的全国六西格玛管理推进十佳先进企业称号。全顺车以优异的品质连续三年荣获福特全球顾客满意金奖，连续被评为年度中国最佳商用车。

江铃及其供应商的物流采用外包模式，第三方物流公司——中联物流将江铃的整车运输到经销商，供应商在南昌选择专业的第三方物流公司，负责零部件运输和配送等物流业务，目前，江铃周边的第三方物流公司已多达30多家，选择范围宽。

江铃已开始实施新增30万台产能战略，供应商将多达400多家，年采购额超过70亿元。

2 江铃供应商的评价

要选择正确的供应商，一个重要的前提条件是供应商的评价。

多年来，江铃每年都会对供应商进行一次评价，叫做"年度综合评价"，包括质量绩效、交付绩效、商务/技术绩效三个指标，三个指标按4∶3∶3的比例构成总计100分进行评分，且最终按其评分值的不同将供应商区分A(90分以上)、B(80—90分)、C(70—80分)、D(70分以下)四个等级，作为公司选择供应商的重要依据。A级和B级供应商定义为良好供应商，C级和D级供应商定义为表现不佳的供应商，需要整改提升。A级和B级供应商的总和占所有供应商的比重作为采购中心的KPI指标。综合评价汇总表将所有供应商排名，且根据评价结果选出每年度的优秀供应商、质量进步供应商、开发最佳配合供应商和物流优胜供应商。

在江铃的供应商综合评价中，质量指标最为重要，因此，所占权重也最大，且质量指标本身也有一个分级，总分同样按100分计算，分A(90分以上)、B(80—90分)、C

(70—80分)、D(70分以下)四个等级,且质量指标具有一票否决的作用,即如果质量指标被评为C级或D级,则该供应商的总评分值不论多少都将被评为C级或D级。

某供应商的综合评价值按下式计算:

$$供应商综合评价值 = \sum 指标值 \times 权重$$

上式中,指标值是质量绩效、交付绩效、商务/技术绩效三个指标的评分,权重分别为0.4、0.3和0.3。

然后,根据对每个供应商的综合评价值进行评级并排序。

供应商年度综合评价流程如图1所示。

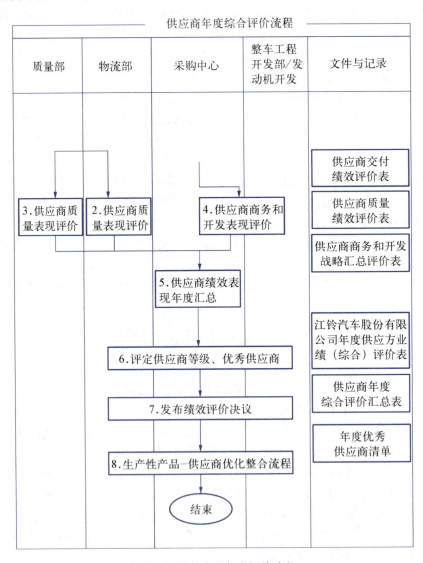

图1 江铃供应商年度评价流程

供应商年度综合评价表如表1所示。

六、江铃供应商的评价与选择

表1 江铃供应商综合评价表

供应商代号	供应商名称	质量综合评价											交付绩效平均分	商务/技术绩效评价	综合绩效得分	综合绩效等级	综合绩效排名	备注
		实物质量绩效								体系绩效	质量综评得分	质量综评等级						
		$\sum Kc$	$\sum KP$	$\sum KS$	FCPA及售前问题扣分	产品覆盖率	产品重要度	可探测度	实物质量评分	体系评分								
100741	XXX	3.88	2.83	2	0	4	4	5	89.29	90.30	89.59	B	92	90.50	90.59	A	19	
Kc 进货检验		进货检验扣3.875分，主要问题是V348军车线束错装、N350线束提前切换。请继续改进。																
KP 线上装车		本年度线上装车扣2.83分。望持续改进。																
KS 售后		V348及VE83售后千台故障率未达标，扣2分。望继续努力。																
FCPA及售前问题扣分		本年度本问题没有扣分，望继续保持。																
体系评分		90.3分。望继续努力。																
交付绩效		92分。望继续努力。																
商务/技术		90.5分。望继续努力。																
说明		供应商综合绩效评价权重为：质量综评占40%，交付绩效占30%，商务/技术绩效占30%。 质量综评得分及等级为质量体系和实物质量两者中低分值和低分对应的等级。 Kc 为检验/验证扣分，KP 线上装车扣分，KS 为售后故障扣分。 实物质量综合评分=85+Kc+KP+KS+FCPA&AUDIT-售前批量返工+产品覆盖率（满分5分）+产品重要度（满分5分）+可探测度（满分5分）。 质量综评等级分类原则：A（90分以上），B（80—90分），C（70—80分），D（70分以下）。 其他等级分类原则：A（90分以上），B（80—90分），C（70—80分），D（70分以下）。但当质量综评等级为C或D时，最后等级直接判为C或D级。																

表1中供应商评价的三个指标的含义:

(1) 质量绩效。包括实物质量绩效和体系质量绩效。实物质量绩效是指供应商的有形产品在质量方面是否满足企业需求,分为售前质量(不合格产品数/供货总数×1 000 000)和售后三包期故障率(零件维修数量/车辆总销量×1 000);体系质量绩效是指质量部门按质量体系评价标准对供应商进行二方审核。

(2) 交付绩效。指供应商及时交付企业订货的程度。这里用准时交货率(准时交货的订单数/总订单数×100%)来表示。

(3) 商务和技术绩效。包括产品价格、售后服务水平(用"用户投诉解决时间"表示)、供应商距离、技术水平(用"新产品开发率"表示,新产品开发率=成功开发的新产品数/产品总数×100%)、供应商生产能力(用"日单班产量"表示)、经济效益(用"净资产收益率"表示,净资产收益率=利润总额/净资产总值×100%)、市场影响力(用"市场占有率"表示,市场占有率=供应商产品数/市场同类产品数)。

这些指标中,除产品价格、售后服务和供应商距离都属于逆指标外,其他属于正指标。

表1中,按上述公式可得:

$$供应商综合评分 = 89.59 \times 0.4 + 92 \times 0.3 + 90.5 \times 0.3 = 90.85$$

通过分析,该供应商2012年在进货环节出现了两次不合格拒收的质量问题,一是线束错装,二是未接到批准就提前切换新产品供货,其实,后者应是严重的诚信问题,这里被归并到质量绩效里了。

3 江铃供应商的选择

供应商的选择是企业供应商管理中的重要决策。能否选择一个好的供应商,既关系到企业的效率和竞争力,又直接影响供应链风险水平。

江铃与日本五十铃和美国福特合作多年,在供应商选择策略上,主要以成本为导向,以质量优秀稳定为最终目标。福特供应商Q1体系认证是福特公司评价供应商的一个有效机制。该公司规定,只有得到Q1认证的供应商才有资格作为潜在供应商参与报价,是首选供应商。江铃正在借鉴这一体系,为新车型供应商的选择打好基础。

目前,江铃供应商选择流程见图2(以生产性产品为例)。

4 供应商的整改与淘汰

如果供应商被评为淘汰级别,会被列为"高风险供应商",要求限期整改,如整改后仍达到不到要求,则会被淘汰。淘汰和整改供应商的原则是:

(1) 同类供应商数量较多时,先淘汰排名靠后者,且重点考虑质量体系评价结果和

六、江铃供应商的评价与选择

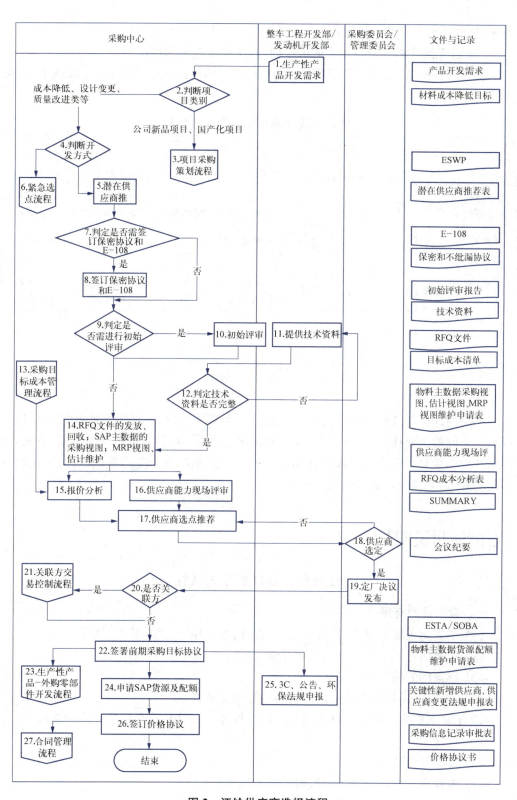

图 2 江铃供应商选择流程

商务/技术评价为 C 级的供应商。

（2）首先淘汰的是容易淘汰的供应商,淘汰难度较大的可作为第二批淘汰对象。

主要根据供应商评价等级和得分排序来确定哪些供应商该保留、整改或淘汰,见表 2。

表 2　江铃供应商保留、整改与淘汰

	A 级		B 级		C 级		D 级	
	关键类	一般类	关键类	一般类	关键类	一般类	关键类	一般类
综合绩效评价等级	保留	保留	保留	保留	保留（限期整改）	保留（限期整改）	（限期整改）或淘汰	（限期整改）或淘汰
质量综合评价	保留	保留	保留	保留	保留（限期整改）	保留（限期整改）	（限期整改）或淘汰	（限期整改）或淘汰
质量体系评价	保留	保留	保留	保留	保留（限期整改）	保留（限期整改）	（限期整改）或淘汰	（限期整改）或淘汰

5　结　束　语

供应商评价与选择是企业供应商管理的一个重要方面,一般由采购部门担负这一职责。不同的企业往往有不同的选择准则和评价体系。江铃采取的评价体系、方式,并根据评价结果对供应商作出选择、保留、要求整改或淘汰,证明是有效的。但是,还存在不足之处,需要进一步加以改进。

【案例使用说明】

江铃供应商的评价与选择

一、教学目的与用途

（1）本案例主要适用于《物流学导论》课程,也适用于《采购管理》课程。

（2）本案例可用于本科物流管理专业。

（3）本案例的教学目的包括:

① 了解供应商管理中供应商评价与选择的重要性;

② 了解案例企业供应商评价与选择的指标体系、准则、综合评价方法、流程。

二、启发思考题

（1）企业在选择供应商时一般遵循哪些准则?

（2）江铃的供应商评价指标体系有什么优点和不足?

(3) 如何改正江铃供应商评价指标体系的缺点？

(4) 供应商被判为 D 级是否就立即将其淘汰？如果不是，为什么？如果不能淘汰，企业该如何做？

三、分析思路

引导学生学习供应商评价与选择理论，尤其是选择的标准，学习有关文献，了解评价工作的复杂性，然后与本案例进行对比分析，引出案例提出的问题，必要时进行一定的提示，进而帮助学生解决问题。

四、理论依据及分析

（一）供应商评价

供应商选择决策要考虑评价方法。概括地说，供应商选择评价方法经历了定性、定量、定性与定量相结合的发展历程，如线性权重法、成本法、数学规划法和统计分析法、数据包络法、智能法等其他方法。尤其值得一提的是线性权重法中的层次分析法（AHP）。它因简单、实用、有效而在近五年的研究中继续为许多人所青睐。

（二）供应商选择

市场经济的一个重要特征是功能、质量相同或相似的产品（或服务）在市场上有多家供应商提供，供应商之间为了获得买方订单而展开竞争，从而为买方选择最佳供应商提供了机会。在供应链环境中，上下游企业之间是一种合作关系，买方企业要持续不断地为用户提供价廉物美的产品并保证及时交货，就不得不慎重地选择供应商。可以说，在供应链管理实践中，没有什么比从一开始选择合适的供应商更重要的了。如今，越来越多的学者和业界人士认识到供应商选择与管理是一种能够用来提高整个供应链竞争力的手段（Lee et al., 2001）。供应商选择决策要考虑适当的准则。一般来说，没有哪个买主只依据一个准则来选择供应商，而是依据多个甚至是相互冲突的准则。有许多企业遵循"Q.C.D.S"准则。不过，虽然存在一些基本的选择准则，但不存在适合所有行业和企业的准则。Dickson(1966)确定了 23 个对后继研究者和采购经理产生深远影响的准则。此后，不少学者进一步提出了许多准则模型。Weber et al.(1991)对 1966 年以后出现的 74 篇文章所涉及的供应商选择问题进行了综合考察，特别强调了 JIT 对供应商选择的影响。1994 后，更多没有列在 23 个准则中的新准则出现在供应商选择研究文章中。Gye Hang Hong et al.(2005)提出的供应商选择准则考虑了质量、价格、交货及其方差，评估了一段时期内供应商供应能力的变化。Zhiming Zhang et al.(2006)从 1992 年到 2003 年发表的 49 篇文章中对供应商选择的准则与方法进行了概述。研究表明，纯价格[①]、质量、交货是这些文章中讨论最多，尤其是近年。这三个准则早在 Weber et al. 的研究中也排在最前面，而在 Dickson 的研究中被列为"极端重要"或"相当重要"。这就意味着价格（或成本）、质量与交货在供应商选择决策中不可避免地

[①] Dickson 的定义包括折扣和运费。在这一准则的发展中，成本似乎正在替代纯价格。近年来，总拥有成本（TCO）越来越重要。TCO 是一种方法和哲学，超越了采购价格，包括许多其他相关的采购成本。

都是最重要的准则。

五、关键要点

（1）本案例的核心在于凸显供应商评价与选择对采购管理中的供应商管理的重要性。为了选择正确的供应商，必须建立适当的指标体系和准则，运用适当的方法对供应商进行评价。

（2）关键知识点：供应商综合评价方法；供应商评价主要准则和指标；供应商评级和排序；供应商选择；供应商保留；整改与淘汰。

六、建议课堂计划

时间安排：根据教学需要，案例讨论时间安排45分钟，以便涵盖各主要知识点。

课前计划：通过网络将案例发送给学生，提出启发思考题，要求学生在课前完成阅读，查阅相关资料，并初步独立思考。

讨论分组：将学生分成若干小组，小组讨论后，抽点任一小组中的任一成员回答指定的问题，其他成员可进行补充。

教师点评：综合学生回答的情况，教师结合自己的知识和理解，进行点评。

七、江铃股份企业内部物流同步化管理的实践思考[①]

【案例正文】

摘　要：企业内部物流管理是企业物流管理的一项核心内容，良好的内部物流管理对提升企业物流效率及提高物流服务质量有着重要作用，江铃汽车属典型的离散装配制造企业，因需要物料及零件的种类及数量庞大而面临着频繁、复杂的物流活动，为了解决厂内物流业务中存在的问题，进一步提高企业物流管理水平，江铃汽车在厂内同步化物流方式上做了积极尝试，探索出物料同步化供应机制及 Kitting 供应方式、Two Bin 供应方式和日投料单驱动的物料轮次供应方法，以促进企业实现物流各环节的有效、有序衔接，进一步改善流水作业效率，提高企业生产效益。

关键词：企业物流；厂内物流；同步化；江铃汽车

0　引　言

近年来，以商用车生产为核心竞争力的江铃汽车股份有限公司（以下简称江铃汽车）产能持续扩张，效益稳健增长，市场竞争能力快速增强，连续八年位列中国上市公司百强，已成为中国商用车行业的佼佼者。不可否认，江铃汽车市场竞争力的持续提升离不开物料供应能力与制造能力的良好匹配，企业内部物流的同步化管理对成就江铃汽车当今的市场地位起到了不可忽略的重要作用。

1　公司发展情况[②]

江铃于 20 世纪 80 年代中期在中国率先引进国际先进技术制造轻型卡车，成为中

[①]　（1）本案例由江西财经大学工商管理学院吴群根据公开信息资料编写而成。未经允许，本案例的所有部分都不能以任何方式与手段擅自复制或传播。(2) 本案例委托江西财经大学工商管理学院案例中心授权学院全体教师使用。(3) 本案例只供课堂讨论之用，并无意暗示或说明某种管理行为是否有效。

[②]　江铃企业股份有限公司网站：http://www.jmc.com.cn。

国主要的轻型卡车制造商。1993年11月,成功发行A股,成为江西省第一家上市公司,并于1995年在中国第一个以发行B股方式引入外资战略合作伙伴——美国福特汽车公司,目前,福特公司持有江铃汽车公司31.5%的股份。

作为江西较早引入外商投资的企业,江铃汽车凭借战略合作伙伴的支持,迅速发展壮大。公司产品有全顺汽车、凯运轻卡、宝典皮卡、驭胜SUV、宝威多功能越野车等,这些产品已成为节能、实用、环保汽车的典范。2012年整车销量突破了20万辆。

2　厂内物流现状[①]

2.1　收料作业现状

江铃汽车零部件及原料的供应配送主要是由零部件及原料的供应商来完成,收料作业是江铃内部物流的开端,收料作业要求供应商遵守交货窗口时间,交货窗口时间的设定根据生产排程及供应商交付能力进行制定,其考虑因素包括交货频率、运输距离、卡车规格、收货码头负荷等。物料应在排定的时段内,在指定的卸货码头卸货,且以在设定的30分钟内完成为目标,从而降低每次上下货的时间,增加收货柔性。

卸货安全操作规程是收货作业极其重要的操作规定,存储及分拣区相关物流设施、设备要有安全装置,并在收货码头对卸货安全操作规程进行可视化标识。采用可视化技术的物料运输路线进行规划并明确标识,从而从运输安全、运输效率、减少搬运等方面提供有效的运作保障。

江铃汽车公司与供应商之间采用的交货方式包括订单交货和直供交货,有些物料(如序列供料的零配件、座椅、轮胎等)采用直供至线边的方式,由收货区卸料后,直接运送到工作站,减少重复搬运作业。

2.2　投料作业现状

当前,江铃汽车投料主要以看板供料为主。江铃汽车采用看板系统来补充生产线所需物料,采用看板时遵循六个原则:产品必须是100%合格品;后工序从前工序只领取被摘下看板的数量;前工序按照被摘下看板的顺序,只生产被摘下看板的部件和被摘下看板的数量;没有看板的时候,不生产,不搬运;看板一定要附在零部件上;看板上填写的数量应和实物的数量一致。

---

① 肖少平,"JIT供货在江铃股份中的应用研究",南京理工大学硕士论文,2007年。

3 江铃汽车面临的问题

江铃汽车所需物料种类繁多,企业内部物流涉及物料的收料计划、供料方式、供料数量及时间窗口等众多复杂性决策,要实现物流各环节的有效、有序衔接是一个复杂的系统工程,企业在物流管理方面也面临着一些问题需要解决。

▶ 3.1 对供应渠道的管理有待加强

江铃物料的供应商可以分为协作厂和外来供应商两类。从仓库的调查中发现,在供应物料环节存在一些问题,如表1所示。

表1 供应物料环节存在的问题及具体体现

问题类型	具 体 体 现
供应商不按供应计划操作	为躲避缺货造成的风险,大部分物料供应的数量经常比计划多,造成库存积压;对于应配套供应的物料,比如左(右)、上(下)之分,难以同时到货,严重影响物料分拣的连续性;以散装或周转箱到货的物料,由于仓库收货时清点的难度大,供应商存在侥幸心理;供应商为追求批次供应而降低成本,物料送达时间混乱。
供应商响应能力较弱	由于江铃实行柔性制造,存在车型的变动,相应的物料供应活动要具备一定的柔性,但传统的模式使供应商响应速度慢,缺乏有效的应急机制。
缺乏有效的供应商绩效管理机制	对于外来供应商,江铃依靠的是两个供应商之间形成的竞争压力而实现对其控制,但缺乏科学的绩效考核体系,风险管理意识不强;对于依赖于江铃的协作厂,更多的是取决于其自律性,江铃在这层关系中占据完全的主动,虽然便于对供应商的管理,但难以实现双赢,影响长期合作。

▶ 3.2 仓库和线边库存成本有待降低

柔性制造生产方式的应用使装配车型变幻多样,所需物料也呈现种类多、数量巨大的特点。据调查了解,江铃全顺总装线现有 7 883 种车型,9 875 种零件;皮卡、轻卡和 SUV 总装线现有 8 968 种零件。而传统的以库存保障生产的模式加剧了江铃库存水平居高不下的情况。

仓库为保障线上的生产,经常将所需的各种型号的物料一次性配送到线边,这造成线边物料积压,挤占大量空间。有时甚至造成暂不装配车型的大量物料积压线边,而急需的物料却无处摆放的境地。

3.3 仓库现场管理有待进一步规范

江铃目前仓库物料存储区域混乱,难以定置摆放,使备料人员要将大量时间耗用在找料上,同时也加大了盘点的难度和物料丢失的风险;部分物料未能实现先进先出,部分物料常年闲置,占用库存资金;仓库人员没有形成管理意识,定期的清理只能保持一至两天。

3.4 物料配送效率有待提高

江铃目前在物料配送环节的问题主要存在于大件和普通件两块,两者都采用传统的配送模式,以线边高库存保证装配。大件占用线边大量空间,而线边吊装臂的延伸距离有限,因此,需配备专门的吊装操作人员进行筛选,同时叉车司机需时刻调整产品架的位置,浪费大量的时间和人力,影响其他物料配送的及时性。对于普通件,由于物料品种多,数量大,投料人员难以做到完全的准时配送,因此,通常采用一次性超量配送,导致线边积压了大量物料。这又容易导致另一个问题,车间占用大量容器和料架,分拣人员无架可用,物料配送不及时,装配车间频繁停线。

汽车制造属典型的离散装配制造企业,需要种类及数量庞大的物料,物流活动频繁,同步化物流运作是保证汽车制造企业改善流水作业、提高生产效益和效率的必要条件,也是众多汽车制造企业赖以提高竞争力所追求的物流目标之一,为此,江铃汽车在厂内物料供应机制及同步化物流方式上开始了积极尝试。

4 厂内物流新方式探索

同步化物流可以保证生产所需物料的连续流动,消除浪费,降低库存,增加生产柔性,并更好地响应顾客需要。江铃汽车正在逐步向 FPS—SMF(福特生产系统—同步化物流系统)的响应物流系统(同步化物流和补料机制)转换,主要做法如表 2 所示。

表 2 江铃厂内物流同步化的做法

物流项目	主 要 做 法
收料作业	依据 FPS—SMF 的要求尽量减少重复搬运,并确保收货安全高效。由 SCM 部门及仓库负责共同制定各供应商交货窗口时间,并通过物流协议的形式与供应商达成一致意见;通过 QAD 系统实现窗口时间的确认及交货控制。
运送路径规划	利用 PFEP 表进行零件物流路线的规划及设计,使用路线标识对定义好的物流路线进行可视化标识。
投料作业	尝试采用 FPS—SMF 系统中同步化物流机制来补充物料,主要方式有看板供料、呼叫供料、厂内序列供料、厂外直供供料。

为方便投料与分拣,可以将仓储区域根据装配线的工艺流程和工位进行划分,大致分为发送机预装、吊装、内饰、下线四部分,物料实行定置摆放。仓库借助信息系统实施可视化管理,在物料存储区域进行有效标识,这样也有利于物料的盘点,实现先进先出,减少呆废料的数量。

同时,江铃汽车正在积极尝试多种厂内物流配送方式,包括 Kitting 方式、Two Bin 供应方式和日投料单驱动的物料轮次供应方法等。

4.1 Kitting 方式

Kitting 方式运用了台套配送的思想。与传统的单种零部件批量配送不同,Kitting 方法是以一台车为配送单位,一次性将装配该车所需的众多零部件配送上线。这需要配备装载柔性度高的产品架——KIT 小车,一台小车能装载几十种不同的零件。在车间装配线上,一台 KIT 小车绑定一台装配车,随着流水线一齐运行,整车下线的同时,KIT 车的零件也全部装配完毕,这是一种"随线打包+台套供应"的模式,适应了柔性化生产下零件型号多变的特点,还有利于节省线边空间,降低线边库存和装配失误率。

在该方法下,仓库的分拣人员先将物料去除包装后摆放至 KIT 件暂存货架。空的 KIT 车由暂存区的一个入口进入,每个 KIT 件拣料员按照料单将自己所属区域的物料放入 KIT 车中,再进入下个拣料员的区域继续操作。拣料员的位置固定,KIT 车按序行进,该过程类似于汽车装配线流程。Kitting 方法适用于重量、体积适中的普通件,如软管总成、制动踏板、前门锁机、发动机盖撑杆、室灯总成、油门踏板等零部件,江铃汽车采用 Kitting 方式供应的零部件如表 3 所示。

表 3 Kitting 台套供应零部件清单

门线束	门外拉手	洗涤壶	起动器支架	后排门嵌条
继电器	通风栅	立柱护板	雨檐密封条	油门拉丝总成
软管总成	制动踏板	刮水连杆总成	前门锁机	发动机盖撑杆
室灯总成	油门踏板	内后视镜总成	连续带总成	扬声器

4.2 Two-bin 供应方式

Two-bin(两小箱)方式的基本思想是:对于单种小件物料,在线边随时存储两小箱,待一箱用完后,随即补充一箱,带回空箱继续备料,循环往复。该方式适应了小件体积小、用量大的特点,既保证供应,又不会加大线边库存,表 4 为江铃汽车采取 Two-bin 方式的零部件清单。

表 4 Two-bin 供应零部件清单

卡环	孔盖	管箍	螺母	垫片
保护盖	减震垫	保险丝	螺钉	铆钉
开关	密封环	胶贴	卡扣	螺帽
固定夹	线束带	胶堵	螺母板	螺栓

4.3　日投料单驱动的物料轮次供应方法

物料轮次供应方法是介于 MRP 批量仓储供应方法和完全准时制之间的折中模式,适用于供应地距离江铃较近的物料。江铃每天将次日的生产计划发予供应商,该计划按时间将物料需求分为五轮,供应商每日供料两次,而物料直接存储于仓库的分拣区域。以双排江铃前减震器为例,表 5 为某日的物料需求计划安排。

表 5　江铃 N 线物料到货计划　　　　　　时间：2013/3/27

零件图号	290510015	零件名称	江铃双排前减震器
轮次	数量	零件配送上线时间	供应商到货时间
第一轮	56	8:30—9:00	8:00 前
第二轮	48	11:00—11:30	
第三轮	48	15:00—15:30	
第四轮	64	18:00—18:30	15:30 前
第五轮	85	22:00—22:30	

由于采用同步化物流和补料机制,对物流效率的提高发挥了很大作用,依据江铃汽车推行 SMF 活动的成果估计显示:① 由于同步化供料,因而减少库存约 15%;② 同步化物流机制节省了物料储存空间;③ 灵活多样的物料配送方式减少了装配作业取料的复杂度;④ 改善供料作业的工作负荷与效率。

5　结束语

在 2010 年至 2012 年 3 年间,江铃汽车产销量翻了一番,突破 20 万辆,产能不足一度困扰公司发展,2011 年,江铃汽车全面启动了小蓝新基地建设,2013 年 6 月 20 日,江铃股份小蓝 30 万辆整车基地已正式投产,江铃股份小蓝 30 万辆整车基地是公司突破产能瓶颈、全力争取实现新的增量和新的规模的重大基础工程。江铃汽车小蓝基地为再造一个更高水平的江铃提供了更优越的条件,新厂房和库房将有利于江铃汽车的进一步做大做强,有利于江铃汽车股份有限公司进一步提升自身核心竞争力及开拓更广阔的市场。新的基地和新的目标更需要企业物料及零部件供应及配送物流的有效、有序配合，厂内物流的同步化运作是提高物流服务质量的重要方面，也是未来企业物流管理中值得进一步关注和不断改进突破的一个重要问题。

【案例使用说明】

江铃股份企业内部物流同步化管理的实践思考

一、教学目的与用途

（1）本案例主要适用于《物流学导论》课程，也适用于《企业物流管理》和《物流供应链管理》课程。

（2）本案例可用于本科物流管理专业。

（3）本案例的教学目的包括：

① 企业物流管理的含义及重要性；

② 企业物流同步化管理的含义及意义；

③ 企业物流管理的内容；

④ 厂内物流的供应及配送方式。

二、启发思考题

（1）同步化物流和补料机制对制造企业管理有哪些好处？

（2）物料轮次供应方法与 MRP 批量仓储供应方法、完全准时制供应方式各自的优缺点有哪些？

（3）案例中江铃企业日投料单驱动的物料轮次供应方法会给企业物流管理增加哪些难度？

三、分析思路

本案例遵循了江铃汽车物流业务不断改革发展的脉络进行设计，因此，可以遵循发现问题、分析问题、解决问题的思路来分析此案例，可根据标题逐步深入，从现象逐渐深入至相关理论与知识点，从认识企业物流的内容入手，了解江铃企业物流管理存在的困惑及问题，引导学生思考如何使用适当的方式和方法来解决江铃的实际问题，再进一步对照江铃自身的积极尝试，以激发学生产生新的思路。

四、理论依据及分析

（一）企业物流管理

企业物流管理作为企业管理的一个分支，是对企业内部的物流活动（诸如物资的采购、运输、配送、储备等）进行计划、组织、指挥、协调、控制和监督的活动。现代企业物流管理追求通过物流功能的最佳组合，在保证物流服务水平的前提下，实现物流成本的最低化。

（二）生产物流

生产物流管理是指运用现代管理思想、技术、方法与手段对企业生产过程中的物流活动进行计划、组织与控制。内容包括物料管理、物流作业管理、物流系统状态监控及物流信息管理。

(三) 同步化物流

同步化物流是精益生产系统的重要单元,是规范生产流程,保证生产物料的连续流动、消除浪费、降低库存,从而降低总成本,同时增加生产的柔性来提高对客户需求变化的反应速度的一种现代物流管理技术。

五、关键要点

(1) 本案例的核心在于认识企业物流管理的内容,重点对厂内物流同步化涉及的具体业务及实施方式进行了解。

(2) 关键知识点：企业物流管理；物流同步化；厂内物流；Kitting 方式；Two Bin 供应方式；物料轮次供应方法。

六、建议课堂计划

时间安排：根据教学需要,案例讨论时间可以安排 30—90 分钟,在《企业物流管理》课程教学中,应不少于 60 分钟,以便涵盖各主要知识点。

课前计划：提出启发思考题,要求学生在课前完成阅读和初步思考。建议的启发思考题可以包括：

(1) 江铃汽车的生产物流包括哪些具体内容？

(2) 厂内物料供应及配送的主要方式有哪些？

课中计划：进行分组讨论。讨论内容包括：

(1) 江铃汽车供应渠道管理的改进策略有哪些？

(2) 案例中江铃汽车是如何解决其配送效率不高问题的？

(3) 案例中的日投料单驱动的物料轮次供应方法会给江铃汽车物流管理增加哪些难度？

(4) 江铃汽车与供应商确定供货时间窗口对供应物流管理有哪些好处？

(5) 案例中提到江铃股份小蓝 30 万辆整车基地已经投产,对产能扩大后的江铃汽车,有哪些进一步规范及改进物流管理的建议？

八、上海通用汽车如何降低物流成本[①]

【案例正文】

> **摘　要**：物流成本是指伴随着企业的物流活动而发生的各种费用,是物流活动中所消耗的物化劳动和活劳动的货币表现,本案例以制造业中最具有代表性的汽车行业对物流成本的管理进行分析,以上海通用公司为例,通过提供增值服务,实施三级式库存管理、条块式配送、开放式物流信息管理系统等管理措施来达到减少重复配送、降低运输成本、整合内外部资源、节约总体成本、建立专门的信息管理系统、提高配送效率和节约关税等目的。
>
> **关键词**：物流成本;增值服务;零库存管理;JIT;物流信息管理系统

0 引　言

随着汽车市场竞争越来越激烈,很多汽车制造厂商采取了价格竞争的方式来应战。在这个背景下,大家都不得不降低成本。而要降低成本,很多厂家都从物流这个被视作"第三大利润"的源泉入手。有资料显示,我国汽车工业企业的物流成本起码占生产成本的 20% 以上,差的公司基本在 30%—40%,而国际上物流做得比较好的公司,物流成本都控制在 15% 以内。上海通用在合资当初就决定,要用一种新的模式,建立一个在"精益生产"方式指导下的全新理念的工厂,而不想再重复建造一个中国式的汽车厂,也不想重复建造一个美国式的汽车厂。作为国内最大的中美合资汽车企业,上海通用是如何通过物流管理来降低物流成本的呢?

1 公司背景

上海通用汽车有限公司(SGM)成立于 1997 年 6 月 12 日,由上海汽车集团股份有限

[①] (1) 本案例由江西财经大学工商管理学院涂淑丽根据公开信息资料编写而成。未经允许,本案例的所有部分都不能以任何方式与手段擅自复制或传播。(2) 本案例委托江西财经大学工商管理学院案例中心授权学院全体教师使用。(3) 本案例只供课堂讨论之用,并无意暗示或说明某种管理行为是否有效。

公司、通用汽车公司共同出资组建而成，是中国汽车工业的重要领军企业之一。1998年7月，中远集运和SGM签订门到门运输协议，其中，由上海中货负责SGM汽车零件CKD从上海港九区至SGM的再配送中心(RDC)的一关三检、码头提箱和内陆运输任务。由于在计划采购等前面环节发生偏差，从而产生瓶颈效应，使海运、进口报关、内陆运输等后续工作难度大增。进口报关方面经常发生紧急报关情况；集装箱积压，RDC库存能力不够，而传统的集装箱内陆运输已无法适应SGM小批量、高频率的零件拉动。所有这些情况都给SGM的物流体系造成了极大的压力，直接导致企业运营成本的上升。

　　SGM拥有世界上最先进的弹性生产线，能够在一条流水线上同时生产不同型号、颜色的车辆，每小时可生产27辆汽车。在如此强大的生产力支持下，SGM在国内首创订单生产模式，紧密根据市场需求控制产量。同时，SGM的生产用料供应采用标准的JIT(JUST IN TIME)运作模式，由国际著名的RYDER物流咨询公司为其设计实行零库存管理，即所有CKD的库存存在运输途中，不占用大型仓库，而仅在生产线旁设立RDC(再配送中心)，维持288台套的最低安全库存。换言之，一旦SGM生产线满负荷运转起来，最低安全库存仅能保证11小时的零件供应，因此，系统设置至少12小时必须更新、补充零件储备。SGM每日的生产用料呈波动状态，相应的零件拉动也呈不规则变化，以保持最低安全库存。这就要求采购、包装、海运、进口报关、检疫、陆路运输、拉动计划等一系列操作之间的衔接必须十分密切，不能有丝毫差错。而且，生产用料供应的反应速度必须在12小时之内。

　　这个物流体系安全运作的前提是建立在市场计划周期大于运输周期的基础上，CKD运输量才能根据实际生产需求决定。RYDER公司为SGM的整体物流设计未考虑到中国国情与北美大陆的差异，其先进的JIT运作方式反而成了不可察觉的先天隐患。事实上，SGM的市场计划周期为一周，而运输周期为四个月，这样，市场计划无法指导CKD的运输安排，为了确保生产的连续性，SGM只能扩大其CKD储备量，造成大量到港的集装箱积压。

2　主要问题

　　SGM的物流体系面临以下压力：

　　(1) 库存能力的压力。RDC的库存能力仅为2 500个木箱，约合150个集装箱，无法承受源源而来的CKD集装箱(每月400 FEU)，从1999年5月起，SGM不得不占用上海中货的集装箱堆场，短短一月就已积压了一千余只FEU，约2 000 TEU。

　　(2) 拆箱能力的压力。在短短数月内，RDC的库存已达饱和状态，新的零件拉动只能采用掏箱方式，即在车队送达的集装箱中掏取部分木箱，其余木箱仍留在集装箱内返回堆场。这种应急方法很快又暴露了新的问题：对于大量到达的集装箱，RDC没有足够的拆箱能力，5月初的头几天，每天有一百多个集装箱集中到RDC门口等待掏箱，RDC工人24小时拆箱仍然跟不上拉动计划的进度。

　　(3) 信息管理的压力。基于以上混乱状况，SGM的信息管理也面临了极大的压力。

SGM 的信息管理系统是 MGO(Matrial Global Organization)，控制进入 RDC 范围内的集装箱以下的信息资料，凡是到 RDC 掏过箱的集装箱均视为已进入 MGO 系统，虽然该集装箱内剩余木箱堆存在上海货堆场内，但由于掏箱次数的增多，MGO 无法确认集装箱的实际状态（是否到 RDC 掏过箱），造成系统管理混乱。系统管理员不能控制零件数量，以完成生产计划。

（4）物流成本的压力。掏箱方式虽然暂时缓解了 RDC 库存压力，但是反复掏箱直接导致了运输成本的大幅增加，部分集装箱掏箱竟达 8 次，按最低运输成本计 8 000 元。整体物流成本的增加将影响到整个产品成本的上升，这正是生产企业所不能容忍的。

3 增值物流服务下的管理措施

作为 SGM 的陆运代理人，上海中货目睹了 SGM 的困难，立即成立通用项目组，着手进行一系列前期准备工作，包括可行性论证、场库勘查、成本核算等，并且主动了解客户的需求，协调各个环节的联系。经过反复斟酌，决定在内陆集装箱运输的基础上提供增值物流服务，实施上海通用 CKD 木箱物流配送项目（以下简称通用物流项目）。通用物流项目主要包括：

（1）三级式库存管理。按照集装箱、木箱、零件三个层次进行库存管理。这三级库存是互相贯穿兼容、不可分割的整体，所有 CKD 在未到达 SGM-RDC 之前，都交由上海中货管理，通过三级库存管理可以从各个方面控制零件的状态，包括库存量、库存时间、包装状态等，保证零件拉动先进先出，并提供零件采购计划的依据。

（2）条块式配送。根据 SGM 生产线用料进度，分时段（最小间隔 1 小时）进行线性配送，从而最大限度地降低 RDC 库存压力；同时，按照不同生产车型进行块状配送，避免 RDC 分拣动作，提高料件输送效率。通过精确的条块式配送，使生产线和配送线保持和谐。

（3）开放式物流信息管理系统。建立基于 INTERNET 上的 CKD 信息管理系统。SGM 通过访问上海中货的网站直接获取相关信息，包括船期查询、提单查询、集装箱/木箱跟踪、零件盘点、订单处理、制定运输计划等。

4 实施物流管理后的成本效益

通用物流项目实施以后，从根本上解决了上海通用汽车的物流管理与成本压力。

（1）减少重复配送，降低运输成本。RDC 的库存维持在平衡状态并且逐日递减，每天按零件拉动计划收取所需木箱，多余的木箱仍留在上海中货仓库中，RDC 可以在低负荷水平安全运行，保证 SGM 的生产；原先分散在数以百计集装箱内的木箱，可以拼装在几十个集装箱中，进行配送，RDC 相对具有充裕的时间和空间来拆箱；拆箱入库以后，上海中货从真正意义上掌握了集装箱内的木箱信息，从而能够帮助 SGM 进行 MGO 以外的信息管理，提供准确的零件状态和数量信息，使 SGM 生产部门制定的拉动计划有可靠的信息来源。

（2）整合内外部资源，节约总体成本。根据分工专业化理论，将有限的财力资源和物力资源集中起来做最擅长的事，公司信息系统开发时，利用本身专业技术和物流管理经验，完善IT资源。对于其他资源的整合，公司大胆采用"外采购"，引进外部资源，利用其专业化优势，节约总体成本。应用成本分析法可知，租用COSCO附近的大型室内仓库，无论是反应时间、资金占用、操作管理，还是风险控制、投资回收周期，都是最合理的资源利用。通过一整套完整合理的物流项目操作管理，通用SGM项目各方面的经济技术指标显著拉动。

（3）建立专门的信息管理系统，提高配送效率，节约关税。通用项目CKD信息管理系统要满足SGM对CKD零配件高层次的配送要求而度身定做。该系统的一个突出特点是基于网上的设计思想，在INTERNET上开设的具体功能包括订单处理、三级盘存、货物历史动态、理论库存与实际库存校验、超期库存统计等。通过建立网上平台，开放性的数据库可以允许客户通过使用一定的权限密码就可在网上进入数据库对货物进行动态查询和实时操作。同时，数据库还对集装箱、木箱、零件三个级别进行数据管理，并准确反映存量水平，并有效处理大量的数据，提高配送效率。为了适应SGM零件及报关要求。系统特设有报关单证处理功能模块，可按照单个CKD零件的特定税率分别报关，由程序控制自动归类，制作报关单。使用该系统，可快速、正确地处理相关报关信息，为进口报关赢得宝贵时间，并保证了海关审核质量。估计一年可为上海通用节约1亿元人民币的关税。

5 结束语

物流成本管理，简言之，就是通过成本去管理物流，是以成本为核心的物流管理方法。物流成本管理的目标是实现企业物流的合理化，实现物流系统的整体最优化，从而保证在一定物流服务水平的前提下实现物流成本的降低。因此，降低物流成本与提高物流服务水平构成了企业物流成本管理的最基本内容。上海通用在成立初期就运用了精益生产思想中最重要的即时供货（JIT，Just In Time），在现代信息技术的平台支撑下，运用现代的物流观念做到交货期短、减少重复配送、降低运输成本、整合内外部资源、节约总体成本、建立专门的信息管理系统、提高配送效率、节约关税。本案例的重点在于通过对上海通用物流过程的管理来达到降低企业运营总成本的目的。

【案例使用说明】

上海通用汽车如何降低物流成本

一、教学目的与用途

（1）本案例主要适用于《物流学导论》课程，也适用于《物流成本管理》课程。

(2) 本案例可用于本科物流管理专业。

(3) 本案例的教学目的包括：

① 了解物流成本管理对企业的重要性；

② 明确企业物流成本管理的目标；

③ 认识增值物流服务的意义。

二、启发思考题

(1) 企业物流成本管理的目标是什么？

(2) 为何案例中 RYDER 公司为 SGM 的整体物流设计是其先进的 JIT 运作方式反而成了不可察觉的先天隐患？

(3) 案例中为何提出增值物流服务？

(4) 企业降低物流成本的途径有哪些？

三、分析思路

按上节的启发思考题顺序，逐步深入，从现象逐渐深入至相关理论与知识点，从物流成本管理的重要性入手，引出案例问题，引导学生思考如何通过成本去管理物流以及物流成本管理的目标是什么。

四、理论依据及分析

(一) 物流成本

企业物流成本是指企业物流活动中所消耗的物化劳动和活劳动的货币表现，包括货物在运输、储存、包装、装卸搬运、流通加工、物流信息、物流管理等过程中所消耗的人力、物力和财力的总和以及与存货有关的流动资金占用成本、存货风险成本和存货保险成本。

(二) 物流成本管理

简而言之，就是通过成本去管理物流，是以成本为核心的物流管理方法。

本案例中，企业在未实施物流增值服务的相关措施时，其物流体系面临库存能力的压力、拆箱能力的压力、信息管理的压力及物流成本的压力，在经过成本分析后提出相关管理措施，减少重复配送降低了运输成本、整合内外部资源节约总体成本、建立专门的信息管理系统提高配送效率，节约关税。

九、上海科泰公司的精益供应链管理[①]

【案例正文】

> **摘　要**：本案例以科泰上海医疗器械公司为背景，描写了该公司运用精益制造与生产、5S现场管理、物流优化等一系列工具，达到节约成本、提升绩效、改善流程、人员发展、文化变革等综合效果。启发人们思考当公司应对激烈的竞争，需要进行产业升级、产品研发、企业体制整合的时候，是否可以先用精益供应链管理，让公司的内部竞争力进一步得到提升。
>
> **关键词**：精益供应链管理；质量改善项目；供应链战略联盟

0　引　言

科泰医疗器材(上海)有限公司是一家年收入100亿全球化的医学设备和药物生产公司，它所在的集团是全球主要医疗设备和一次性医疗产品的生产商，主要业务包括生产和销售医疗用品、外科产品、呼吸及危重症产品、影像产品、制药及零售产品等。随着中国经济的高速增长和不断增长的卫生需求，人们更迫切需要先进的医疗设备。公司该如何加强供应链的优化管理以实现最安全、最可信赖的中国顶级制造工厂，实现供应链管理的效率最高化，最大程度提高客户的满意度呢？

1　公司背景

科泰医疗器材公司作为全球医疗保健业提供产品最为广泛的世界级供应商之一，公司所在的集团遍布全世界50多个国家和地区，有超过43 000名员工，它的产品销往130多个国家和地区。随着中国经济的高速增长和不断增长的卫生需求，人们更迫切需要先进的医

---

① (1) 本案例由江西财经大学工商管理学院杨芳根据上海外国语大学许彦琛工商管理硕士学位论文《供应链管理在制造企业的问题与解决对策——以科泰公司为例》编写而成。未经允许，本案例的所有部分都不能以任何方式与手段擅自复制或传播。(2) 本案例委托江西财经大学工商管理学院案例中心授权学院全体教师使用。(3) 本案例只供课堂讨论之用，并无意暗示或说明某种管理行为是否有效。

疗设备。这促使集团在中国建立新的制造工厂，以提供不断创新的、更具竞争力的医疗设备。上海分公司是集团在中国投资 4 000 多万美元成立的全资子公司。公司成立于 2006 年 11 月，在 2006 年 1 月开始厂房的建设，并于 2007 年 4 月搬入上海市某出口加工区内。公司的主要业务包括制造、销售一次性手术器具及其他相关产品，并提供技术咨询和产品售后服务。公司的远景目标是成为集团的顶级工厂之一，协助在中国成功拓展市场并成为集团内世界级战略运作中的关键一员，并立志成为科泰集团中最安全的、最可信赖的卓越制造中心，借以提供世界一流品质的产品；也将成为区域性的技术中心及人才培养和发展基地。

2 主要问题

供应链管理涉及客户与供应商、制造商、分销商之间组成的网络信息系统中的物流、信息流和资金流。它牵涉制造型企业运营管理的各个方面，横跨各个行业和企业之间，供应商与客户之间作为贸易竞争合作关系，追求共同利益，最大化利用资源共享。在实现精益供应链管理之前，科泰医疗器材公司在供应链管理上存在的主要问题有：

（1）企业存在牛鞭效应下的"缺超储"现象。科泰上海医疗工厂一方面存在整体库存水平过高的现象，另一方面又出现一些成品的缺货现象，根据审计公司普华永道的年度盘点统计，科泰工厂共有 980 个 SKU/仓库储存单元，约有 30 个 SKU 出现经常性缺货现象，占比为 3%。

（2）供应链环境混乱无序。开厂初期，由于管理层将主要的物力、财力、人力投入到市场管理中，忽略了对生产现场的管理，同时，存在单纯追求产量却没有良好、完善的现场管理手段作保证的问题，导致生产、运输、库存现场杂乱不堪。工作场所货物摆放不规则，没有相关规定约束，生产过程中经常产生的一些残余料件、返工待修品、退运半成品、报废品等滞留在操作现场，不但占据了有限的空间，又阻碍生产有序地进行，并且由于物品杂乱无章地摆放，增加盘点的困难，造成成本核算失准。

（3）物流进出口不畅，企业信誉不强。从外部因素分析，由于物流进出口延误，会造成进口料件无法按照原先规定的时间节点进厂。由于无料可用，导致生产线被迫停产，一线生产员工闲置，无工可开，客户订单无法按时交付，造成企业信誉损失等一系列后果。

（4）企业内部浪费严重。供应链的各个环节会产生浪费与大量损耗的现象。科泰公司内部的主要浪费表现在以下八种形态：不良品或者缺陷、过量生产、等待、没有被充分利用的资源、不必要的搬运、库存、多余的动作和额外加工。

3 精益供应链管理策略

3.1 建立供应链战略联盟

全球化的趋势环境下，由于企业本身所拥有的资源限制，不可能实现全方位的供应链最优配给。基于这种供应链配置上的局限性困境以及"牛鞭效应"的扩散,一种竞争与合作的战略模式——供应链企业之间的战略联盟极为必要。

3.2 建立5S现场管理①

在具体控制的操作层面上,管理层更注重精细化、规则化与程序化,仓库运作和库存执行作业已呈现出多样化、庞杂化的特质。科泰公司在企业内部成功运用了5S管理来实现现场操作与库存管理的改善。

3.3 建立物流进出口考评机制,改善政府机关的信任度

通过建议物流进出口考评机制来加强对物流供应商的管控以及对物流相关进程的监管,从中发现问题,再针对问题制定相应的改善措施。

科泰上海医疗器材有限公司积极与海关以及出入境检验检疫局沟通,了解最新的海关商检政策,配合相关部门定期核查与下厂访问,改善公司在政府机关的印象,也因此,公司直属地海关审核批准了科泰上海医疗器材有限公司加强海关信誉度标准的申请。

3.4 建立QIP(质量改善项目)系统

科泰医疗(上海)有限公司总部都会进行 QIP 项目审核(Quality Improvement Program)。如图1所示,公司从质量系统、质量文化、运作系统和管理系统四个方面执

图1 科泰公司 QIP 项目结构图

---

① 5S 是指整理(SEIRI)、整顿(SEITON)、清扫(SEISO)、清洁(SEIKETSU)、素养(SHITSUKE)等五个项目,因日语的罗马拼音均以"S"开头,所以简称为5S。开展以整理、整顿、清扫、清洁和素养为内容的活动称为"5S"活动。

行该审核,并采用了将近 300 个问题来进行逐一测试与评估。通过"点子银行"发挥特有的用途,对员工结合实际工作提出的改善点子进行统筹与管理。

3.5 建立制造企业的精益生产

精益生产的目的在于及时制造,消除故障,制止一切浪费,努力向零缺陷和零库存靠拢。配合厂内的精益生产,厂内的物流运输也要提升到精益供应链物流与生产管理系统;准时制生产、供应商管理库存以及订单式生产、敏捷 ERP 制造、零库存等。企业内仓储布局以精益供应链物流为目标,合理地规划供应链仓储面积,从而调整到库存总负荷数最低的仓库布局模式。

4 科泰公司精益供应链管理的效果测量

4.1 从质量提高方面

QIP 项目是科泰集团精益供应链管理体系的重要一环,致力于不断改进公司的运营体系,增强公司的核心业务服务流程,从而向客户提供最优的产品和服务。QIP 评估每年一次,以下是慧科公司 2011 年最近一次的评估结果和上一次的比较。精益供应链的实施使 QIP 较上年平均增加了 0.5 分(如图 2 所示),也使公司总体不良率改善由 42.6% 下降到了 0.3%(如图 3 所示),实现了质的飞越。

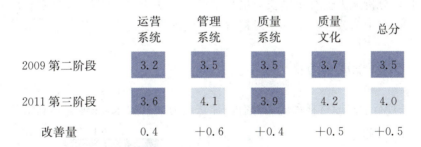

图 2　质量改善项目评估结果表

4.2 从精益管理层面

员工对精益供应链已经有比较多的了解,会使用一些相关的工具处理工作中遇到的实际问题。员工现有的工作效率有很大的改善,大幅减少了生产中的不良率。员工融入工厂整个团队中,不再是单一地局限在自己的小团体中。在精益供应链的项目"点子银行"中提出自己宝贵的意见,逐渐领会了精益供应链在现实工作中的应用。学

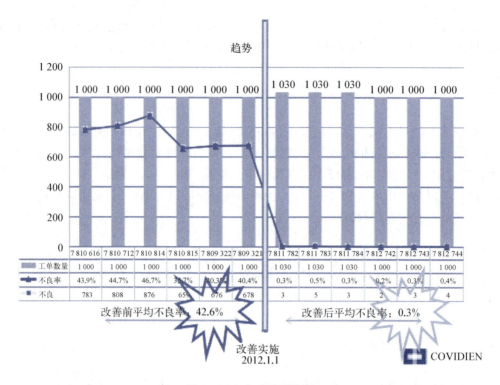

图3　不良率改善趋势图

会画鱼骨图并从中找到改善点,强化分析问题的思路和方法。运用精益供应链的理念及工具,结合自身的工作,进行一定程度的改善;解决问题的思路得到拓展。对精益供应链系统化的认知告诉员工如何去发现问题,看待问题,解决问题。学会了如何使用工具分析问题,分析能力也有所增长。培养了员工的创新和领导力,并且看到任何事物都能想到改善,在生活或生产中都会以精益供应链的角度去考虑问题。

4.3　从降低成本方面

由于医疗行业对原材料和成品都有法律法规方面的要求,往往原材料的认证时间较

图4　精益供应链管理优化前后公司成本节约对照图

长,而且流程复杂,如图 4 所示,公司通过精益供应链管理,改善不同原材料的本地化流程,使其效率更高,使公司的成本节约年年攀升。以 2010 财年为标杆,2011 财年的成本节约达到 477 万美元,相当于总产值的 5%左右,整体的成本节约量是上一财年的一倍左右。

5 结 束 语

通过精益供应链管理的应用,科泰成功地克服了供应链管理上的一系列问题,实现了制造企业本身的质量提高、管理优化和成本控制。通过内生的力量,灵活运用精益制造与生产、5S 现场管理,物流优化等一系列工具,达到节约成本、提升绩效、改善流程、人员发展、文化变革等综合效果。科泰公司不断地制定每一阶段的发展目标和主要行动,从上而下更好地推广精益供应链管理战略,建立更加高效的"焦点工厂"组织和价值链延伸等,达到了持续改善的目的和建立持续改善的文化。

【案例使用说明】

上海科泰公司的精益供应链管理

一、教学目的与用途

(1) 本案例主要适用于《物流学导论》课程,也适用于《供应链管理》课程。
(2) 本案例可用于本科物流管理专业。
(3) 本案例的教学目的包括:
① 了解牛鞭效应产生的根源;
② 了解价值流程图和传统流程图的区别,掌握价值流程图的分析步骤;
③ 了解精益供应链管理的来源,掌握精益供应链管理架构的核心要素。

二、启发思考题

(1) 适合企业的供应链管理才能推动制造型企业成为市场中的主导者,何种供应链管理模式才符合企业完成节约成本、杜绝浪费的目标?
(2) 如何调整制造型企业的信息流和物流才能使企业与客户之间、供应商与企业之间的连接更加畅通便捷?并且使整个企业的供应链管理流程更加趋向完善?
(3) 针对制造型企业近期与长远发展,最为有利的制造型企业的供应链模式是什么?
(4) 管理层应如何评定企业的职能、活动与进程对整个制造型企业供应链的推动作用?
(5) 制造型企业应该如何运作,从而实现整体交货周期、库存控制、质量管理、服务态度、利润取向以及市场供货占有率的改善?

三、分析思路

按上节的启发思考题顺序,逐步深入,从现象逐渐深入至相关理论与知识点,从制造企业实施精益供应链管理的重要性入手，引导学生剖析供应链管理优化存在的动因和解决问题的具体方法，分析供应链管理在科泰公司具体实施过程中遇到的重要问题以及使用精益供应链管理应对相关问题的优越性。

四、理论依据及分析

（一）精益供应链管理

精益供应链管理是特指针对整个制造供应链上的各个环节（包括上游乃至下游的整个链条）进行改善与优化，消除不必要的操作步骤、无谓的耽搁、额外的等待及损耗，杜绝制造型企业中的各种资源浪费，最大限度地降低成本，并最大限度地符合客户订货需求的一系列对供应链实施计划和控制的过程。本案例中，在未实施精益供应链管理之前，企业存在"牛鞭效应"下的"缺超储"现象，供应链环境混乱无序，物流进出口不畅，企业信誉度不强，通过精益供应链优化管理，使公司人员发展指标、总的成本节约数据、产品质量、劳动效率和公司的运营水平（通过总部的质量改善计划项目评估分数来衡量）都取得了突破性的变革和改善。

（二）QIP 项目

QIP 项目全称是企业质量改进项目，QIP 项目实施的基础在于公司的质量文化，工厂的生产工艺过程和体系是 QIP 实现的必要途径；通过绩效管理和运营质量管理，以及经常对现状进行评审再提出改进，从而达成公司质量的全面持续改善。QIP 项目是科泰集团公司精益供应链管理实践体系的重要一环，公司在推行精益供应链的同时，也在改善公司的各个体系，从而使其更符合 QIP 的要求。

五、关键要点

（1）本案例以科泰公司为例，剖析供应链管理优化存在的动因和解决问题的具体方法，介绍供应链管理在科泰公司具体实施过程中遇到的重要问题以及使用精益供应链管理应对相关问题的优越性。

（2）关键知识点：供应链管理；精益供应链管理；牛鞭效应；QIP 项目；战略联盟；5S 现场管理。

六、建议课堂计划

时间安排：根据教学需要，案例讨论时间可以安排 40—60 分钟，以便涵盖各主要知识点。

课前计划：提出启发思考题，要求学生在课前完成阅读和初步思考。

课中计划：进行分组讨论。讨论内容包括：

（1）科泰公司作为高附加值的制造型企业，为什么还要实行精益供应链管理？

（2）科泰公司精益供应链管理的目标是什么？

（3）引进战略联盟究竟给科泰公司带来了哪些实质性的好处呢？

（4）精益的终极目标是为客户创造价值，科泰公司是如何把价值流畅地传递给客户的？

十、联动平抑季节性波动：
万集物流与顶津食品联动项目

【案例正文】

> **摘　要**：福建万集物流有限公司根据福建顶津食品有限公司的产品销售季节性特点，摸清销售淡旺季的产品出货和经销商订货规律，通过季节性互补库调配、库存调拨、整合社会仓储资源，协调干支线配送，科学调配人力资源，信息系统对接，为福建顶津食品有限公司提供仓储、运输、配送的销售物流一体化服务，解决了福建顶津食品有限公司原先存在的淡季闲库、旺季暴库的矛盾，使福建顶津食品有限公司与福建万集物流有限公司实现了共赢，为快速消费品制造企业与第三方物流企业合作树立了成功典范。
>
> **关键词**：快速消费品；库存调拨；干支线配送；第三方物流

0　引　言

福建顶津食品有限公司主要研发、生产、销售饮料类快速消费品，产品的销售具有明显的季节性。随着福建顶津食品有限公司近年来销售规模的扩大，由产品销售特征引起的物流需求季节性波动日益凸显，使福建顶津食品有限公司物流面临运作难题。而福建万集物流有限公司紧紧抓住成功进入快速消费品行业的有利条件，着力创新合作方式和服务模式，为福建顶津食品有限公司工厂提供以仓储带动配送和运输，高效参与制造业供应链管理和制造业剥离物流资产与业务的一体化服务方案。

1　顶津食品面临的物流运作难题

福建顶津食品有限公司（以下简称"顶津食品"）是顶新国际集团康师傅控股有限

---

① （1）本案例由江西财经大学工商管理学院王友丽基于福建万集物流有限公司提供的资料编写而成。未经允许，本案例的所有部分都不能以任何方式与手段擅自复制或传播。（2）本案例委托江西财经大学工商管理学院案例中心授权学院全体教师使用。（3）本案例只供课堂讨论之用，并无意暗示或说明某种管理行为是否有效。

公司的下属子公司——顶津食品有限公司(总厂位于广州)在福州设立的直属综合性食品厂。公司成立于1997年8月,为台商独资企业,投资总额4 110万美元,占地面积2.75万平方米,其瓶装饮料线在2009年的年产能为4 500万箱,约39万吨;产值为6亿元。

顶津食品从事开发、生产、销售康师傅品牌系列饮料产品及相关包装材料等业务,其销售网点主要集中于福建省内,但在遇到销售旺季其他省市的某些畅销商品不足时,由于顶津食品的产能较强,因此其也负责配合广州总厂进行广州、贵阳、武汉、南昌、昆明等华南区域的调拨销售。

顶津食品生产的饮料品种繁多,推陈出新的速度很快,其中的冰红茶、蜂蜜绿茶、每日C果汁等深受人们喜爱。饮料的市场需求特点决定了顶津食品的库存具有明显的淡旺季特点,每年4月到9月是销售的旺季,而10月到来年3月是销售的淡季。为满足销售旺季的需求,每年淡季的1—3月,顶津食品需要做旺季备货。顶津食品除在厂内留有6 000平方米用于存放各类产品的存储区外,主要靠长期租用社会固定仓库(约6 000平方米)和旺季时短期租用社会零星仓库(约18 000平方米)进行货品的仓储和调拨。由于顶津食品自有的储存能力是固定的,其物流管理能力又跟不上旺季时产品销售的快速增长,所以经常会出现淡季闲库、旺季暴库的矛盾,使顶津食品物流成本居高不下,严重降低了顶津食品对市场需求的快速响应能力。因此,市场需求的季节性波动使顶津食品物流面临着以下几方面的运作难题。

(1)淡旺季库存与人力资源难以均衡调配。顶津食品在淡季时,仓库空置,仓储人员和叉车都富余,其中,仓库空置最高峰可达近20 000平方米;而到旺季时,其整合的社会零星仓库经常发生交接时间延迟,不能及时满足库存需求,导致货物没地存放,工厂不能满负荷生产,经销商要的货物不能及时供应,造成了严重的销售损失;加之顶津食品厂区内的各类存储区面积设置不是很合理,存储区占到全厂生产面积的42%左右,旺季时,厂区内拥挤不堪,产品流通过道狭窄,产品装卸搬运操作受阻,周转缓慢,导致生产节奏下降,严重影响正常生产。尤其是旺季时,库存和叉车严重不足,如冰红茶在库存高峰期时连走道都放有,仓储人员紧张,无法应付,所以,又衍变出如下一系列问题:

第一,配送装车等待时间长。装车排队时间最高峰时超过12小时,导致车源的严重浪费,经销商收货的时间也往往要推迟一天。

第二,饮料在装卸搬运时常发生短缺破损现象。由于顶津食品库存管理不够专业,旺季时的仓储人员有些是临时雇佣的,经常在装卸搬运时由于点数不规范,如装车需要一百箱,而实发很可能少了两三箱,导致饮料发生短缺现象,或仓储人员运作不规范,在搬运饮料时,往往造成重复搬运,或存在野蛮装卸搬运现象,致使产品的包装破损,破损率高出行业平均水平两倍多。

第三,货品配载效率低。顶津食品旺季时的仓库大多是整合的社会零星仓库,由于仓库分散且库容有限,部分销量大的货物需要同时存放在不同的仓库,所以,经常会出现货品处于交叉、迂回、倒流的状态。例如,旺季高峰期时冰红茶的配送,仓库一有库存,其他仓库没有库存,而其他仓库在出货时,又需要配载冰红茶,就得将仓库一的冰红茶调到这些仓库去,否则,就会导致配送车辆装一车要跑好几个仓库。与此同时,将冰红茶从这个库调到另一库可能会出现又要将另一库的绿茶调回这个库。这就会降低产品的出货效率,增加物流成本,推迟经销商收货的时间,降低顶津食品及时响应市场需求的能力。

(2) 旺季凸显仓储与运输环节严重脱节。顶津食品一直将运输、配送业务分包给多个运输商,这样由于旺季时租用的社会仓库比较分散,顶津食品又缺乏与经销商对接的信息系统,其多家承运商水平良莠不齐,大部分没有信息技术的支持,无法与厂方和经销商共享物流信息,而且顶津食品采用自行管理自有和长期租用的固定仓库,其短期租用的仓库临时雇佣仓储人员进行仓储管理的模式,这样就与多个运输商管理的运输由于信息沟通不畅或仓储、配送人员的业务对接不恰等方面的原因经常导致仓储和运输严重脱节,严重影响了饮料的销售进度。例如,经常出现承运商的货车开到已经联系好的仓库,却发现没货,于是又换另一个仓库,或者是这一个仓库货品不够,还得再去别的仓库补货;还有就是经常出现顶津食品不能及时满足大区域经销商、大型商超、小经销商等不同类型客户的配送需求,库存备货节奏不能快速响应经销商的个性化订货需求,导致经销商收到的货品数量与订货数量不符或时间严重延迟,造成越是旺季时到货准时率越低的现象,这使顶津食品的客户满意度大幅下降,不仅难以继续扩大市场占有率,而且极大地减少了饮料的市场销售量。

2 顶津苦寻合作伙伴,万集物流迎难而上

市场需求的季节性波动引起的一系列物流运作难题,迫使顶津食品开始考虑把这些运作难题外包给专业化、社会化的第三方物流企业,这样可以很好地利用其业务网络、信息系统、库源整合能力和仓储管理能力来平抑顶津食品现存的淡季闲库、旺季暴库的矛盾,提高物流运行效率和效益,提升顶津食品对市场需求的响应能力,从而提升市场竞争力。于是,从2008年开始,顶津食品对市场上的物流运营商进行了系统的调查和研究。考虑到自身运作难题解决的紧迫性及与合作方物流业务对接的难易程度,顶津食品最后决定从其已有的合作伙伴中选择一个在业务网络、信息系统、库存资源和管理能力等方面具有优势的物流运营商进行合作。

福建万集物流有限公司(以下简称万集物流)是一家4A级物流企业,成立于2002年8月,经过数年的发展,已初步成为一家可为客户提供运输配送、仓储管理、物流管理咨询、信息系统设计和开发等服务的专业化现代物流企业,而且在快速消费品行业具有较为丰富的专业物流服务经验。万集物流自有车辆105部,可控社会车辆千余部,可提供以福建为中心,辐射"长三角"、"珠三角"、"环渤海"经济区的干线运输以及仓储、整车运输和零担配送业务;在福州、厦门、广州自有仓库面积为36 000平方米,租用仓库面积20 000平方米,并具有较强的社会仓储资源整合能力。万集物流已形成辐射我国中东部和南部沿海地区的物流网络。万集物流从2004年开始就一直为顶津食品提供产品的运输和配送服务,经过五年的深入合作,已承担了顶津食品70%的配送业务量,并

对顶津食品的物流特征及产品的市场需求变化规律较为熟知。

顶津食品通过比较其合作伙伴的仓储管理水平、库容量、库源整合能力、信息系统水平及业务量等方面的情况,发现同在福州市的万集物流在运作优势、管理水平以及信息系统、物流成本议价等方面比较符合其要求。于是,顶津食品主动与万集物流沟通接洽,希望双方能早日达成共识。

与此同时,福建万集为了从传统的运输方式中寻求突破,一直致力于将自己打造成专业的第三方物流服务商,与主动上门沟通的顶津食品一拍即合,并承诺为顶津食品解决其在淡旺季遇到的季节性库存调拨和其他运作难题。

3 制定库存调拨策略,协调干线支线配送

通过顶津食品的物流运作诉求与万集物流的应对解决思路的对接,双方组建项目团队、整合信息系统,万集物流潜心设计,精耕细作,在仓储、运输与配送等方面分别提出相应的解决办法并顺利运作。

3.1 淡旺季库存和人员难以均衡运作问题的解决方案

在饮料产品存在的淡旺季库存和人员难以均衡运作等问题解决上,万集物流深入地考察了顶津食品销售淡旺季产品的出货和库存状况,发现顶津食品原本是利用工厂内的仓储空间(6 000 平方米)及其长期租用的固定社会仓库(达 6 000 平方米)和每年 2—10 月间分批临时租用的社会零散仓库(约 18 000 平方米)自行管理仓储,储存能力在相当一段时间内是固定的。而饮料库存需求却是随淡旺季市场需求波动的,于是,经常出现淡季库存及人力资源闲置(库存闲置最高峰时达 20 000 平方米)、旺季库存及人力资源不足的供需矛盾,图 1 表示的就是顶津食品在一定的储存能力下饮料库存供需状况的示意图。

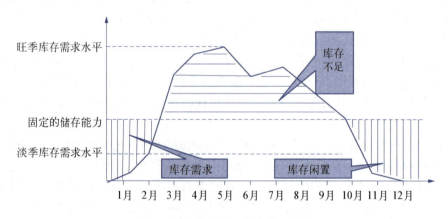

图 1　静态库存下的库存供需状况

销售旺季时,万集物流在满足生产与销售需求的前提下,为了尽量减少销售旺季时厦门、福州、广州各个网点的库存,以平衡整个网络的库容,万集物流利用自有仓库公共性的特点,在顶津食品工厂附近整合合适的仓储资源,并根据饮料需求随季节性变化而波动的规律,改变原来固定库容的库存管理方式,从根本上摸清库存需求变化规律,运用信息系统分析、预测及制定库存需求计划,按照淡旺季库存波动规律,通过设置季节性互补库和灵活租用社会仓储资源等库存调拨策略来合理调配人力资源和仓储资源制定库存计划(如图2所示),具体的库存调拨策略为:万集物流利用仓库公共性的特性,选择与饮料产品形成季节性互补的客户企业产品,将自有仓库设置为季节性互补库。例如,万集做的塑料米也具有销售季节性特点,其主要在10—12月是销售旺季,而这时正好是顶津食品饮料的淡季。又如,万集物流负责的电器产品仓储业务,电器产品的库存需求一般在国庆、春节较大,而在平时的库存需求较小,这也与顶津食品饮料的淡旺季库存需求形成了互补;万集物流与福州的其他物流企业(如通达物流、外运物流)一直保持着长期合作的伙伴关系,在每年的淡旺季库存调配上,以低于市场价的价格互相进行仓库租用业务合作,所以,在销售旺季时,万集物流在自有仓库实在不能调节时,主要通过临时租用合作伙伴的仓库,依靠整合社会仓储资源来满足顶津食品饮料的库存需求。在临近销售淡季时,即每年8月份,万集物流将租用的社会仓库返还,同时,实现马江仓库对顶津食品货品的闭库运作,只留有福马仓库进行淡季仓储,并合理调拨其他与饮料产品形成季节性互补的货品与顶津食品的饮料共同存放于福马仓库,最大限度地降低库存成本。

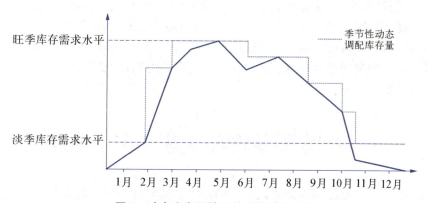

图2 动态库存调拨下的库存供需状况

此外,万集物流加强对仓储的基础管理,规范每一项作业流程。确保货物完好无损,保证出入库及时准确;合理规划仓储空间,提高仓库利用率。而且,万集物流每天准时为顶津食品提供电子版日库存报表、出库明细表、入库明细表,顶津食品对库存管理进行监督考核,确保库存产品的保管工作和品质管理工作。

3.2 饮料销售旺季仓储和运输环节脱节问题的解决方案

为解决饮料产品旺季时的仓储和配送环节的脱节问题,实现货品的配送与其仓储的无缝衔接,万集物流在保证库存和人力资源的合理调拨的同时,将协调干支线配送作为运作重点。

在干线运输方面,万集物流利用自身的物流网络和运作优势,为满足客户需求,改善了单一的公路运输方式,利用发达的铁路网和福建省内外的水路系统,采用公铁联运和水陆联运等多式联运方式进行干线定点配送,迅速将顶津食品的产品从万集物流公司的仓库运送至福建全省的各区域经销商和省外要求调拨的经销商网点,实现了货品的"门到门"配送。

在市区配送方面,万集物流采用三面出击的方式。万集物流把市区客户分为大经销商、大型超市、小经销商(含个体客户)三种类型,不同类型采取不同的配送方式。对大经销商采用定制式物流服务,比如福州大经销商潘兴东,为其提供信息系统服务,免费进行流程改造,使流程精简化、标准化,对收货、入库、库存管理、补货、分拣、增值服务与发货分别制定操作规范,采用定制式的物流功能服务;对超市配送采用快速反应的 DRP 物流服务,如在仓库装货时使用预留的"快速通道",选择城市通行速度快的"蓝黄牌"车辆,选择最优路线、送货时间及自带搬运等;对小经销商采用协同配送,将不同货主、不同商品由过去的分别配送改为不区分货主和商品的集约化配送服务。

在运输管理方面,万集物流采用六管齐下的方案。第一,根据顶津食品产品目的地、客户类型等情况,分别开具承运单;第二,采用整车、零担等不同方式,满足不同客户不同的物流需求;第三,装车时充分考虑到顶津食品产品的特殊性,制定员工操作考核机制以严禁野蛮装卸,确保运输质量;第四,利用 GPS 技术,全程动态跟踪运输情况,并将产品运输情况及时反馈给两家公司;第五,一旦运输过程中出现异常情况,立即采取妥善措施,及时处置,将损失降到最低限度,并承担相应责任;最后,产品抵达目的地时,立即通报客户,明确送达时间、地点、收货人等信息,做到收货安全,并保证每周七天、每天 24 小时的物流服务。

4 项目实施进展顺利,开创互利共赢局面

短短两年,顶津食品与万集物流携手面对了诸如淡旺季库存与人员管理、生产地点集中而销售地点分散的运输配送、不同结构的数据库对接与信息系统整合等难题。风雨同舟,辉煌与共,树立起快速消费品制造企业与物流企业联动的典范。

4.1 顶津食品平抑了季节性波动

有效地解决了原先存在的淡季闲库、旺季暴库的矛盾,并妥善处理了淡旺季人员均衡作业问题,保证了顶津的销售需要。主要体现在:联动前,顶津食品在淡季时员工和叉车都富余,仓库空置,最高峰时仓库闲置近 20 000 平方米,而到旺季时,员工叉车人员严重不足,装车排队时间最高峰时超过 12 小时,导致车源的严重浪费。客户到货时

间也延长12小时以上;而联动后,万集物流根据顶津食品的淡旺季物流特征,对仓库库容进行弹性调整,灵活使用人力和仓储资源,减少了仓库库容的浪费,避免了人力和仓储资源的富余问题,装车时排队时间也减少到不到4小时,大大加快了配送车辆的周转,而且仓储外包策略使顶津食品腾出大片的工厂生产面积,为其提高产能和生产效率提供了良好条件。

产品的单位物流成本降低了4.5%,年节约230万元,提高了与同类产品在性价比上的竞争力,保障了产品出货的及时率和送达的准时率,产品存货周期从过去的7—10天减少到5—7天,加快了产品的销售周期。通过联动项目,顶津食品的产品销售量和客户满意度得到了极大提高,联动前,顶津食品2009年销售额为4.6亿元人民币,联动后的2010年,顶津食品的销售额为6.99亿元人民币,是联动前的1.5倍多,其又增加了一条生产线,产能增长了30%,预计2010年可完成产值超8亿元。

数据信息传递的准确性从过去的93%提高到100%,明显增强了顶津食品对客户的诚信度,简化了顶津食品公司内部的物流操作,使其能致力于开发客户和维护客户方面的工作,通过双方信息系统对接,确保了信息传递的畅通,提高了仓储和配送环节的配合度,解决了它们之间的脱节问题。

4.2 万集物流提升了服务能力

万集物流通过了顶津食品公司在销售旺季物流运作难度上的考验,很好地完成了顶津食品的各项物流操作业务,提高了双方合作的营业收入,2009年,与顶津食品对接项目已达4 200万元,降低了万集物流总体管理成本,增加了经济效益;2010年,万集物流在该项目上的物流业务额已达到5 000万元。

万集物流对顶津食品福州地区的经销商实施VMI,取得了很好的示范效果,保障了顶津食品的销售渠道,确保了顶津食品的产品不串市场;很好地解决了经销商与顶津食品信息沟通不畅的问题,大大地缓解经销商经常出现的"库存告急欲求无货、库容暴库欲拒不能"的矛盾;通过VMI管理技术和物流公司仓库具有公共性的特点,灵活调整其库存面积,以客户为中心,极大地降低了经销商的库存成本,同时又能满足其销售需要。

总而言之,在与顶津食品的合作中,万集物流业务覆盖面扩大,服务能力提升,车辆实载率和周转率大大提高,整个团队得到锻炼提升。在订单完成、存货周期、产品破损、电子单证管理、数据信息传递的准确性及订单响应时间等方面,顶津食品物流一体化项目运作前后的 KPI 对比指标如表1所示。

表1 顶津食品物流一体化外包项目运作前后 KPI 对比指标

联动前后 KPI 指标对比表		
项 目	联 动 前	联 动 后
单位产成品物流成本		降低4.5%,节约230万元
存货周期天数	7—10天	5—7天

续 表

联动前后 KPI 指标对比表		
项 目	联 动 前	联 动 后
订单完成率	96.6%	99.9%
订单完成周期	7—10 天	5—7 天
产品破损率	0.05%	0.03%
电子单证管理比例	98.1%	99.99%
数据信息传递的准确性	93%	100%
订单响应时间	1.5 小时	20 分钟

5 结 束 语

快速消费品企业原有物流体系较为落后,很多还停留在简单的运输、仓储阶段,很难做到快速响应市场需求,不能有效地应对产品的销售季节性波动,导致企业每年因此造成的销售损失巨大,阻碍其发展。而专业的第三方物流企业依托其强大的库存资源整合能力,先进的物流管理经验和业务网络优势,以采用季节性互补库和整合社会仓储资源的动态库存策略为主,协调干支线配送、利用 VMI 技术和进行信息系统对接为辅,帮助快速消费品企业成功地应对物流需求的季节性波动难题,降低其产品的销售损失,提高客户的有效供货能力,提升了其市场竞争力。快速消费品制造企业摒弃了原有的"大而全,小而全"的经营理念,逐步将企业内部的物流资产剥离,与第三方物流企业实现物流业务对接,深入合作,降低了企业的物流成本,保证了其销售需要,实现了双方互利共赢,为快速消费品制造企业与物流企业的联动发展树立了成功典范,对广大相关业者具有较强的借鉴性和推广价值。

【案例使用说明】

联动平抑季节性波动:万集物流与顶津食品联动项目

一、教学目的与用途

(1) 本案例主要适用于《物流学导论》课程,也适用于《物流与供应链管理》及《企业物流管理》课程。

(2) 本案例可用于工商管理硕士(MBA)、硕士生、本科生。

(3) 本案例的教学目标是:通过对本案例的学习,使学生了解并掌握第三方物流的兴起及概念、第三方物流的价值及效益源泉、第三方物流的发展模式及选择、第三方物流的发展现状及趋势。

二、启发思考题

（1）分析评价福建万集物流有限公司与福建顶津食品有限公司之间的第三方物流模式的特点，你有没有其他建议？

（2）在第三方物流企业服务对象需求不明确的情况下，如何对问题进行诊断并明确其需求？

（3）案例中的第三方物流企业为快速消费品企业解决实际问题的成功经验有何推广价值？

（4）你如何理解"第三方物流就是当好客户的管家"这句话？

（5）以该案例为例，谈谈第三方物流在中国的发展趋势及前景如何？

三、分析思路

教师可根据自己的教学目标（目的）来灵活使用本案例。这里提出的本案例分析思路仅供参考。

按上节的启发思考题顺序，逐步深入，从现象逐渐深入至相关理论与知识点，从第三方物流的兴起及概念入手，引出案例问题，引导学生思考第三方物流企业如何根据自身特点为其客户提出解决实际困难。

四、理论依据及分析

第三方物流作为现代物流发展的重要方向之一，具有技术的先进性与经济上的节约性。从发达国家物流业的状况看，第三方物流在发展中已逐渐形成鲜明特征，突出表现在关系契约化、服务个性化、功能专业化、管理系统化和信息网络化五个方面。第三方物流企业是独立于供方与需方的专业物流企业，它通过与第一方或第二方的合作提供专业化的物流服务。它不拥有商品，不参与商品买卖，而是为顾客提供以合同为约束、以结盟为基础的诸如运输、储存、包装、装卸搬运、流通加工、配送、物流信息、物流系统分析与设计等服务。

五、关键要点

本案例的核心在于凸显第三方物流企业作为专业的物流服务提供商如何提供定制化的物流服务。

关键知识点：第三方物流管理；定制化物流服务；资源整合；库存管理；运输管理。

六、建议课堂计划

本案例可作为专门的案例讨论课来进行。以下是按照时间进度提供的课堂计划建议，仅供参考。

整个案例课的课堂时间控制在 80—90 分钟。

课前计划：提出启发思考题，请学生在课前完成阅读和初步思考。

课中计划：简要的课堂前言，明确主题。（2—5 分钟）

分组讨论（30 分钟），告知发言要求。

小组发言。(每组5分钟,控制在30分钟)

引导全班进一步讨论,并进行归纳总结。(15—20分钟)

课后计划:如有必要,请学生采用报告形式提交成果。

十一、联邦快递与"时间"赛跑[①]

【案例正文】

> **摘 要**：随着世界经济全球化和区域一体化进程的加快,作为国际物流中的重要运输方式之一的国际航空货运日益发挥更加重要的作用。联邦快递作为国际航空货运业的翘楚,自创立之始便致力于持续改善国际物流效率,其首创的隔夜快递业务革命性地改变了传统物流运输方式,从而很大程度上影响了企业在全球范围内的资源配置和全球供应链运作模式。联邦快递的这种隔夜交货依赖于其强大的多层级的全球转运中心及完备的全球航线网络的支撑。
> **关键词**：联邦快递;隔夜交货;转运中心;全球供应链;国际航空货运

0 引 言

基于时间和基于全球化资源配置的供应链竞争成为跨国企业全球化竞争力构建的焦点,这一趋势促使国际航空货运这种具有时间优势的国际物流运输方式日益受到重视。以首创全球隔夜交货的联邦快递凭借其强大的国际货运能力享誉国际快递业。本案例在介绍联邦快递发展历程的基础上,帮助读者了解联邦快递是如何审时度势,持续地提升国际货运效率,最终将其打造成国际航空货运超级航母的。

1 联邦快递成就孟菲斯

美国孟菲斯——喜欢 NBA 的人都知道,这里有个球队叫灰熊;爱好音乐的人都知道,这里同样是摇滚之王猫王的故乡;而熟知物流的人知道,这里有个空中巨无霸联邦快递。除了业界人士,很少有人知道这座只有 65 万人口的美国中等城市在过去 40 年中创造了一个航空业的奇迹——一个迅速成长的物流公司的入驻使原本不知名的孟菲

[①] (1)本案例由江西财经大学工商管理学院崔爱平根据参考文献中资料编写而成。未经允许,本案例的所有部分都不能以任何方式与手段擅自复制或传播。(2)本案例委托江西财经大学工商管理学院案例中心授权学院全体教师使用。(3)本案例只供课堂讨论之用,并无意暗示或说明某种管理行为是否有效。

斯国际机场一跃成为世界物流中心,孟菲斯也赢得美国"航空都市"的美誉。联邦快递所在地孟菲斯国际机场每天晚上灯火通明,热闹繁忙。在联邦快递面积达 364 公顷的超级转运中心,上百架飞机起起落落,长达 300 多英里的传送带平均每小时处理 95 000 个包裹,来自世界各地的不同物品,小至电子产品、香水,大至发动机源源不断地被运来,经分拣后再迅捷、精确地送到目的地。

联邦快递在 1971 年由前美国海军陆战队队员弗雷德里克·史密斯(Frederick W. Smith)在阿肯色州小石城创立,但在 1973 年迁往田纳西州孟菲斯,并使用 8 架小型飞机开始提供航空快递服务,因为小石城机场官员拒绝为公司提供设施。

孟菲斯地处美国中南部,1819 年建市。该市传统上就是贸易货栈,最初依赖于密西西比河。随着铁路的出现,孟菲斯又成为美国中南部的配送之都。美国州际公路网络的发展给孟菲斯带来又一个机遇,使它成为地面交通运输的先行军。孟菲斯市机场 1929 年开通,当时只有三个飞机库和一个草皮跑道,每天 4 个航班。1963 年,孟菲斯都市机场开通,有 22 个登机口。三年后,机场更名为孟菲斯国际机场。对孟菲斯市来说,联邦快递的加盟的确令城市今非昔比。当然此举也有风险,毕竟没人能预见联邦快递会发展到今天的规模。但事实是,20 世纪 80 年代,西北航空公司的并购以及几年前达美航空公司的兼并再次将机场推向发展高潮。1992 年以来,孟菲斯国际机场一直是世界最繁忙的货运机场,其中,联邦快递公司的超级货运中心的货运业务就占机场货运总量的 93.6%。如今,美国联邦快递公司在这里有世界最大的空中货运机群,它的存在使孟菲斯国际机场成为世界最大的货运机场。

2007 年,孟菲斯国际机场客运在美国机场中排名第 36,货运量全美第一。同年,孟菲斯—谢尔比县机场当局委托孟菲斯大学做的经济影响报告中说,机场业务的 95% 以上为航空货运,产生的经济影响达 271 亿美元。此外,还有 7.6 亿美元来自机场乘客带来的收入。总体而言,机场为孟菲斯周边五个县市的经济总共注入了 286 亿美元;为当地居民带来近 80 亿美元收入、22 万个就业机会,其中,34.3% 的就业与航空客运、货运及机场建设业有关。报告认为,即使在经济萧条时期,孟菲斯国际机场也在发挥积极作用,成为当地经济的稳定因素。

2 革命性的商业模式启航

大学时代的弗雷德里克·史密斯分析,美国工业革命第三次浪潮将靠电脑、微处理机及电子装备来维系,而这些装备的维修则要靠量少价昂的组件和零件及时供应,而有关信件、包裹、存货清单也需要在尽快的时间内获得,而当时从事投递业务的邮局和铁路等很少把包裹直接送到目的地,传统物流运输将无法胜任计算机化的商业社会,这为快递创造了巨大的市场空间。因此,他构想了以航空中心为基础的空运配送模式,并且主张为了能够直接运输这些"非常重要、时间紧迫"的货物,也许应该有自己的飞机。

从越战回来的弗雷德里克·史密斯发现他大学时的预言变成现实:计算机取代了人力,但是机器的可靠性和相关的后勤配送却还没有跟上来。面对这种矛盾,弗雷德里克·史密斯的解决方案是建立一个类似银行清算系统那样运作的配送体系,设置很多个点连成一个网络,然后全部通过一个中央控制室来周转。这就是联邦快递转运中心运营模式的雏形。弗雷德里克·史密斯想通过这个系统配送一些高附加值的电脑配件之类的东西,同时把飞机和卡车结合到一个配送系统当中来。这在当时平常人看来,简直就是一个笑话。

这个商业模式不太可能从小规模开始,一开始就必须建立完整的网络,这无疑需要一大笔钱。弗雷德里克·史密斯变卖了他父亲分给他的遗产——迪克西长途汽车公司的股份,获得了 75 万美元流动资产,并通过家族信托基金的担保,从孟菲斯国民商业银行获得 360 万美元贷款。这样,联邦快递在弗雷德里克·史密斯 27 岁时在特拉华州注册成立,也创造了一个新行业:通过转运中心及航线网络系统进行隔夜交货的速递方式。为此,弗雷德里克·史密斯竭力奔走游说华尔街,募集到了 9 600 万美元,购买了 33 架"隼式"喷气机,在 25 个城市同时展开了业务。施乐成了联邦快递最早的客户之一。但令人失望的是,第一天夜里运送的包裹只有 186 件。在开始营业的 26 个月里,联邦快递公司亏损 2 930 万美元,欠债主 4 900 万美元,联邦快递处在随时都可能破产的险境。1975 年年底就开始扭转亏损,翌年营业额为 1.09 亿美元,纯收入为 810 万美元。1978 年,联邦快递正式上市。1983 年,联邦快递的年营业收入已经达到 10 亿美元,成为美国历史上第一家创办不足 10 年,不靠收购或合并而超过 10 亿美元营业额的公司。目前,联邦快递的服务遍及世界各地,它能在 24—48 小时之内,提供门到门的国际快递服务,向 214 个国家及地区提供快速、可靠、及时的快递运输服务,并承诺原银奉还。联邦快递每个工作日运送的包裹超过 320 万个,其在全球拥有超过 138 000 名员工、50 000 个投递点、671 架飞机和 41 000 辆车辆。公司通过 FedEx Ship Manager at fedex.com、Feeder Ship Manager Software 与全球 100 多万客户保持密切的电子通讯联系。主要竞争对手包括 DHL 航空货运公司、UPS 及美国邮政和荷兰的 TNT。FedEx 与 DHL、UPS 和 TNT 并称世界四大快递公司。

3 全球化扩张,图谋亚太版图

作为美国企业界首屈一指的冒险家,弗雷德里克·史密斯的冒险精神是永远不会消失的。进入 20 世纪 80 年代以后,他把实现联邦快递公司的国际化作为最大的愿望。此时,制造业的基地从发达国家逐渐转移到了发展中国家,而联邦快递作为最早认识到这一趋势的公司,开始着手进行大规模的全球扩展,以应对日益激烈的国际竞争及挑战,亚太区分公司也就此应运而生。

1989 年,联邦快递收购当时其最大的竞争对手,比其早 20 年进入航空货运领域的飞虎航空(flying tiger),这场收购大战也许比美国对越南的战争还要冒险,这也是弗雷德里克·史密斯迄今为止最大的一次收购行动。然而,通过这次收购,联邦快递获得了飞虎航空在亚洲 21 个国家及地区的航线权,从而在全球经济增长最迅速的区域取得了立足点。

1992年,公司的区域性总部从檀香山迁至香港。将公司的营运中心迁移至经济活动的中心地区,更显示了公司对该地区的高度重视。1995年,联邦快递公司购买了中国和美国之间的航线权,开始由联邦快递飞行员驾驶的专用货机来负责中美间的快递运输服务。1995年9月,联邦快递在菲律宾苏比克湾建立了其第一家亚太运转中心,并通过其亚洲一日达网络提供全方位的亚洲隔日递送服务。1996年3月,联邦快递成为唯一享有直航中国权利的美国快递运输公司。

时间的指针拨到了2009年。2009年2月6日,广州白云机场联邦快递亚太转运中心正式启用,白云机场取代菲律宾苏比克湾成为联邦快递新的亚太转运中心。新落成的广州亚太区转运中心,占地82 000平方米,每小时可处理24 000个货件,并可以随业务的成长扩充。堪称亚洲规模最大的货物转运设施,也是联邦快递未来三十年在亚太区的运营基地。该转运中心开展与孟菲斯机场的转运中心相似的活动:停机坪上,传送机中,转运中心内,1 200名员工将静候着指挥中心的信号。亚洲24个主要城市的货物将聚集在广州新白云机场,分拣后运送到世界各地;而全球220多个国家及地区运往亚洲的货物也将来这里"驻足",并与中国的200多个城镇紧密连接起来。这也将是联邦快递在美国本土外最大级别的国际转运中心。转运中心的一大特点是拥有自己的机坪控制塔,这是国际航空快递公司在中国地区的首创之举。控制塔指挥和管理飞机在地面上的操作,安排飞机起落,以及合理化安排货物的装载、卸载顺序,进而最大限度地优化工作效率。在此之前的2007年,联邦快递位于浙江省杭州市萧山国际机场的中国区转运中心也正式启用,这是联邦快递把孟菲斯转运中心的成功开始复制到中国的国内快递市场。

4 超级转运中心和全球操作指挥中心

在孟菲斯机场,每天晚上22时30分左右,上晚班的工人陆续到达,联邦快递从全球各地飞来的飞机也陆续开始降落,每一分半钟就有一架飞机停靠在指定的位置,远望天空还可以看到星光点点排成一线,那些也大都是联邦快递的飞机。

货物从飞机上载、下载的时间都不超过30分钟,货物卸下来后就会进行第一次扫描,每个包裹上都已经由发货人贴上了数据码,上面有运单号码、货物重量等,然后,各种拖车就拖着整托盘的进港货物进入分拣中心,当包裹在传送带上运送时,传送带上的传感器就立刻可以捕捉到这个电子"身份证",经过无数的扫描机,包裹也就被自动送到不同的传送带,然后被自动机械手推至不同的目的地托盘上,并准确无误地送到离港飞机的位置,依次装机。到凌晨4时,孟菲斯机场的飞机开始起飞向目的地进发,飞机到达各个目的地后,还需要再分拣,然后装上不同路线的送货卡车。

孟菲斯机场的客运航班量并不大,但这里却是连续16年全球货运吞吐量第一大机场,联邦快递700多架飞机都要通过这里向全球220个国家和地区提供服务。孟菲斯的转运中心为何能够井井有条地运行?如果说孟菲斯超级转运中心是联邦快递的心脏,全球操作指挥中心则是它的大脑。

在联邦快递位于孟菲斯的全球操作指挥中心控制室,一面墙上挂着一幅巨型电子图,上面密密麻麻地标示着每架飞机的飞行路线,每架飞机上还有航班号、飞行高度、飞机速度、机型、飞行时间、始发地等信息。这其实是一张实时飞行图,可以通过大的布局看整个网络的情况,全球操作控制部的工作人员就能够在任何时间掌握到每架飞机的所在地点、机上装载的包裹以及包裹的投送地等情况。

全球操作指挥中心是一天 24 小时工作的,要对每架飞机的飞行路线进行策划,清楚地知道他们的飞行状态。操作指挥中心的另一个作用还有天气预测,对飞机进行安全考核,协调飞机、客车网络,确保包裹从一个客户送到另一个客户。

除了孟菲斯这个全球操作指挥中心,联邦快递在美国印第安纳州波利斯还有一个备用的操作指挥中心,另外还有三个当地控制中心,分别在菲律宾的苏比克、法国的巴黎和加拿大的多伦多,主要任务是把当地信息反馈到全球操作指挥中心,使其更好地作决定。同时,全球操作指挥中心还制定了上百个紧急情况预案,每次启动紧急预案后还要对事件回顾,看有没有更好的办法解决。另外,联邦快递在孟菲斯还有 12—15 架备用飞机随时待命应急,在全球也有 25—30 架备用飞机。

5 结　语

弗雷德里克·史密斯的一生是辉煌的,其带领的联邦快递一直在与"时间"赛跑,首创的隔夜快递服务在全世界范围内掀起了一场企业革命,它改变了世人做生意的方式,其深刻程度不亚于泰德·特纳在世界通讯业的影响。泰德·特纳的创新影响了全球的电视新闻业,而弗雷德里克·史密斯的这种创新在同样程度上改变和影响了企业的经营活动。从此,企业可以远离市中心,建在较偏僻的地带甚至无须在厂区内兴建专门的库房。由于弗雷德里克·史密斯把包裹邮件"绝对肯定地隔夜送达"世界任何地方,广泛的企业经营变化和企业经营机会才变得可能。这些新的全球性变化和企业经营机会已经改变了工商企业界,而且最终将影响全球经济力量的平衡。具有超凡魅力的弗雷德里克·史密斯则是这些全球性变化的关键因素,他本人因倡导并创立了隔夜快递服务而被誉为"隔夜快递业之父"。

【案例使用说明】

联邦快递与"时间"赛跑

一、教学目的与用途

(1) 本案例主要适用于《物流学导论》课程,也适用于《国际物流和供应链管理》课程。

(2) 本案例可用于本科物流管理专业。

(3) 本案例的教学目的包括:

① 国际物流系统及其运行模式；
② 国际航空货运的特点；
③ 国际航空货运系统的构建要素；
④ 国际航空货运的优势。

二、启发思考题

(1) 国际航空货运系统由哪些要素构成？
(2) 联邦快递是如何做到全球隔夜交货的？
(3) 联邦快递的全球化扩张战略是如何实施的？

三、分析思路

针对国际物流相关知识点，本案例选取联邦快递为样本，叙述其自创立之始在不同阶段如何把握国际物流趋势并持续改善国际物流货运效率的历程及全球化扩张之路。由此发现企业全球化竞争要素的变迁和国际物流运营主体如何把握这种变革趋势的。从联邦快递发展历程和扩张之路故事的轻松叙述中让学生明白国际物流在全球化资源配置和供应链竞争中的影响与作用，在掌握国际物流基本知识的基础上，进一步激发学生站在更高的系统化视角思考国际物流与企业跨国经营的相互影响。

四、理论依据及分析

（一）国际航空货运

国际航空货运也叫航空运输，是现代物流中的重要组成部分，其提供的是安全、快捷、方便和优质的服务。拥有高效率和能提供综合性物流服务的机场在降低商品生产和经营成本、提高产品质量、保护生态环境、加速商品周转等方面将发挥重要作用。航空货运虽然起步较晚，但发展异常迅速，特别是受到现代化企业管理者的青睐，原因之一就在于它具有许多其他运输方式所不能比拟的优越性。概括起来，航空货物运输的主要特征有：

(1) 运送速度快。从航空业诞生之日起，航空运输就以快速而著称。到目前为止，飞机仍然是最快捷的交通工具，常见的喷气式飞机的经济巡航速度大都在每小时850—900公里。快捷的交通工具大大缩短了货物在途时间，对那些易腐烂、变质的鲜活商品以及时效性、季节性强的报刊、节令性商品与抢险、救急品的运输，这一特点显得尤为突出。可以这样说，快速加上全球密集的航空运输网络才有可能使我们从前可望而不可即的鲜活商品开辟远距离市场，使消费者享有更多的利益。运送速度快，在途时间短，也使货物在途风险降低，因此，许多贵重物品、精密仪器也往往采用航空运输的形式。当今国际市场竞争激烈，航空运输所提供的快速服务也使供货商可以对国外市场瞬息万变的行情即刻做出反应，迅速推出适销产品占领市场，获得较好的经济效益。

(2) 不受地面条件影响，深入内陆地区。航空运输利用天空这一自然通道，不受地理条件的限制。对地面条件恶劣交通不便的内陆地区非常合适，有利于当地资源的出口，促进当地经济的发展。航空运输使本地与世界相连，对外的辐射面广，而且航空运输相比较公路运输与铁路运输占用土地少,对寸土寸金、地域狭小的地区发展对外交通无疑是十分适合的。

(3) 安全、准确。与其他运输方式比,航空运输的安全性较高,1997年,世界各航空公司共执行航班1 800万架次,仅发生严重事故11起,风险率约为三百万分之一。航空公司的运输管理制度也比较完善,货物的破损率较低,如果采用空运集装箱的方式运送货物,则更为安全。

(4) 节约包装、保险、利息等费用。由于采用航空运输方式,货物在途时间短,周转速度快,企业存货可以相应地减少。一方面,有利资金的回收,减少利息支出;另一方面,企业仓储费用也可以降低。又由于航空货物运输安全、准确,货损、货差少,保险费用较低。与其他运输方式相比,航空运输的包装简单,包装成本减少。这些都构成企业隐性成本的下降和收益的增加。

(二) 全球供应链

随着经济全球化进程的日益加快和普及,任何国家和企业都必须充分利用国际、国内两种资源和两个市场,即在全球范围内优化资源配置和市场营销,否则,难以利用比较优势提高自身竞争力,终将被淘汰出局。这是由经济全球化和科技高新化的现实条件所决定的。在竞争激烈的制造业之中,全球范围内的资源配置正在考验着跨国企业的供应链和物流能力。全球化供应链是指在全球范围内组合供应链,它要求以全球化的视野,将供应链系统延伸至整个世界范围,根据企业的需要在世界各地选取最有竞争力的合作伙伴。全球供应链管理强调在全面、迅速地了解世界各地消费者需求的同时,对其进行计划、协调、操作、控制和优化,在供应链中的核心企业与其供应商以及供应商的供应商、核心企业与其销售商乃至最终消费者之间,依靠现代网络信息技术支撑,实现供应链的一体化和快速反应,达到商流、物流、资金流和信息流的协调通畅,以满足全球消费者需求。全球供应链是实现一系列分散在全球各地的相互关联的商业活动,包括采购原料和零件、处理并得到最终产品、产品增值、对零售商和消费者的配送、在各个商业主体之间交换信息,其主要目的是降低成本和扩大收益。

(三) 转运中心

转运中心指以专门承担货物的卡车与卡车、卡车与火车、火车与轮船、卡车与飞机、轮船与火车等不同运输方式的转运任务的物流中心。它是实现不同运输方式或同种运输方式联合(接力)运输的物流设施,通常称为多式联运站、集装箱中转站、货运中转站等。转运中心多分布在综合运网的节点处、枢纽站等地域。本案例联邦快递的全球航空转运中心由多个层级构成:首先是承担将各个区域的货物集中、分拨、转运功能的区域转运中心,通俗地讲,是一个集散地(HUB),然后是全球的航空运输配送网络,这些网络大多是由若干HUB构建而成。这是国际快递巨头青睐的一种业务模式。

五、关键要点

(1) 本案例的核心在于认识国际物流在全球化运营与竞争中的作用以及如何构建快速、高效的全球航空货运配送网络。

(2) 关键知识点:国际航空货运系统;全球转运中心;全球供应链。

六、建议课堂计划

时间安排：根据教学需要，案例讨论时间可以安排30—90分钟，在《企业物流管理》课程教学中，应不少于60分钟，以便涵盖各主要知识点。

课前计划：提出启发思考题，要求学生在课前完成阅读和初步思考。建议的启发思考题可以包括：

(1) 国际航空货运系统如何支撑其快速效率的优势？
(2) 联邦快递为什么能发展成为国际航空货运业的翘楚？

课中计划：进行分组讨论。讨论内容包括：

(1) 国际物流有哪些运输方式？各自的特点是什么？
(2) 国际航空货运系统的构成要素有哪些？
(3) 联邦快递是如何把握趋势的？
(4) 联邦快递首创隔夜交货业务的背景是什么？
(5) 与UPS相比，联邦快递的发展模式与发展路径有什么区别？

江西财经大学工商管理学院
案例中心简介

　　江西财经大学工商管理学院案例中心秉承"信敏廉毅"校训,以"联接理论与实践,服务师生和企业"为宗旨,以"推动原创、创新教学、拓展资源、服务企业"为核心任务。案例中心成功对接国内外知名案例中心,已成为中国管理案例中心联盟理事单位、中国管理案例年会理事会成员和全国案例中心主任联谊会成员。

　　案例中心积极致力于与企业合作开发原创性、本土化、高质量的案例,已初步建成工商管理优秀案例库和核心课程配套案例集。获第四届全国"百篇优秀管理案例",实现江西省在该领域零的突破;已撰写10余篇本土优秀企业原创案例,拟出版《工商管理类核心课程案例精选》和《中国管理学案例选粹(系列)》。

　　案例中心所在的江西财经大学工商管理学院设有4个系、6个研究机构和2个社会服务机构,拥有博士后流动站、博士点、硕士点(含MBA)、学士点等全覆盖的学科专业体系。拥有国家精品课程、国家精品视频公开课、国家精品资源共享课、国家级特色专业、财政部与江西省共建实验室、省级重点学科、省级品牌专业等一系列高级别平台。

图书在版编目(CIP)数据

工商管理类核心课程案例精选/江西财经大学工商管理学院案例中心编写.—上海：复旦大学出版社，2015.4(2024.1重印)
(信毅教材大系)
ISBN 978-7-309-11069-2

Ⅰ.工… Ⅱ.江… Ⅲ.工商行政管理-案例-高等学校-教材 Ⅳ.F203.9

中国版本图书馆CIP数据核字(2014)第252280号

工商管理类核心课程案例精选
江西财经大学工商管理学院案例中心　编写
责任编辑/宋朝阳　张咏梅

复旦大学出版社有限公司出版发行
上海市国权路579号　邮编：200433
网址：fupnet@fudanpress.com　http://www.fudanpress.com
门市零售：86-21-65102580　团体订购：86-21-65104505
出版部电话：86-21-65642845
上海新艺印刷有限公司

开本 787毫米×1092毫米　1/16　印张 26.25　字数 561千字
2024年1月第1版第2次印刷

ISBN 978-7-309-11069-2/F·2090
定价：52.50元

如有印装质量问题,请向复旦大学出版社有限公司出版部调换。
版权所有　　侵权必究